2028학년도
수능
통합사회
스타트

교재 내용 문의
교재 및 강의 내용 문의는
EBSi 사이트(www.ebsi.co.kr)의 학습 Q&A 서비스를
활용하시기 바랍니다.

교재 정오표 공지
발행 이후 발견된 정오 사항을
EBSi 사이트 정오표 코너에서 알려 드립니다.
교재 → 교재 자료실 → 교재 정오표

교재 정정 신청
공지된 정오 내용 외에 발견된 정오 사항이 있다면
EBSi 사이트를 통해 알려 주세요.
교재 → 교재 정정 신청

지식과 교양의 광활한 지평을 여는

EBS 30일 인문학 시리즈

1일 1키워드로 30일 만에 훑어보기!

키워드만 연결해도 인문학의 흐름이 한눈에 보인다.

<EBS 30일 인문학> 시리즈는 철학, 역사학, 심리학, 사회학, 정치학 등 우리 삶의 근간을 이루는 학문 분야의 지식을 '1일 1키워드로 30일' 만에 정리할 수 있는 책들로 구성했습니다. 30일 동안 한 분야의 전체적 흐름과 핵심을 파악하고 세상을 보는 시야를 확장시킬 수 있는 지식을 담아냅니다.

- **처음 하는 철학 공부** 윤주연 지음 | 15,000원
- **처음 하는 심리학 공부** 윤주연 지음 | 15,000원
- **처음 하는 정치학 공부** 이원혁 지음 | 16,000원
- **처음 하는 역사학 공부** 김서형 지음 | 15,000원
- **처음 하는 사회학 공부** 박한경 지음 | 16,000원

2028학년도
수능 스타트
통합사회

Contents

통합사회 2

핵심내용정리

2028학년도 수능 대비를 위해 2022 개정 교육과정 통합사회 교과서의 핵심 내용을 정리하였습니다.

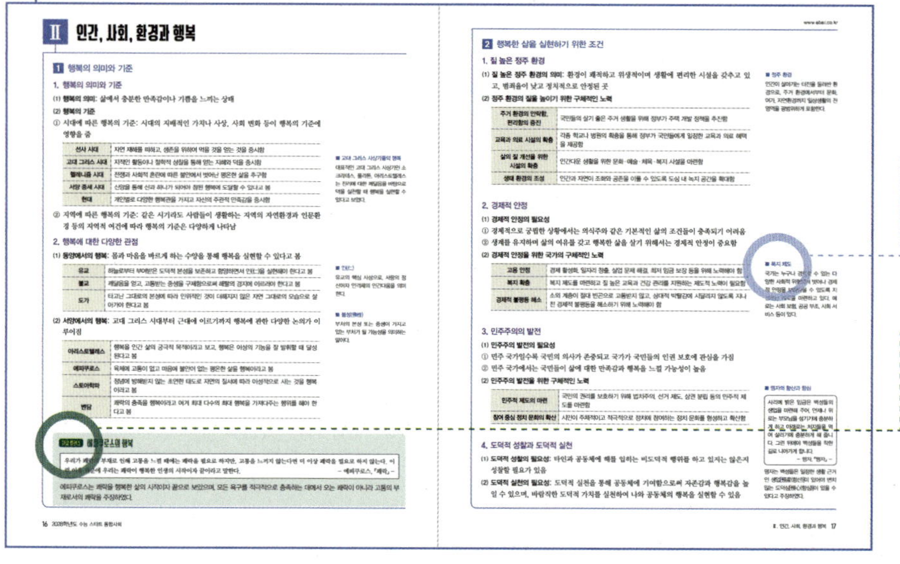

개념

보조단에 개념을 제시하여 내용을 쉽게 이해할 수 있도록 하였습니다.

자료 플러스

보다 깊이 있는 이해를 위해 다양한 자료를 제시하였습니다.

평가원 예시 문항 분석

평가원에서 발표한 2028학년도 수능 통합사회 예시 문항을 꼼꼼히 분석하여 설명하였습니다.

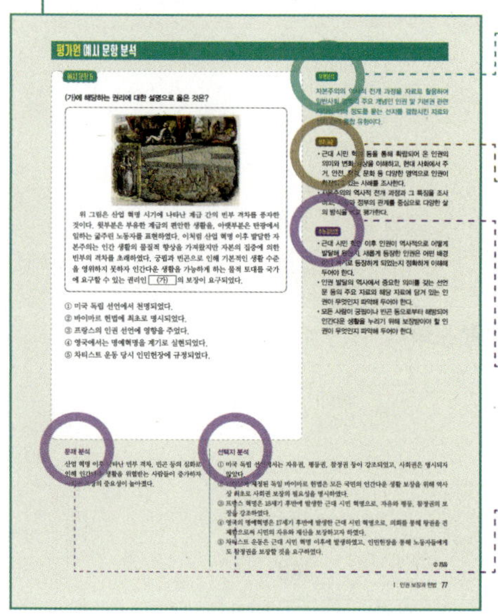

유형 분석

예시 문항의 특징을 분석하였습니다.

성취기준

문항에 반영된 2022 개정 교육과정 성취기준을 제시하였습니다.

수능 길잡이

문제의 핵심이 무엇인지 잘 파악할 수 있도록 안내하였습니다.

문제 분석 | 선택지 분석

문제 분석을 통해 문제에 쉽게 접근할 수 있도록 하였으며, 선택지 분석을 통해 정답이 정답인 이유와 오답이 오답인 이유를 자세히 설명하였습니다.

닮은 꼴 문제로 연습하기

평가원 예시 문항과 닮은 꼴 문제를 통해 수능 문항 해결 능력을 키울 수 있도록 하였습니다.

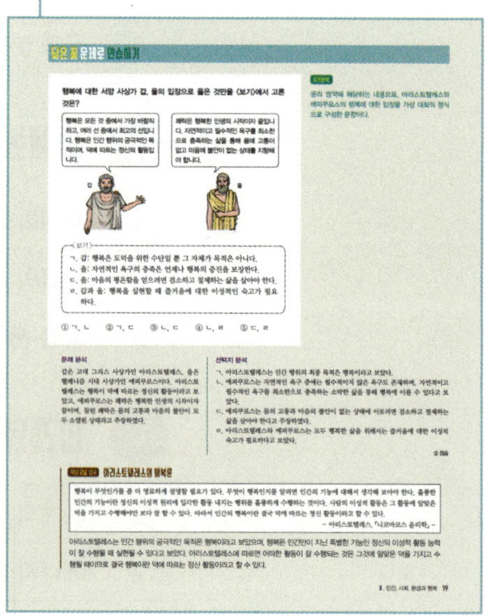

핵심 자료 탐구

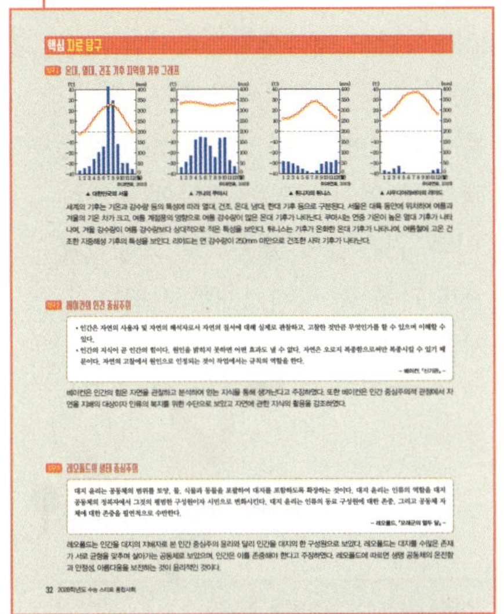

예시 문항과 닮은 꼴 문제 해결에 필요한 핵심 자료를 다양하게 제시하고 탐구할 수 있도록 하였습니다.

수능 실력 다지기

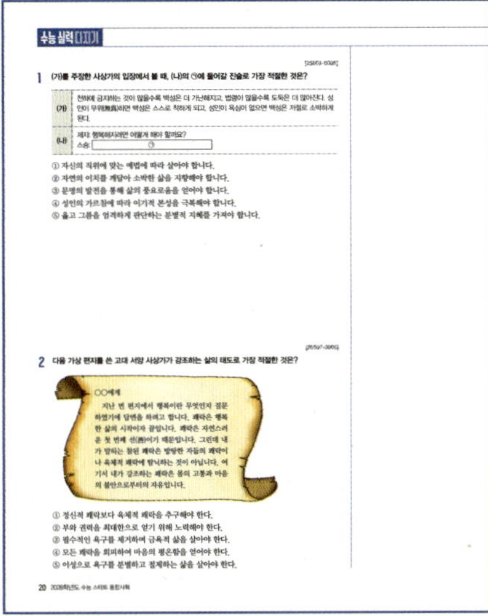

수능 실력 다지기 문제를 통해 개념을 확인하고 기초를 다질 수 있도록 하였습니다.

1등급 완성하기

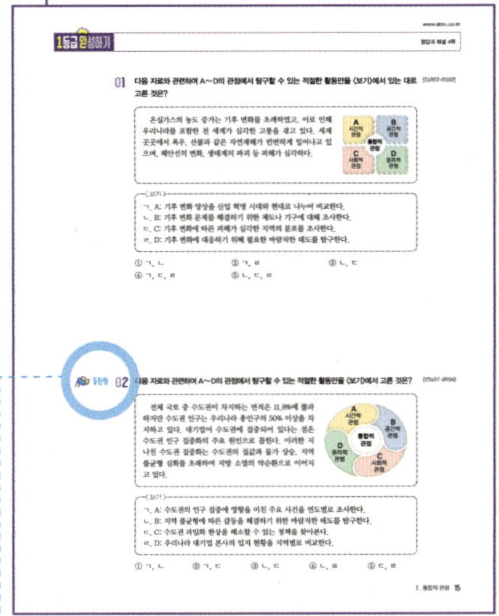

수능 1등급을 완성하기 위해 심화 문제로 연습할 수 있도록 하였습니다.

통합형

지리, 일반사회, 윤리의 내용과 소재를 통합적으로 구성하여 2028학년도 대학수학능력시험에서 출제될 통합형 문항을 대비하도록 하였습니다.

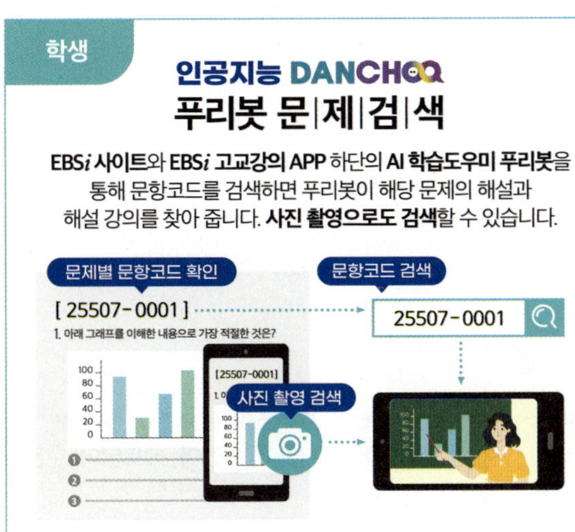

2028학년도 수능 통합사회 안내

2025년부터 고등학교에서 2022 개정 교육과정이 시행됨에 따라 교육부에서는 2028학년도 대학수학능력시험 개편안을 발표하였다. 이 발표에 따라 대학수학능력시험에서 나타나는 가장 큰 변화는 선택 과목의 배제라고 할 수 있다. 2028학년도부터 시행되는 대학수학능력시험에서는 선택과목 간 유·불리로 인한 문제를 없애고, 문·이과 구분 없는 융합적인 학습을 장려하기 위해 국어, 수학, 사회·과학탐구, 직업탐구 영역에서 선택 과목 없이 동일한 과목에 응시하도록 하였다. 이에 따라 2028학년도 대학수학능력시험부터 학생들은 소위 문과와 이과 구분 없이 공통으로 고등학교 1학년에서 배우는 통합사회와 통합과학에 응시해야 한다. 사회탐구의 경우 그동안 9개 과목 중 최대 2개를 선택할 수 있었지만 새로운 제도하에서는 선택 과목이 폐지되고 모든 수험생은 통합사회에 응시해야 한다.

대학수학능력시험의 개편 이전과 이후를 비교하면 다음과 같다.

영역		개편 이전	개편 이후(2028학년도 수능)
국어		독서와 문학 + 화법과 작문, 언어와 매체 중 1과목 선택	화법과 언어, 독서와 작문, 문학
수학		수학 I, 수학 II + 확률과 통계, 미적분, 기하 중 1과목 선택	대수, 미적분 I, 확률과 통계
영어(절대 평가)		영어 I, 영어 II	
한국사(절대 평가)		한국사	
탐구	사회 과학	한국지리, 세계지리, 세계사, 동아시아사, 경제, 정치와 법, 사회·문화, 생활과 윤리, 윤리와 사상, 물리학 I, 화학 I, 생명과학 I, 지구과학 I, 물리학 II, 화학 II, 생명과학 II, 지구과학 II 중 최대 2과목 선택	통합사회, 통합과학
	직업	농업 기초 기술, 공업 일반, 상업 경제, 수산·해운 산업 기초, 인간 발달 중 1과목 선택 또는 성공적인 직업생활 + 농업 기초 기술, 공업 일반, 상업 경제, 수산·해운 산업 기초, 인간 발달 중 1과목 선택	성공적인 직업생활
제2외국어/한문 (절대 평가)		독일어 I, 프랑스어 I, 스페인어 I, 중국어 I, 일본어 I, 러시아어 I, 아랍어 I, 베트남어 I, 한문 I 중 1과목 선택	독일어, 프랑스어, 스페인어, 중국어, 일본어, 러시아어, 아랍어, 베트남어, 한문 중 1과목 선택

2022 개정 교육과정 통합사회의 특성

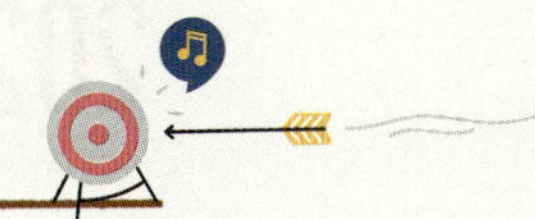

　2022 개정 교육과정에 따른 통합사회는 인간, 사회, 국가, 지구 공동체 및 환경을 개별 학문의 경계를 넘어 통합적 관점으로 이해하고, 사회적 변화에 능동적으로 대응하며, 미래 사회에 필요한 기초 소양과 역량을 함양하기 위한 과목이다. 통합사회에서 강조하는 통합적 관점은 시간적·공간적·사회적·윤리적 관점의 통합으로서 역사, 지리, 일반사회, 윤리 과목군의 통합을 의미한다. 그런데 2022 개정 교육과정의 통합사회는 4개 통합 영역(역사, 지리, 일반사회, 윤리) 중 역사의 비중은 다소 낮은 편이기 때문에 실질적으로는 3개 영역(지리, 일반사회, 윤리) 간의 통합이라고 할 수 있다. 이러한 통합사회는 중학교의 사회(지리·일반사회), 역사 및 도덕을 통해 학습한 기본 개념과 이론을 바탕으로 통합적 학습을 할 수 있도록 핵심 아이디어를 중심으로 조직화하였으며, 고등학교 일반 진로·융합 선택 과목을 학습하기 위한 다리와 같은 역할을 수행하도록 내용 요소와 활동을 구성하였다.

　2015 개정 교육과정 통합사회와 2022 개정 교육과정 통합사회1, 통합사회2를 비교하면 다음과 같다.

2015 개정 통합사회		2022 개정 통합사회	
대영역	**핵심 개념**	**통합사회1**	**통합사회2**
삶의 이해와 환경	(1) 인간, 사회, 환경과 행복　(2) 자연환경과 인간 (3) 생활 공간과 사회	(1) 통합적 관점 (2) 인간, 사회, 환경과 행복 (3) 자연환경과 인간 (4) 문화와 다양성 (5) 생활 공간과 사회	(1) 인권 보장과 헌법 (2) 사회 정의와 불평등 (3) 시장 경제와 지속가능 발전 (4) 세계화와 평화 (5) 미래와 지속가능한 삶
인간과 공동체	(4) 인권 보장과 헌법　(5) 시장 경제와 금융 (6) 사회 정의와 불평등		
사회 변화와 공존	(7) 문화와 다양성　(8) 세계화와 평화 (9) 미래와 지속가능한 삶		

통합사회1		통합사회2	
지식·이해 범주	**내용 요소**	**지식·이해 범주**	**내용 요소**
통합적 관점	• 통합적 관점　• 시간적 관점 • 공간적 관점　• 사회적 관점 • 윤리적 관점	인권 보장과 헌법	• 시민혁명　• 인권 • 헌법　• 시민참여
인간, 사회, 환경과 행복	• 행복의 의미 • 행복의 조건	사회 정의와 불평등	• 정의의 실질적 기준　• 정의관 • 사회 불평등　• 공간 불평등
자연환경과 인간	• 자연환경 • 자연관 • 환경 문제 • 생태 시민	시장 경제와 지속가능 발전	• 시장경제와 합리적 선택 • 경제 주체의 역할 • 국제 분업과 무역 • 금융 생활
문화와 다양성	• 문화권　• 문화 변동 • 문화 상대주의와 보편윤리　• 다문화 사회	세계화와 평화	• 세계화　• 국제분쟁 • 평화　• 세계시민
생활 공간과 사회	• 산업화와 도시화 • 교통·통신과 과학 기술의 발달 • 생활 공간과 생활 양식 • 지역 사회	미래와 지속가능한 삶	• 인구 문제 • 자원 위기 • 미래 삶의 방향 • 지속가능 발전

2028학년도 수능 통합사회 예시 문항 신유형 분석

2028학년도 대학수학능력시험부터 통합사회는 원칙적으로 시간적 관점, 공간적 관점, 사회적 관점, 윤리적 관점을 통한 통합적인 탐구가 요구되는 문항을 출제할 것으로 예상된다. 즉, 역사, 지리, 일반사회, 윤리 과목군에 따른 개별적 이해보다는 다양한 관점에서 동일한 현상을 탐구할 수 있는 역량을 평가하는 문항이 강조될 것으로 예상된다. 하지만 하나의 현상을 통합적으로 탐구하는 데 있어서 역사, 지리, 일반사회, 윤리 각 영역의 기본적인 개념이나 지식이 바탕이 되어야 한다는 점에서 통합사회의 모든 문항이 통합형으로 출제되지는 않을 것이며, 개별 과목군에 충실한 문항도 출제될 것으로 예상된다. 실제로 2024년에 교육부가 공개한 2028학년도 대학수학능력시험 통합사회 예시 문항을 보면 통합형 문항과 개별 과목형 문항이 고르게 섞여 있는데, 이는 대학수학능력시험 통합사회를 대비하는 데 있어서 개별 과목 영역의 기본 개념이나 지식의 학습과 통합적 학습이 균형 있게 이루어져야 함을 시사한다.

교육부가 공개한 통합사회 신유형 문항 중 대표적인 유형을 분석하면 다음과 같다.

다음 지도를 보고 물음에 답하시오.

다음은 위 지도의 (가) 국가에 대한 여행 일지이다. 이에 대한 설명으로 옳은 것은?

여행 일지 ２０○○.○○.○○.

건조 문화권에 속하는 이슬람 국가인 ⌈ (가) ⌋ 에 도착하였다. 여행 전 조사를 통해 ㉠ 이슬람교가 7세기 초 무함마드에 의해 창시되었고 이슬람교를 믿는 사람들이 기도와 금식, 순례 등을 행한다는 것을 알게 되었다. 입국 수속을 마치고 숙소로 이동하여 짐을 푼 후 식사를 위해 도심으로 들어왔다. 때마침 기도 시간인지, 이동하는 사람들의 행렬을 따라가니 이슬람

- **지리 영역과 일반사회 영역을 통합한 문항**
  ① 지리 영역: 자연환경과 인간, 다양한 문화권 특징
  ② 일반사회 영역: 문화 변동 요인과 양상

- **3개의 성취 기준을 반영하여 출제**
  ① 통합사회 1 (3) 자연환경과 인간
    [10통사1–03–01] 자연환경이 인간의 생활에 미치는 영향에 관한 과거와 현재의 사례를 조사하여 분석하고, 안전하고 쾌적한 환경에서 살아가는 것이 시민의 권리임을 주장한다.
  ② 통합사회 1 (4) 문화와 다양성
    [10통사1–04–01] 자연환경과 인문환경의 영향을 받아 형성된 다양한 문화권의 특징과 삶의 방식을 탐구한다.
  ③ 통합사회 1 (4) 문화와 다양성
    [10통사1–04–02] 문화 변동의 다양한 양상을 이해하고, 현대 사회에서 전통문화가 지니는 의의를 탐색한다.

(가)의 갑, 을 사상가들의 입장을 (나) 그림으로 탐구하고자 할 때, A~C에 들어갈 적절한 질문만을 〈보기〉에서 고른 것은?

(가)	갑: 한 사람의 소유물은 취득, 이전, 교정의 원리에 의해 권리를 부여받았으면 정당하다. 각 개인의 소유물이 정당하다면 소유물의 전체 집합, 즉 분배도 정당하다. 을: 공정으로서의 정의는 공정한 합의의 관념을 기본 구조 자체로 확장시킨다. 무지의 베일이라 부른 특징을 갖는 원초적 입장이 이러한 관점을 구체화한다.

사상가 갑, 을의 입장을 탐구하려

〈범례〉
☐ : 출발 조건

- **윤리 영역에 기초한 문항**
  내용 요소: 정의의 실질적 기준 및 정의관

- **윤리 영역 1개의 성취 기준을 반영하여 출제**
  [10통사2–02–02] 개인과 공동체의 관계를 기준으로 다양한 정의관을 비교하고, 이를 구체적인 사례에 적용하여 설명한다.

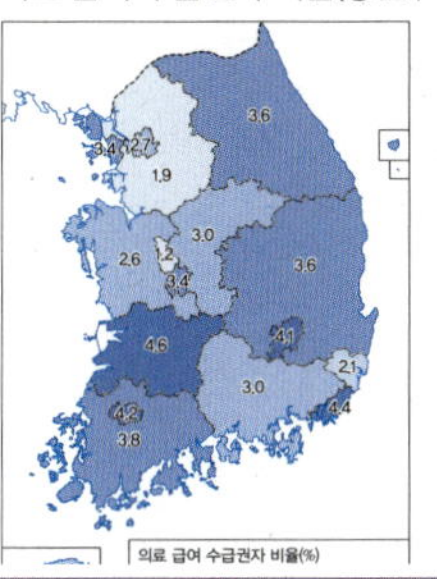

- 지리, 일반사회, 윤리 영역을 통합한 문항
  ① 지리 영역: 공간 불평등
  ② 일반사회 영역: 사회 복지 제도
  ③ 윤리 영역: 정의의 실질적 기준

- 2개의 성취 기준을 반영하여 출제
  ① 통합사회 2 ⑵ 사회정의와 불평등
    [10통사2-02-01] 정의의 의미와 정의가 요구되는 이유를 파악하고, 다양한 사례를 통해 정의의 실질적 기준을 탐구한다.
  ② 통합사회 2 ⑵ 사회정의와 불평등
    [10통사2-02-03] 사회 및 공간 불평등 현상의 사례를 조사하고, 정의로운 사회를 만들기 위한 다양한 제도와 시민으로서의 실천 방안을 제안한다.

4

2028학년도 수능 통합사회 학습 길잡이

2028학년도 대학수학능력시험부터 도입되는 통합사회에 대비하기 위해서는 다음과 같은 사항에 유의하여 학습할 필요가 있다.

① **역사, 지리, 일반사회, 윤리 영역 간의 통합형 문항 출제를 원칙으로 하므로 하나의 주제를 학습하더라도 시간적·공간적·사회적·윤리적 관점에서 통합적으로 탐구하는 자세를 기를 필요가 있다.** 즉, 하나의 사건이나 주제를 학습할 때, 관련된 역사적 배경이나 맥락, 자연환경이나 인문환경, 법이나 사회 제도, 윤리적·사상적 쟁점 등을 통합적으로 살펴보는 자세가 필요하다.

② **통합사회의 통합형 문항에서는 특정 과목에 한정된 단편적인 지식의 암기보다 다양한 영역의 지식을 활용하여 하나의 현상을 탐구하는 역량이 중요하므로 평소 공부할 때 지식을 적용하여 자료를 분석하고 탐구하는 습관을 기를 필요가 있다.** 이를 위해 학교 수업에서 실시하는 다양한 토론 및 조사 활동, 프로젝트 활동 등에 적극적으로 참여하여 자료를 능동적으로 수집하고 분석하는 역량, 통합적으로 평가하고 의사를 결정하는 역량 등을 기를 필요가 있다.

③ **대학수학능력시험 통합사회가 강조하는 통합적인 탐구 역량의 함양을 위해서는 각 영역의 기본 개념이나 이론에 대한 충분한 이해가 바탕이 되어야 함을 경시해서는 안 된다.** 교육부가 공개한 통합사회 예시 문항에도 지리, 일반사회, 윤리 영역의 개별 내용 요소에 대한 이해를 중시하는 개별 과목형 문항이 적지 않으므로 각 영역의 기본 개념이나 이론에 대한 충실한 학습을 통합사회 공부의 출발점으로 삼아야 한다.

④ **통합사회는 중학교에서 배운 사회(지리, 일반사회), 역사, 도덕 과목의 내용 요소를 바탕으로 하여 사회 현상에 대한 통합적인 학습을 위해 핵심 아이디어를 중심으로 재조직화된 과목이다.** 따라서 중학교 과목인 사회(지리, 일반사회), 역사, 도덕 과목의 기본 개념과 이론 등을 충실히 복습한 후 학습에 임하면 통합사회 과목에서 높은 성취를 달성하는 데 많은 도움이 된다.

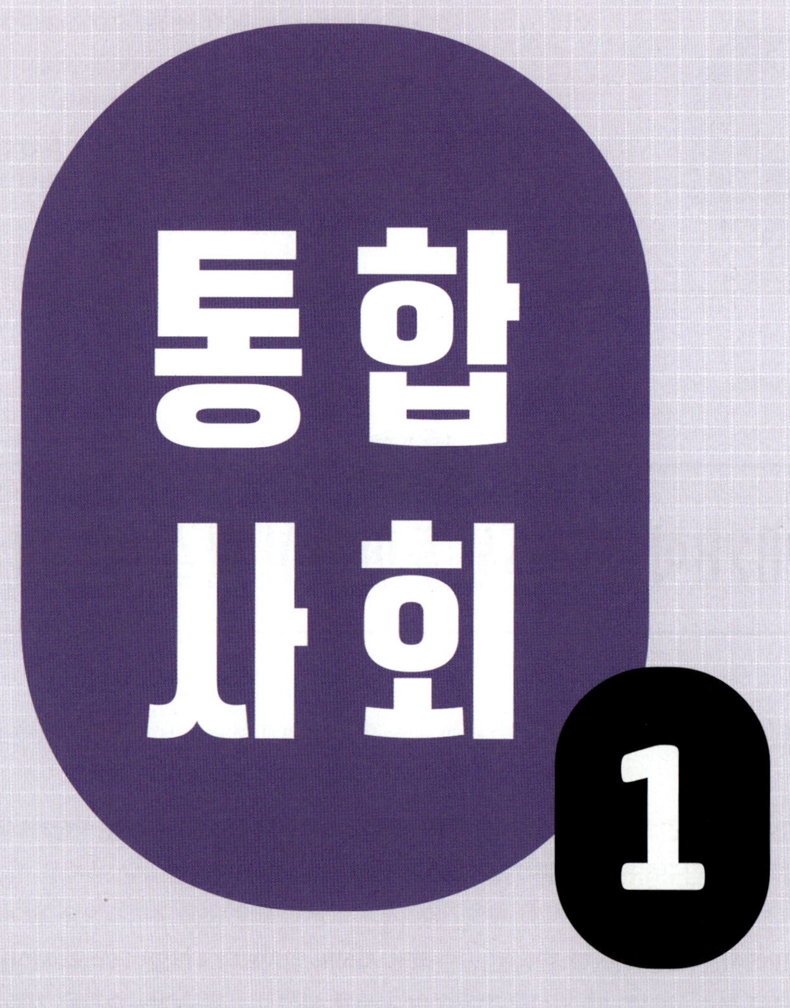

통합
사회
1

1 인간, 사회, 환경을 바라보는 다양한 관점

1. 시간적 관점의 의미와 특징

(1) **시간적 관점의 의미**: 사회 현상을 시대적 배경과 역사적 맥락에 초점을 두고 바라보는 것

(2) **시간적 관점의 특징**

① 사회 현상의 변화 과정을 파악하여 미래의 모습을 예측하고 통찰할 수 있음

② 과거의 사실을 살펴 현재의 사회 현상을 이해하고 문제의 해결 방안을 찾는 데 도움을 줌

2. 공간적 관점의 의미와 특징

(1) **공간적 관점의 의미**: 사회 현상을 이해할 때 자연환경과 인간의 상호 작용, 지역에 초점을 두고 바라보는 것

(2) **공간적 관점의 특징**

① 한 지역의 특성뿐만 아니라 여러 지역 간의 유사점과 차이점을 알 수 있음

② 각 지역의 상호 작용과 이에 따른 지역 변화를 살펴보는 데 유용함

3. 사회적 관점의 의미와 특징

(1) **사회적 관점의 의미**: 사회 현상을 사회 제도 및 사회 구조와의 관련성 속에서 이해하는 것

(2) **사회적 관점의 특징**

① 사회 제도 및 사회 구조의 관점에서 개인의 사고방식과 행위를 이해할 수 있음

② 사회 현상이 발생한 원인이나 배경을 이해하고, 그 현상이 개인이나 사회에 미치는 영향을 파악할 수 있음

4. 윤리적 관점의 의미와 특징

(1) **윤리적 관점의 의미**: 사회 현상을 도덕적 가치와 규범을 고려하여 평가하고 사회 문제의 해결 방안을 탐구하는 것

(2) **윤리적 관점의 특징**

① 개인의 행동뿐만 아니라 사회의 구조를 평가하는 기준을 정립하고, 사회가 앞으로 나아가야 할 방향을 모색할 수 있음

② 보편적인 규범을 기준으로 개인 삶의 방향성을 정하고 사회 문제의 바람직한 해결책을 찾는 데 도움을 줌

> **■ 지역**
> 다른 장소와 특성이 구별되는 공간으로 좁게는 내가 살고 있는 행정 구역인 시·군 단위부터 아시아 대륙, 유럽 대륙 등에 이르기까지 다양한 범주로 설정할 수 있다.

> **■ 통섭**
> '사물에 널리 통함' 또는 '서로 사귀어 오감'이라는 뜻이다. 최근 '통섭'은 창의적 인재의 필요성과 더불어 그 중요성이 강조되고 있다. 통합사회 과목에서 말하는 통합적 관점은 궁극적으로 '통섭'의 의미와 일맥상통한다고 볼 수 있다.

자료 플러스 **지식의 통섭**

자연과학, 인문학, 사회과학의 여러 분야에서 모두 아리스토텔레스를 할아버지로 모신다. 왜 아리스토텔레스는 많은 분야에 손을 대었던 것일까? 아리스토텔레스가 보인 광범위한 관심은 아마도 '당시, 그곳'의 문제를 풀어보고자 하는 노력에서 나온 것일 것이다. 엄밀하게 따지자면 인간이 가지고 있는 어떤 문제든 어느 한 분야의 지식으로 명쾌하게 풀리는 법은 거의 없다. 우리들 앞에 놓인 거의 모든 복잡한 문제들은 다각도로 검토하고 살펴야 답에 다가갈 실마리라도 얻을 수 있다. 사람들이 놓인 '당시, 그곳'이 어디이든 그들 앞의 문제는 늘 복잡했고 여러 분야의 지식을 이리저리 둘러봐야 했다.

– 최재천, 주일우, 『지식의 통섭』 –

한 분야의 지식이나 특정한 하나의 관점만으로는 사회 문제를 해결하기가 어렵다. 문제를 다각도로 검토 및 탐구하여 문제의 속성을 정확히 파악하고 적절한 대책을 세우기 위해서는 통합적 관점이 필요하다.

2 통합적 관점의 필요성과 적용

1. 통합적 관점의 필요성

(1) 현대 사회의 특징

① 기술이 급속하게 발전하고 있으며, 학문 분야의 세분화 경향이 두드러지고 있음

② 구성원 간 상호 작용과 이해관계의 복잡성이 심화되고 있음

(2) 현대 사회의 사회 현상

① 현대 사회의 사회 현상은 여러 분야가 복잡하게 얽혀 있음

② 한 가지 관점의 적용만으로는 현대 사회에서 발생하는 사회 문제를 해결하기 어려움

(3) 통합적 관점의 필요성: 사회 문제를 정확하게 이해하고 적절한 방안을 모색하기 위해 구체적인 사회 현상을 여러 관점을 고려하여 통합적으로 살펴보는 통합적 관점이 필요함

■ **학문 분야의 세분화 경향**
학문 분야가 분화되어 전문화되어 가는 경향을 의미한다. 예를 들어, 사회과학은 사회 현상을 각각의 학문적 관심과 방법으로 분석하는 개별 학문으로 분화되었다. 그런데 이와 같은 학문 분야의 세분화 경향은 사회 현상을 단편적이고 일차적인 현상으로 이해하고 대응책을 모색할 우려가 있다.

2. 통합적 관점의 적용: 저출생 현상

(1) 우리 사회에서 심화되고 있는 저출생 현상에 적절하게 대응하기 위해서는 다양한 관점들을 통합적으로 이해해야 함

(2) 통합적 관점을 바탕으로 저출생 현상에 대한 대책을 마련해야 부작용을 최소화할 수 있음

구분	주요 관심
시간적 관점	연도별 출생률의 변화와 출생률 변화의 시대적 배경은 무엇인가?
공간적 관점	농촌 지역과 도시 지역의 저출생 양상은 어떻게 나타나는가?
사회적 관점	• 저출생 현상으로 인해 나타난 법률과 정책은 무엇이며, 이러한 현상에 대응하기 위해 필요한 사회 제도는 무엇인가? • 저출생 현상은 사회 구조에 어떤 영향을 주고 있는가?
윤리적 관점	저출생 현상에 대해 어떤 생각을 가지는 것이 바람직한가?

자료 플러스 통합적 관점의 필요성

코끼리의 생김새를 전혀 모르는 사람들이 눈을 감고 코끼리를 만져 본 후에 코끼리의 모습에 대해 질문을 받는다면 어떻게 대답할까? 코끼리의 어떤 부위를 만졌는지에 따라 각기 다른 대답을 할 것이다. 전체를 확인하지 못한 채 각자가 만진 코끼리의 일부분만 가지고 코끼리의 모습을 단정 짓는 것은 잘못된 판단이다. 이처럼 통합적 관점 없이는 사물에 대해 좁은 소견과 주관으로 잘못된 판단을 하는 경우가 발생할 수 있다.

코끼리의 모습을 제대로 파악하기 위해서는 코끼리의 여러 신체 부위를 종합적으로 살펴봐야 하는데, 통합적 관점도 이와 같은 맥락으로 이해해 볼 수 있다. 통합적 관점은 다양한 관점을 토대로 사회 현상을 종합적으로 바라보면서 각 부분의 관계를 파악하거나 전체적 진실을 통찰하는 것을 의미하므로 전체의 모습을 이해하고 올바른 판단을 하는 데 도움이 된다.

[25507-0001]

1 교사가 제시한 관점 A~D에 대한 설명으로 가장 적절한 것은? (단, A~D는 각각 시간적 관점, 공간적 관점, 사회적 관점, 윤리적 관점 중 하나임.)

① A는 사회 현상을 도덕적 가치의 관점에서 살펴보는 관점이다.
② B는 사회 현상을 시대적 배경과 맥락 속에서 이해하는 관점이다.
③ C는 사회 현상을 사회 구조의 측면에서 파악하고 대안을 찾는 관점이다.
④ D는 사회 현상을 자연환경과 인문환경의 정보를 통해 파악하는 관점이다.
⑤ A~D의 관점을 함께 고려하여 사회 현상을 통합적으로 탐구하는 자세가 필요하다.

[25507-0002]

2 다음 사례와 관련하여 사회 현상을 탐구할 때 각 관점에 따른 활동 내용으로 적절한 것만을 〈보기〉에서 있는 대로 고른 것은?

인간 고유의 영역이라고 여겨졌던 예술과 같은 분야에서도 인공지능을 활용한 창작 활동이 활발히 이루어지고 있다. 현재는 인공지능의 창작물에 대한 저작권과 관련하여 여러 쟁점이 존재하며 이에 대한 입법적·정책적 논의가 진행되고 있다. 인공지능 창작물의 저작권 보호를 위해 하루빨리 대책을 마련하지 않는다면 인공지능 창작물의 무단 사용, 인공지능 산업에 대한 투자 위축 등의 문제가 발생할 수 있다는 우려의 목소리가 높아졌다.

〈 보기 〉

ㄱ. 시간적 관점: 인공지능 관련 저작권 문제가 발생하게 된 시대적 배경을 분석한다.
ㄴ. 공간적 관점: 현재의 법률과 제도상 저작권이 보호받는 범위에 대해 조사한다.
ㄷ. 사회적 관점: 인공지능의 저작권 인정 여부를 자연적·인문적 환경의 특징에 따라 지역별로 분류하여 비교한다.
ㄹ. 윤리적 관점: 인공지능의 저작권을 인정했을 때 발생할 수 있는 윤리적 문제를 탐구한다.

① ㄱ, ㄴ　　　② ㄱ, ㄹ　　　③ ㄴ, ㄷ
④ ㄱ, ㄷ, ㄹ　　　⑤ ㄴ, ㄷ, ㄹ

01 다음 자료와 관련하여 A~D의 관점에서 탐구할 수 있는 적절한 활동만을 〈보기〉에서 있는 대로 고른 것은? [25507-0003]

온실가스의 농도 증가는 기후 변화를 초래하였고, 이로 인해 우리나라를 포함한 전 세계가 심각한 고통을 겪고 있다. 세계 곳곳에서 폭우, 산불과 같은 자연재해가 빈번하게 일어나고 있으며, 해안선의 변화, 생태계의 파괴 등 피해가 심각하다.

〈보기〉

ㄱ. A: 기후 변화 양상을 산업 혁명 시대와 현대로 나누어 비교한다.
ㄴ. B: 기후 변화 문제를 해결하기 위한 제도나 기구에 대해 조사한다.
ㄷ. C: 기후 변화에 따른 피해가 심각한 지역의 분포를 조사한다.
ㄹ. D: 기후 변화에 대응하기 위해 필요한 바람직한 태도를 탐구한다.

① ㄱ, ㄴ　　　② ㄱ, ㄹ　　　③ ㄴ, ㄷ
④ ㄱ, ㄷ, ㄹ　　　⑤ ㄴ, ㄷ, ㄹ

통합형 02 다음 자료와 관련하여 A~D의 관점에서 탐구할 수 있는 적절한 활동만을 〈보기〉에서 고른 것은? [25507-0004]

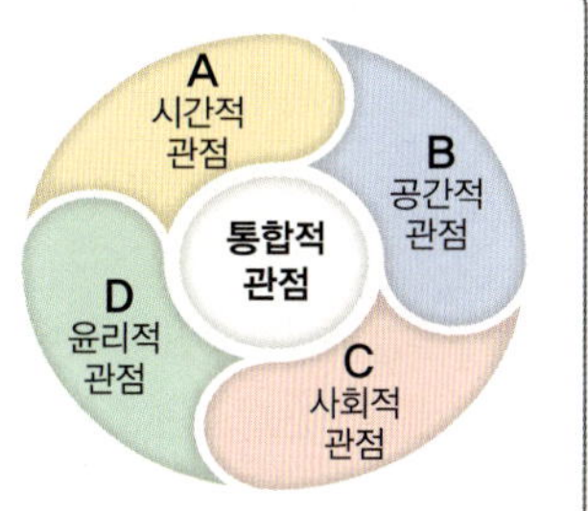

전체 국토 중 수도권이 차지하는 면적은 11.8%에 불과하지만 수도권 인구는 우리나라 총인구의 50% 이상을 차지하고 있다. 대기업이 수도권에 집중되어 있다는 점은 수도권 인구 집중화의 주요 원인으로 꼽힌다. 이러한 지나친 수도권 집중화는 수도권의 집값과 물가 상승, 지역 불균형 심화를 초래하여 지방 소멸의 악순환으로 이어지고 있다.

〈보기〉

ㄱ. A: 수도권의 인구 집중에 영향을 미친 주요 사건을 연도별로 조사한다.
ㄴ. B: 지역 불균형에 따른 갈등을 해결하기 위한 바람직한 태도를 탐구한다.
ㄷ. C: 수도권 과밀화 현상을 해소할 수 있는 정책을 찾아본다.
ㄹ. D: 우리나라 대기업 본사의 입지 현황을 지역별로 비교한다.

① ㄱ, ㄴ　　② ㄱ, ㄷ　　③ ㄴ, ㄷ　　④ ㄴ, ㄹ　　⑤ ㄷ, ㄹ

인간, 사회, 환경과 행복

1 행복의 의미와 기준

1. 행복의 의미와 기준

(1) **행복의 의미**: 삶에서 충분한 만족감이나 기쁨을 느끼는 상태

(2) **행복의 기준**

① 시대에 따른 행복의 기준: 시대의 지배적인 가치나 사상, 사회 변화 등이 행복의 기준에 영향을 줌

선사 시대	자연 재해를 피하고, 생존을 위하여 먹을 것을 얻는 것을 중시함
고대 그리스 시대	지적인 활동이나 철학적 성찰을 통해 얻는 지혜와 덕을 중시함
헬레니즘 시대	전쟁과 사회적 혼란에 따른 불안에서 벗어난 평온한 삶을 추구함
서양 중세 시대	신앙을 통해 신과 하나가 되어야 참된 행복에 도달할 수 있다고 봄
현대	개인별로 다양한 행복관을 가지고 자신의 주관적 만족감을 중시함

② 지역에 따른 행복의 기준: 같은 시기라도 사람들이 생활하는 지역의 자연환경과 인문환경 등의 지역적 여건에 따라 행복의 기준은 다양하게 나타남

2. 행복에 대한 다양한 관점

(1) **동양에서의 행복**: 몸과 마음을 바르게 하는 수양을 통해 행복을 실현할 수 있다고 봄

유교	하늘로부터 부여받은 도덕적 본성을 보존하고 함양하면서 인(仁)을 실현해야 한다고 봄
불교	깨달음을 얻고, 고통받는 중생을 구제함으로써 해탈의 경지에 이르러야 한다고 봄
도가	타고난 그대로의 본성에 따라 인위적인 것이 더해지지 않은 자연 그대로의 모습으로 살아가야 한다고 봄

(2) **서양에서의 행복**: 고대 그리스 시대부터 근대에 이르기까지 행복에 관한 다양한 논의가 이루어짐

아리스토텔레스	행복을 인간 삶의 궁극적 목적이라고 보고, 행복은 이성의 기능을 잘 발휘할 때 달성된다고 봄
에피쿠로스	육체에 고통이 없고 마음에 불안이 없는 평온한 삶을 행복이라고 봄
스토아학파	정념에 방해받지 않는 초연한 태도로 자연의 질서에 따라 이성적으로 사는 것을 행복이라고 봄
벤담	쾌락의 충족을 행복이라고 여겨 최대 다수의 최대 행복을 가져다주는 행위를 해야 한다고 봄

■ **고대 그리스 사상가들의 행복**

대표적인 고대 그리스 사상가인 소크라테스, 플라톤, 아리스토텔레스는 진리에 대한 깨달음을 바탕으로 덕을 실천할 때 행복을 실현할 수 있다고 보았다.

■ **인(仁)**

유교의 핵심 사상으로, 사랑의 정신이자 인격체의 인간다움을 의미한다.

■ **불성(佛性)**

부처의 본성 또는 중생이 가지고 있는 부처가 될 가능성을 의미하는 말이다.

자료 플러스 **에피쿠로스의 행복**

> 우리가 쾌락의 부재로 인해 고통을 느낄 때에는 쾌락을 필요로 하지만, 고통을 느끼지 않는다면 더 이상 쾌락을 필요로 하지 않는다. 이런 이유 때문에 우리는 쾌락이 행복한 인생의 시작이자 끝이라고 말한다.
> – 에피쿠로스, 「쾌락」 –

에피쿠로스는 쾌락을 행복한 삶의 시작이자 끝으로 보았으며, 모든 욕구를 적극적으로 충족하는 데에서 오는 쾌락이 아니라 고통의 부재로서의 쾌락을 주장하였다.

2 행복한 삶을 실현하기 위한 조건

1. 질 높은 정주 환경

(1) **질 높은 정주 환경의 의미**: 환경이 쾌적하고 위생적이며 생활에 편리한 시설을 갖추고 있고, 범죄율이 낮고 정치적으로 안정된 곳

(2) **정주 환경의 질을 높이기 위한 구체적인 노력**

주거 환경의 안락함, 편리함의 증진	국민들의 살기 좋은 주거 생활을 위해 정부가 주택 개발 정책을 추진함
교육과 의료 시설의 확충	각종 학교나 병원의 확충을 통해 정부가 국민들에게 일정한 교육과 의료 혜택을 제공함
삶의 질 개선을 위한 시설의 확충	인간다운 생활을 위한 문화·예술·체육·복지 시설을 마련함
생태 환경의 조성	인간과 자연이 조화와 공존을 이룰 수 있도록 도심 내 녹지 공간을 확대함

2. 경제적 안정

(1) **경제적 안정의 필요성**
① 경제적으로 궁핍한 상황에서는 의식주와 같은 기본적인 삶의 조건들이 충족되기 어려움
② 생계를 유지하며 삶의 여유를 갖고 행복한 삶을 살기 위해서는 경제적 안정이 중요함

(2) **경제적 안정을 위한 국가의 구체적인 노력**

고용 안정	경제 활성화, 일자리 창출, 실업 문제 해결, 최저 임금 보장 등을 위해 노력해야 함
복지 확충	복지 제도를 마련하고 질 높은 교육과 건강 관리를 지원하는 제도적 노력이 필요함
경제적 불평등 해소	소외 계층이 절대 빈곤으로 고통받지 않고, 상대적 박탈감에 시달리지 않도록 지나친 경제적 불평등을 해소하기 위해 노력해야 함

3. 민주주의의 발전

(1) **민주주의 발전의 필요성**
① 민주 국가일수록 국민의 의사가 존중되고 국가가 국민들의 인권 보호에 관심을 가짐
② 민주 국가에서는 국민들이 삶에 대한 만족감과 행복을 느낄 가능성이 높음

(2) **민주주의 발전을 위한 구체적인 노력**

민주적 제도의 마련	국민의 권리를 보호하기 위해 법치주의, 선거 제도, 삼권 분립 등의 민주적 제도를 마련함
참여 중심 정치 문화의 확산	시민이 주체적이고 적극적으로 정치에 참여하는 정치 문화를 형성하고 확산함

4. 도덕적 성찰과 도덕적 실천

(1) **도덕적 성찰의 필요성**: 타인과 공동체에 해를 입히는 비도덕적 행위를 하고 있지는 않은지 성찰할 필요가 있음

(2) **도덕적 실천의 필요성**: 도덕적 실천을 통해 공동체에 기여함으로써 자존감과 행복감을 높일 수 있으며, 바람직한 도덕적 가치를 실천하여 나와 공동체의 행복을 실현할 수 있음

■ 정주 환경

인간이 살아가는 터전을 둘러싼 환경으로, 주거 환경에서부터 문화, 여가, 자연환경까지 일상생활의 전 영역을 광범위하게 포함한다.

■ 복지 제도

국가는 누구나 경험할 수 있는 다양한 사회적 위험에서 벗어나 경제적 안정을 보장받을 수 있도록 지원하는 제도를 마련하고 있다. 예로는 사회 보험, 공공 부조, 사회 서비스 등이 있다.

■ 맹자의 항산과 항심

> 사리에 밝은 임금은 백성들의 생업을 마련해 주어, 언제나 위로는 부모님을 섬기기에 충분하게 하고 아래로는 처자들을 먹여 살리기에 충분하게 해 줍니다. 그런 뒤에야 백성들을 착한 길로 나아가게 합니다.
> – 맹자, 『맹자』 –

맹자는 백성들은 일정한 생활 근거인 생업[恒産(항산)]이 있어야 변치 않는 도덕심[恒心(항심)]이 있을 수 있다고 주장하였다.

예시 문항 1

행복에 대한 서양 사상가 갑, 을의 입장으로 옳은 것만을 〈보기〉에서 있는 대로 고른 것은?

> 최고선인 행복이 무엇인지 알려면 인간의 고유한 기능을 알아야 합니다. 인간의 고유한 기능은 이성을 동반하는 정신 활동입니다. 그런데 기능을 잘 수행할 수 있는 품성 상태가 덕이므로 행복이란 덕에 따르는 정신의 활동입니다.

> 쾌락은 행복의 시작이자 끝입니다. 우리가 추구할 만한 쾌락은 몸에 고통이 없고 마음에 동요가 없는 상태입니다. 그런데 덕은 본성적으로 쾌락의 향유와 연결되므로 사려 깊고 훌륭하고 정의롭게 살지 않고서는 쾌락을 누릴 수 없습니다.

갑

을

〈 보기 〉

ㄱ. 갑: 행복은 인간의 모든 행위의 궁극적인 목적이다.
ㄴ. 갑: 유덕함이 행복을 증진하지만 행복의 필수 조건은 아니다.
ㄷ. 을: 모든 고통이 제거되면 쾌락은 더 이상 증가하지 않는다.
ㄹ. 갑과 을: 이성의 능력을 발휘해야 행복에 이를 수 있다.

① ㄱ, ㄴ
② ㄱ, ㄹ
③ ㄴ, ㄷ
④ ㄱ, ㄷ, ㄹ
⑤ ㄴ, ㄷ, ㄹ

유형 분석

윤리 영역에 해당하는 내용으로, 아리스토텔레스와 에피쿠로스의 행복에 대한 입장을 가상 대화의 형식으로 구성한 문항이다.

성취기준

시대와 지역에 따라 다르게 나타나는 행복의 기준을 사례를 통해 비교하여 평가하고, 삶의 목적으로서 행복의 의미를 성찰한다.

수능 길잡이

• 제시문의 두 사상가가 고대 그리스 시대 사상가인 아리스토텔레스와 헬레니즘 시대 사상가인 에피쿠로스임을 파악한다.
• 가상 대화의 분석을 통해 아리스토텔레스와 에피쿠로스가 각각 주장하는 행복과 덕, 행복과 이성의 관련성을 파악한다.
• 시대와 사상가의 관점에 따라 행복에 대한 입장이 다르게 나타날 수 있음을 이해하고 비교한다.

문제 분석

갑은 고대 그리스 시대 사상가인 아리스토텔레스, 을은 헬레니즘 시대 사상가인 에피쿠로스이다. 아리스토텔레스는 행복이란 덕에 따르는 정신의 활동이라고 보았다. 에피쿠로스는 쾌락을 모든 가치를 평가하는 최고선으로 보았으며, 쾌락이 행복한 삶의 시작이자 끝이라고 주장하였다.

선택지 분석

ㄱ. 아리스토텔레스는 인간의 행위는 선을 목적으로 추구한다고 보았다. 아리스토텔레스에 따르면 인간 행위의 궁극적 목적, 즉 최고선은 행복이다.
ㄴ. 아리스토텔레스는 행복은 덕에 따르는 정신의 활동으로 행복을 실현하기 위해서는 덕을 필수적으로 지녀야 한다고 보았다.
ㄷ. 에피쿠로스는 모든 욕구를 적극적으로 충족하는 데에서 오는 쾌락이 아니라 고통을 제거함으로써 주어지는 쾌락을 추구하였다. 에피쿠로스에 따르면 모든 고통이 제거되면 쾌락은 더 이상 증가하지 않는다.
ㄹ. 아리스토텔레스는 덕은 인간의 고유한 기능인 이성이 탁월하게 발휘되는 영혼의 상태를 의미하므로 이성을 발휘해야 행복에 이를 수 있다고 보았다. 에피쿠로스는 행복을 실현하기 위해 이성을 발휘해야 한다고 보았다.

정답 ④

행복에 대한 서양 사상가 갑, 을의 입장으로 옳은 것만을 〈보기〉에서 고른 것은?

┌─ 보기 ┐

ㄱ. 갑: 행복은 도덕을 위한 수단일 뿐 그 자체가 목적은 아니다.
ㄴ. 을: 자연적인 욕구의 충족은 언제나 행복의 증진을 보장한다.
ㄷ. 을: 마음의 평온함을 얻으려면 검소하고 절제하는 삶을 살아야 한다.
ㄹ. 갑과 을: 행복을 실현할 때 즐거움에 대한 이성적인 숙고가 필요하다.

① ㄱ, ㄴ   ② ㄱ, ㄷ   ③ ㄴ, ㄷ   ④ ㄴ, ㄹ   ⑤ ㄷ, ㄹ

유형분석

윤리 영역에 해당하는 내용으로, 아리스토텔레스와 에피쿠로스의 행복에 대한 입장을 가상 대화의 형식으로 구성한 문항이다.

문제 분석

갑은 고대 그리스 사상가인 아리스토텔레스, 을은 헬레니즘 시대 사상가인 에피쿠로스이다. 아리스토텔레스는 행복이 덕에 따르는 정신의 활동이라고 보았고, 에피쿠로스는 쾌락은 행복한 인생의 시작이자 끝이며, 참된 쾌락은 몸의 고통과 마음의 불안이 모두 소멸된 상태라고 주장하였다.

선택지 분석

ㄱ. 아리스토텔레스는 인간 행위의 최종 목적은 행복이라고 보았다.
ㄴ. 에피쿠로스는 자연적인 욕구 중에는 필수적이지 않은 욕구도 존재하며, 자연적이고 필수적인 욕구를 최소한으로 충족하는 소박한 삶을 통해 행복에 이를 수 있다고 보았다.
ㄷ. 에피쿠로스는 몸의 고통과 마음의 불안이 없는 상태에 이르려면 검소하고 절제하는 삶을 살아야 한다고 주장하였다.
ㄹ. 아리스토텔레스와 에피쿠로스는 모두 행복한 삶을 위해서는 즐거움에 대한 이성적 숙고가 필요하다고 보았다.

답 ⑤

핵심 자료 탐구　아리스토텔레스의 행복론

> 행복이 무엇인가를 좀 더 명료하게 설명할 필요가 있다. 무엇이 행복인지를 알려면 인간의 기능에 대해서 생각해 보아야 한다. 훌륭한 인간의 기능이란 정신의 이성적 원리에 입각한 활동 내지는 행위를 훌륭하게 수행하는 것이다. 사람의 이성적 활동은 그 활동에 알맞은 덕을 가지고 수행해야만 보다 잘 할 수 있다. 따라서 인간의 행복이란 결국 덕에 따르는 정신 활동이라고 할 수 있다.
> — 아리스토텔레스, 『니코마코스 윤리학』 —

아리스토텔레스는 인간 행위의 궁극적인 목적은 행복이라고 보았으며, 행복은 인간만이 지닌 특별한 기능인 정신의 이성적 활동 능력이 잘 수행될 때 실현될 수 있다고 보았다. 아리스토텔레스에 따르면 어떠한 활동이 잘 수행되는 것은 그것에 알맞은 덕을 가지고 수행될 때이므로 결국 행복이란 덕에 따르는 정신 활동이라고 할 수 있다.

[25507-0005]

1 (가)를 주장한 사상가의 입장에서 볼 때, (나)의 ㉠에 들어갈 진술로 가장 적절한 것은?

(가)	천하에 금지하는 것이 많을수록 백성은 더 가난해지고, 법령이 많을수록 도둑은 더 많아진다. 성인이 무위(無爲)하면 백성은 스스로 착하게 되고, 성인이 욕심이 없으면 백성은 저절로 소박하게 된다.
(나)	제자: 행복해지려면 어떻게 해야 할까요? 스승: [㉠]

① 자신의 직위에 맞는 예법에 따라 살아야 합니다.
② 자연의 이치를 깨달아 소박한 삶을 지향해야 합니다.
③ 문명의 발전을 통해 삶의 풍요로움을 얻어야 합니다.
④ 성인의 가르침에 따라 이기적 본성을 극복해야 합니다.
⑤ 옳고 그름을 엄격하게 판단하는 분별적 지혜를 가져야 합니다.

[25507-0006]

2 다음 가상 편지를 쓴 고대 서양 사상가가 강조하는 삶의 태도로 가장 적절한 것은?

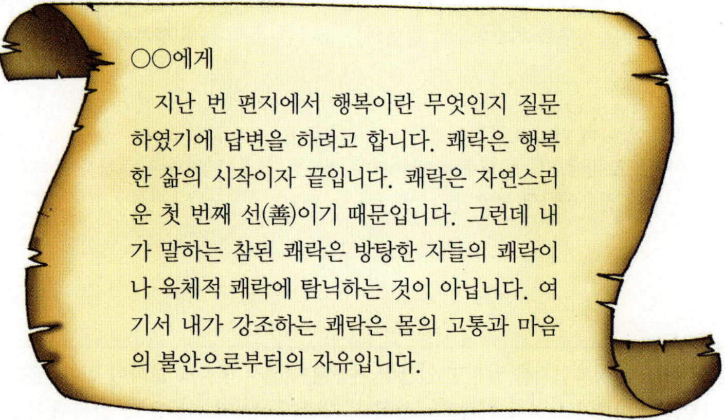

① 정신적 쾌락보다 육체적 쾌락을 추구해야 한다.
② 부와 권력을 최대한으로 얻기 위해 노력해야 한다.
③ 필수적인 욕구를 제거하며 금욕적 삶을 살아야 한다.
④ 모든 쾌락을 회피하여 마음의 평온함을 얻어야 한다.
⑤ 이성으로 욕구를 분별하고 절제하는 삶을 살아야 한다.

[25507-0007]

3 다음을 주장한 고대 서양 사상가의 입장으로 가장 적절한 것은?

> 행복이 덕에 따르는 활동이라면 당연히 그것은 최고의 덕을 따르는 것이어야 한다. 최고의 덕을 따르는 이성의 활동은 관조적 활동이다. 인간은 이성적 관조 활동을 할 때 행복할 수 있다.

① 행복을 누리려면 모든 욕구를 제거하고 덕을 실천해야 한다.
② 후천적으로 습득한 덕은 행복에 어떠한 영향도 주지 못한다.
③ 행복은 인간의 고유한 기능을 탁월하게 발휘함으로써 실현될 수 있다.
④ 행복은 이성의 명령이 아니라 감정에 따라 행동할 때 온전히 달성될 수 있다.
⑤ 부와 명예와 같은 세속적 가치의 추구를 행위의 궁극적 목적으로 삼아야 한다.

[25507-0008]

4 다음 신문 칼럼에서 지지할 내용으로 가장 적절한 것은?

○○신문

> 행복을 실현하기 위해서는 다양한 조건이 필요하다. 먼저, 자연환경과 인문환경을 포함한 정주 환경이 쾌적하고 안정적이어야 한다. 주변 환경은 삶의 질에 직접적인 영향을 미치므로 인간의 행복과 긴밀한 관련을 맺는다. 두 번째, 물질적 조건은 행복의 기본 바탕이기 때문에 삶을 유지할 수 있는 경제적 안정이 확보되어야 한다. 그러나 행복은 경제적 가치로만 결정되는 것이 아니며 국민 소득이 어느 정도 이상이 되면 행복감이 소득에 비례하여 증대되지는 않는다. 세 번째, 시민의 참여가 활성화된 민주주의가 실현되어야 한다. 자신의 정치적 의사를 자유롭게 표현할 수 있고, 인권을 존중받는 사회에서 시민이 삶에 대한 만족감과 행복감을 가지게 하는 환경이 마련된다. 마지막으로 사회 구성원들이 도덕적 가치의 실현과 도덕적 실천을 위해 공동으로 노력할 때 개인과 공동체의 행복을 실현할 수 있을 것이다. 이를 위해 타인과 공동체에 해를 입히는 비도덕적인 행위를 하고 있지는 않은지 지속적으로 성찰해야 한다.

① 수단을 불문한 물질적 풍요의 극대화는 언제나 최대의 행복을 가져다준다.
② 인간의 존엄성이 실현되는 사회의 시민은 행복감을 느낄 가능성이 높아진다.
③ 행복을 실현하기 위해 공동체의 일원으로서 지니는 책무에서 벗어나야 한다.
④ 정주 환경은 경제적 가치를 결정할 뿐 인간의 정서에는 영향을 미치지 않는다.
⑤ 행복한 삶은 타인에 대한 관심을 배제한 자신의 내적 수양을 통해 이룰 수 있다.

01 다음을 주장한 고대 동양 사상가의 입장으로 옳은 것만을 〈보기〉에서 고른 것은? [25507-0009]

> 일반 백성은 일정한 생업[恒産(항산)]이 없으면 변함없는 마음[恒心(항심)]을 잃게 된다. 그러므로 군주는 백성이 위로는 부모를 섬기기에 충분하게 하고 아래로는 자녀를 먹여 살릴 만하게 해 주어야 한다. 그런 후에 백성을 선한 데로 나아가게 해야 한다.

〈 보기 〉
ㄱ. 도덕적인 삶은 경제적 요인의 영향을 받는다.
ㄴ. 모든 사람은 항산에 앞서 항심을 지녀야 한다.
ㄷ. 통치자는 구성원의 경제적 안정에 책임이 있다.
ㄹ. 항심은 인위적인 통치가 없는 사회에서만 이룰 수 있다.

① ㄱ, ㄴ ② ㄱ, ㄷ ③ ㄴ, ㄷ ④ ㄴ, ㄹ ⑤ ㄷ, ㄹ

02 그림은 어느 사상가를 검색한 인터넷 화면이다. A 사상가의 입장으로 적절한 것만을 〈보기〉에서 고른 것은? [25507-0010]

○○ 백과사전　　　A 사상가

> 고대 그리스의 사상가로 행복에 관한 견해는 다음과 같다.
> 1. 행복은 인간 행동의 궁극적 목적이다. 행복해지려면 덕을 갖추어야 한다.
> 2. 덕은 이성이 탁월하게 발휘되는 상태로서 덕에는 지성적 덕과 품성적 덕이 있다.
> 3. 지성적 덕은 주로 교육에 의해 생기고, 품성적 덕은 습관의 결과로 생긴다.

〈 보기 〉
ㄱ. 행복한 삶을 위해 이성적 능력을 발휘해야 한다.
ㄴ. 덕 있는 행위의 지속적인 실천은 행복의 실현에 기여한다.
ㄷ. 인간이라면 누구나 행복 실현에 필요한 모든 덕을 타고난다.
ㄹ. 이성을 갖춘 사람은 덕이 없을지라도 행복한 삶을 살 수 있다.

① ㄱ, ㄴ ② ㄱ, ㄷ ③ ㄴ, ㄷ ④ ㄴ, ㄹ ⑤ ㄷ, ㄹ

03 (가)의 갑, 을 사상가들의 입장을 (나) 그림으로 탐구하고자 할 때, A~C에 들어갈 적절한 질문 [25507-0011]
만을 〈보기〉에서 고른 것은?

(가)	갑: 쾌락은 행복한 삶의 시작이자 끝이다. 결핍으로 인한 고통이 제거된다면 단순한 음식도 우리에게 사치스러운 음식과 같은 쾌락을 줄 것이다. 을: 쾌락에 휩쓸리지 않도록 우리 자신을 경계해야 한다. 이성에 따라 일어나는 일들이 실제로 일어나는 대로 일어나기를 원한다면 행복해질 수 있을 것이다.

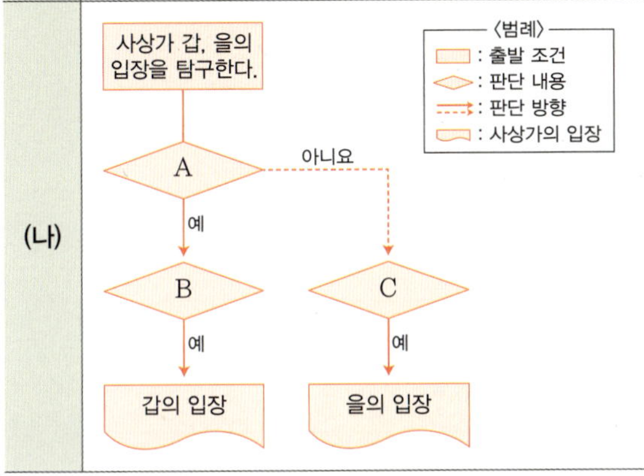

〈보기〉
ㄱ. A: 행복은 정신적 쾌락이 아닌 감각적 쾌락으로 실현되는가?
ㄴ. B: 이성에 따른 분별은 행복의 실현에 이바지할 수 있는가?
ㄷ. B: 행복은 모든 쾌락에서 벗어난 평온함을 통해 달성될 수 있는가?
ㄹ. C: 자연의 질서를 파악하여 운명을 받아들여야 하는가?

① ㄱ, ㄴ   ② ㄱ, ㄷ   ③ ㄴ, ㄷ   ④ ㄴ, ㄹ   ⑤ ㄷ, ㄹ

 통합형 **04** 다음을 주장한 사상가의 입장에서 〈사례〉 속 A에게 제시할 조언으로 가장 적절한 것은? [25507-0012]

> 공리의 원리는 이해 당사자의 행복을 증가시키는 행위를 승인하거나, 감소시키는 행위를 불승인하는 도덕과 입법의 원리이다. 이때의 행위는 한 개인의 행위뿐만 아니라 정부의 정책도 말하는 것이다. 쾌락 총량의 최대화를 도덕과 입법의 원리로 삼아야 한다.
>
> 〈사례〉
>
> 정부는 도시 주변의 자연환경을 보전하여 건전한 생활 환경을 확보하고자 제정한 「개발 제한 구역의 지정 및 관리에 관한 특별 조치법」이 현실에 맞게 적용되도록 시행령을 개정하기로 하였다. 정부의 담당자 A는 시행령을 개정할 때 무엇을 고려해야 할지 고민하고 있다.

① 공리가 아닌 의무 의식에 기반하여 시행령을 개정하세요.
② 시행령으로 발생하게 될 사회적 편익을 고려하여 개정하세요.
③ 시행령 개정 시 보편적 도덕 원리의 영향을 받지 않도록 유의하세요.
④ 토지를 소유한 사람들의 쾌락만을 증진하도록 시행령을 개정하세요.
⑤ 행위의 결과가 아니라 오직 선의지를 반영하여 시행령을 개정하세요.

1 자연환경과 인간 생활

1. 자연환경이 인간 생활에 미치는 영향

(1) 기후와 인간 생활

열대 기후 지역	• 간편하고 헐렁한 의복, 향신료를 이용하고 기름에 볶는 요리 • 열기와 습기를 피하기 위한 고상 가옥
건조 기후 지역	• 오아시스 농업, 관개 농업, 목축업 • 흙벽돌집(사막 기후), 이동식 천막집(스텝 기후)
온대 기후 지역	벼농사(계절풍 기후), 수목 농업(지중해성 기후), 혼합 농업(서안 해양성 기후)
냉대 기후 지역	• 연교차가 큼, 풍부한 침엽수를 이용하여 통나무집 축조 • '타이가'로 불리는 침엽수림 지대에서 임업 발달
한대 기후 지역	• 가축의 가죽과 털을 이용한 방한복, 순록 유목, 훈제 요리 • 최근 자원 개발이나 연구 목적으로 개척

(2) 지형과 인간 생활

산지 지역	해발 고도가 높아 인간 거주에 불리, 밭농사, 목축업, 관광 산업 등 발달
평야 지역	경지 개간과 교통로 건설에 유리 → 곡물 농업, 도시 발달 등
해안 지역	어업, 양식업, 항구, 임해 공업, 관광 산업 등 발달
지형 경관이 독특한 지역	• 화산 지형, 카르스트 지형, 빙하 지형 등 발달 • 관광 산업 발달 → 하와이, 할롱 베이, 송네 피오르 등

■ **계절풍**

대륙과 해양의 온도 차이로 계절에 따라 풍향이 바뀌는 바람이다. 여름에는 바다에서 대륙으로, 겨울에는 대륙에서 바다로 분다.

■ **수목 농업**

다년생의 나무를 재배하는 농업으로, 여름철 건조한 기후를 잘 견디는 오렌지, 올리브, 코르크 등을 재배한다.

자료 플러스 **세계의 기후 구분과 기후 그래프**

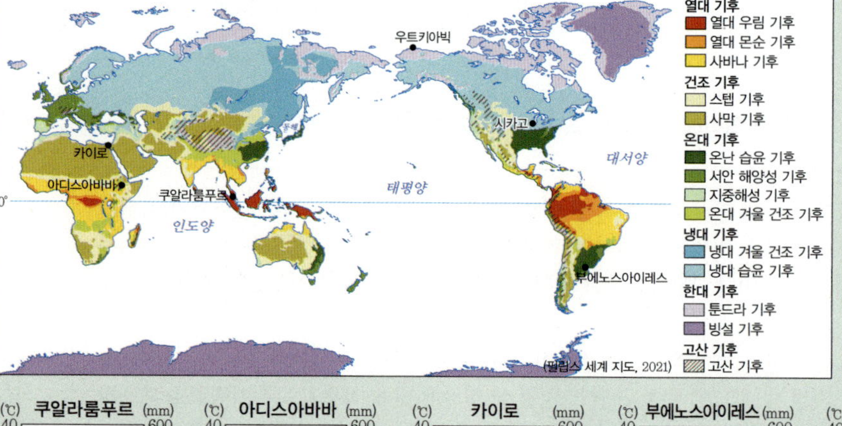

세계의 기후는 기온과 강수량, 해발 고도를 기준으로 열대, 건조, 온대, 냉대, 한대, 고산 기후로 구분할 수 있다. 각 기후는 최한월 및 최난월 평균 기온, 건기와 우기의 유무, 연 강수량 등의 기준에 따라 세부 유형으로 구분된다. 기후 그래프는 월평균 기온은 꺾은선 그래프로, 월 강수량은 막대 그래프로 표현한 것으로 해당 지역의 기후 특징을 잘 보여 준다.

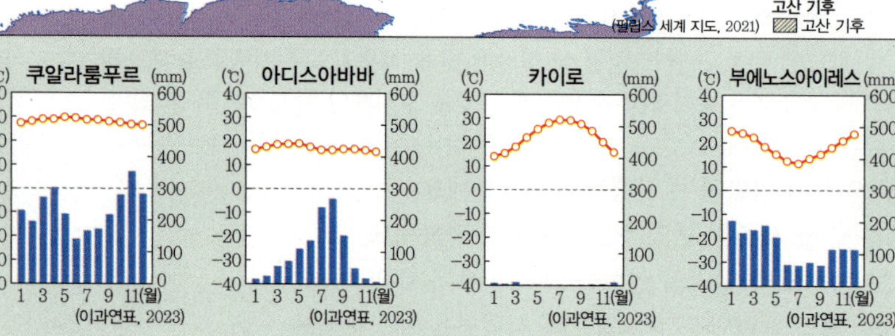

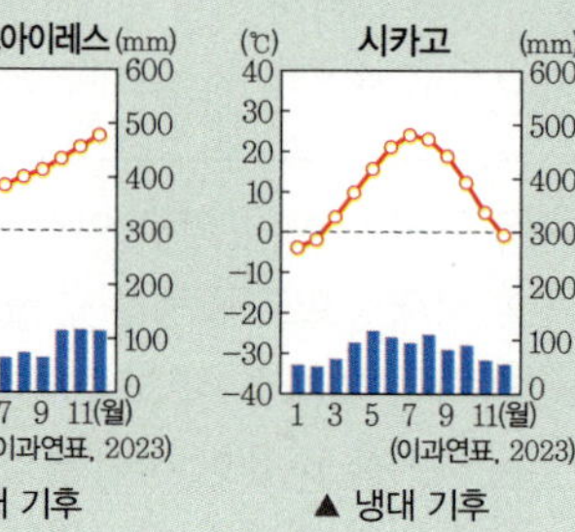

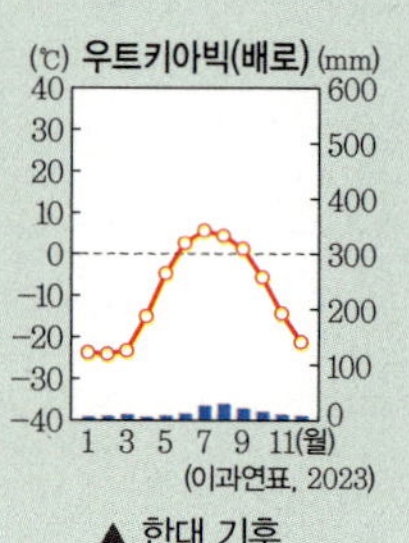

2. 안전하고 쾌적하게 살아갈 시민의 권리

(1) 시민의 안전을 위협하는 자연재해

① 자연재해의 의미: 기후, 지형 등의 자연환경 요소들이 인간의 안전한 생활을 위협하면서 피해를 입히는 현상

② 자연재해의 유형
  - 기후적 요인에 의한 자연재해: 홍수, 태풍, 대설, 가뭄 등
  - 지형적 요인에 의한 자연재해: 화산 활동, 지진, 지진 해일 등

(2) 안전하고 쾌적한 환경에서 살아갈 시민의 권리

① 국가의 노력: 헌법에 안전권과 환경권 관련 조항 명시, 재해 예방 대책 수립 및 재난 관리 시스템 구축

② 시민의 노력: 재해 대비 안전 교육에 적극 참여, 재해 발생 시 행동 요령에 따라 안전하게 대피

2 인간과 자연의 관계

1. 자연을 바라보는 다양한 관점

(1) 인간 중심주의

① 인간 중심주의의 의미와 특징
  - 인간을 다른 자연적 존재들보다 우월한 존재로 파악하고, 인간과 자연의 관계에서 인간의 이익이나 행복을 먼저 고려하는 관점
  - 자연을 그 자체로 가치 있는 존재가 아닌 인간의 이익을 위한 수단으로 여겨 자연의 도구적 가치를 강조함

② 인간 중심주의 사상가
  - 아리스토텔레스: 자연은 목적 없이 아무것도 만들지 않으며, 동물은 본래 인간을 위해 존재한다고 봄
  - 베이컨: 자연을 인류의 복지를 위한 수단으로 보고 자연에 관한 지식의 활용을 강조함
  - 데카르트: 이분법적 세계관에 입각해 인간과 자연의 관계를 인식 주체와 인식 대상으로 설정함

③ 인간 중심주의에 대한 평가

긍정적 평가	과학 기술의 발전과 경제 성장을 이루는 데 도움을 줌
부정적 평가	환경 오염, 생태계 파괴 등과 같은 환경 위기를 초래함

(2) 생태 중심주의

① 생태 중심주의의 의미와 특징
  - 모든 생명체와 무생물을 포함한 자연 전체를 도덕적 고려의 대상으로 간주하는 관점
  - 자연은 인간, 동식물, 환경 등과 같은 구성원들이 유기적으로 연결되어 있다고 봄

② 레오폴드의 대지 윤리
  - 동물과 식물뿐만 아니라 토양, 물 등이 군집해 있는 대지도 도덕 공동체의 범위에 포함해야 한다는 대지 윤리를 주장함
  - 생명 공동체의 온전함과 안정성, 아름다움을 보전하는 것이 윤리적이라고 봄

2. 인간과 자연의 바람직한 관계

(1) 인간과 자연의 유기적 관계

① 인간도 생태계의 구성원으로서 다른 생명체와 유기적 관계를 맺으며 살아감

② 인간은 자연 없이 살아갈 수 없으며, 자연 또한 인간의 영향을 받고 있음 → 인간과 자연은 상호 보완적 관계이자 공존해야 하는 관계

(2) 인간과 자연의 공존을 위한 노력

① 생명체와 생태계의 가치를 존중하고 자연을 보존해 나가야 함

② 자연관의 정립에 도움을 줄 수 있는 동양의 자연관을 계승할 필요가 있음

유교	• 인간과 자연이 조화를 이루는 천인합일(天人合一)의 경지를 추구함 • 하늘의 도를 본받아 인(仁)을 베푸는 삶을 지향함
불교	자연 만물이 상호 의존하고 있다는 연기(緣起)의 이치를 깨달아 자비를 베풀 것을 강조함
도가	무위자연(無爲自然)을 추구하여 자연의 섭리에 따라 자연과 조화를 이루어야 한다고 봄

■ **자비**

불교의 핵심 개념으로, 중생들에게 즐거움을 주고 괴로움을 없게 함을 의미한다.

■ **무위자연(無爲自然)**

억지로 무엇을 하지 않고 순수하게 자연의 순리에 따라 삶을 산다는 도가의 개념을 의미한다.

3 환경 문제 해결을 위한 다양한 노력

1. 지구촌의 다양한 환경 문제

(1) 환경 문제의 원인과 특징

① 원인: 산업화, 도시화로 인한 자원 소비 증가와 무분별한 자연 개발에 따른 생태계의 자정 능력 상실

② 특징: 복구하는 데 시간이 오래 걸리고 전 지구에 걸쳐 광범위한 영향을 끼침

(2) 환경 문제의 종류

지구 온난화	• 원인: 화석 에너지 소비 증가로 인한 온실가스 배출량 증가 • 영향: 극지방 및 고산 지대의 빙하 면적 감소, 해수면 상승으로 인한 저지대의 침수 등
산성비	• 원인: 공장 매연, 자동차 배기가스 증가 • 영향: 삼림 고사(枯死), 호수의 산성화, 건축물과 각종 구조물의 부식 등
열대림 파괴	• 원인: 무분별한 벌목, 농경 및 목축을 위한 과도한 개간 • 영향: 동식물의 서식지 감소, 생물종 다양성 감소, 지구 온난화 심화 등
오존층 파괴	• 원인: 염화 플루오린화 탄소의 사용 증가 • 영향: 피부암, 안과 질환 유발 등
사막화	• 원인: 극심한 가뭄, 과도한 경작과 방목 • 영향: 토양의 황폐화, 사막 면적의 확대 등

자료 플러스 **불교의 자연관**

불교 경전인 잡아함경에는 "이것이 있기 때문에 저것이 있고, 이것이 일어나기 때문에 저것이 일어난다. 이것이 없기 때문에 저것이 없고, 이것이 소멸하기 때문에 저것이 소멸한다."라는 구절이 나온다. 이는 모든 존재와 현상이 무수한 원인[因]과 조건[緣]에 의해 생겨나며, 그 원인과 조건이 없어지면 결과도 사라지게 된다는 연기설을 나타내고 있다. 이처럼 불교는 모든 존재는 원인과 조건으로 연결되어 서로 영향을 주고 받는다는 연기설에 따라 만물의 상호 의존성을 강조한다.

2. 환경 문제 해결을 위한 다양한 주체의 노력

(1) 정부의 노력

① 국제 사회의 노력에 참여: 탄소 배출권 거래제 참여

② 적정한 환경 기준에 대한 법률적 제도 정비

구분	내용
환경 오염 발생 규제	오염 물질 배출 사업자 및 소비자에 대한 처벌, 부담금 부과
환경 오염 발생 예방	• 친환경 사업자에 대한 보조금 지급 • 개발 사업 시행 전 환경 영향 평가 실시

(2) 시민 사회의 노력

① 감시 및 지원 기능: 환경 오염 유발 행위에 대한 견제 및 현장 조사, 환경 오염을 비롯한 다양한 환경 보호 활동 기획 및 참여 유도

② 비정부 기구(NGO, Non‑Governmental Organization)의 활동: 그린피스와 같은 시민 단체는 여러 국가의 시민 단체와 연대하여 환경 문제에 공동으로 대응

(3) 기업의 노력

① 상품을 생산, 유통, 폐기하는 과정에서 환경 보호 노력: 오염 물질 정화 시설 설치, 유통 과정 간소화, 재활용을 통한 새로운 상품 생산 등

② 친환경 기술 및 상품 개발, 재생 에너지 100% 사용(RE100) 노력

(4) 생태 시민으로서의 실천 방안

① 인간과 자연의 공존과 지속가능성을 추구하는 생태 전환적 사고를 바탕으로 행동

② 환경 단체나 지역 사회와 연대하여 환경 문제의 위험성을 알리며 해결책을 모색

③ 일회용품 사용 자제, 음식물 남기지 않기, 대중교통 이용하기, 환경친화적 제품이나 로컬 푸드 구매하기 등

■ **탄소 배출권 거래제**

정부에서 기업에 온실가스 배출 허용량을 정해 주고, 기업에서는 그 범위 내에서 온실가스 감축을 하되 남거나 부족한 배출권의 기업 간 거래를 허용하는 제도이다.

■ **환경 영향 평가**

각종 개발 사업이 시행되기 전에 환경에 미치게 될 영향을 예측하고 평가하여 환경에 끼칠 부정적인 영향을 줄이는 방안을 마련하는 제도이다.

■ **RE100**

기업이 사용하는 전력량을 2050년까지 풍력, 태양 에너지 등의 재생 에너지(Renewable Energy)로 대체하겠다는 목표를 세운 국제 캠페인이다.

■ **생태 시민**

변화하는 환경 속에서 생태 감수성, 책임감을 바탕으로 환경과 인간의 공존과 지속가능한 삶을 위해 노력하는 시민이다.

■ **로컬 푸드**

장거리 운송 과정을 거치지 않은 지역 농산물을 말한다. 로컬 푸드 운동은 지역에서 생산한 먹거리를 그 지역에서 소비하자는 것으로 생산지에서 소비지까지의 운송 거리를 줄여 환경에 미치는 영향을 줄이고 더 신선한 식재료를 소비하기 위한 환경 운동이다.

환경 문제는 한 국가만의 노력으로 해결이 어려우므로 국제 사회는 이를 위해 긴밀하게 협력하고 있다. 많은 국가가 환경 문제를 해결하는 데 적극적으로 동참하고 있으며, 다양한 국제 협약을 체결하여 이를 이행하고 있다.

예시 문항 2

(가)의 갑, 을 사상가들의 입장에서 (나)의 ㉠ 지역 개발에 대해 제시할 견해로 가장 적절한 것은?

(가)	갑: 인간의 지식이 곧 인간의 힘이다. 우리는 자연을 연구하여 이리저리 방황하는 자연의 자취를 마치 사냥개처럼 추적할 수 있다. 을: 인간은 대지의 구성원이다. 어떤 것이 생명 공동체의 통합성, 안정성, 아름다움의 보존에 이바지한다면 그것은 옳고, 그렇지 않다면 그르다.
(나)	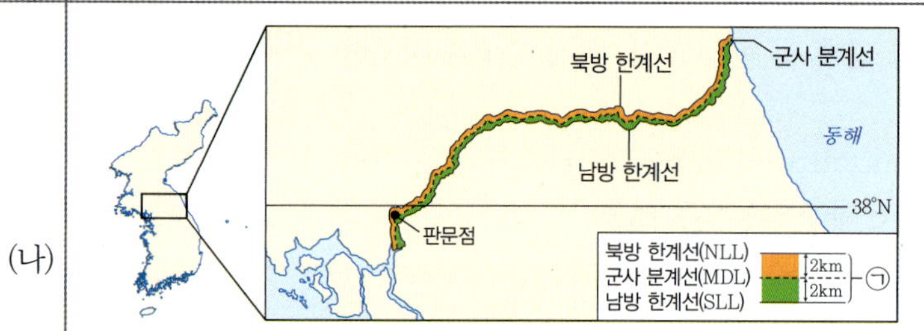 * ㉠ 지역은 1953년 7월 27일 체결된 '한국 군사 정전에 관한 협정'에 따라 무장이 금지된 완충 지대로 군대 주둔과 무기 배치, 군사 시설 설치가 금지되고 있다. 통일 이후 이 지역의 개발에 대해 다양한 견해가 제시되고 있다.

① 갑: 자연에 대한 지식을 이용할 권리가 인간에게 없음을 알아야 한다.
② 갑: 경제적 이익을 위한 개발에 앞서 자연을 도덕적으로 고려해야 한다.
③ 을: 한반도 생태계의 균형 유지를 지역 개발보다 중시해야 한다.
④ 을: 남북한 주민의 경제적 이익 증진을 궁극적 목적으로 삼아야 한다.
⑤ 갑과 을: 현세대와 미래 세대는 생태계의 선(善)을 위해 협력해야 한다.

유형분석

윤리 영역에 해당하는 내용을 바탕으로, 역사 영역의 내용을 일부 포함하여 자료를 구성한 문항이다. 제시문을 통해 각 사상가의 자연관을 이해하고, 이를 토대로 자료를 분석하여 적용하는 문항이다.

성취기준

• 자연에 대한 인간의 다양한 관점을 사례를 통해 비교하고, 인간과 자연의 바람직한 관계를 제안한다.
• 남북 분단과 동아시아의 역사 갈등 상황을 분석하고, 이를 토대로 우리나라가 세계 평화에 기여할 수 있는 방안을 제안한다.

수능길잡이

• 제시문의 두 사상가가 인간 중심주의의 관점을 지닌 베이컨과 생태 중심주의의 관점을 지닌 레오폴드임을 파악한다.
• 비무장 지대(DMZ)가 남북 분단의 역사적 상황이 드러나는 공간임을 이해한다.
• 각 사상가의 관점에 내재된 기본적 전제를 바탕으로 지역 개발과 관련된 쟁점을 이해하고 비교한다.

문제 분석

(가)의 갑 사상가인 베이컨은 인간의 지식이 곧 인간의 힘이라고 주장하였으며, 자연을 인류를 위한 수단으로 간주하고 자연에 대한 지식의 활용을 강조하였다. 반면에 (가)의 을 사상가인 레오폴드는 대지 윤리를 주장하였으며, 자연 전체가 도덕적 고려 대상이 되어야 한다고 보았다. (나)는 비무장 지대(DMZ)가 남북 분단 상황이 드러나는 공간임을 나타내고 있으며, 통일 이후 이 지역의 개발에 대한 다양한 견해가 있음을 제시하고 있다.

선택지 분석

① 베이컨은 자연을 인간의 지배 대상으로 간주하였으며, 인간은 자연에 대한 지식을 쌓아 자연을 인류의 복지를 위한 수단으로 활용해야 한다고 주장하였다.
② 베이컨은 자연을 도덕적 고려의 대상으로 보지 않았으며 인간의 이익을 우선하였다.
③ 레오폴드는 인간은 대지의 한 구성원일 뿐이라고 보았으며, 생태계의 온전함과 안정성을 보전해야 한다고 보았으므로 한반도 생태계의 균형 유지를 지역 개발보다 중시해야 한다고 주장할 것이다.
④ 레오폴드는 생태 중심주의적 관점에 따라 대지의 이용을 경제적 관점만이 아닌 윤리적, 심미적 관점에서도 고찰해야 한다고 보았다.
⑤ 베이컨은 인간 중심주의적 관점을 주장하였으며, 생태계의 선을 추구하지 않았다.

© 돋움

(가)의 갑, 을 사상가들의 입장에서 (나)의 ㉠에 대해 제시할 견해로 가장 적절한 것은?

(가)	갑: 인간은 자연의 사용자로서 자연에 대해 고찰한 것만큼 무엇인가를 할 수 있으며 이해할 수 있다. 지식은 자연에 대한 지배력을 강화하는 데 유용하다. 을: 대지의 이용을 이익의 문제로만 생각하지 말아야 한다. 어떤 것이 생명 공동체의 온전성, 안정성, 아름다움의 보전에 기여한다면 그것은 옳다.
(나)	**도로 밀도에 따른 야생 동물 서식 환경 변화** 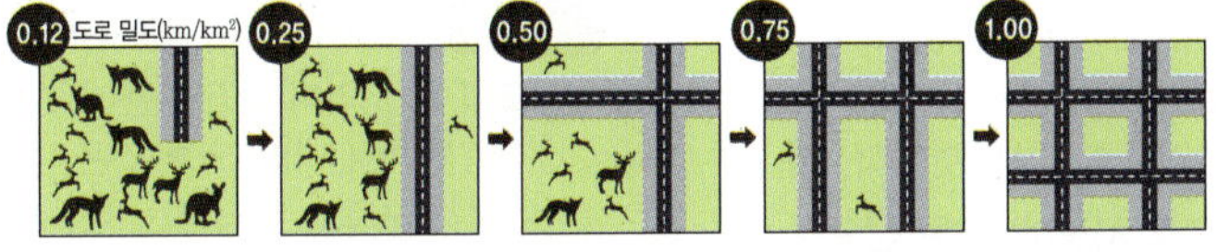 * 도로 밀도가 높아질수록 야생 동물 서식지가 파편화되고, 점점 더 많은 종이 도태된다. 이처럼 ㉠ 산업화와 도시화로 인한 생활 공간의 변화가 생태 환경을 바꾸고 있다. 산업화와 도시화로 인해 초래된 생물종 다양성의 감소는 생태계의 조절 기능을 파괴해 생태계 안정성을 위협한다.

① 갑: 인간이 다른 생명체보다 우월한 것은 아니므로 개발을 제한해야 한다.
② 갑: 산업화와 도시화의 주체는 자연을 자신과 동일하게 대우해야 할 책무가 있다.
③ 을: 생태계의 안정성을 위해 산업화와 도시화가 제한될 수 있다.
④ 을: 개별 생명체의 존속이 생태계의 선보다 우선 고려되어야 한다.
⑤ 갑과 을: 자연을 지배하고 이용하는 것은 인간의 정당한 권리 행사이다.

문제 분석

(가)의 갑 사상가인 베이컨은 자연과 관련하여 인간 중심주의적 관점에 해당하는 사상가로서 인간의 힘은 자연을 관찰하고 분석하여 얻은 지식을 통해 생겨날 수 있다고 보았다. (가)의 을 사상가인 레오폴드는 생태 중심주의적 관점에 해당하는 사상가로서 생명 공동체의 온전함과 안정성, 아름다움을 보전하는 것이 윤리적이라고 보았다. (나)는 산업화와 도시화로 인해 발생하는 생활 공간 변화의 예로 생물종 다양성의 감소를 제시하고 있다. 이에 따르면 산업화와 도시화가 진행될수록 도로가 많아지고, 이러한 도로 밀도의 증대는 야생 동물 서식지의 파편화를 초래한다. 산업화와 도시화가 야기한 생활 공간의 변화는 생물종 다양성의 감소로 이어지고, 결국에는 생태계의 안정성을 위협하게 된다는 것이다.

선택지 분석

① 베이컨은 인간이 인간 이외의 다른 생명체보다 본질적으로 우월하다고 보았으며, 자연을 인간의 지배 대상이라고 주장하였다.
② 베이컨은 산업화와 도시화를 견인하는 주체인 인간이 인류의 복지를 위한 수단으로 자연을 이용할 수 있다고 보았다. 따라서 베이컨은 자연을 인간과 동일하게 대우해야 한다고 주장하지 않았을 것이다.
③ 레오폴드는 인간은 대지의 지배자가 아니라 하나의 구성원일 뿐이라고 보았으며, 생태계의 온전함과 안정성, 아름다움을 보전하는 것이 윤리적으로 바람직하다고 주장하였다. 그러므로 생태계의 안정성을 위협한다면 산업화와 도시화가 제한될 수 있다고 주장할 것이다.
④ 레오폴드는 생태 중심주의적관점에 따라 생태계의 안정성이 개별 생명체의 존속보다 중요하다는 전체론적 입장을 강조하였다.
⑤ 베이컨은 인간 중심주의적 관점에 따라 자연을 인간의 지배하에 두는 것은 인간의 당연한 권리라고 주장하였다. 반면에 레오폴드는 인간이 자연의 지배자가 아니라 한 구성원일 뿐이라고 보았다.

© 답⑤

예시 문항 3

다음 지도를 보고 물음에 답하시오.

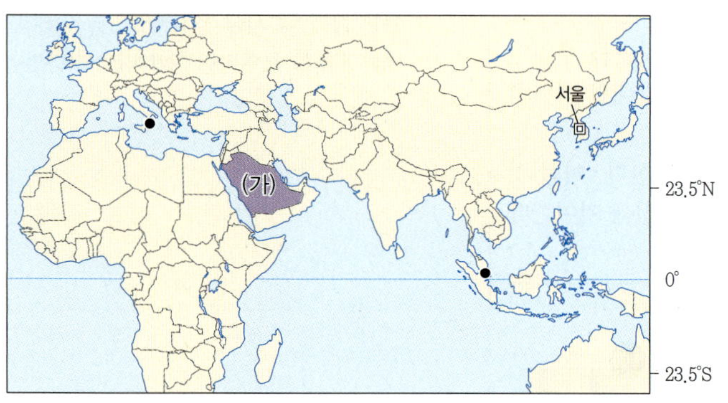

그래프는 지도에 표시된 두 지역과 서울의 기후 값 차이를 나타낸 것이다. 이에 대한 설명으로 옳은 것은? (단, 그래프의 A, B는 각각 지도에 검은 점으로 표시된 두 지역 중 하나임.)

〈서울과의 월평균 기온 차이〉

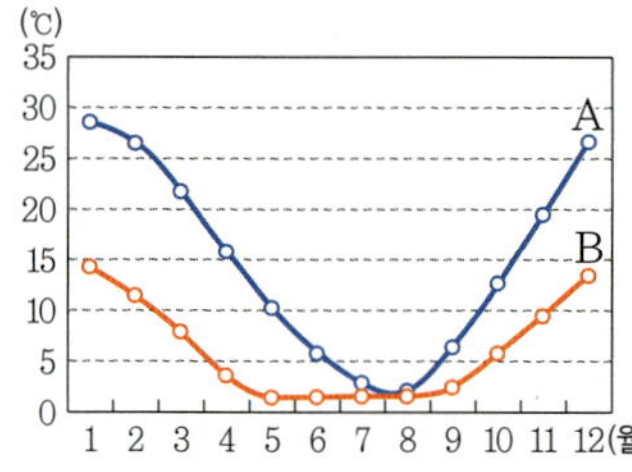

〈서울과의 월 강수량 차이〉

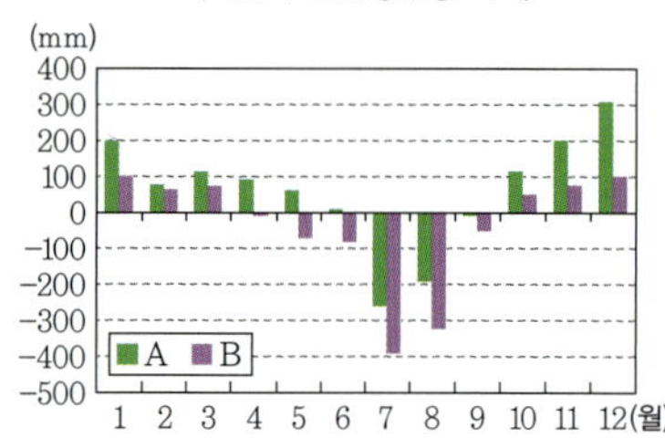

① A에서는 올리브 등을 재배하는 수목 농업이 주로 이루어진다.
② B는 서울보다 여름 강수 집중률이 높다.
③ B에서는 지면의 열과 습기 차단에 유리한 고상 가옥이 발달했다.
④ A는 B보다 여름에 더 건조하다.
⑤ A와 B는 모두 서울보다 연평균 기온이 높다.

유형 분석

지리 영역에 해당하는 내용을 바탕으로, 서울과 다른 지역의 월평균 기온 차이를 나타낸 꺾은선 그래프와 월 강수량 차이를 나타낸 막대 그래프로 자료를 구성한 문항이다.

성취기준

자연환경이 인간의 생활에 미치는 영향에 관한 과거와 현재의 사례를 조사하여 분석하고, 안전하고 쾌적한 환경에서 살아가는 것이 시민의 권리임을 주장한다.

수능길잡이

• 지도의 두 지역이 각각 여름에 고온 건조한 지중해성 기후(메시나)와 연중 고온 다습한 열대 우림 기후(싱가포르)가 나타나는 것을 파악한다.
• 그래프 분석을 통해 두 지역이 여름에 고온 다습하고 겨울에 한랭한 기후가 나타나는 우리나라(서울)와 월평균 기온, 월 강수량이 계절별로 어떻게 차이가 나는지 파악한다.
• 지중해성 기후와 열대 우림 기후의 특성과 이와 관련한 주민 생활의 모습이 다르게 나타남을 이해한다.

문제 분석

지도에 표시된 두 지역은 메시나와 싱가포르이다. A와 B는 모두 1~12월 평균 기온이 서울보다 높은데, 겨울이 한랭하고 여름이 더운 서울과의 겨울 기온 차이가 A가 B보다 크므로 A는 연중 기온이 높은 열대 우림 기후가 나타나는 싱가포르이다. 또한 A와 B 모두 여름이 다습한 서울보다 7, 8월 강수량이 적은데, 그 차이가 B가 A보다 크므로 B는 여름에 건조한 지중해성 기후가 나타나는 메시나이다.

선택지 분석

① 올리브 등을 재배하는 수목 농업이 주로 이루어지는 지역은 메시나(B)에서 나타나는 지중해성 기후 지역이다.
② 메시나(B)는 여름에 건조하여 서울보다 여름 강수 집중률이 낮다.
③ 지면의 열과 습기 차단에 유리한 고상 가옥이 발달한 지역은 싱가포르(A)에서 나타나는 열대 우림 기후 지역이다.
④ 지중해성 기후가 나타나는 메시나(B)가 열대 우림 기후가 나타나는 싱가포르(A)보다 여름에 더 건조하다.
⑤ 그래프 분석을 통해 싱가포르(A)와 메시나(B) 모두 1~12월 월평균 기온이 서울보다 높으므로 연평균 기온도 높음을 알 수 있다.

정답 ⑤

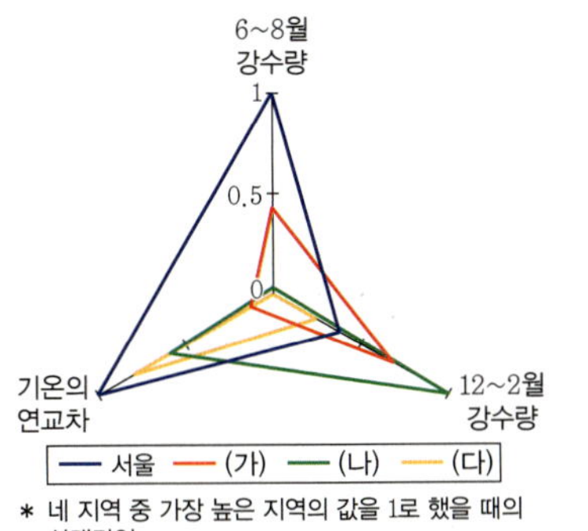
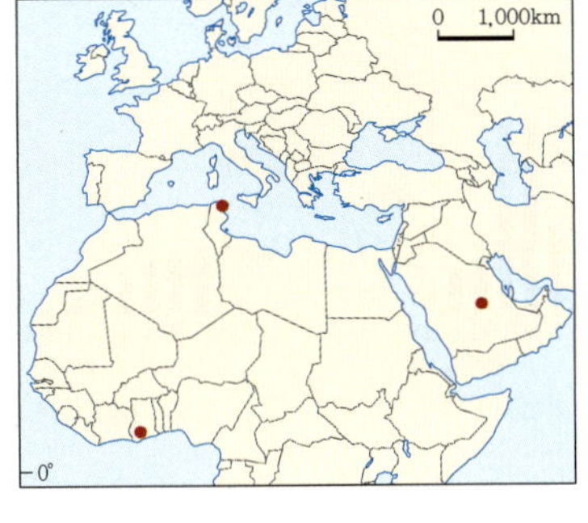

그래프는 지도에 표시된 세 지역과 서울의 상대적 기후 특성을 나타낸 것이다. (가)~(다) 지역에 대한 설명으로 옳은 것은?

① (가)는 서울보다 최한월 평균 기온이 낮다.
② (나)는 카사바, 얌 등의 열대 작물 재배가 활발하다.
③ (다)는 지중해성 기후가 나타난다.
④ (가)는 (나)보다 겨울 강수 집중률이 높다.
⑤ (가)와 (나)는 아프리카, (다)는 아시아에 위치한다.

유형분석

지리 영역에 해당하는 내용을 바탕으로, 서울과 다른 지역의 기온의 연교차와 여름(6~8월) 및 겨울(12~2월) 강수량의 상대적 특성을 그래프로 구성한 문항이다.

문제 분석

지도에 표시된 세 지역은 튀니스, 쿠마시, 리야드이다. (가)는 네 지역 중 기온의 연교차가 가장 작다. 따라서 연중 기온이 높아 최난월 평균 기온과 최한월 평균 기온의 차이가 작은 열대 기후가 나타나는 쿠마시이다. (나)는 네 지역 중 12~2월 강수량이 가장 많고 6~8월 강수량이 (다)와 비슷하게 적으므로 여름에 건조한 지중해성 기후가 나타나는 튀니스이다. (다)는 네 지역 중 6~8월과 12~2월 강수량이 모두 가장 적으므로 건조한 사막 기후가 나타나는 리야드이다.

선택지 분석

① 쿠마시(가)는 연중 기온이 높은 열대 기후가 나타나므로 서울보다 최한월 평균 기온이 높다.
② 카사바, 얌 등의 열대 작물 재배가 활발한 지역은 열대 기후 지역이다.
③ 지중해성 기후가 나타나는 지역은 튀니스(나)이다.
④ 쿠마시(가)는 여름이 건조하고 겨울이 습윤한 지중해성 기후가 나타나는 튀니스(나)보다 겨울 강수 집중률이 낮다.
⑤ 쿠마시(가)와 튀니스(나)는 아프리카, 리야드(다)는 아시아에 위치한다.

정답 ⑤

탐구1 온대, 열대, 건조 기후 지역의 기후 그래프

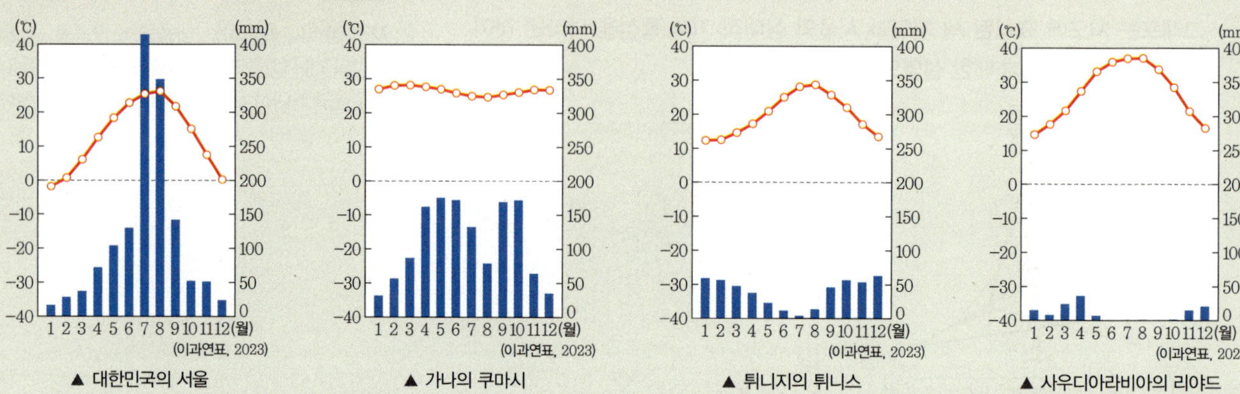

세계의 기후는 기온과 강수량 등의 특성에 따라 열대, 건조, 온대, 냉대, 한대 기후 등으로 구분된다. 서울은 대륙 동안에 위치하여 여름과 겨울의 기온 차가 크고, 여름 계절풍의 영향으로 여름 강수량이 많은 온대 기후가 나타난다. 쿠마시는 연중 기온이 높은 열대 기후가 나타나며, 겨울 강수량이 여름 강수량보다 상대적으로 적은 특성을 보인다. 튀니스는 기후가 온화한 온대 기후가 나타나며, 여름철에 고온 건조한 지중해성 기후의 특성을 보인다. 리야드는 연 강수량이 250mm 미만으로 건조한 사막 기후가 나타난다.

탐구2 베이컨의 인간 중심주의

- 인간은 자연의 사용자 및 자연의 해석자로서 자연의 질서에 대해 실제로 관찰하고, 고찰한 것만큼 무엇인가를 할 수 있으며 이해할 수 있다.
- 인간의 지식이 곧 인간의 힘이다. 원인을 밝히지 못하면 어떤 효과도 낼 수 없다. 자연은 오로지 복종함으로써만 복종시킬 수 있기 때문이다. 자연의 고찰에서 원인으로 인정되는 것이 작업에서는 규칙의 역할을 한다.

– 베이컨, 『신기관』 –

베이컨은 인간의 힘은 자연을 관찰하고 분석하여 얻는 지식을 통해 생겨난다고 주장하였다. 또한 베이컨은 인간 중심주의적 관점에서 자연을 지배의 대상이자 인류의 복지를 위한 수단으로 보았고 자연에 관한 지식의 활용을 강조하였다.

탐구3 레오폴드의 생태 중심주의

대지 윤리는 공동체의 범위를 토양, 물, 식물과 동물을 포괄하여 대지를 포함하도록 확장하는 것이다. 대지 윤리는 인류의 역할을 대지 공동체의 정복자에서 그것의 평범한 구성원이자 시민으로 변화시킨다. 대지 윤리는 인류의 동료 구성원에 대한 존중, 그리고 공동체 자체에 대한 존중을 필연적으로 수반한다.

– 레오폴드, 『모래군의 열두 달』 –

레오폴드는 인간을 대지의 지배자로 본 인간 중심주의 윤리와 달리 인간을 대지의 한 구성원으로 보았다. 레오폴드는 대지를 수많은 존재가 서로 균형을 맞추며 살아가는 공동체로 보았으며, 인간은 이를 존중해야 한다고 주장하였다. 레오폴드에 따르면 생명 공동체의 온전함과 안정성, 아름다움을 보전하는 것이 윤리적인 것이다.

[25507-0013]

1 다음 자료의 (가), (나) 지역에 대한 설명으로 옳은 것은?

〈명화 속에 담겨 있는 자연환경 엿보기〉

프랑스의 [(가)]을/를 배경으로 여름에 건조한 기후에서도 잘 자라는 올리브 등을 재배하는 모습이 담겨 있다.	영국의 [(나)]을/를 배경으로 연중 습윤한 기후의 영향을 받아 다리 주변에 안개가 낀 모습이 담겨 있다.

① (가)에서는 밀농사보다 벼농사가 널리 이루어진다.
② (나)는 지중해성 기후가 나타난다.
③ (가)는 (나)보다 위도가 낮은 지역에 위치한다.
④ (나)는 (가)보다 태양광 발전에 유리한 기후 환경이 나타난다.
⑤ (가)와 (나)는 모두 강수량보다 증발량이 많다.

[25507-0014]

2 다음 자료는 여행 중에 나눈 영상 통화 내용이다. ㉠~㉣에 대한 설명으로 옳은 것만을 〈보기〉에서 고른 것은?

┌─〈 보기 〉─────────────────────────
ㄱ. ㉡은 주로 빙하의 퇴적 작용으로 형성되었다.
ㄴ. ㉣에는 '석회암'이 들어갈 수 있다.
ㄷ. ㉠은 ㉢보다 적도와의 최단 거리가 멀다.
ㄹ. ㉠과 ㉢은 모두 화산 활동이 활발한 지역에 위치한다.
└────────────────────────────────

① ㄱ, ㄴ   ② ㄱ, ㄷ   ③ ㄴ, ㄷ   ④ ㄴ, ㄹ   ⑤ ㄷ, ㄹ

[25507-0015]

3 다음 신문 칼럼의 입장으로 가장 적절한 것은?

> ○○신문
>
> 오늘날 인류는 무분별한 개발로 인해 인류의 삶마저 위협당하는 환경 위기에 직면하게 되었습니다. 이러한 위기를 극복하기 위해서는 근본적으로 인간 중심주의적 자연관에서 벗어나 생명 공동체 자체를 존중하는 의식을 가져야 합니다. 이러한 자연관을 바탕으로 인류의 역할을 대지 공동체의 정복자에서 평범한 구성원으로 변화시켜야 합니다.

① 자연은 인간의 소유물이자 이익 추구의 수단이다.
② 생명 공동체 자체도 도덕적 행위의 주체가 될 수 있다.
③ 자연의 수단적 가치는 자연이 지닐 수 있는 유일한 가치이다.
④ 인간 중심주의적 자연관의 정립으로 환경 위기를 해결해야 한다.
⑤ 자연을 지배 대상으로 간주하는 것은 환경 파괴를 초래할 수 있다.

[25507-0016]

4 갑, 을 사상가들의 입장으로 가장 적절한 것은?

> 갑: 인간과 달리 동물은 의식이 없는 기계일 뿐이다. 동물은 정신을 전혀 갖고 있지 않으며 그들 기관의 배치에 따라 작동한다.
> 을: 인간은 대지 공동체의 지배자가 아니다. 우리는 대지 윤리를 통해 공동체의 범위를 흙, 물, 식물과 동물을 포괄하는 대지까지 확장해야 한다.

① 갑: 동물은 어떤 경우에도 자원으로 이용되어서는 안 된다.
② 갑: 이성적 능력과 관계없이 모든 생명체는 동일하게 대우받아야 한다.
③ 을: 쾌고 감수 능력의 유무에 따라 도덕적 지위가 부여된다.
④ 을: 인간은 대지 공동체의 정복자가 아니라 하나의 구성원이다.
⑤ 갑과 을: 모든 생명체는 인간과 무관하게 그 자체로 가치를 지닌다.

[25507-0017]

5 다음 글의 ㉠~㉤에 대한 설명으로 옳지 <u>않은</u> 것은?

〈세계 시민의 안전한 삶을 위협하는 ㉠ 자연재해〉

- 2005년 미국 남동부 해안에 ㉡ 허리케인 카트리나가 상륙하여 수천 명의 사상자가 발생하였다.
- 2010년 아이티에서 규모 7.0의 ㉢ 지진이 발생하여 수십만 명이 사망하였다.
- 2018년 인도네시아 아낙 크라카타우에서 발생한 ㉣ 화산 폭발로 수백 명이 희생되었다.
- 2022년 파키스탄에서 발생한 대규모의 ㉤ 홍수로 수천만 명의 이재민이 발생하였다.

---

① ㉠의 예방에 관한 국가의 의무는 우리나라 헌법에 명시되어 있다.
② ㉡은 열대 저기압에 해당한다.
③ ㉢이 바다에서 일어날 경우 해일이 발생하기도 한다.
④ ㉣은 주로 지형적 요인에 의해 발생한다.
⑤ ㉤을 대비하기 위한 대책으로 건축물의 내진 설계가 있다.

[25507-0018]

6 다음 자료의 (가) 현상에 대한 설명으로 옳은 것만을 〈보기〉에서 있는 대로 고른 것은?

〈북극곰과 회색곰의 의도하지 않은 만남〉

최근 연구에 따르면 북극에 서식하는 북극곰과 아시아와 유럽, 북부 아메리카의 고위도 지역에 서식하는 회색곰의 잡종인 '피즐리곰'의 출현이 증가하고 있는 것으로 보고되었다. 이러한 현상은 │ (가) │이/가 가속화되면서 북극의 서식 환경이 급격히 악화하자 북극곰들이 남하하고, 반대로 서식지의 환경이 변화하면서 회색곰들이 북상하여 두 종의 서식지가 부분적으로 겹치게 되어 발생한 것으로 분석되었다.

〈보기〉

ㄱ. 바젤 협약 체결의 직접적인 배경이 되었다.
ㄴ. 해안 저지대와 섬 지역의 침수 피해를 유발한다.
ㄷ. 고산 지대에 분포하는 만년설 면적을 증가시킨다.
ㄹ. 화석 에너지의 과도한 사용이 주된 원인 중 하나이다.

① ㄱ, ㄴ   ② ㄱ, ㄷ   ③ ㄴ, ㄹ   ④ ㄱ, ㄷ, ㄹ   ⑤ ㄴ, ㄷ, ㄹ

01 그래프는 지도에 표시된 세 지역의 기후 자료이다. 이에 대한 설명으로 옳은 것은? [25507-0019]

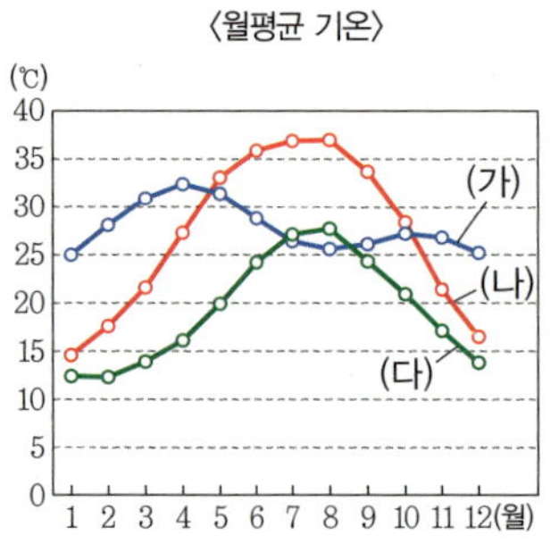

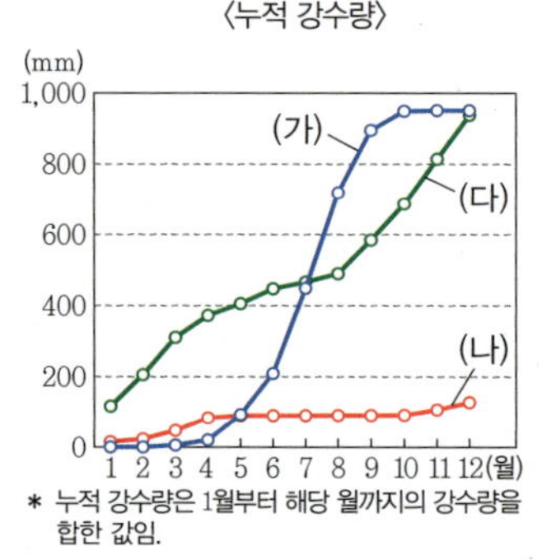

① (가)는 연 강수량보다 연 증발량이 많다.
② (다)는 기온의 연교차보다 일교차가 크다.
③ (나)는 (다)보다 수목 농업 발달에 유리한 기후가 나타난다.
④ (다)는 (가)보다 겨울 강수 집중률이 높다.
⑤ 바마코는 리야드보다 7월 평균 기온이 높다.

02 그래프는 지도에 표시된 세 지역의 기후 자료이다. (가)~(다) 지역에 대한 설명으로 옳은 것은? [25507-0020]

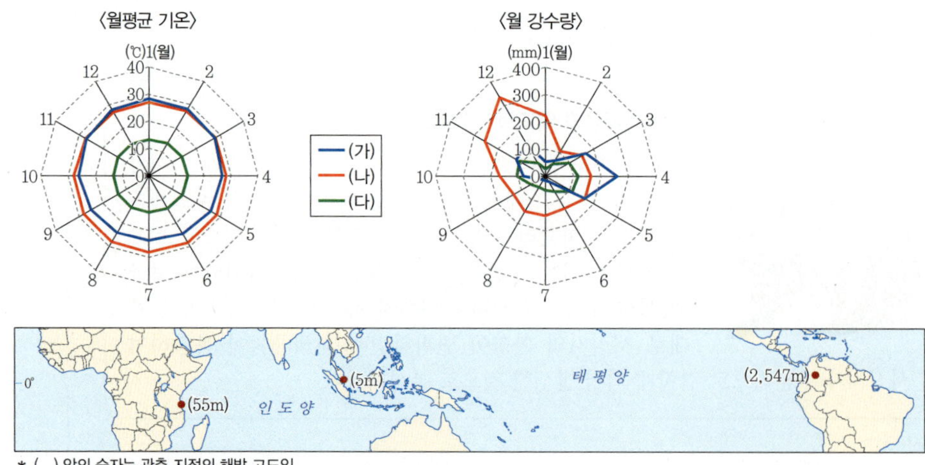

* ( ) 안의 숫자는 관측 지점의 해발 고도임.

① (가)는 연중 우리나라의 봄과 같은 날씨가 나타난다.
② (나)가 위치한 국가에는 사바나 초원이 넓게 분포한다.
③ (다)는 아시아에 위치한다.
④ (나)는 (가)보다 연중 대류성 강수의 발생 빈도가 높다.
⑤ (나)는 고산 지역, (다)는 해안 지역에 위치한다.

03 그림은 어느 사상가를 검색한 인터넷 화면이다. A 사상가의 입장으로 적절한 것만을 〈보기〉에서 고른 것은? [25507-0021]

근대 서양의 사상가로 자연관은 다음과 같다.

1. 자연이 인간에게 이롭도록 지식을 활용해야 한다.
2. 자연을 사냥해서 노예로 만들어 인간의 이익에 봉사하도록 해야 한다.
3. 인간의 지식이 곧 힘이다. 인간은 자연의 사용자 및 해석자로서 자연의 질서에 대해 실제로 관찰하고 고찰한 것만큼 무엇인가를 할 수 있으며 이해할 수 있다.

〈 보기 〉

ㄱ. 유용한 지식을 얻기 위해 이성의 역할이 필요하다.
ㄴ. 과학 기술의 발전보다 자연에 대한 책임을 우선해야 한다.
ㄷ. 경험적 지식을 바탕으로 자연에 대한 지배력을 강화해야 한다.
ㄹ. 인간 삶을 개선한다는 명목으로 자연을 수단화해서는 안 된다.

① ㄱ, ㄴ ② ㄱ, ㄷ ③ ㄴ, ㄷ ④ ㄴ, ㄹ ⑤ ㄷ, ㄹ

04 다음을 주장한 사상가의 입장에서 볼 때, (가)에 들어갈 말로 가장 적절한 것은? [25507-0022]

리포터: 대지 윤리에 대해 설명해 주시겠어요?
사상가: 대지 윤리는 인류의 역할을 대지 공동체의 정복자에서 그것의 평범한 구성원이자 시민으로 변화시키는 윤리입니다. 이러한 대지 윤리는 인류의 동료 구성원에 대한 존중 그리고 공동체 자체에 대한 존중을 필연적으로 수반합니다.
리포터: 현재의 기후 위기 문제를 해결하기 위해 우리는 어떻게 해야 할까요?
사상가: 우리는 그러한 문제를 해결하기 위해 _______________ (가)

① 도덕 공동체의 범위를 대지까지 확대해야 합니다.
② 대지에 대한 주인 의식을 바탕으로 대지를 다스려야 합니다.
③ 개별 생명체의 존속을 생태계의 안정성보다 우선해야 합니다.
④ 대지 공동체 자체는 도덕적 존중의 대상이 아님을 명심해야 합니다.
⑤ 대지를 오직 인간의 이익을 실현하기 위한 도구로만 여겨야 합니다.

05 (가)의 갑, 을 사상가들의 입장을 (나) 그림으로 탐구하고자 할 때, A~C에 들어갈 적절한 질문 [25507-0023]
만을 〈보기〉에서 고른 것은?

(가)	갑: 새로운 윤리는 대지의 이용을 경제적 관점 뿐만 아니라 윤리적, 심미적 관점에서도 검토해야 하며, 생명 공동체의 온전함에 기여해야 한다. 을: 식물은 동물을 위해 존재하고 동물은 인간을 위해 존재한다. 자연은 목적 없이는 아무것도 만들지 않으므로 식물과 동물은 인간을 위한 것임이 틀림없다.
(나)	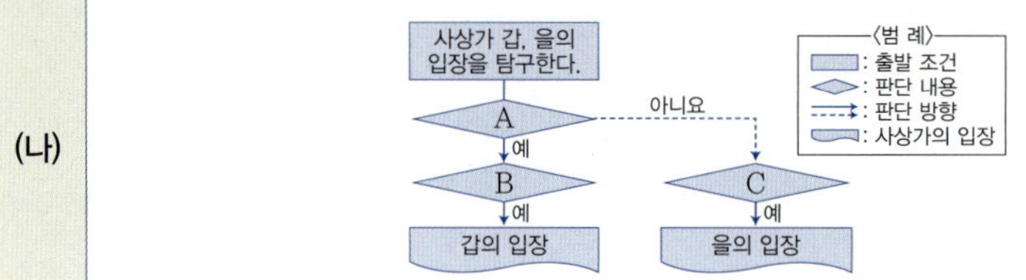

〈보기〉

ㄱ. A: 생태계 자체를 도덕적으로 존중해야 하는가?
ㄴ. A: 동물을 자원으로 이용하는 모든 행위는 금지되어야 하는가?
ㄷ. B: 생명이 없는 존재도 도덕적 고려 대상이 될 수 있는가?
ㄹ. C: 인간 이외의 생명체가 지니는 도덕적 지위를 인정해야 하는가?

① ㄱ, ㄴ ② ㄱ, ㄷ ③ ㄴ, ㄷ ④ ㄴ, ㄹ ⑤ ㄷ, ㄹ

통합형 06 (가)의 사상가의 입장에서 (나)의 ㉠에 대해 제시할 견해로 적절한 것만을 〈보기〉에서 있는 대로 [25507-0024]
고른 것은?

(가)	인간은 생명 공동체의 한 구성원일 뿐이다. 우리는 대지 윤리를 통해 공동체의 범위를 흙, 물, 동식물을 포함하도록 확장해야 한다.
(나)	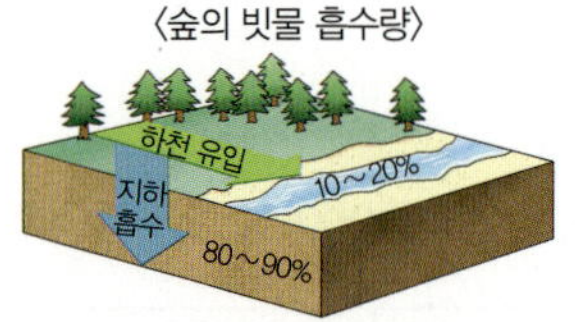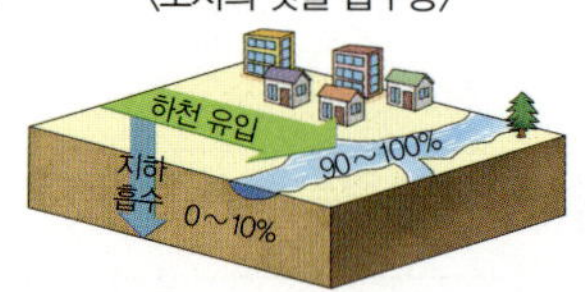

자연 상태에서는 비가 내릴 때 대부분의 빗물이 지하로 흡수되어 홍수 발생 위험이 낮다.

콘크리트로 포장된 도시 지역에서는 비가 내릴 때 빗물이 지하로 흡수되지 못해 홍수 발생 위험이 높다.

* 위 그림에서 볼 수 있듯이 도시는 자연 상태일 때에 비해 홍수 발생 위험도가 높다. 도시화로 인해 녹지 대신 아스팔트와 콘크리트로 포장되는 지표 면적이 증가하면 자연 상태일 때보다 빗물 흡수량이 현저히 낮아져 하천 수위 상승 속도가 더 빨라지고, 하천 최고 수위도 높아지기 때문이다. ㉠ 도시화는 인간에게 물질적 이익을 제공하지만 다른 한편으로는 생태계 전반을 변화시키기 때문에 도시화의 확산에 대해 서로 다른 견해가 제시되고 있다.

〈보기〉

ㄱ. 도시화를 위해 대지를 이용할 때 윤리적 관점을 함께 고려해야 한다.
ㄴ. 도시화로 인한 생태계의 변화가 생태계의 안정성을 위협한다면 옳지 않다.
ㄷ. 인간을 위해 대지를 경제적으로 이용하는 것은 어떤 경우에도 정당화될 수 없다.

① ㄴ ② ㄷ ③ ㄱ, ㄴ ④ ㄱ, ㄷ ⑤ ㄱ, ㄴ, ㄷ

07 그래프는 우리나라의 시설별 자연재해 피해액 비율을 나타낸 것이다. (가)~(다)에 대한 설명으로 옳은 것은? (단, (가)~(다)는 각각 지진, 태풍, 호우 중 하나임.) [25507-0025]

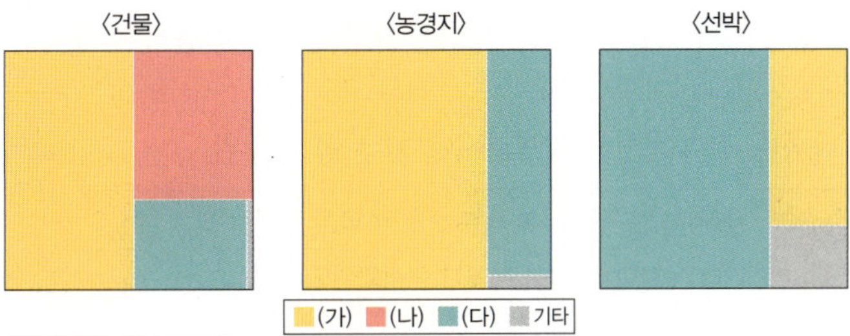

＊2013~2022년 시설별 총피해액(당해 연도 가격 기준)에 대한 자연재해별 피해액 비율을 면적 크기로 나타낸 것임.
＊＊피해액 비율 0.1% 미만은 표시하지 않음.

(재해연보)

① (가)는 주로 열대 해상에서 발생하여 고위도로 이동한다.
② (나)는 장마 전선이 정체할 때 주로 발생한다.
③ (나)는 (다)보다 관측 이후 대비할 수 있는 시간이 짧다.
④ (가), (나)는 기후적 요인, (다)는 지형적 요인에 의해 발생한다.
⑤ (가)~(다)의 피해는 모두 사전에 정확히 예측하여 대비할 수 있다.

통합형 08 다음 글에 대한 설명으로 옳은 것은? [25507-0026]

- 국제 연합 개발 계획(UNDP)에 따르면, ㉠ 몽골에서는 ㉡ 자연 목초지의 수용 한계를 초과한 3,000만 마리가 넘는 가축이 사육되고 있다. 특히 1990년 이후 ＊캐시미어 가격이 상승하면서 가축의 수가 급증하였다. 염소는 풀을 뿌리까지 뽑아서 먹는 습성이 있어 목초지 황폐화를 초래하고, 이는 ㉢ 사막화를 더욱 심화시키는 주요 요인으로 작용한다.
  ＊캐시미어: 원래 인도 카슈미르 지방의 산양이나 염소의 털로 만들어진 고급 직물을 의미함.
- 열대 우림은 지구의 온실가스를 흡수하며 기후 조절에 핵심적인 역할을 한다. 국토의 대부분이 산림으로 이루어진 ㉣ 가봉은 [(가)]이/가 많은 국가이다. 최근 몇 년 동안 가봉은 다양한 산림 보존 계획을 마련하여 실행하고 있으며, ㉤ 열대 우림 보호를 통해 환경적 가치를 지속적으로 실현하고 있다.

① ㉡은 생태계 전체를 하나의 유기체로 간주해야 한다고 보는 자연관이 반영되었다.
② ㉢의 문제를 해결하기 위해 몬트리올 의정서가 채택되었다.
③ ㉤은 자연의 내재적 가치보다 도구적 가치를 중요시하는 활동이다.
④ ㉣은 ㉠보다 국토 면적 중 스텝 기후가 나타나는 면적 비율이 높다.
⑤ (가)에는 '탄소 배출량보다 흡수량'이 들어갈 수 있다.

1 다양한 문화권의 특징

1. 문화와 문화권

(1) **문화**: 한 사회의 구성원이 만들어 낸 공통의 생활 양식 → 인간과 환경이 상호 작용하며 형성됨

(2) **문화권**: 문화적 특성이 유사하게 나타나 주위의 다른 지역과 구분되는 공간 범위

문화경관	인간이 환경에 적응하는 과정에서 땅 위에 만들어 놓은 생활 모습
경계와 점이 지대	• 경계: 높은 산맥, 대하천, 거대한 사막 등 점이 지대가 형성되기도 함 • 점이 지대: 서로 다른 문화권의 특성이 함께 나타나는 곳

(3) **자연환경의 영향을 받은 문화권**

특징	인간이 기후나 지형 등 자연환경에 적응하거나 극복하는 과정에서 나타남
사례	• 음식 문화: 기후, 토양, 지형 등의 영향을 받음 ⓐ 건조 기후 지역의 고기 등 • 주거 문화: 주변에서 쉽게 구할 수 있는 재료로 가옥을 지음 • 의복 문화: 기후의 영향을 많이 받음

(4) **인문환경의 영향을 받은 문화권**

특징	인문환경은 가치관, 이념 등에 반영되어 문화권을 형성하는 데 영향을 끼침
사례	• 종교: 사람들의 의식, 규범, 세계관 등에 큰 영향을 줌 • 산업: 인간의 경제활동에 영향을 끼침 ⓐ 실리콘 밸리의 혁신적 기업 문화

■ **문화권의 형성**

문화권은 기후, 지형 등 자연환경과 종교, 산업 등 인문환경의 영향을 받아 형성된다.

■ **의복 문화와 기후**

추운 지역에서는 보온에 유리한 털옷을 입고, 더운 지역에서는 통풍이 잘 되는 옷을 입는다.

■ **산업과 문화권**

농경 문화권은 정착 생활이 기반이 되어 공동체 문화가 형성되었으며, 풍년을 기원하는 축제 등이 발달하였다. 유목 문화권에서는 이동 생활을 하며 이동식 가옥이 나타난다. 상공업이 발달한 지역은 출퇴근 문화와 함께 도시적인 생활 양식이 나타난다.

자료 플러스 **문화권을 구분하는 다양한 방법**

■ 주식으로 구분한 세계의 문화권

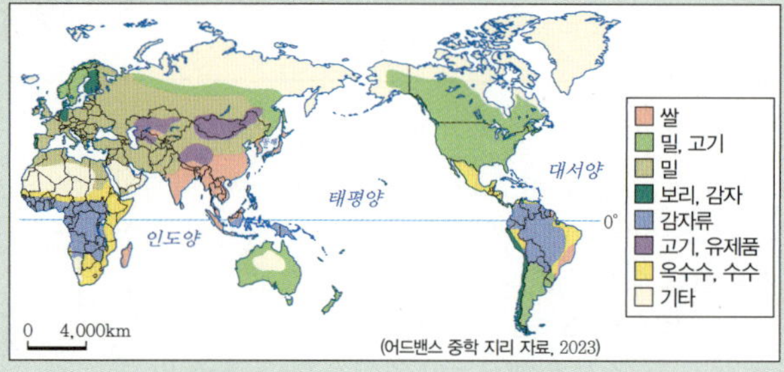

■ 세계의 언어 문화권

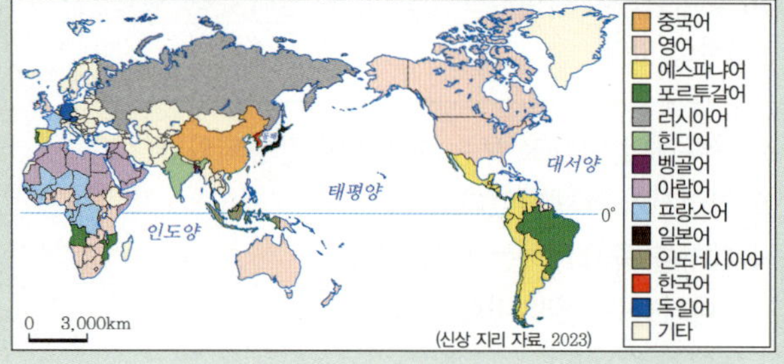

■ 가옥의 주요 재료로 구분한 세계의 문화권

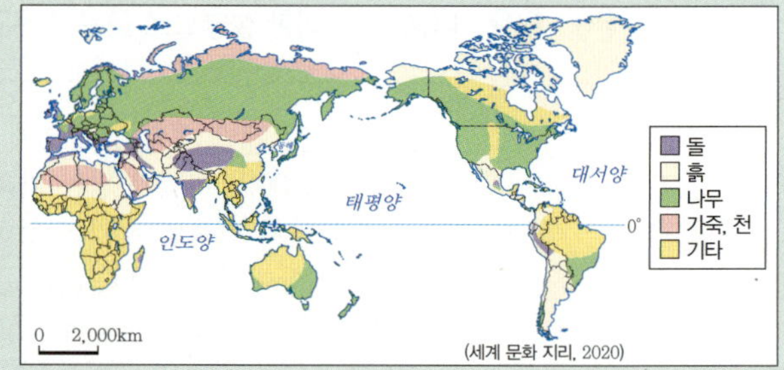

■ 세계의 주요 종교

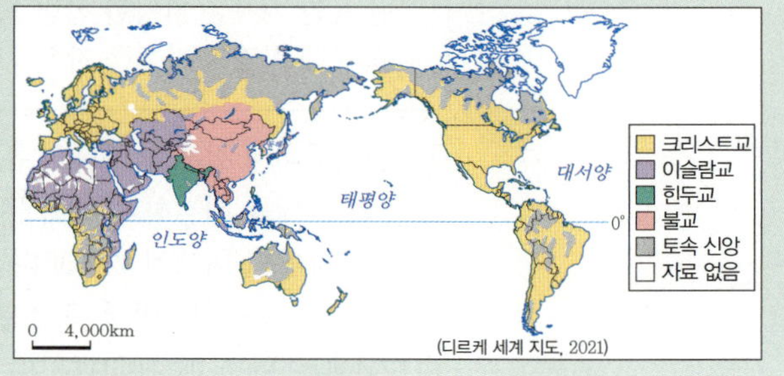

2. 다양한 문화권의 특징과 삶의 방식

(1) **동아시아 문화권**: 유교 문화, 불교 문화, 젓가락 사용, 한자 등

(2) **동남아시아 문화권**: 불교, 이슬람교, 크리스트교 등 여러 종교의 영향을 받음

(3) **남부 아시아 문화권**: 힌두교와 불교의 발상지이며, 언어의 다양성이 높음

(4) **건조 문화권**: 유목과 오아시스 농업이 전통적으로 이루어지고, 석유 관련 산업이 발달하였으며, 이슬람교의 영향이 강함

(5) **아프리카 문화권**: 부족 중심의 공동체 생활이 전통적으로 이루어지며, 플랜테이션 농업이 발달함

(6) **유럽 문화권**: 크리스트교의 영향이 강하고, 북서유럽·남부 유럽·동부 유럽으로 구분할 수 있음

(7) **아메리카 문화권**: 유럽인의 문화가 전파되어 원주민의 문화가 사라질 위기에 처했으며, 다양한 문화가 혼재되어 있고, 앵글로아메리카와 라틴아메리카로 구분할 수 있음

(8) **오세아니아 문화권**: 원주민의 독특한 문화와 전통이 남아 있으며, 관광 산업이 발달함

(9) **북극 문화권**: 전통적으로 사냥과 순록 유목을 통해 얻은 털이나 가죽으로 된 옷을 입었으며, 최근 자원 개발이 활발해짐

■ 문화권의 구분

문화권은 어떤 문화 요소를 기준으로 하느냐에 따라 나누는 방식이 다양하게 있을 수 있다. 따라서 한 지역이 여러 문화권으로 나뉘어질 수도 있고, 여러 지역이 하나의 문화권으로 묶일 수도 있다.

자료 플러스 1 │ 세계의 다양한 문화권

세계의 문화권을 구분할 때에는 여러 문화 요소를 복합적으로 고려한다. 문화권은 고정된 것이 아니므로 문화권의 경계부에서는 대부분 점이 지대가 나타나며, 인구 이동과 문화 전파 등에 따라 변화하기도 한다.

자료 플러스 2 │ 종교와 사람들의 생활 모습

크리스트교는 예수를 구원자로 믿으며, 성당이나 교회에서 예배를 드린다. 이슬람교는 쿠란의 가르침에 따라 신앙 실천의 다섯 가지 의무(신앙 고백, 예배, 자선, 라마단의 단식, 성지순례)를 지키며, 신자들은 돼지고기와 술을 금기시한다. 불교는 석가모니의 가르침을 따르며, 마음을 다스리는 수양을 통해 깨달음을 얻고자 한다. 힌두교는 수많은 신을 인정하는 다신교로 윤회 사상을 중시하고, 소를 신성시하여 먹지 않으며 갠지스강에서 목욕을 하면 죄를 씻을 수 있다고 믿는다.

■ 세계 종교 인구의 비율

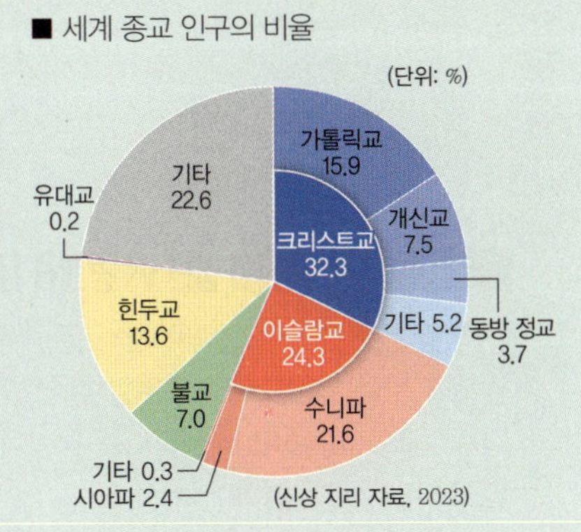

1. 문화 변동

(1) 문화 변동의 의미와 요인

① 의미: 한 사회 내부에서 새로운 문화가 등장하거나 외부의 영향을 받아 문화가 변화하는 현상

② 문화 변동의 요인

내재적 요인	발명	• 기존에 없던 새로운 문화 요소를 만들어 내는 것 • 사례: 활의 발명, 증기 기관의 발명 등
	발견	• 이미 존재하였지만 알려지지 않았던 문화 요소를 찾아내는 것 • 사례: 불의 발견, 전기의 발견 등
외재적 요인 (문화 전파)	직접 전파	• 서로 다른 사회 구성원 간의 직접적인 접촉을 통해 문화 요소가 전달되어 정착되는 현상 • 사례: 미국인 선교사가 한국에 배구를 전달한 것 등
	간접 전파	• 서로 다른 사회 구성원 간의 직접적인 접촉이 아닌 매개체를 통해 문화 요소가 전달되어 정착되는 현상 • 사례: 드라마를 통해 동남아시아에 한국 문화가 확산된 것 등
	자극 전파	• 다른 사회의 문화 요소에서 아이디어를 얻어 새로운 문화 요소가 만들어지는 현상 • 사례: 북아메리카 체로키족이 백인의 알파벳에서 아이디어를 얻어 문자를 고안한 것 등

■ 발명

발명은 물질적인 것뿐만 아니라 종교나 사상과 같은 비물질적인 것을 새롭게 만들어 내는 것도 포함한다.

(2) 문화 접변

① 의미: 서로 다른 사회가 오랜 기간에 걸쳐 접촉하면서 문화에 변동이 일어나는 현상

② 문화 접변의 양상

문화 동화	• 기존의 문화 요소가 외래문화 요소에 흡수되어 정체성을 상실하는 현상 • 사례: 알래스카 남부 원주민이 백인의 지배를 받으며 고유 언어가 소멸한 것 등
문화 병존	• 한 사회 내에서 서로 다른 문화 요소가 정체성을 유지하며 나란히 존재하는 현상 • 사례: 우리나라에서 사람들이 나이를 셀 때 서양 방식과 우리나라 전통 방식을 함께 사용하는 것 등
문화 융합	• 기존 문화 요소와 외래문화 요소가 결합하여 기존 문화 요소의 성격을 지니면서도 기존 문화 요소와 다른 성격을 가진 제3의 문화가 형성되는 현상 • 사례: 아프리카의 음악과 유럽식 악기가 결합하여 재즈가 생겨난 것 등

■ 문화 접변의 양상

A를 기존 문화 요소, B를 외래문화 요소라고 하면, 문화 동화, 문화 병존, 문화 융합은 표와 같이 나타낼 수 있다. 이때 C는 A, B의 성격을 지니면서도 동시에 A, B와 다른 성격을 지닌 문화 요소이다.

문화 동화	A+B=B
문화 병존	A+B=A, B
문화 융합	A+B=C

자료 플러스 **자발적 문화 접변 vs 강제적 문화 접변**

문화 접변은 변동의 결과에 따라 문화 동화, 문화 병존, 문화 융합으로 구분하기도 하지만, 강제성의 유무에 따라 자발적 문화 접변과 강제적 문화 접변으로도 구분할 수 있다. 강제적 문화 접변은 식민 지배 등과 같은 상황에서 문화 제공자가 자기 사회의 문화 요소를 강제적으로 이식하면서 나타나는 유형이고, 자발적 문화 접변은 문화 수용자 스스로의 필요에 의해 다른 사회의 문화 요소를 받아들이면서 나타나는 유형이다.

2. 전통문화

(1) 전통문화의 의미와 의의

① 의미: 과거부터 현재까지 전해 내려오는 고유한 문화

② 의의

- 사회 구성원의 자긍심 및 유대감 강화 → 사회의 유지와 통합에 기여
- 국가의 이미지 제고 및 문화 산업 육성에 기여
- 세계 문화의 다양성 증진에 기여

(2) 전통문화의 창조적 계승 방안

① 문화적 정체성을 유지하면서도 현대의 요구와 특성에 맞게 재해석

② 외래문화를 무분별하게 수용하지 않도록 비판적으로 수용

3 문화 상대주의와 보편 윤리

1. 문화 이해 태도

(1) 자문화 중심주의

의미	자기 사회의 문화가 우월하다고 믿고, 다른 사회의 문화를 열등한 문화로 간주하는 태도
순기능	자문화에 대한 자부심을 심어주어 자문화의 정체성 보존과 사회 통합 달성에 기여할 수 있음
역기능	• 타 문화를 무조건 배척함으로써 서로 다른 사회 간에 갈등을 초래할 수 있음 • 국수주의에 빠져 문화 교류와 자문화의 발전을 저해할 수 있음 • 다른 사회에 대한 자기 문화 이식을 정당화하고, 심할 경우 문화 제국주의로 이어질 수 있음

(2) 문화 사대주의

의미	다른 사회의 문화가 우월하다고 믿고, 자기 사회의 문화를 열등한 문화로 간주하는 태도
순기능	외부 문화를 적극적으로 수용함으로써 자문화의 발전에 기여할 수 있음
역기능	외부 문화를 무비판적으로 추종하고 수용함으로써 자문화의 정체성을 상실하게 할 수 있음

(3) 문화 상대주의

의미	모든 문화가 고유한 의미와 가치가 있다고 보고, 문화를 그것이 생겨난 해당 사회의 맥락과 입장에서 이해하는 태도
순기능	• 각 사회의 문화가 갖는 고유한 의미와 가치를 있는 그대로 이해하는 데 기여할 수 있음 • 서로 다른 문화의 공존을 가능하게 함으로써 문화 다양성을 보존하는 데 기여할 수 있음
역기능	극단적으로 적용할 경우, 인류의 보편적 가치를 훼손하는 문화마저도 고유한 가치를 갖는 문화로 인정함으로써 문화의 개선 및 발전을 저해할 수 있음

2. 보편 윤리와 문화 성찰

(1) 보편 윤리의 의미와 필요성

① 보편 윤리: 인간의 존엄성 및 생명 존중, 자유와 평등 등과 같이 시대와 사회를 초월하여 모든 인류가 존중하고 따라야 할 윤리 및 도덕 원리

② 보편 윤리를 통한 문화 성찰의 필요성

- 자문화 중심주의, 문화 사대주의, 극단적 문화 상대주의는 모두 문화에 대한 비판적인 성찰을 저해함

■ 국수주의

자기 사회의 문화가 최고라고 여겨 외부 문화의 수용을 거부하고 자기 문화를 무조건 지키려고 하는 태도나 사상을 말한다.

■ 문화 이식

한 사회의 문화를 다른 사회로 옮겨 심는다는 의미로 다른 사회의 문화가 열등하다는 인식에 기초한다.

■ 문화 제국주의

다른 사회의 문화가 열등하다는 인식을 바탕으로 자기 문화를 다른 사회에 확산·이식함으로써 다른 사회를 문화적으로 지배하려는 사상이나 행위를 말한다.

■ 문화 다양성

각 사회에서 향유하는 문화가 서로 다른 양상으로 나타나는 것을 의미한다.

■ 문화 상대주의

문화 상대주의라는 개념은 20세기 초 프란츠 보아스(Franz Boas) 등 문화 인류학자들에 의해 정립되었다. 보아스 등은 서구 사회의 비서구 사회에 대한 문화 인식이 철저하게 자문화 중심주의에 빠져 있다는 점을 지적하며, 모든 문화는 해당 사회의 맥락에서만 제대로 이해될 수 있다는 점을 강조하였다. 이러한 문화 상대주의의 확산으로 제국주의의 만행에 대한 반성이 이루어지고 세계 문화의 다양성 보존에 대한 관심이 높아졌다.

• 보편 윤리를 통해 자문화와 타 문화를 비판적으로 성찰함으로써 인류 문화의 질적 발전을 꾀할 수 있음

(2) **바람직한 문화 이해 태도**: 문화 상대주의를 바탕으로 모든 문화가 지닌 고유한 의미와 가치를 존중하면서 보편 윤리를 통해 문화를 비판적으로 성찰해야 함

4 다문화 사회와 문화적 다양성 존중

1. 다문화 사회의 의미와 배경

(1) **다문화 사회**: 민족, 인종, 종교 등 다양한 문화적 배경을 가진 집단이 공존하는 사회

(2) **배경**

① 교통수단 및 정보통신 기술의 발달: 거리의 한계가 약화됨으로써 서로 다른 사회 간 접촉 및 문화 교류가 활발해짐

② 세계화의 확대: 국가 간 경계의 약화로 일자리, 결혼 등을 목적으로 한 국가 간 인구 이동이 증가함

(3) **우리나라의 다문화 사회로의 변화**: 이주 노동자, 국제결혼 이민자, 유학생, 북한 이탈 주민 등의 증가로 다문화 사회로의 변화가 진행되고 있음

■ **세계화**
교통과 통신의 발달로 우리의 생활 공간이 국경을 넘어 전 지구로 확대되면서 국가 간 교류가 활발해지고 상호 의존성이 심화되는 현상을 말한다.

2. 다문화 사회의 특징과 문화 다양성의 보장

(1) **다문화 사회의 긍정적 측면과 부정적 측면**

긍정적 측면	• 사회 구성원의 지식과 경험이 확장되고 다른 문화에 대한 편견이나 고정관념이 약화될 수 있음 • 다양한 문화가 새로운 문화 창조의 기반이 될 수 있음 • 노동력 부족 문제의 해결에 기여할 수 있음
부정적 측면	• 문화의 차이, 한정된 일자리를 둘러싼 경쟁 등으로 인한 갈등이 발생할 수 있음 • 주류 집단의 소수자 집단에 대한 차별이 발생할 수 있음

■ **소수자 집단**
한 사회 내에서 정치적·경제적·사회적·문화적으로 열세에 있는 집단으로서 단지 인구가 적은 집단을 가리키는 것은 아니다.

(2) **다문화 사회에 대응하는 정책**

① 멜팅 팟(melting pot: 용광로) 정책

의미	다양한 재료를 녹여 하나의 재료를 만들어 내는 용광로처럼 다양한 문화를 융합하여 하나의 정체성을 갖는 문화를 형성하고자 하는 다문화 정책
장점	하나의 정체성을 형성함으로써 사회 통합에 유리함
단점	현실적으로 주류 집단의 문화에 소수 집단의 문화를 동화시키는 문제가 나타남으로써 문화적 다양성 보존을 저해함

② 샐러드 볼(salad bowl) 정책

의미	다양한 채소의 고유한 맛이 그대로 유지되게끔 하는 샐러드 그릇처럼 다양한 문화가 고유한 정체성을 유지하면서 공존할 수 있도록 보장하는 정책으로, 다문화주의를 바탕으로 함
장점	문화 다양성 보장을 통해 서로 다른 집단의 평화로운 공존을 보장할 수 있음
단점	문화의 차이로 인해 한 사회의 구성원 간 동질성 형성이 어렵고, 사회 혼란을 초래할 수 있음

■ **다문화주의**
서로 다른 문화 간의 차이를 있는 그대로 인정하고, 문화 다양성의 보장을 추구하는 태도나 사상을 말한다.

(3) **다문화 사회의 갈등 예방과 문화 다양성 보장 방안**

① 문화 상대주의와 관용에 입각하여 서로 다른 문화를 인정하는 태도를 가질 필요가 있음

② 이주민에 대한 차별 철폐 및 정착 지원, 다문화 이해 교육 강화 등 제도적인 노력도 필요함

예시 문항 4

다음 지도를 보고 물음에 답하시오.

다음은 위 지도의 (가) 국가에 대한 여행 일지이다. 이에 대한 설명으로 옳은 것은?

여행 일지

2○○○.○○.○○.

　　건조 문화권에 속하는 이슬람 국가인 ☐(가)☐ 에 도착하였다. 여행 전 조사를 통해 ㉠ 이슬람교가 7세기 초 무함마드에 의해 창시되었고 이슬람교를 믿는 사람들이 기도와 금식, 순례 등을 행한다는 것을 알게 되었다. 입국 수속을 마치고 숙소로 이동하여 짐을 푼 후 식사를 위해 도심으로 들어왔다. 때마침 기도 시간인지, 이동하는 사람들의 행렬을 따라가니 이슬람 사원인 모스크에 당도하게 되었다. 최초의 모스크는 간격을 두고 기둥을 세워 기도하기 위한 그늘을 만들고 바닥에 자갈과 모래를 까는 정도였다고 한다. 이후 ㉡ 비잔티움 제국에서 교회 건축에 사용되었던 돔 양식을 모스크 건축에 도입하였고, 아치와 첨탑, 거대한 돔을 갖춘 모스크 형태가 자리 잡게 되었다. 모스크 내부에는 성지의 방향을 나타내는 화려하게 장식된 미흐랍이라고 부르는 구조물이 있었다. … (하략)

① (가)의 주민들은 주로 침엽수로 지은 목조 가옥에 거주한다.
② (가)에서는 여름 계절풍이 탁월하고 태풍의 발생이 빈번하다.
③ ㉠은 발견에 의한 문화 변동에 해당한다.
④ ㉡에는 서로 다른 문화 요소가 결합하여 새로운 문화가 형성된 문화 변동이 나타나 있다.
⑤ ㉠과 ㉡ 모두에서 기존 문화의 정체성이 상실되었다.

문제 분석

건조 문화권의 자연환경과 인문환경의 특징을 이해하고, 발견, 발명, 전파, 문화 접변 등 문화 변동의 요인 및 양상과 관련된 개념을 파악해야 한다. 건조 기후의 특성과 기후의 영향을 받아 형성된 주거 문화 등을 종합적으로 이해해야 하며, 이슬람교의 창시로 인한 문화 변동이 발명에 의해 나타났다는 점과 이슬람 문화의 정체성을 유지하면서 비잔티움 제국의 문화 요소를 도입한 모스크 양식이 문화 융합의 사례라는 것을 학습하도록 한다.

선택지 분석

① 사우디아라비아(가)의 전통 가옥은 지붕이 평평하고 창문이 작으며 주재료로 흙을 사용한 경우가 많다.
② 여름 계절풍이 탁월한 남부 아시아, 태풍의 발생이 빈번한 동남 및 동아시아의 자연환경 특성은 서남아시아에 위치한 사우디아라비아(가)의 특성에 해당하지 않는다.
③ 7세기 초 무함마드가 창시한 이슬람교가 사람들의 생활 양식으로 자리 잡은 것은 발명에 의한 문화 변동에 해당한다.
④ 이슬람교와 크리스트교라는 서로 다른 문화 요소가 결합하여 모스크 양식이 만들어졌으므로 ㉡은 문화 융합에 의한 문화 변동이다.
⑤ ㉠과 ㉡ 모두에서 기존 문화의 정체성이 사라지지 않았다.

정답 ④

닮은 꼴 문제로 연습하기

밑줄 친 ㉠~㉥에 대한 설명으로 옳은 것은?

> 혼일강리역대국도지도는 1402년 조선에서 제작한 세계 지도이다. 실제 당시 중국의 면적이 조선의 면적보다 수십 배 넓음에도 불구하고 지도에서는 비슷하게 보일 정도로 ㉠ 한반도가 크고 당당하게 표현되어 있다는 점에서 선조들의 주체적인 국토 인식이 드러난다. 특히, 아프리카 대륙의 남쪽까지 해안선이 온전하게 표현된 최초의 지도라는 점에서 세계의 주목을 받았다. 기존에는 ㉡ 유럽인이 1488년에 최초로 남아프리카를 발견하였다고 생각하는 경우가 많았는데, 혼일강리역대국도지도는 일찍부터 남아프리카 지역이 다른 지역과 교류해 왔다는 증거가 되기 때문이다. 이는 남아프리카 지역의 지리 정보가 이슬람 상인과 ㉢ 이슬람 문명의 지도를 통해 전파된 것으로 추정된다. 서남아시아에 위치한 ㉣ 오만이 노발(奴發)이라고 표현되는 등 지도에 등장하는 ㉤ 모든 지명은 한자로 기록되어 있다. ㉥ 중국 지도를 복제한 수준에 불과하다는 평가를 하는 일부 일본 학자들의 주장에도 불구하고, 문명 교류의 생생한 모습을 담고 있는 인류의 유산으로 높은 가치를 인정받고 있다.

① ㉠은 사대주의적 세계관이 반영되어 있다.
② ㉢과 같은 문화 전파의 유형을 자극 전파라고 한다.
③ ㉣은 건조 문화권에 위치한다.
④ ㉤은 아메리카 문화권에서 주로 나타나는 특징이다.
⑤ ㉡과 ㉥은 문화 상대주의적 관점의 문화 이해 태도로 볼 수 있다.

유형분석

지리 영역과 일반사회 영역에 해당하는 내용으로, 제시된 자료를 통해 문화를 이해하는 올바른 태도가 무엇인지 파악하는 문항이다.

문제 분석

고지도를 통해 세계 여러 지역, 문화 변동, 문화를 이해하는 태도 등을 파악할 수 있다. 우리나라는 오랜 기간 지도를 제작해 온 전통이 있으며, 우리나라의 고지도는 지리 정보의 정확성과 회화식 표현 등에서 독특한 매력을 가지고 있다. 혼일강리역대국도지도는 조선의 세계 지도로 세계에 대한 다양한 정보를 담고 있어 주목받는다. 여러 문명이 교류하는 과정에서 지리 정보가 전파되는 양상을 파악하고, 서로 다른 문화를 이해하는 올바른 태도에 대해 판단할 수 있다.

선택지 분석

① 조선의 지도에서 조선이 크게 표현되었으므로 자문화 중심주의적인 세계관의 특성이 반영되어 있다.
② 자극 전파는 외부의 문화 요소를 그대로 수용하지 않고, 그 문화 요소와 관련된 아이디어만 수용하여 새로운 문화 요소를 만들어 내는 현상을 말한다. 따라서 ㉢은 자극 전파에 해당하지 않는다.
③ 서남아시아에 위치한 오만은 건조 문화권에 속한다.
④ 한자, 불교, 유교 등은 동아시아 문화권에서 주로 나타나는 특징이다.
⑤ 문화의 우열을 기반으로 다른 문화를 폄훼하는 접근 방식은 문화 상대주의적 관점이 아니다.

정답 ③

탐구1 문화권의 특성

　문화권의 형성에는 자연환경과 인문환경이 영향을 준다. 지도의 (가)는 사우디아라비아이며, 건조 문화권에 해당한다. 건조 문화권은 건조 기후, 유목과 오아시스 농업, 석유와 천연가스 생산, 이슬람교 등의 특성을 공유하는 경우가 많다. 이슬람교를 창시한 무함마드가 메카에서 메디나로 이동하며 종교의 전파가 이루어진 것으로 보기 때문에 메카와 메디나는 이슬람교의 성지로 여겨지는데, 두 도시 모두 사우디아라비아에 위치한다.

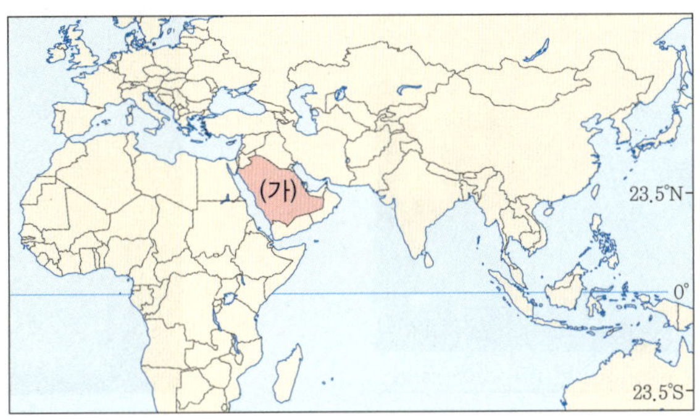

탐구2 문화 경관

　세계의 주요 종교는 크리스트교, 이슬람교, 불교 등이 있으며, 종교 경관을 통해 각 종교의 특성이 드러나기도 한다. 크리스트교의 종교 건축물에는 예수를 상징하는 십자가 등이 있다. 이슬람교의 종교 건축물에는 식물 덩굴이나 기하학적인 문양을 뜻하는 아라베스크가 있다. 불교의 종교 건축물에는 부처님의 가르침을 기리는 탑 등이 있다. 이러한 종교 건축물은 종교의 전파 과정에서 다른 문화와 만나 다양한 형태로 변화하기도 한다.

경기 안성 구포동 성당은 크리스트교의 십자가, 종탑이 한옥의 전통 건축 양식과 결합된 형태를 보인다.

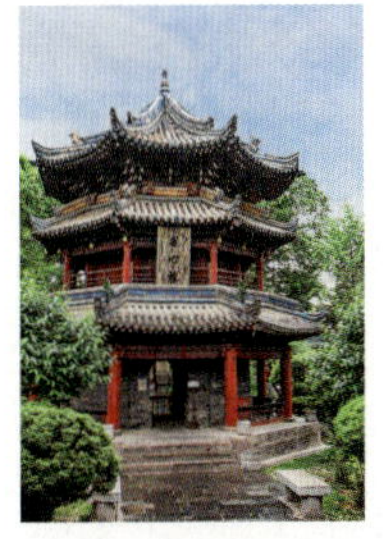

중국 시안의 대청진사는 이슬람교의 모스크로, 중국의 전통 건축 양식과 결합된 형태를 보인다.

탐구 3 지도와 공간 인식

　지도는 지리 정보를 담고 있기 때문에 고지도를 읽으면 지도를 제작한 지역의 세계관을 파악할 수 있다. 혼일강리역대국도지도는 조선의 대표적인 세계 지도로, 당대 최고 수준의 세계 지도로 꼽힌다. 유라시아와 아프리카를 아우르는 지리 정보가 집대성되어 있어 선조들의 세계에 대한 인식이 넓었다는 사실을 파악할 수 있다. 중국이 세계의 중심이고 변방은 오랑캐라는 중화주의적인 세계관은 중국의 자문화 중심주의적 관점으로, 대명혼일도와 같은 중국의 고지도에서 잘 드러난다.

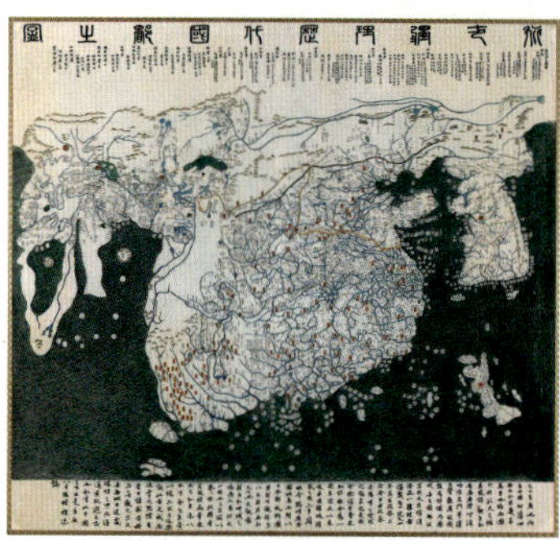

혼일강리역대국도지도는 조선에서 그려진 세계 지도로 한반도가 크게 표현되어 있다. 중국이 지도에서 차지하는 비중이 크지만, 유럽과 아프리카 등 조선에서 멀리 떨어진 지역도 비교적 자세하게 표현되어 있다.

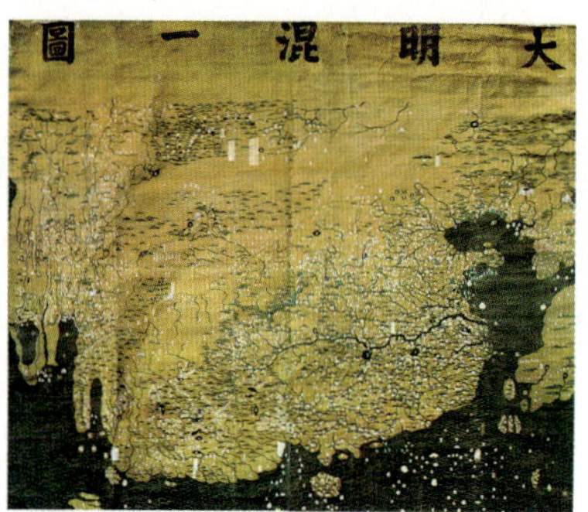

대명혼일도는 중국에서 그려진 세계 지도로 중국이 지도의 중심에 크고 자세하게 그려져 있다. 조선, 일본 등의 주변 국가는 왜곡이 매우 심하다는 점에서 중화주의적인 세계관이 잘 드러난다.

탐구 4 문화 전파

　직접 전파는 인적 교류를 통해 서로 다른 문화가 접촉하는 것을 말한다. 대표적으로 아관파천 이후 커피 원두가 유입되고 우리나라에 커피 문화가 전파된 사례를 들 수 있다. 간접 전파는 인쇄물이나 인터넷 등 매개체를 통해 이루어지는 것을 말한다. 대표적으로 동영상 플랫폼이나 대중 매체 등을 통해 한류가 전 세계로 확산된 사례를 들 수 있다. 자극 전파는 외부에서 전파된 문화 요소로부터 아이디어를 얻어 새로운 문화 요소를 만들어 내는 것을 말한다. 대표적으로 건조 문화권에서 양이나 낙타 등을 유목하는 문화의 영향을 받아 북극 문화권에서 순록을 유목하게 된 사례를 들 수 있다.

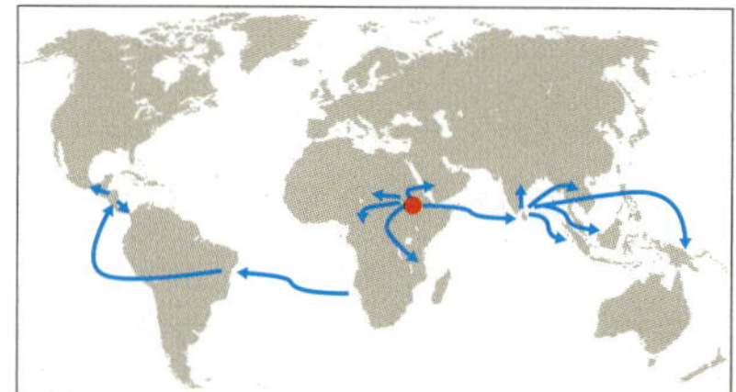

커피는 동아프리카에서 기원하였으며 서로 다른 사회 구성원 간의 직접 접촉을 통해 전파되었으므로 직접 전파에 해당한다.

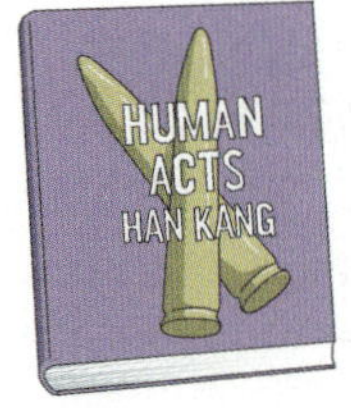

소설을 통해 우리나라의 전통문화가 다른 사회로 확산하는 것은 간접 전파에 해당한다.

유목이라는 개념은 있지만 순록과 썰매라는 구체적 양상은 새롭게 만들어졌으므로 자극 전파에 해당한다.

탐구 5 샐러드 볼 정책의 유래

　샐러드 볼 정책은 1970년대 초반 영국계 이민자들과 프랑스계 이민자들 간 갈등이 심했던 캐나다에서 본격적으로 등장하였다. 당시 영국계 이민자들이 중심이 된 캐나다 정부는 프랑스계 이민자들이 주로 모여 사는 퀘벡 지역의 분리 독립을 막기 위해 영어와 함께 프랑스어를 공용어로 지정하는 등 문화 다양성을 보장하기 위한 정책을 도입함으로써 하나의 캐나다를 유지하고자 했는데, 이러한 캐나다의 정책은 샐러드 볼 정책이 확산하는 계기가 되었다.

[25507-0027]

1 다음은 통합사회 수행 평가 보고서의 일부이다. (가), (나) 지역에 대한 설명으로 옳은 것은?

① (가)는 한자(漢字)의 영향을 크게 받았다.
② (나)의 북부에는 원주민인 애버리지니와 마오리족 등이 거주한다.
③ (가)의 대표 경관과 관련된 종교는 윤회 사상을 중시한다.
④ (나)의 대표 경관은 유럽 문화의 전파와 관련 있다.
⑤ (가)와 (나) 모두 지역 내에서 많이 생산되는 쌀을 주식으로 한다.

[25507-0028]

2 다음 글의 주장으로 가장 적절한 것은?

모든 문화는 각 사회의 고유한 환경과 역사 속에서 형성된 생활 양식이므로 해당 사회의 입장에서 바라보면 나름대로 고유한 의미와 가치가 있다. 따라서 우리는 특정 사회의 관점으로 문화를 평가하려는 태도를 지양해야 하고, 해당 문화를 향유하는 사회의 맥락에서 이해하려고 노력해야 한다. 그런데 이러한 태도를 가질 때 유의해야 할 점이 있다. 모든 문화가 가진 고유한 의미와 가치를 인정할 필요가 있다는 주장이 그 어떤 문화도 윤리적 성찰의 대상이 되어서는 안 된다는 주장과 동일한 주장이 아니라는 점이다. 만약 어떤 사회의 문화가 살인이나 인간의 존엄성을 침해하는 것을 당연시한다면, 우리는 그러한 문화마저 해당 사회의 맥락에서 고유한 의미와 가치가 있다고 인정하기 어렵다. 그러한 문화에 대해서는 바람직하지 않다는 점을 지적할 수 있어야 하며, 인간의 생명과 존엄성을 존중하는 방향으로 개선되어야 한다고 주장할 수 있어야 한다.

① 모든 문화는 우열 평가의 대상이다.
② 자문화의 발전을 위해 적극적으로 외부 문화를 수용해야 한다.
③ 문화를 이해할 때에는 해당 사회의 맥락을 고려해서는 안 된다.
④ 보편 윤리를 적용한 성찰을 통해 극단적 문화 상대주의를 방지해야 한다.
⑤ 문화를 이해할 때 문화 상대주의보다 보편 윤리를 적용한 성찰이 우선되어야 한다.

[25507-0029]

3 밑줄 친 ㉠~㉢에 대한 옳은 설명만을 〈보기〉에서 고른 것은?

> 세계화로 인해 급속하게 진행되는 ㉠ 외래문화의 유입은 ㉡ 우리와 다른 문화를 대하는 바람직한 태도가 무엇인지, 우리의 전통문화를 계승하기 위한 방안은 무엇인지 등과 같은 깊은 고민을 하게 한다. 최근 갑국에서 진행되고 있는 프로젝트는 ㉢ 전통문화의 바람직한 계승 방안에 대한 좋은 본보기이다. 갑국에서는 전통문화에 첨단기술을 융합하여 디지털화, 스마트화하는 작업을 시도하고 있다. 문화재를 실물이 아닌 3차원(3D) 홀로그램 영상으로 구현하여 전시하는 사업도 그 일환이다. 이를 통해 국보급 문화재를 공간과 시간의 제약 없이 누구나 쉽게 접할 수 있도록 하였으며, 전시 과정에서 발생할 수 있는 여러 사고를 방지함으로써 문화재 보호 차원에서도 효과적이다. 갑국 국민뿐만 아니라 외국에서도 관심이 뜨거운데, 이는 ㉣ TV, 인터넷을 통해 갑국의 드라마, 노래 등이 인기를 끌면서 갑국 문화가 외국에 널리 확산되었음에도 그동안 갑국 전통문화를 실제로 접하기가 쉽지 않았기 때문이다.

〈 보기 〉

ㄱ. ㉠에서 정신적인 측면의 문화는 제외된다.
ㄴ. ㉡을 위해서는 문화를 평가가 아닌 이해의 대상으로 보려는 자세가 필요하다.
ㄷ. ㉢을 위해서는 전통문화의 정체성을 유지하면서도 현대의 요구와 특성에 맞게 재해석해야 한다.
ㄹ. ㉣은 문화 변동의 외재적 요인인 직접 전파의 사례에 해당한다.

① ㄱ, ㄴ   ② ㄱ, ㄷ   ③ ㄴ, ㄷ   ④ ㄴ, ㄹ   ⑤ ㄷ, ㄹ

[25507-0030]

4 다음 자료에 대한 설명으로 옳은 것은? (단, A~C는 각각 문화 동화, 문화 융합, 자극 전파 중 하나임.)

> 표는 A~C의 특징을 묻는 질문에 대한 학생의 응답과 교사의 채점 결과를 나타낸 것이다. 단, 각 질문에 대한 응답이 옳으면 1점, 틀리면 0점을 부여한다.

질문	응답
A는 자문화의 정체성을 상실하는 문화 변동인가?	예
B는 타 문화로부터 아이디어만 얻어 나타나는 문화 변동인가?	예
(가)	아니요
교사의 채점 결과	3점

① A는 서로 다른 문화 요소가 정체성을 유지하며 나란히 존재한다.
② A와 달리 B는 새로운 문화 요소가 만들어지지 않는다.
③ 우리나라에서 음력과 양력을 모두 사용하는 것은 B가 아닌 C의 사례이다.
④ 아프리카의 음악과 유럽식 악기가 결합한 재즈의 탄생은 C가 아닌 A의 사례이다.
⑤ (가)에는 'A와 달리 C는 자문화 요소가 외래문화 요소로 대체되는 현상인가?'가 들어갈 수 있다.

[25507-0031]

5 다음 갑~병의 문화 이해 태도에 대한 설명으로 옳은 것은?

> A국에서 태어나 40여 년을 A국에서 살아온 갑~병이 처음으로 B국 여행을 떠났다. B국에서 세 사람은 현지 사람들이 성별을 가리지 않고 서로의 볼을 맞대며 인사하는 장면을 목격하였다. 갑~병은 볼을 맞대며 인사하는 남녀가 부부거나 연인 사이일 것이라고 생각했으나 현지 여행 안내원은 이곳 사람들은 부부나 연인 사이인지 여부와 상관없이 남녀가 인사할 때 서로 볼을 맞댄다고 설명해 주었다. 이러한 설명을 들은 갑은 B국 인사법이 야만스럽고 볼썽사납다며 A국의 인사법이 가장 훌륭하다고 자랑하였다. 을은 사회마다 다른 환경과 역사 속에서 고유한 인사법이 다양하게 발달하게 되었을 것이라며 B국 인사법을 비난해서는 안 된다고 주장하였다. 병은 B국 사람들의 인사법이 너무 아름다워 보인다며, A국이 무조건 B국의 인사법을 받아들였으면 좋겠다고 말하였다.

① 갑의 태도는 자문화의 정체성을 상실하게 할 가능성이 높다.
② 을의 태도는 문화에 대한 우열 평가가 가능하다고 본다.
③ 병의 태도는 국수주의로 이어질 가능성이 높다.
④ 갑의 태도는 병의 태도와 달리 외부 문화의 수용에 적극적이다.
⑤ 을의 태도는 갑, 병의 태도와 달리 문화 다양성의 보존에 기여한다.

[25507-0032]

6 다음 자료의 (가) 세계 유산이 위치하는 지도는?

> 하드라마우트 와디의 가장자리 위에 자리 잡은 고대 도시 [(가)] 에서는 농업이 불안정한 환경에서 적응한 모습을 볼 수 있다. 햇볕에 말린 진흙으로 만든 벽돌로 지어진 가옥들이 탑처럼 솟아 있어 웅장하다. 창문은 작고 건물이 빽빽하다. [(가)] 은/는 아랍 및 이슬람의 전통문화를 표현한 건축 자재와 기술 등의 가치를 인정받아 세계 유산으로 지정되어 보호받고 있다.

① 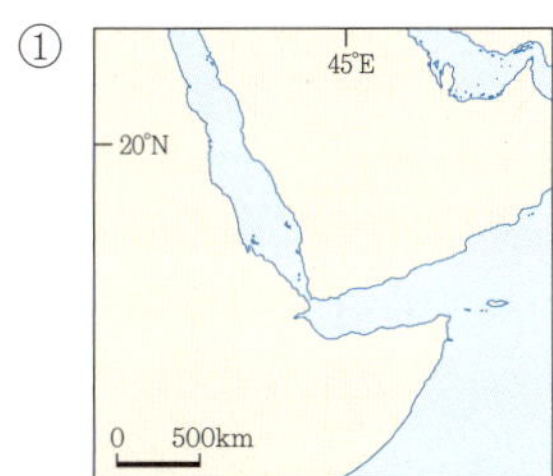
② 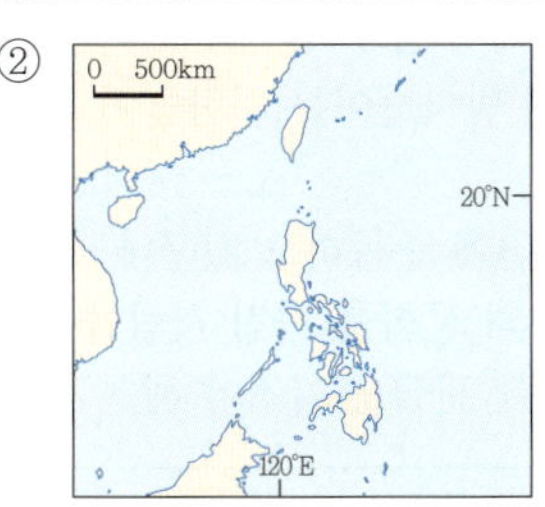
③ 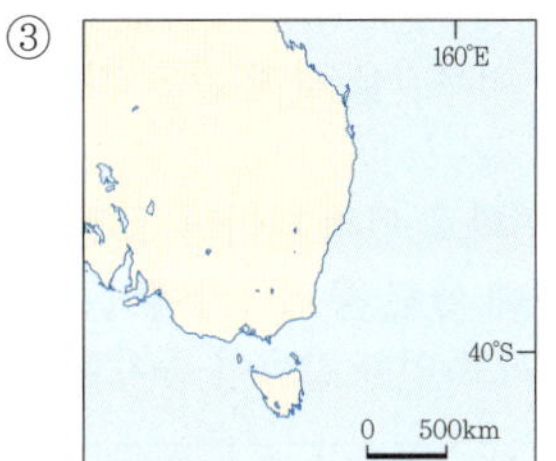
④ 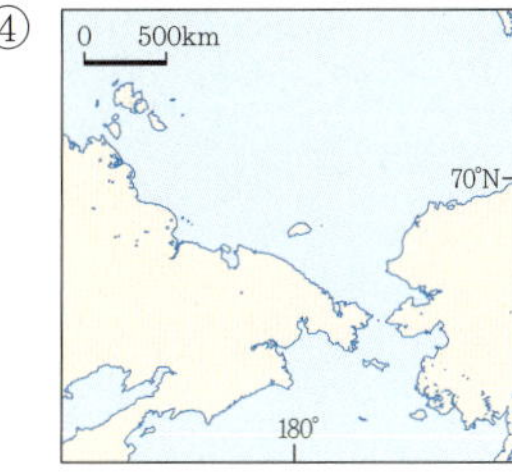
⑤ 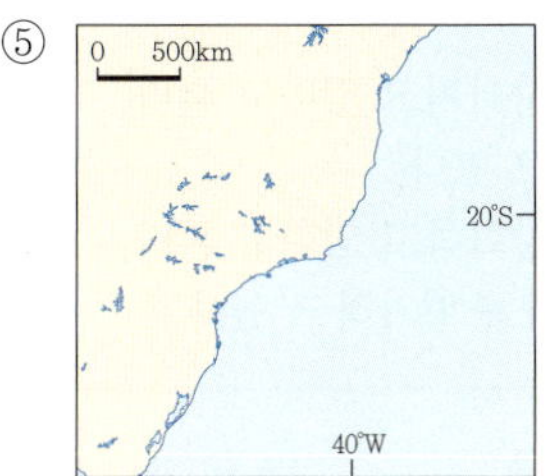

[25507-0033]

7 밑줄 친 ㉠~㉢에 대한 설명으로 옳은 것은?

> 우리에게 다문화 사회의 모범적인 국가로 알려져 있는 오스트레일리아와 캐나다는 1970년대 초까지만 해도 유럽계 이민자만 받아들이고 백인 문화를 앞세워 원주민과 여타 소수 민족에 대한 ㉠ 동화 정책을 고수하였다. 그러나 두 국가는 ㉡ 동화 정책이 초래한 문제점을 인식하고 ㉢ 다문화주의 정책을 도입하여 차별적인 이민 제도를 폐지하고 소수 민족의 문화를 보장하기 위해 노력해 왔다. 두 국가의 다문화주의는 다양한 민족의 공존, 서로 다른 문화 간의 평등과 상호 존중을 핵심으로 하는데, 이러한 다문화주의에 입각한 정책을 도입함으로써 두 국가는 세계적으로 ㉣ 관용 지수가 높은 국가로 꼽히게 되었다.

① ㉠은 다문화 사회에서 하나의 정체성 형성을 목적으로 한다.
② ㉡의 사례로 문화의 차이로 인한 소통의 어려움을 들 수 있다.
③ ㉢은 문화 상대주의보다 보편 윤리의 존중을 강조하는 태도를 바탕으로 한다.
④ ㉣은 주류 민족보다 소수 민족이 우선적으로 가져야 할 태도이다.
⑤ ㉢은 ㉠과 달리 사회 통합의 실현을 목적으로 한다.

[25507-0034]

8 다음 대화에 대한 옳은 설명만을 〈보기〉에서 고른 것은?

> 갑: 우리나라가 다문화 사회로 변화해 가면서 나타난 현상에는 무엇이 있을까?
> 을: 우리나라는 경제 성장을 이루면서 가구 소득이 증가하자 임금이 적은 중소기업 취업을 기피하는 현상이 나타났어. 그런데 이주 노동자들의 유입이 증가하면서 중소기업의 인력난이 완화되었고, 소비자는 값싼 상품을 구입할 수 있게 되었어.
> 병: 다문화 사회로 변화해 가면서 우리 문화와 다른 문화를 주변에서 자주 접하다 보니 예전과 달리 낯선 문화에 대해 거부감을 갖지 않고 자연스럽게 받아들이는 사람들이 늘어났어.
> 갑: 너희들은 다문화 사회로의 변화로 인해 나타난 긍정적인 측면에 주목하고 있구나. 오랜 기간 동일한 문화를 향유해 왔던 우리나라에서 각양각색의 문화를 가진 사람들이 함께 살게 되면서 문화의 차이로 인한 갈등이 증가했다는 점에 관심을 가져야 해.

〈 보기 〉
ㄱ. 갑은 다문화 사회로의 변화로 인해 우리나라의 전통문화가 사라지고 있다고 본다.
ㄴ. 을은 다문화 사회로의 변화가 가져온 경제적 이익을 강조하고 있다.
ㄷ. 병은 다문화 사회로의 변화가 우리나라 사람들의 개방성을 강화하고 있다고 본다.
ㄹ. 갑은 을, 병과 달리 자문화 중심주의를 바탕으로 이주민 문화를 평가하고 있다.

① ㄱ, ㄴ　　② ㄱ, ㄷ　　③ ㄴ, ㄷ　　④ ㄴ, ㄹ　　⑤ ㄷ, ㄹ

01 다음 자료에 대한 설명으로 옳은 것은?　　　　　　　　　　[25507-0035]

> 갑국은 을국을 오랜 기간 식민 통치하면서 을국의 언어를 사용하지 못하게 한 결과 을국 사람들은 이제 갑국의 언어만을 사용하게 되었다. 한편 을국에 체류했던 갑국 사람들이 본국으로 돌아간 후, 을국의 음식인 ◆◆이 갑국에 널리 퍼졌고, 갑국의 한 요리사는 갑국의 전통 음식인 ◇◇에 ◆◆을 접목시켜 이전에 없었던 새로운 음식인 ◈◈을 개발하였는데, 이제 ◇◇, ◆◆, ◈◈는 갑국 사람들의 식탁에서 모두 함께 사랑받는 음식들이다.

① 갑국에서 자극 전파에 의한 문화 변동이 나타났다.
② 갑국의 음식 문화에는 문화 병존이 나타나지 않았다.
③ 을국에서는 문화 융합이 나타났다.
④ 갑국은 을국과 달리 자문화의 정체성을 유지하는 문화 접변이 나타났다.
⑤ 을국은 갑국과 달리 외부 사회와의 접촉으로 새로운 문화 요소를 경험하였다.

02 그래프는 지도에 표시된 세 국가의 특성을 나타낸 것이다. 이에 대한 설명으로 옳은 것은?　　[25507-0036]

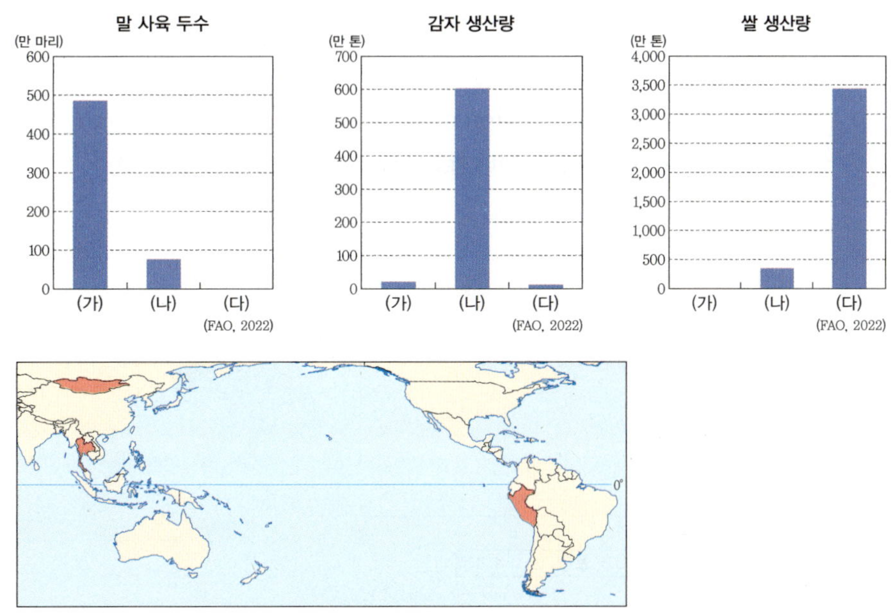

① (가)는 벼농사와 플랜테이션이 발달하였다.
② (나)는 아메리카 문화권에 속한다.
③ (다)의 주민 대부분은 에스파냐어를 사용한다.
④ (가)와 (다)는 모두 바다에 접해 있다.
⑤ (가)～(다) 중 불교 신자 비율이 가장 높은 국가는 (나)이다.

03 다음 자료에 대한 옳은 설명만을 〈보기〉에서 있는 대로 고른 것은? (단, A~C는 각각 문화 동화, 문화 병존, 문화 융합 중 하나임.) [25507-0037]

- 'A는 B와 달리 자국 문화의 정체성이 사라지는 현상이다.'는 참이다.
- 'B는 C와 달리 제3의 문화 요소가 만들어지는 현상이다.'는 거짓이다.
- 'C는 A와 달리 ________(가)________'는 거짓이다.

〈 보기 〉
ㄱ. (가)에는 '외래문화 요소가 변형 없이 정착하는 현상이다.'가 들어갈 수 있다.
ㄴ. A는 B와 달리 외래문화 요소가 자국 문화 요소로 인해 소멸하는 문화 접변 양상이다.
ㄷ. B는 C와 달리 문화 변동이 나타난 사회의 구성원들이 새로운 문화 요소를 향유하게 한다.
ㄹ. C는 A와 달리 하나의 문화 요소 안에 자국 문화 요소와 외래문화 요소의 특성이 함께 존재한다.

① ㄱ, ㄷ 　　② ㄱ, ㄹ 　　③ ㄴ, ㄹ
④ ㄱ, ㄴ, ㄷ 　　⑤ ㄴ, ㄷ, ㄹ

통합형 04 그래프는 지도에 표시된 네 지역의 종교별 신자 수를 나타낸 것이다. 이에 대한 설명으로 옳은 것은? (단, A~D는 각각 불교, 이슬람교, 크리스트교, 힌두교 중 하나임.) [25507-0038]

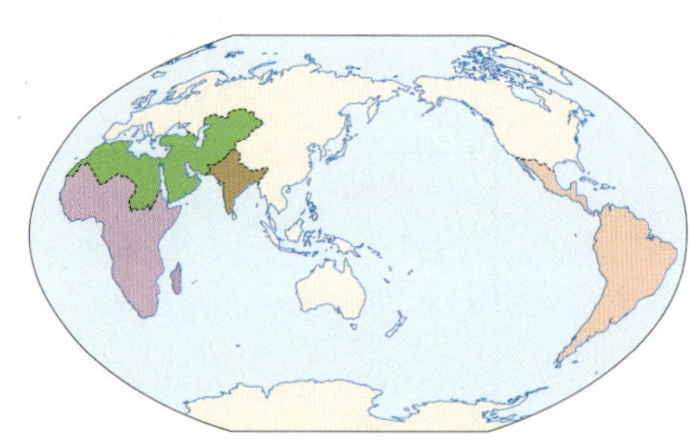

① A는 석가모니의 가르침을 따르며 개인의 수양을 중시한다.
② B는 소고기 먹는 것을 금기시한다.
③ C와 D는 유일신교이다.
④ (가)와 (나)는 서로 맞닿아 있다.
⑤ (라)는 (다)보다 지역 내 건조 기후가 나타나는 면적의 비율이 높다.

통합형 05 다음 자료에 대한 옳은 설명만을 〈보기〉에서 고른 것은? [25507-0039]

> 갑: 이번 겨울방학을 이용해서 A국을 여행하고 왔어. A국을 여행 하면서 가장 기억에 남는 것은 현지 원주민들의 문화를 경험 한 거야. ○○ 부족의 마을을 방문할 기회가 있었는데, 주민들 이 모두 나체로 나와 환영 행사를 해서 정말 당황스러웠어.
> 을: ○○ 부족은 여전히 원시 시대의 미개한 문화를 벗어나지 못 하고 있구나. ○○ 부족은 손님에게 예의를 갖추기 위해 정갈 하게 의복을 차려입는 우리나라의 우수한 문화를 받아들일 필 요가 있어.
> 갑: 그들이 살고 있는 환경을 고려하지 않고 미개하다고 평가하는 것은 바람직하지 않아. ㉠ 네가 그곳에서 하루만 살아보면 ○○ 부족이 왜 나체로 생 활하는지 이해하게 될 거야.

〈 보기 〉

> ㄱ. A국은 전국적으로 오아시스 농업과 유목이 발달하였다.
> ㄴ. A국에서는 유럽 문화, 아프리카 문화, 원주민 문화가 융합된 문화가 나타난다.
> ㄷ. 을의 문화 이해 태도는 갑의 문화 이해 태도와 달리 문화를 우열 평가의 대상으로 본다.
> ㄹ. ㉠은 인류의 보편적 가치를 기준으로 문화가 지닌 고유한 가치를 성찰해야 함을 시사 한다.

① ㄱ, ㄴ   ② ㄱ, ㄷ   ③ ㄴ, ㄷ   ④ ㄴ, ㄹ   ⑤ ㄷ, ㄹ

06 다음 자료에 대한 설명으로 옳은 것은? (단, A~C는 각각 문화 사대주의, 문화 상대주의, 자문 [25507-0040] 화 중심주의 중 하나임.)

> 교사: 갑은 A와 달리 B가 지닌 특징을, 을은 B와 달리 C가 지닌 특징을 설명해 보세요.
> 갑: 문화 간에 우열이 존재한다는 인식을 바탕으로 합니다.
> 을: 자기 문화를 기준으로 다른 사회의 문화를 열등한 문화라고 평가합니다.
> 교사: 두 학생 중 ㉠ 한 학생만 옳은 설명을 하였습니다. 이번에는 갑과 을 모두 C와 달리 A가 지닌 특징을 설명해 볼까요?
> 갑: 모든 문화가 해당 사회의 입장에서 보면 고유한 의미와 가치가 있음을 강조합니다.
> 을: (가)
> 교사: 두 학생 모두 옳은 설명을 하였습니다.

① ㉠은 을이다.
② A는 B와 달리 문화가 각 사회가 처한 특수한 환경에서 형성됨을 간과한다.
③ B는 C와 달리 외부 문화의 수용에 적극적이다.
④ C는 A와 달리 자기 문화의 정체성 보존에 적합하지 않다.
⑤ (가)에는 '다른 사회의 문화를 제3자의 입장에서 객관적으로 이해하고자 합니다.'가 들 어갈 수 있다.

07 다음 자료에 대한 옳은 설명만을 〈보기〉에서 고른 것은? [25507-0041]

갑국은 최근 주변 국가뿐만 아니라 다른 대륙에 있는 국가로부터 이주 노동자의 유입이 증가하면서 급격하게 다문화 사회로 변화해 가고 있다. 이러한 상황에서 갑국 정부는 다음 (가)~(다) 정책 중 하나를 도입하고자 한다.

> (가) 각 이주민 집단이 그들의 고유한 문화를 그대로 유지해 나갈 수 있도록 보장하는 정책
> (나) 이주민들이 언어를 포함하여 갑국의 전통문화를 받아들이고 수용하도록 하는 정책
> (다) 이주민들이 갑국의 정치 및 경제 체제와 핵심적인 가치 및 제도를 따르도록 하되, 그 외의 영역에 대해서는 각 집단이 자신들의 고유한 문화를 그대로 향유할 수 있도록 보장하는 정책

갑국은 위 세 가지 정책 중 (가)를 도입하였는데, 세월이 흘러 갑국의 전통문화가 이주민 문화와 섞이거나 이주민 문화로 대체되는 현상이 나타나자 ㉠ 일부 국민들을 중심으로 정책 (가)를 폐기하고 정책 (나)를 도입해야 한다는 주장이 제기되고 있다.

〈 보기 〉

ㄱ. (가)는 (나)와 달리 문화의 차이로 인한 집단 간 갈등을 방지하고자 한다.
ㄴ. (나)는 (가)와 달리 문화 다양성의 보장보다 갑국 구성원 간 동질성 확보를 중시한다.
ㄷ. (다)는 (나)와 달리 다문화 사회의 구성원 간 원활한 상호 작용을 중시하지 않는다.
ㄹ. ㉠은 갑국의 문화적 정체성이 약화되는 문제를 우려하고 있다.

① ㄱ, ㄴ　　　② ㄱ, ㄷ　　　③ ㄴ, ㄷ　　　④ ㄴ, ㄹ　　　⑤ ㄷ, ㄹ

 통합형 **08** 밑줄 친 ㉠~㉣에 대한 옳은 설명만을 〈보기〉에서 고른 것은?   [25507-0042]

캐나다 정부는 1874년부터 1970년대까지 ㉠ 원주민 어린이들을 부모로부터 분리시켜 교회 기숙학교에 격리하여 교육하는 정책을 실시하였다. 원주민 자녀들은 기숙학교에서 차별과 부당한 대우를 받았으며, 유럽으로부터 온 종교와 언어 등 유럽의 백인 문화를 따르도록 교육을 받았다. 한편 오스트레일리아 정부도 캐나다와 비슷한 시기에 원주민 어린이들을 부모로부터 분리시켜 백인 가정에 입양시키고, 백인 문화를 따르도록 훈육하였다. 그러나 두 국가는 그 이후 서서히 ㉡ 문화 다양성을 존중하는 정책을 도입하기 시작하였으며, 2008년 ㉢ 오스트레일리아와 캐나다의 총리는 과거의 정책에 대해 공식적으로 원주민들에게 사과하였다. 과거에 대한 반성을 바탕으로 두 국가는 원주민 문화를 포함하여 다양한 집단의 문화를 있는 그대로 인정하는 정책을 도입하고, ㉣ 인종이나 민족 등에 따른 차별을 금지하는 국가를 지향하고 있다.

〈 보기 〉
ㄱ. ㉠은 문화를 우열 평가의 대상으로 보는 태도에 기인한다.
ㄴ. ㉢은 자유주의적 정의관보다 공동체주의적 정의관에 바탕을 두고 있다.
ㄷ. ㉣은 정의로운 사회 실현을 위한 적극적 우대 조치에 해당한다.
ㄹ. ㉡은 ㉠과 달리 문화가 다른 집단 간에 갈등을 초래하지 않는다는 장점이 있다.

① ㄱ, ㄴ   ② ㄱ, ㄷ   ③ ㄴ, ㄷ   ④ ㄴ, ㄹ   ⑤ ㄷ, ㄹ

V 생활 공간과 사회

1 산업화와 도시화에 따른 변화

1. 산업화와 도시화

(1) 산업화와 도시화의 의미
① 산업화: 농업 중심 사회가 공업과 서비스업 중심의 사회로 변화하는 현상
② 도시화: 도시에 거주하는 인구의 비율이 높아지며 도시적 삶의 방식이 확대되는 현상
③ 산업화 과정에서 도시로 인구가 이동하며 도시화가 빠르게 진행됨

(2) 산업화·도시화에 따른 거주 공간의 변화
① 제한된 공간의 효율적 사용: 도시의 인구 밀도 증가 → 건물 밀집
② 도시 내부 공간의 분화

집심	교통이 편리한 도심에 상업 기능과 업무 기능이 집중됨
이심	주거와 공업 기능이 주변으로 이동하면서 교외화가 진행됨

③ 대도시권의 형성: 대도시의 인구와 기능이 많아지고 영향력이 커지면서 대도시와 주변 촌락이 하나의 생활권을 이루게 됨

(3) 산업화·도시화에 따른 생태 환경의 변화

지표 변화	녹지 면적 감소, 포장 면적 증가 → 토양의 빗물 흡수 능력 저하 → 홍수 위험 증가
환경 오염	많은 인구가 다양한 경제 활동을 추구하며 오염 물질 배출

(4) 산업화·도시화에 따른 생활 양식의 변화

도시성 확산	• 도시에 사는 사람들이 가진 독특한 생활 양식이 확산됨 • 도시 공간의 확장 및 도시와 촌락의 교류 증가로 보편화됨
직업 분화	• 직업의 수가 증가하고 직업이 세분화·전문화함 • 작업 능률과 생산성이 높아지며 풍족한 도시 생활이 가능해짐
개인주의	공동체의 목표보다 개인의 존엄성과 자율성을 중시하며, 공동체와 개인의 조화를 추구함

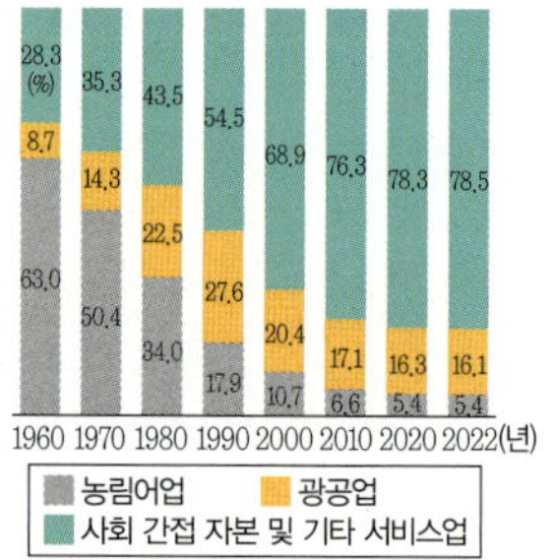

■ **도시화 단계**
도시화는 초기 단계, 가속화 단계, 종착 단계로 구분된다.

■ **이촌 향도**
촌락을 떠나 도시로 이주한다는 뜻으로, 인구 이동에 의한 도시 인구의 사회적 증가를 의미한다.

■ **스프롤 현상**
도시가 급격히 성장하면서 시가지가 도시 교외 지역으로 무질서하게 팽창하는 현상을 말한다.

■ **도시 열섬 현상**
도심 지역 온도가 주변보다 높게 나타나는 현상을 말한다. 도시 내부에서 발생하는 인공 열이나 콘크리트 및 아스팔트 포장 면적 증가에 의한 열 흡수, 고층 건물에 의한 바람길 차단 등으로 인해 발생한다.

■ **도시성의 특징**
도시의 구성원은 이질적이고, 개인주의적인 사회적 관계는 이해타산적인 특성이 나타난다.

자료 플러스 **도시화 곡선**

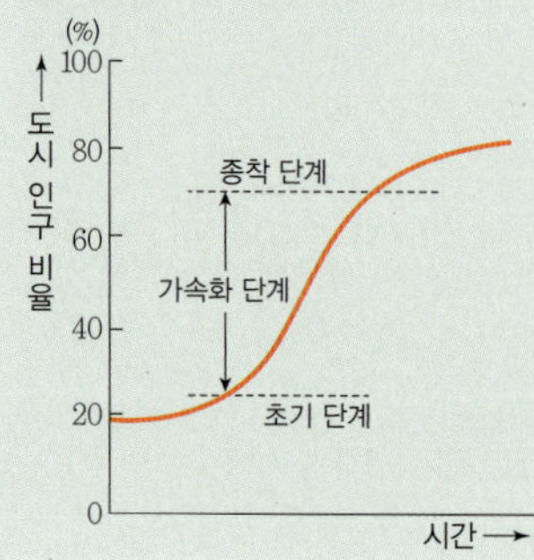

도시화의 초기 단계에는 1차 산업 중심의 농업 사회인 경우가 많다. 도시화의 가속화 단계에는 이촌 향도로 인해 도시 인구가 급격하게 증가하면서 다양한 형태의 도시 문제가 발생하게 된다. 도시화율이 가장 높은 종착 단계에는 도시화율의 증가가 둔화되며, 교외화 및 대도시권의 확대가 나타난다. 일찍 산업화된 국가는 대체로 도시화의 종착 단계에 있는 경우가 많다. 제2차 세계 대전 이후 독립한 국가들은 가속화 단계를 지나고 있는 국가가 많다.

(5) **산업화·도시화에 따른 문제점**

① 도시 문제 발생

원인	증가하는 도시 인구를 수용할 수 있는 도시 기반 시설이 확충되지 않음
종류	주택 문제, 교통 문제, 환경 문제, 범죄, 실업 등

② 공동체 결속력 약화, 인간 소외 등

③ 산업화 과정에서의 국토 불균형 발전으로 인한 수도권 집중 심화

(6) **산업화·도시화에 따른 문제점의 해결**

① 사회적 차원의 해결

도시 문제	도시 기반 시설 확충, 환경 관련 규제 강화
국토 공간 구조	정부가 도시 기능의 일부를 분산하여 지방 도시 육성

② 개인적 차원의 해결: 대중교통 이용, 관심, 배려, 양보, 도움 등

2 교통·통신 및 과학 기술의 발달에 따른 변화

1. 교통·통신 및 과학 기술의 발달에 따른 생활의 변화

(1) **교통·통신 및 과학 기술의 발달**

① 교통수단: 사람과 물자를 빠르게 이동시키는 방법으로 철도, 자동차, 선박, 비행기 등이 있음

② 통신: 정보를 빠르게 이동시키는 방법으로 인공위성, 인터넷 등이 있음

③ 4차 산업 혁명: 사물 인터넷, 빅 데이터, 클라우드, 인공 지능 등이 산업 곳곳에 영향을 미치는 새로운 기술 혁신

(2) **교통·통신 및 과학 기술의 발달과 생활 공간의 변화**

① 교통 발달

대도시권 형성	광역 교통망 개선으로 접근성이 향상됨
교역 확대	대량 화물 수송으로 인해 상품과 노동력이 국경을 넘나들어 이동함
관광 산업	신속한 장거리 이동이 가능해지고 지역에 대한 정보를 접하며 활성화됨

② 통신 발달: 무점포 상점 대두, 원격 근무 활성화 등

③ 시공간의 제약 감소

생활 공간	일상생활이 이루어지는 생활권이 확대됨
공간 인식	정보 교류가 활성화되어 공간을 인식하는 범위가 확대됨
공간적 분업	기업의 규모가 커지면서 각 기능이 공간적으로 분리됨
초연결 사회	물리적 공간과 가상 공간을 연결하는 초연결 사회가 대두함

■ **복합 쇼핑몰**

한 공간에서 편리하게 쇼핑, 외식, 문화생활 등을 즐길 수 있는 대형 상업 시설을 말한다.

■ **도시 기반 시설**

도로, 전기, 학교, 공원, 대중교통, 시장, 가스 등 도시인의 생활이나 도시 기능의 유지에 필요한 물리적인 요소를 말한다.

■ **컨테이너**

반복해서 사용할 수 있는 상자 형태의 수송용 도구를 말한다. 표준화된 규격의 컨테이너가 도입되면서 화물 운송의 효율성이 매우 높아졌다.

■ **MICE 산업**

전시장 등을 갖추고 회의, 포상 여행, 컨벤션, 이벤트 등을 진행하는 산업을 말한다. 교통 및 통신의 발달에 따라 숙박, 관광, 유통 등과 결합하여 성장하는 특성이 있다.

■ **모빌리티**

'이동성'이라는 뜻으로, 사람이나 사물이 목적지까지 편리하게 이동할 수 있도록 해 주는 각종 이동 수단이나 서비스가 정보 통신 기술과 결합하여 이동성이 높아지고 있는 현상을 폭넓게 이르는 말이다. 자동차와 같은 교통수단을 넘어 이동과 관련한 서비스 전체를 의미한다.

(3) **교통·통신 및 과학 기술의 발달과 생활 양식의 변화**

① 인간 관계의 변화, 전자 민주주의 실현, 금융 거래 활성화 등

② 모빌리티의 발달: 자율 주행 차량, 도심 항공 서비스 등

(4) **교통·통신 및 과학 기술의 발달과 생태 환경의 변화**

① 교통·통신 시설 설치에 따른 녹지 면적 감소, 동식물의 서식지 파괴 등

② 교통량 증가에 따른 오염 물질 배출 등으로 인한 환경 문제 발생

③ 지리 정보 체계, 드론, 인공위성 등 다양한 과학 기술을 통해 파괴된 생태 환경을 복원하
거나 안정적으로 유지하기 위해 노력

2. 교통·통신 및 과학 기술의 발달에 따른 문제점과 해결 방안

(1) **교통·통신의 발달에 따른 문제점과 해결 방안**

① 지역 격차 발생: 접근성이 향상된 지역은 경제 활동이 집중되지만 불리해진 지역은 쇠퇴,
빨대 효과 발생으로 격차 심화 → 대도시의 기능을 적절하게 분산하고 소외 지역의 기반
시설을 확충하는 등 균형 발전 정책 필요

② 생태 환경 교란: 외래 생물종 유입으로 인한 생태계 교란, 교통 시설에 따른 서식지 파편화
등 → 추적 및 감시, 생태 통로 조성 등

③ 전염병 확산: 전파 가능 전염병의 확산 증가 → 전염병 예방 및 대응 체계 확보

④ 화석 연료: 각종 오염 물질 및 탄소 배출 → 대체 연료 개발 등

⑤ 과잉 관광: 과도한 관광객 유입으로 인한 자연환경 훼손과 주민 거주 환경 악화 → 공정
여행 등

(2) **과학 기술의 발달에 따른 문제점과 해결 방안**

① 정보화: 디지털 중독, 사생활 침해, 사이버 범죄 등 → 정보 윤리 및 법과 제도 강화 등

② 정보 격차: 정보 접근성과 역량의 계층 차이 발생 → 누구나 쓸 수 있는 디지털 환경 구축 등

③ 노동 시장 양극화: 플랫폼 노동 및 인공 지능과 로봇에 의한 일자리 대체 → 재교육 지원
및 고용 보험 정비, 일자리 창출 등

■ **지리 정보 체계(GIS)**
공간 정보와 속성 정보를 입력·저장하고 지리적으로 분석·가공하는 데 도움을 주는 시스템이다.

■ **인공위성과 위성 항법 시스템**
위성 항법 시스템(GNSS)을 통해 정확한 위치에 대한 정보를 누구나 쉽게 얻을 수 있다. 드론, 자율 주행 차량 등은 산업 변화의 핵심으로 꼽히기 때문에 센티미터급으로 정밀도를 높인 한국형 위성 항법 시스템(KPS)이 개발 중이다.

■ **빨대 효과**
교통수단의 도입으로 접근성이 개선되는 과정에서 대도시가 주변 중소도시의 인구나 경제력을 흡수하는 현상이다.

■ **선박 평형수**
선박의 중심을 잡기 위해 싣는 물이다. 배에 물을 넣고 빼는 과정에서 수중 생물체나 병원균 등이 이동할 수 있다.

■ **생태 통로**
도로, 철도, 댐, 수중보, 하굿둑 등으로 야생 동식물의 서식지가 단절되는 경우, 동식물의 이동을 돕기 위해 설치되는 시설을 말한다.

■ **할루시네이션**
인공 지능이 정확하지 않거나 사실이 아닌 조작된 정보를 생성하는 것을 의미한다.

자료 플러스 모빌리티의 발달과 도시 공간

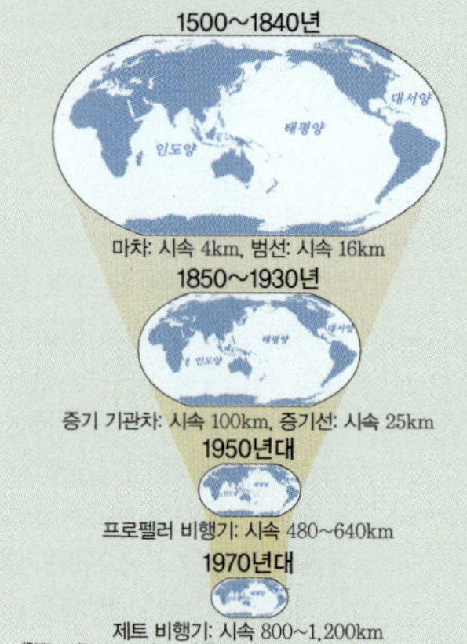

18세기 이전에는 사람이나 짐을 운반하는 데 마차와 범선을 이용하였다. 도시의 교통로는 사람들이 걸으면서 자연스레 만들어진 구불구불한 형태가 많았다. 산업 혁명 이후 철도와 증기선이 등장하였으며, 철도가 놓인 지역에서는 대도시로의 장거리 통근이 가능해지면서 통근과 주거 지역의 범위가 확대되었다. 20세기 이후 승용차가 보급되면서 도로는 자동차가 다니기 쉽게 포장되고 직선화되었다. 자동차는 출발지나 목적지와 바로 연결되어 이동의 공간적 제약을 획기적으로 완화하였으며, 도시 외곽 지역이 개발되면서 대도시권을 형성하였다.

3 우리 지역의 공간 변화

1. 지역의 공간 변화와 지역 조사

(1) 지역의 공간 변화

① 지역은 산업화, 도시화, 교통·통신 발달 등 다양한 원인에 의해 변화함

토지 이용과 경관	논, 밭, 과수원, 공장, 재개발, 고층화 등
산업 구조	출하액, 사업체 수, 종사자 수 등
직업	산업별 종사자 수, 근속 연수 등
인구	인구 이동, 연령·성별 인구 구조 등
생태 환경	오염 물질 배출, 생태계 복원 등
인간 관계	가족 구성원, 연대감, 만족도 등

② 지역의 변화 모습과 문제점을 파악하기 위해 지역 조사가 필요함

(2) 지역 조사의 순서

계획 수립	조사 주제와 지역 선정, 조사 항목과 조사 방법 선정
지역 정보 수집	실내 조사: 문헌, 지도, 사진, 항공 사진, 통계 자료 등
	야외 조사: 면담, 설문 조사, 관찰, 촬영 등
정보 분석 및 종합	수집된 자료 정리, 그래프·지도 등으로 표현
보고서 작성	분석을 바탕으로 결론 도출

2. 지역의 문제와 해결

(1) 지역의 공간 변화와 문제점

① 지역 문제: 지역 주민의 삶에 불편을 주거나 갈등을 불러오는 문제

② 지역 문제의 유형
- 인구 유입 지역: 공동체 의식 약화, 기반 시설 부족 등
- 인구 유출 지역: 일자리 부족, 빈집 등

(2) 지역 문제 해결을 위한 노력

① 커뮤니티 매핑: 지역에 대한 정보를 함께 구성하면서 문제 해결에 도움

② 시민 의식: 공동체의 구성원으로서 성숙한 시민 의식이 필요함

③ 지속가능성: 미래 세대를 고려하여 경제 성장, 사회 안정과 통합, 환경 보호 등이 균형을 이루어야 함

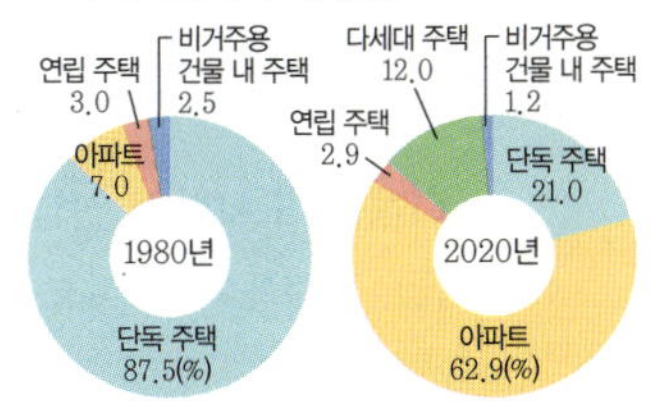

■ 우리나라의 주택 유형

우리나라의 주택은 과거 단독 주택 거주 비율이 높았으나, 현재는 아파트 거주 비율이 높은 편이다. 아파트 비율은 촌락보다는 도시에서 높게 나타나는 편이다.

■ 산업 분류

농림어업, 광업, 제조업, 도소매업 등으로 산업의 유형을 구분한 것이다. 각종 통계의 기초가 되며, 지역의 경제 구조를 이해하는 데 도움이 된다.

■ 원격 탐사(Remote Sensing)

멀리 떨어져 있는 대상물을 물리적인 접촉 없이 관측하는 기술이다. 주로 인공위성, 항공기, 드론 등을 활용하며, 넓은 지역의 변화를 주기적으로 살펴볼 수 있는 장점이 있다.

■ 커뮤니티 매핑

집단 지성에 기반한 참여형 지도 제작 방법을 말한다. 공동체 참여형 지도 만들기 활동을 통해 지역 사회를 대상으로 지리 정보를 수집하고 분석하여 문제를 해결하는 과정을 경험할 수 있다.

자료 플러스 지속가능성

미래 세대의 기반을 침해하지 않는 범위에서 현재 세대의 요구를 충족시키는 방식이다. 환경적, 사회적, 경제적으로 모두 지속가능해야 한다. 국제 연합(UN)에서는 2030년까지 도달해야 하는 지속가능 발전 목표를 제시(UN SDGs)하였으며, 세계적·국가적·지역적으로 동시에 추진되고 있다.

예시 문항 5

다음은 도시화와 산업화에 대한 자료이다. 이에 대한 설명으로 옳은 것은? (단, 그래프의 A~C는 각각 네팔, 일본, 타이 중 하나임.)

일반적으로 도시화 과정은 초기 – 가속화 – 종착의 3단계로 진행되고, 단계마다 도시화율과 도시 인구 증가율이 다르게 나타난다. 반면 도시화의 속도와 구체적 시기는 국가별로 다르다. 따라서 각 국가의 도시화 단계는 도시화율과 도시 인구 증가율을 통해 알 수 있다. 예를 들어 2022년 기준으로 도시화율은 일본, 한국, 타이, 네팔 순으로 높고, 도시 인구 증가율은 반대로 네팔, 타이, 한국, 일본 순으로 높다. 네팔은 도시화율이 21.5%로 가장 낮지만, 연평균 도시 인구 증가율은 3.8%로 가장 높아 가속화 단계에 진입하였음을 알 수 있다.

또한 도시화는 산업화 수준과도 밀접하게 관련되어 있다. 산업화가 고도화될수록 더 많은 사람들이 도시에 살게 되기 때문이다. 다음 그래프는 앞에서 언급한 네 나라의 2022년 경제 부문별 국내 총생산(GDP) 비율을 나타낸 것이다. 이 그래프를 통해 각 국가의 산업 부문별 비중을 알 수 있다.

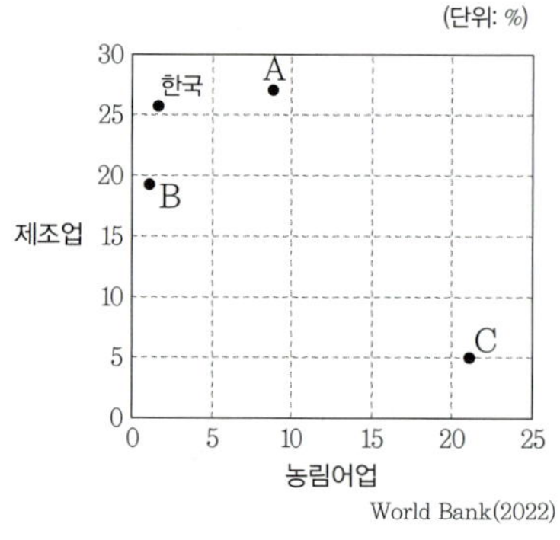

〈4개국의 경제 부문별 국내 총생산 비율〉

① A의 제조업 총부가가치액은 한국보다 많다.
② B는 한국보다 도시 인구수가 많다.
③ C는 도시 인구수가 촌락 인구수보다 많다.
④ A는 B보다 산업화가 시작된 시기가 이르다.
⑤ 타이는 일본보다 국내 총생산에서 서비스업이 차지하는 비율이 높다.

지리 영역에 해당하는 내용으로 산업화와 도시화로 나타난 생활 공간의 변화를 이해하고, 개발도상국과 선진국의 차이점 및 도시화 정도와 산업화의 관계 등을 자료를 통해 분석할 수 있는지 확인하는 문항이다.

산업화, 도시화로 인해 나타난 생활 공간과 생활 양식의 변화 양상을 조사하고, 이에 따른 문제점의 해결 방안을 제안한다.

• 개발도상국과 선진국의 산업화 및 도시화에 관한 자료를 바탕으로 타당한 결론을 도출할 수 있다.
• 우리나라를 포함한 네 국가의 도시화 관련 정보를 종합하여, 각 국가의 도시화 단계와 산업화 수준 간의 관계를 이해할 수 있다.

문제 분석

자료에 제시된 도시화율과 국내 총생산(GDP) 비율 등의 정보를 바탕으로 국가 간 도시화 정도의 차이를 구분하고 도시화 단계에 따른 산업적 특징을 파악하며, 각 국가의 산업 구조 및 생활 공간상의 특성을 도출해야 한다.

선택지 분석

① 타이(A)의 제조업 총부가가치액은 한국보다 적다.
② 일본(B)은 한국보다 도시화율이 높고 총인구도 많으므로 도시 인구수가 많다.
③ 네팔(C)의 도시화율은 21.5%라고 제시되어 있으므로 촌락 인구수가 도시 인구수보다 많다.
④ 일본(B)이 타이(A)보다 산업화가 시작된 시기가 이르다.
⑤ 일본(B)이 타이(A)보다 국내 총생산에서 농림어업과 제조업이 차지하는 비율이 낮으므로 서비스업이 차지하는 비율이 높다.

정답 ②

그래프는 지도에 표시된 세 지역의 총생산에서 각 산업 부문이 차지하는 비율을 나타낸 것이다. 이에 대한 옳은 설명만을 〈보기〉에서 고른 것은? (단, A~C는 각각 농림어업, 광공업, 서비스업 중 하나임.)

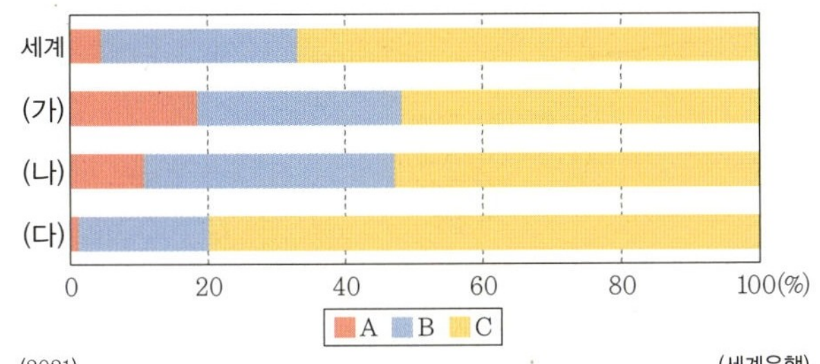

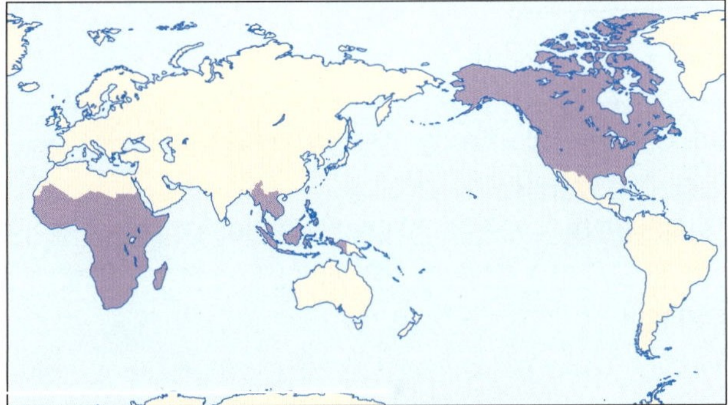

〈 보기 〉

ㄱ. (가)는 (다)보다 도시 인구의 증가율이 높다.
ㄴ. (나)는 (다)보다 지역 내 국가 수가 적다.
ㄷ. (가)와 (나)는 적도에 걸쳐 있다.
ㄹ. 세계의 농림어업 생산액은 서비스업 생산액보다 많다.

① ㄱ, ㄴ　　② ㄱ, ㄷ　　③ ㄴ, ㄷ　　④ ㄴ, ㄹ　　⑤ ㄷ, ㄹ

유형분석

지리 영역에 해당하는 내용을 바탕으로 제시된 그래프 분석을 통해 북부 아프리카, 동남아시아, 사하라 이남 아프리카의 위치, 국가, 도시화 등 지역 특성을 이해하고 있는지 확인하는 문항이다.

문제 분석

산업 구조는 사회의 특성을 이해하는 지표 중 하나이다. 산업화로 경제 활동을 위해 촌락에서 도시로 인구가 이동하는 이촌 향도 현상이 발생하며 도시가 발달한다. 이러한 과정에서 도시에는 복합 쇼핑몰, 공연장 등의 다양한 시설이 생겨난다. 산업화 과정에서 농림어업이 경제에서 차지하는 비율은 낮아진다.

선택지 분석

ㄱ. 사하라 이남 아프리카(가)는 북부 아메리카(다)보다 도시 인구의 증가율이 높다.
ㄴ. 동남아시아(나)는 북부 아메리카(다)보다 지역 내 국가 수가 많다.
ㄷ. 사하라 이남 아프리카(가)와 동남아시아(나)는 적도에 걸쳐 있다.
ㄹ. 농림어업(A)은 서비스업(C)보다 세계의 총생산에서 차지하는 비율이 낮으므로 생산액이 더 적다.

② 답정

탐구 1 **세계의 도시화와 산업화**

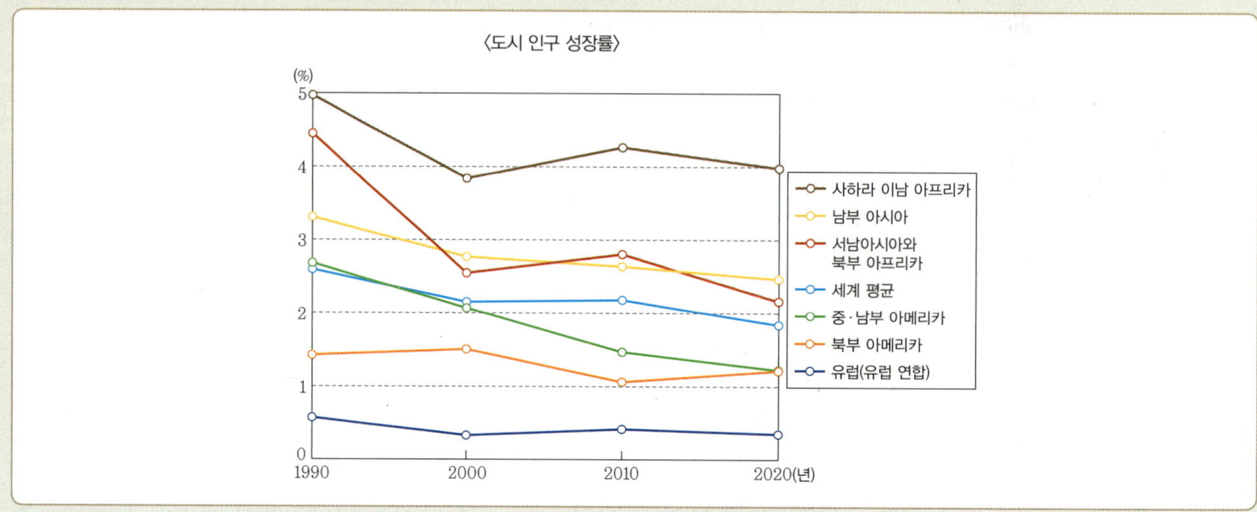

산업화 이전에는 농림어업의 비율이 높게 나타나고, 산업화가 이루어지면 광공업의 비율이 높아진다. 일찍 산업화된 국가에서는 국내 총생산에서 공업이 차지하는 비율이 낮아지는 현상이 발생하기도 하는데, 이를 탈공업화라고 한다.

일찍 산업화된 유럽, 북아메리카 등은 도시화가 오랜 기간에 걸쳐 이루어졌으며, 도시 인구 증가율이 낮은 편이다. 현재 산업화와 도시화가 급격하게 이루어지고 있는 사하라 이남 아프리카와 남부 아시아 등은 도시 인구 증가율이 높은 편이다. 도시 인구가 급격하게 증가하는 지역에서는 기반 시설 부족으로 인한 도시 문제가 발생하는 경우가 많다.

탐구 2 **대도시권의 공간 변화**

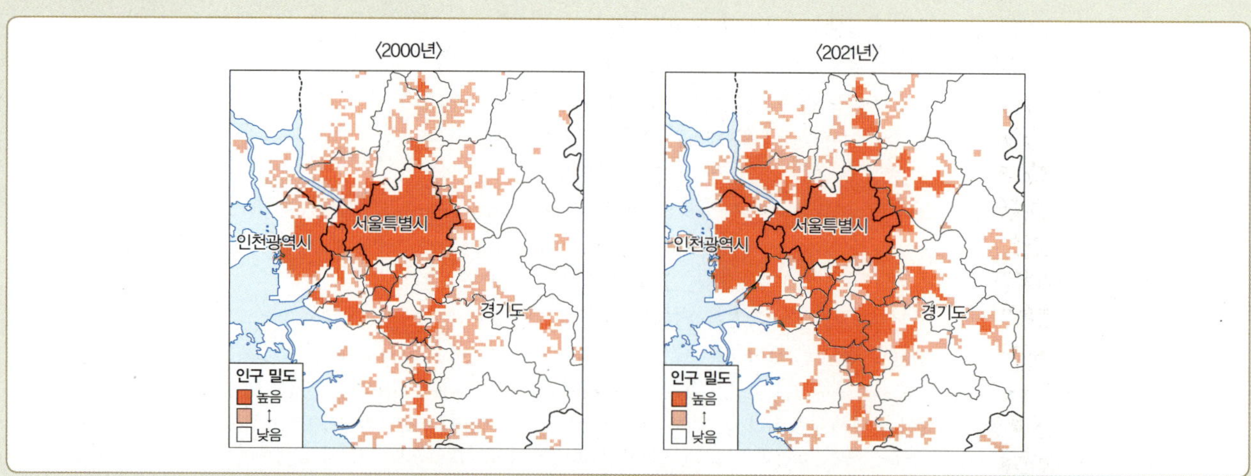

통계적으로 도시와 촌락은 인구 밀도에 따라 분류할 수 있다. 도시는 조혼인율, 의사 수, 학생 수, 지가 등이 상대적으로 높게 나타나고, 촌락은 합계 출산율, 고령 인구 비율, 1인 가구 비율 등이 상대적으로 높게 나타난다. 지난 20년간 우리나라의 수도권은 도시 인구와 도시 면적이 크게 증가하였다.

[25507-0043]

1 지도는 두 시기의 광주광역시 일대를 나타낸 것이다. 이에 대한 추론으로 옳은 것은? (단, (가), (나) 시기는 각각 1920년대, 2010년대 중 하나임.)

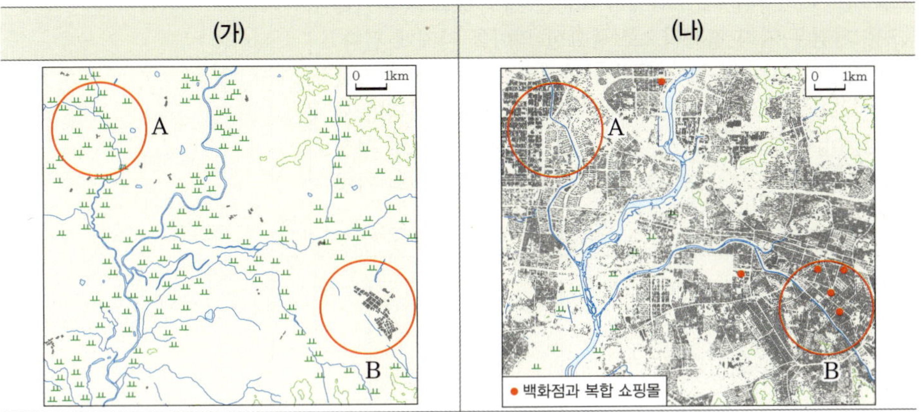

① (가)는 (나)보다 불투수층이 차지하는 면적 비율이 높을 것이다.
② (나)는 (가)보다 공동체의 결속력이 강할 것이다.
③ (나)는 (가)보다 A의 주민 직업이 다양할 것이다.
④ (나)는 (가)보다 B의 건물 평균 층수가 적을 것이다.
⑤ 2010년대에 공업용지로 쓰이는 토지의 면적 비율은 B가 A보다 높을 것이다.

[25507-0044]

2 다음 자료는 도시화에 대한 것이다. 이에 대한 설명으로 옳은 것은?

국가마다 도시를 정의하는 기준이 다르기 때문에, 2020년 이후 국제 연합, 세계은행, 유럽 연합 등의 국제기구는 1km^2 단위의 격자 분석을 토대로 도시와 촌락을 구분하고 있다. 그래프는 지도에 표시된 세 국가의 도시 및 촌락 인구 비율을 나타낸 것이다.

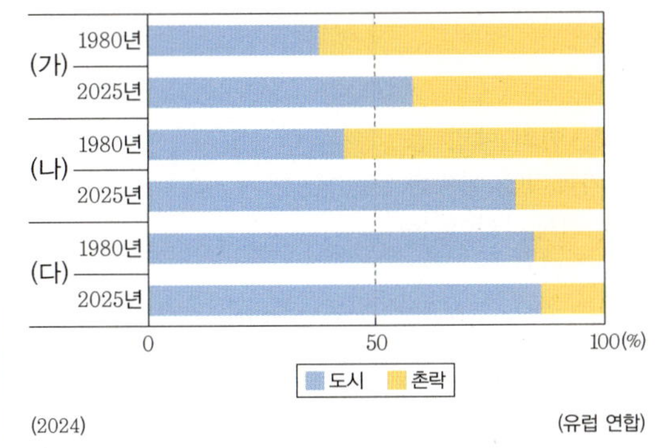

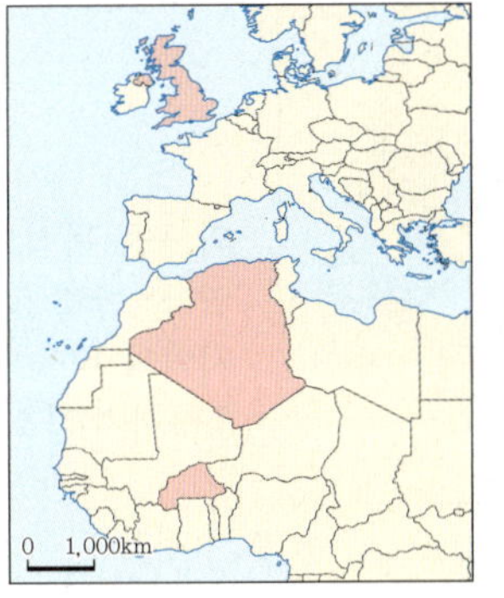

① (다)는 내륙국이다.
② (가)와 (나)는 아프리카 대륙에 위치한다.
③ (나)는 (다)보다 국내 총생산이 많다.
④ (가)~(다) 중 산업화가 시작된 시기가 가장 이른 국가는 (가)이다.
⑤ 알제리는 1980년 도시 인구가 촌락 인구보다 많다.

[25507-0045]

3 다음 글의 (가)가 위치하는 지도로 옳은 것은?

> 세계의 화물은 대부분 선박으로 운송되기 때문에 무역에서 해운은 매우 중요한 의미를 가진다. 선박이 지날 수 있는 교통 거점은 지리 경제적으로 중요한 의미를 가지게 된다. (가) 에는 바다 사이의 잘록한 지협이 있는데, 이 지협이 남아메리카와 북아메리카를 나누는 기준이 되고, 태평양과 대서양을 잇고자 하는 미국의 주도로 운하가 개통되어 세계의 화물이 오가는 통로가 되었다. 이에 따라 (가) 은/는 세계 교통의 거점으로 성장하게 되었으며, 이러한 특성으로 인해 선박의 크기를 구분하는 방식으로 (가) 의 지명에서 유래한 '파나막스'라는 표현이 생기게 되었다.

[25507-0046]

4 다음 자료는 기술 발전에 대한 것이다. 이러한 기술 발전에 대한 추론으로 가장 적절한 것은?

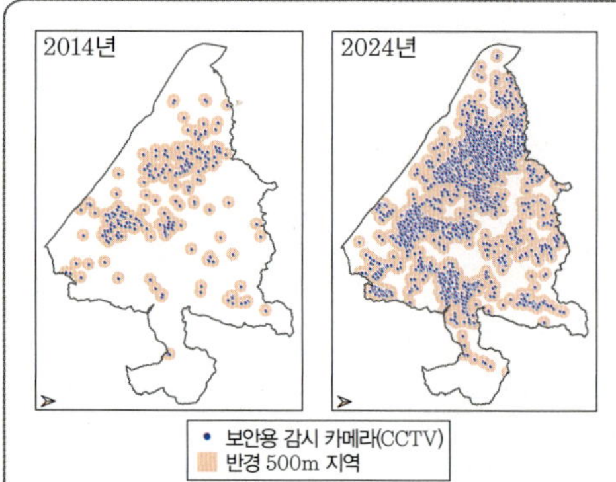

> ○○시에서는 교통 정보, 범죄 예방 등의 공공 목적으로 실외에 카메라를 설치하였다. 반경 500m 이내에 카메라가 없는 지역의 비율은 2014년 72%에서 2024년 33%까지 감소하였다.

① 지역 내 농업 종사자 비율이 증가할 것이다.
② 정부에 의한 정보 통제와 감시가 감소할 것이다.
③ 감염병이 빠르게 전파될 가능성이 높아질 것이다.
④ 개인 정보 유출과 사생활 침해 문제가 줄어들 것이다.
⑤ 영상 데이터를 처리하기 위한 인공 지능 기술이 발달할 것이다.

[25507-0047]

5 다음 글은 지역 조사 활동을 나타낸 것이다. (가)에 들어갈 내용으로 가장 적절한 것은?

> ○○이네 모둠은 '천사대교 개통 후 신안 안좌도에서 나타난 변화'를 살펴보기로 정하였다. 기존에는 목포에서 배를 타고 이동해야 했지만, 다리가 놓인 뒤에는 안좌도의 접근성이 크게 좋아졌다. 지역 정보 수집을 위해 실내 조사로 안좌도가 퍼플섬으로 인기를 끌고 있다는 내용의 언론 자료를 수집하고, 야외 조사로 　　　　　(가)　　　　　. 이렇게 수집한 자료를 정리하고 분석하여 지도와 그래프로 표현하였다. 조사 결과를 보고서로 작성하고 통합사회 수업 시간에 발표하여 선생님께 칭찬을 받았다.

① 도서관에 가서 안좌도의 경관 농업을 다룬 서적을 읽었다.
② 요일별로 안좌도의 주요 음식점에 방문한 손님의 수를 세었다.
③ 목포항에서 안좌도로 향하는 여객선의 운항 정보를 검색하였다.
④ 안좌도 일대의 도로망이 표현된 과거 지도와 현재 지도를 살펴보았다.
⑤ 신안군 방문 관광객의 내비게이션 목적지 검색 통계 데이터를 파악하였다.

[25507-0048]

6 다음은 지역 변화에 대한 수업 장면이다. (가)에 들어갈 학생의 답변으로 옳은 것만을 〈보기〉에서 있는 대로 고른 것은?

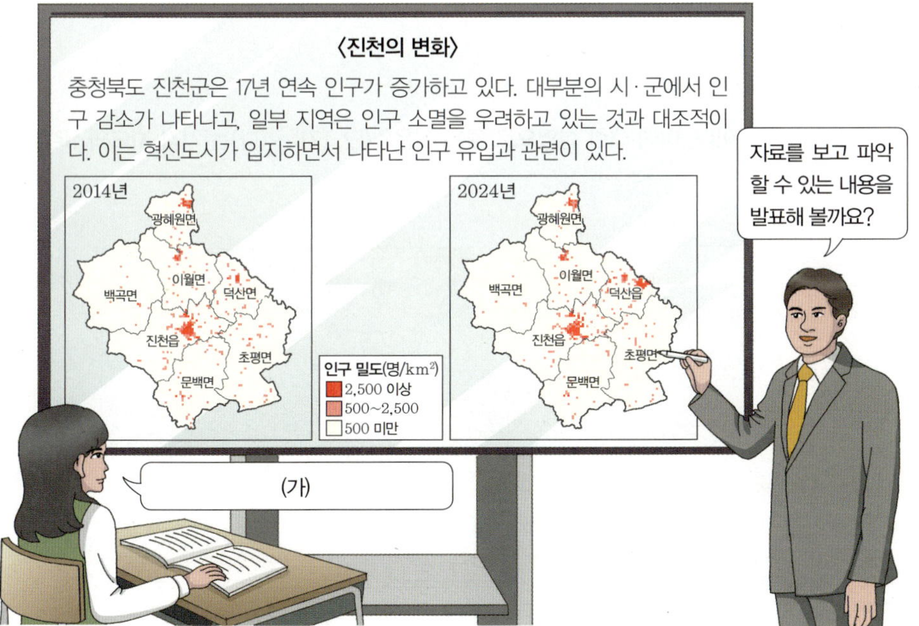

〈 보기 〉

ㄱ. 덕산면은 덕산읍으로 승격되고 시가지가 넓어졌어요.
ㄴ. 혁신도시는 수도권 집중을 심화시키기 위해 건설되었어요.
ㄷ. 진천군의 읍·면 중 2014년 대비 2024년에 인구가 가장 많이 증가한 곳은 백곡면이에요.

① ㄱ　　　　② ㄴ　　　　③ ㄷ　　　　④ ㄱ, ㄴ　　　　⑤ ㄴ, ㄷ

01 그래프는 세 지역의 산업별 취업자 비율과 총인구를 나타낸 것이다. (가)~(다) 지역에 대한 설 [25507-0049]
명으로 옳은 것은? (단, (가)~(다)는 각각 대전, 임실, 당진 중 하나임.)

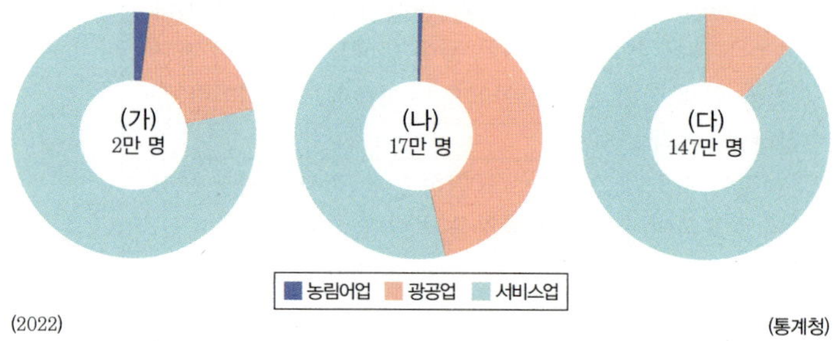

① (가)에는 교통 혼잡을 완화하기 위한 지하철이 있다.
② (다)는 이촌 향도로 인한 인구 유출이 나타난다.
③ (가)는 (나)보다 서울과의 최단 거리가 가깝다.
④ (나)는 (다)보다 제조업 종사자 수가 많다.
⑤ (가)~(다) 중 열섬 현상이 가장 뚜렷하게 나타나는 지역은 (다)이다.

02 그래프는 세 국가에 관한 것이다. 이에 대한 설명으로 옳은 것은? (단, (가)~(다)는 각각 지도의 [25507-0050]
A~C 중 하나임.)

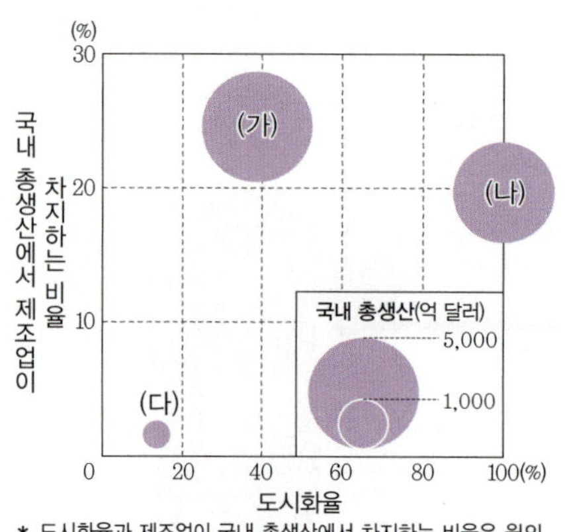

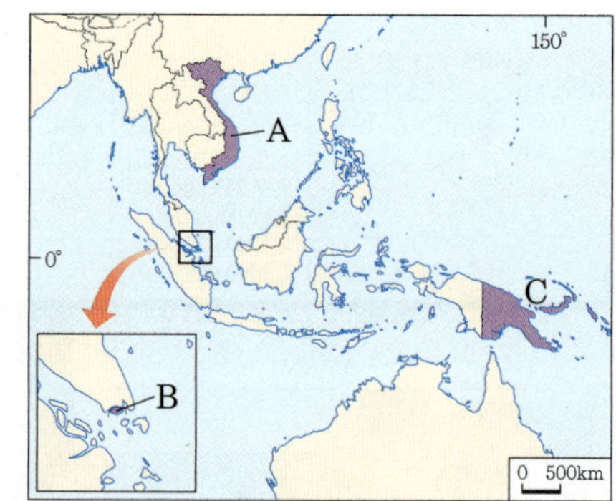

① (가)는 중국과 국경을 접하고 있다.
② (나)는 (다)보다 국토 면적이 넓다.
③ A는 B보다 도시화율이 높다.
④ B는 C보다 국내 총생산에서 제조업이 차지하는 비율이 낮다.
⑤ C는 A보다 국내 총생산이 많다.

[통합형] 03 다음 자료는 교통수단에 대한 것이다. 이에 대한 설명으로 옳은 것은? (단, (가)~(다)는 각각 도로, 철도, 항공 중 하나임.) [25507-0051]

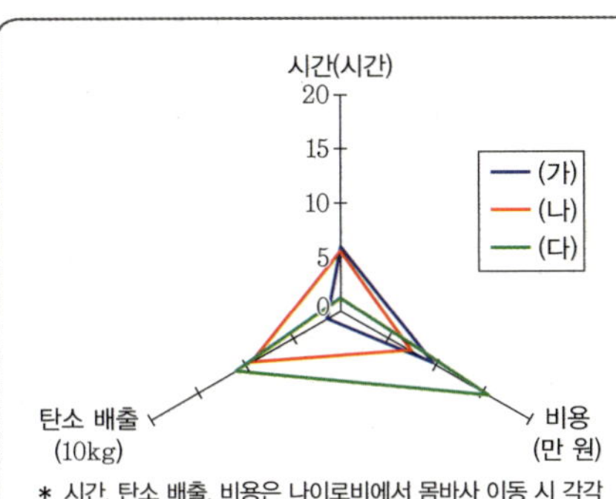

케냐를 여행 중인 ○○이는 나이로비에서 몸바사로 이동하기 위해 어떤 교통수단을 이용할지 고민 중이다. (가) 은/는 선로를 따라 이동하기에 안정성이 높으며 중거리 이동에 적합하다. (나) 은/는 출발지에서 도착지까지 별도의 환승이 필요하지 않으며 단거리 이동에 적합하다. (다) 은/는 도심에서 이용하기 어렵지만 장거리 이동에 적합한 특성이 있다.

① (가)의 사례는 프로펠러기, 제트기 등이 있다.
② (나)는 이착륙을 위해 활주로와 관제 시설이 필요하다.
③ (나)는 (다)보다 평균 속도가 빠르다.
④ (다)는 (가)보다 교통수단으로 활용된 시기가 이르다.
⑤ (가)~(다) 중 운행 과정에서 발생하는 1인당 탄소 배출량은 (가)가 가장 적다.

04 지도는 두 시기 우리나라의 고속 도로망을 나타낸 것이다. (가) 시기와 비교한 (나) 시기의 상대적 특성으로 옳은 것은? (단, (가), (나)는 각각 1960년대, 2010년대 중 하나임.) [25507-0052]

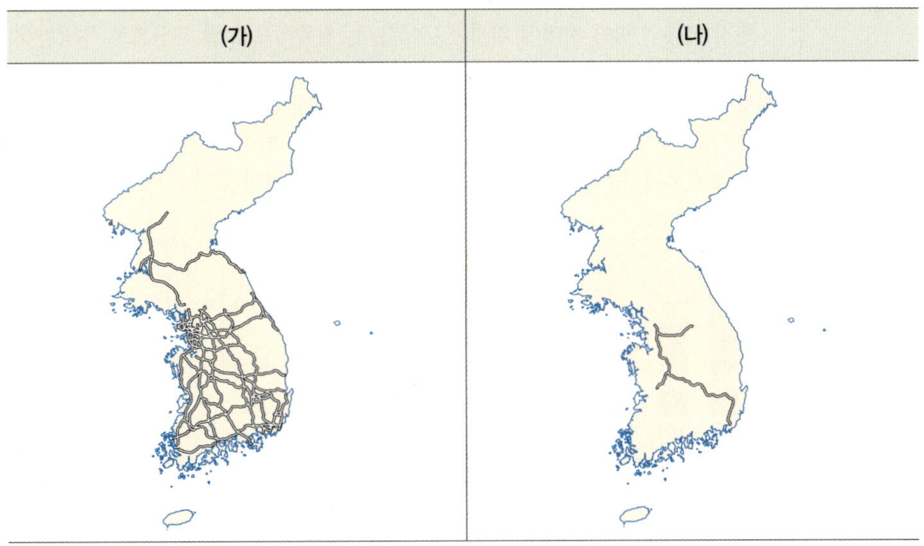

① 대도시권의 범위가 넓다.
② 수송 부문의 탄소 배출량이 많다.
③ 동물의 생태계에 가하는 위험성이 크다.
④ 택배 산업이 발달하기에 유리한 환경이다.
⑤ 고속 도로망에 접근하기 어려운 소외 지역이 많다.

통합형 **05** 다음 글은 모빌리티에 대해 것이다. 모빌리티의 변화가 미치는 영향에 대한 추론으로 옳은 것만 [25507-0053]
을 〈보기〉에서 있는 대로 고른 것은?

> 미래의 모빌리티는 사용자의 이동 경험을 혁신적으로 확장시킬 것이다. 특히 도심 항공 교통(UAM), 자율 주행 자동차, 퍼스널 모빌리티(PM) 등이 대표적인 분야로 꼽힌다. 도심 항공 교통은 수직 이착륙기 등을 활용하여 도심에서 사람이나 화물을 운송하는 교통 체계를 말하며, 장기적으로 드론이 확대될 것이다. 자율 주행 자동차는 운전자가 차량을 직접 제어하지 않고 도로·교통 상황을 스스로 파악해 자동으로 주행하는 차량을 말하며, 매우 정밀한 수준의 공간 정보를 기반으로 제어·판단 체계를 발전시켜야 한다. 퍼스널 모빌리티란 전기 자전거, 전동 휠, 킥보드, 초소형 전기차 등 1인용 이동 수단을 말하며, 도시의 대중교통과 연계될 뿐만 아니라 공유 경제와도 밀접한 관련이 있다.

〈 보기 〉
ㄱ. 차량 운행이 효율화되면 도시에 여유 공간이 생길 수 있다.
ㄴ. 플랫폼 경제의 성장이 노동 시장의 양극화를 야기할 수 있다.
ㄷ. 자율 주행의 확대로 인해 음주 운전 등으로 발생하는 교통사고가 증가할 수 있다.

① ㄱ   ② ㄴ   ③ ㄷ   ④ ㄱ, ㄴ   ⑤ ㄴ, ㄷ

06 다음은 학생이 작성한 지역 조사 보고서의 일부이다. ㉠ 시기와 비교한 ㉡ 시기의 상대적 특성을 [25507-0054]
그림의 A~E에서 고른 것은?

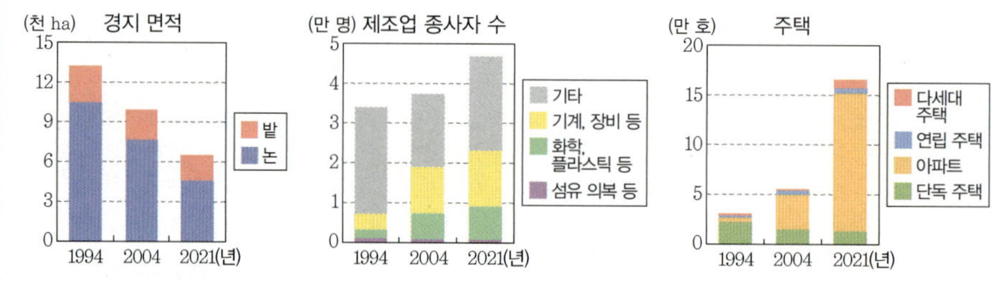

〈우리 지역의 변화〉

> 한강 하류의 평야 지대에 위치한 ○○은/는 전통적으로 쌀 생산으로 유명한 지역이었다. 하지만 인접한 대도시의 영향으로 도시화가 급속도로 이루어졌으며, 특히 2010년대 수도권 2기 신도시가 조성되면서 인구가 급증하였다. 이에 따라 ㉠ 1994년에 비해 ㉡ 2021년의 모습이 크게 변화하였다. 4천 km를 날아온 7만여 마리의 철새가 쉬던 모습이 인상적인 농촌 경관보다 출퇴근하는 시민으로 붐비는 도시 경관이 점차 우세해지고 있다.

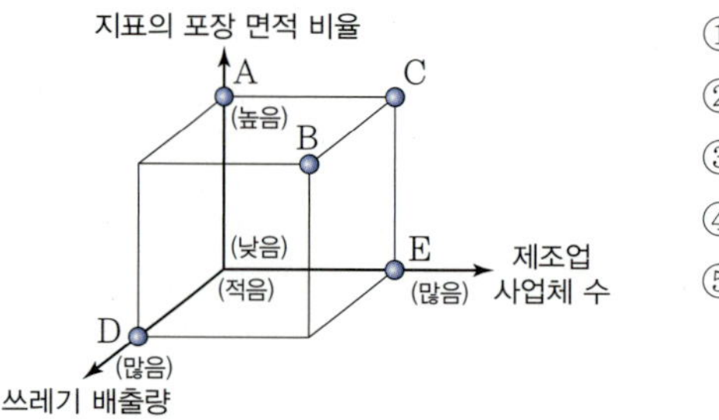

① A
② B
③ C
④ D
⑤ E

07 다음 글은 인간과 환경에 대해 설명한 것이다. 밑줄 친 (가)에 해당하는 내용으로 옳지 <u>않은</u> 것은? [25507-0055]

> (가) 도시 공간의 확대가 동물의 생태에 미치는 영향도 크다는 것이 밝혀졌다. 국제 자연 보전 연맹(IUCN)은 멸종 위기 종 목록에 있는 육상 척추 동물 종의 약 8%가 주로 도시 확장으로 인해 위협을 받고 있는 것으로 추정하였다. 2050년까지 추가로 도시화하는 면적이 82만~153만 km²에 이를 것으로 예상되기 때문에, 도시 공간의 확장이 미치는 영향에 대해 30,393종의 육상 척추 동물을 대상으로 피해 범위를 분석하였다. 예를 들어 스리랑카에만 서식하는 파충류인 숲 도마뱀은 도시 확장으로 인해 서식지의 47%가 사라질 것으로 예측되었다. 따라서 도시화가 생물종 다양성에 미치는 영향을 개별 도시에서 전 세계까지 다양한 지리적 규모로 이해하고, 취약성이 높은 종과 지역의 보존을 위한 노력을 집중해야 한다.

① 운석 충돌과 화산 활동의 활성화
② 교통로 건설에 따른 서식지 파편화
③ 도시 열섬 현상으로 인한 기온 변화
④ 인간 활동에 따른 외래 생물종의 유입
⑤ 오염 물질 배출량 증가로 인한 대기 및 수질 오염 심화

통합형 **08** 다음 자료는 각 국가 간 이동 경로를 탐색한 결과를 나타낸 것이다. (가)~(다) 국가에 대한 설명으로 옳은 것은? (단, (가)~(다)는 각각 지도에 표시된 세 국가 중 하나임.) [25507-0056]

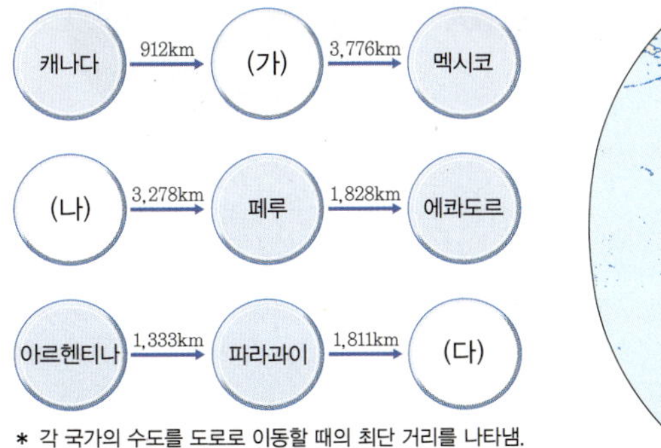

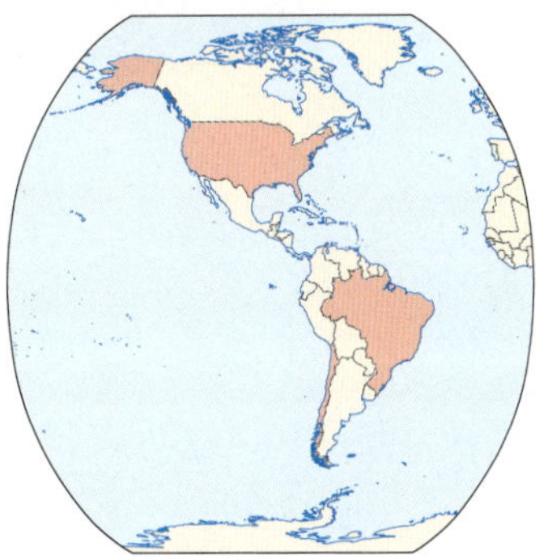

* 각 국가의 수도를 도로로 이동할 때의 최단 거리를 나타냄.

① (나)에는 생태 도시의 대표적인 사례인 쿠리치바가 있다.
② (가)는 (나)보다 연간 항공 교통 승객 수가 많다.
③ (나)는 (다)보다 대서양 항로를 통한 해운 교통에 유리하다.
④ (가)와 (다)는 남아메리카에 위치한다.
⑤ (가)~(다)에서 토착 언어가 사라지고 유럽계 언어가 널리 쓰이는 현상은 문화 병존에 해당한다.

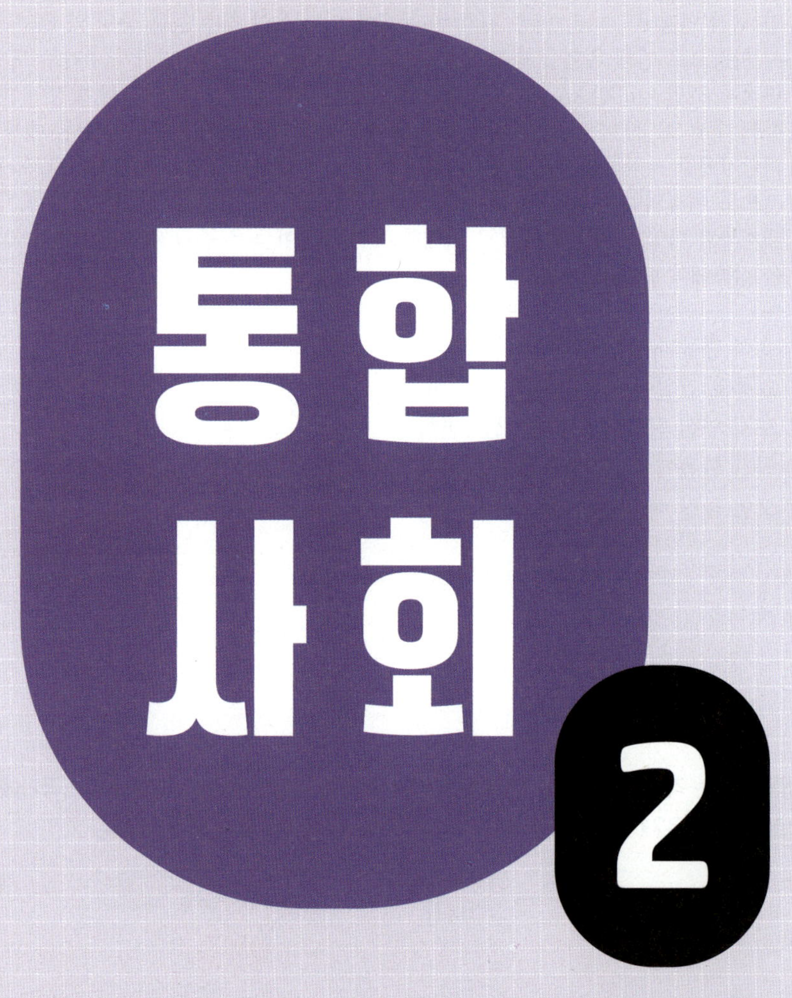

통합
사회
2

1 인권의 의미와 현대 사회의 인권

1. 인권의 의미와 확장 과정

(1) 인권

의미	인간의 존엄성을 유지하며 살아갈 수 있도록 모든 사람이 누려야 할 기본적 권리
특징	• 보편성: 시대와 사회를 초월하여 모든 사람이 누려야 할 권리 • 천부성: 인간이라는 이유 하나로 태어나면서부터 갖게 되는 권리 • 불가침성: 국가 권력이나 타인이 침해해서는 안 되는 권리

(2) 인권의 확장 과정

17~18세기 (시민 혁명 발생)	배경		천부 인권 사상 및 계몽사상의 영향으로 신분에 따른 차별을 철폐해야 한다는 사고가 확산함
	사례		• 영국 명예혁명: '권리장전' 발표 • 미국 독립 혁명: '독립 선언문' 발표 • 프랑스 혁명: '인간과 시민의 권리 선언' 발표
	결과		자유권, 평등권, 참정권 확대
19세기 ~ 20세기 초	참정권 확대 운동	배경	시민 혁명 이후에도 노동자, 여성은 참정권을 보장받지 못함
		사례	• 차티스트 운동(1838년~1848년): 재산에 따른 차별을 폐지하고 노동자의 참정권을 보장할 것을 요구함 • 여성 참정권 운동(19세기 중반~20세기 초반): 성별에 따른 차별을 폐지하고 여성의 참정권을 보장할 것을 요구함
		결과	노동자, 여성으로 참정권이 확대됨
	사회권 등장	배경	산업 혁명 이후 빈곤, 빈부 격차의 심화로 사회적 약자의 인간다운 생활이 위협을 받음
		사회권의 명문화	독일 바이마르 헌법에서 최초로 사회권을 명시함(1919년)
20세기 중반	배경		제2차 세계 대전 이후 심각한 인권 침해에 대해 반성하고, 인권 문제 해결을 위한 인류 공동 노력의 필요성을 인식함
	세계 인권 선언 채택		국제 연합(UN) 총회(1948년)
	세계 인권 선언의 의의		• 인권의 보편성, 천부성, 불가침성을 강조함 • 인권의 국제적인 기준과 방향을 제시함

2. 현대 사회의 인권 확장

(1) **배경**: 사회 변화로 인해 기존의 인권 개념으로 해결되기 어려운 문제 등장

(2) **현대 사회에서 새롭게 등장한 인권**

주거권	쾌적하고 안정적인 주거 환경에서 인간다운 주거 생활을 할 권리
안전권	각종 재해나 사고 등의 위험으로부터 안전을 보장받을 권리
환경권	건강하고 쾌적한 생활에 필요한 조건이 충족된 환경을 누릴 권리
문화권	자유롭게 문화 생활을 향유하고, 문화의 주체로서 자신의 문화적 정체성을 유지할 권리

■ **천부 인권 사상**

인간은 인간으로 태어났다는 이유만으로 하늘로부터 소중한 권리를 부여받았다고 믿는 사상을 말한다.

■ **계몽사상**

인간이 가진 이성을 통해 사회의 문제점과 폐단을 바로잡아 사회의 진보를 이룰 수 있다고 믿는 사상을 말한다.

■ **사회권**

교육받을 권리, 인간답게 살 권리, 근로의 권리 등 국민이 인간다운 생활의 보장과 실질적 평등의 실현을 국가에 요구할 수 있는 권리를 말한다.

2 인권 보장을 위한 헌법의 역할과 시민 참여

1. 인권과 헌법의 관계

헌법은 기본권의 내용과 기본권 보장을 위한 제도적 장치를 규정하여 인권 보장에 기여함

2. 헌법에 규정된 기본권

인간의 존엄과 가치 및 행복 추구권	• 인간의 존엄과 가치: 인간이라는 이유만으로 존엄성과 가치를 존중받아야 함 → 헌법이 추구하는 최고의 가치로서 다른 모든 기본권의 바탕이 됨 • 행복 추구권: 물질적 · 정신적으로 안락하고 만족스러운 삶을 살 수 있는 권리 → 다른 모든 기본권이 보장될 때 누릴 수 있음
평등권	합리적 이유 없이 차별 대우를 받지 않고, 불합리한 차별을 하지 않을 것을 국가에 요구할 수 있는 권리
자유권	국가나 타인의 간섭을 받지 않고 자신의 의지에 따라 행위할 수 있는 권리
참정권	선거권, 공무 담임권, 국민 투표권과 같이 국가 기관의 형성과 정치 과정에 참여할 수 있는 권리
청구권	청원권, 재판 청구권과 같이 국가에 대해 일정한 행위를 요구하거나 기본권을 침해 당했을 때 구제를 청구할 수 있는 권리
사회권	인간다운 생활의 보장과 실질적 평등의 실현을 국가에 요구할 수 있는 권리

3. 헌법에 규정된 기본권 보장을 위한 제도

(1) **법치주의**: 공권력의 행사는 국회가 만든 법률에 근거해야 한다는 원칙 → 공권력의 자의적인 행사를 방지함으로써 기본권 보장에 기여함

(2) **권력 분립 제도**: 국가 권력을 서로 다른 국가 기관에 부여하고 상호 견제를 통해 권력 남용을 방지함으로써 기본권을 보장하고자 하는 제도

(3) **기본권 구제 제도**

구제 기관	구제 제도	의미
법원	재판 제도	법률을 위반하는 행위나 분쟁이 발생했을 때 법률을 적용한 재판을 통해 범죄를 처벌하거나 손해를 배상하게 하는 제도
헌법 재판소	위헌 법률 심판 제도	법률이 헌법에 위반되는 여부가 재판의 전제가 된 경우에 해당 법률의 위헌 여부를 결정하는 제도
	헌법 소원 심판 제도	공권력의 행사 또는 불행사가 헌법에 규정된 기본권을 침해하는지 여부를 결정하는 제도

4. 인권 보장을 위한 시민 참여

(1) **시민 참여의 필요성**: 시민 참여가 없으면 국가 권력에 의한 인권 침해가 증가할 수 있음

(2) **인권 보장을 위한 시민 참여의 방법**

합법적인 방법	민원 제기, 선거 참여, 청원, 재판 청구, 집회 및 시위 참여 등
시민불복종	• 국가 권력에 불복종함으로써 문제를 해결하고자 하는 방법 • 합법적 수단으로는 해결이 불가능한 경우에 선택해야 하고(최후 수단성), 공공의 이익 증진을 목적으로 해야 하며(공공성, 목적의 정당성), 불법적 행위에 따르는 처벌을 감수 해야 하고(양심성, 처벌 감수), 폭력적 수단을 배제해야 함(비폭력성)

■ 헌법
국민의 기본적 인권(기본권), 국가의 통치 조직과 통치 원리 등을 규정한 국가의 기본법이자 최고법이다.

■ 평등권
우리나라 헌법이 추구하는 평등은 절대적 · 기계적 · 형식적 평등이 아니라 상대적 · 비례적 · 실질적 평등이므로 '같은 것은 같게, 다른 것은 다르게' 대우하는 원칙을 따른다.

■ 공무 담임권
공적인 업무를 담당할 수 있는 권리로서 공직 선거에 후보자로 출마할 수 있는 피선거권과 시험 등을 통해 공직자로 임명될 수 있는 공직 취임권으로 구분된다.

■ 청구권
다른 기본권이 침해되었을 때 구제를 요구할 수 있는 수단적 권리라는 점에서 기본권 보장을 위한 기본권이라고 부르기도 한다.

■ 사회권
교육받을 권리, 인간답게 살 권리, 근로의 권리, 노동 3권(단결권, 단체 교섭권, 단체 행동권), 환경권 등 사회권은 사회 보장 제도의 마련 등 국가의 적극적인 노력이 있을 때 보장될 수 있다.

■ 공권력
입법부, 행정부와 같은 국가 기관이나 지방 자치 단체 등 모든 공공 단체가 행사하는 권력을 말한다.

1. 우리 사회 인권 문제의 양상과 해결

(1) 우리 사회 인권 문제의 변화 양상

① 1980년대 민주화 이전: 신체의 자유, 정치적 자유, 노동권 등의 침해 발생 → 민주화 운동, 노동 운동 전개

② 민주화 이후: 인권 보장 수준이 향상되었으나 여전히 사회적 소수자 차별, 청소년 노동권 침해 등 다양한 인권 문제가 발생하고 있음

(2) 사회적 소수자의 인권 보장

① 사회적 소수자
- 의미: 신체적 또는 문화적 특징의 차이로 인해 주류 집단으로부터 차별을 받는 사람들
- 특징: 자신들이 주류 집단으로부터 차별받는 집단의 구성원이라는 인식을 가지고 있음
- 우리 사회의 사회적 소수자: 여성, 장애인, 이주 노동자, 북한 이탈 주민, 비정규직 근로자 등
- 차별 양상: 교육, 취업, 임금, 승진 등 다양한 부문에서 열악한 상황에 처해 있음

② 사회적 소수자 인권 보장 방안

의식적 방안	자신과 다른 집단에 대한 편견을 버리고 서로 다름을 존중하는 관용의 자세 확립
제도적 방안	차별 금지 제도 강화, 차별 행위에 대한 제재와 침해된 기본권의 구제 제도 마련

(3) 청소년의 노동권 보장

① 노동권: 인간의 존엄성이 존중되는 근로 조건에서 일할 기회를 보장할 것을 요구할 수 있는 권리

② 청소년과 노동권: 청소년도 인권의 주체로서 노동권을 보장받아야 하며, 「근로 기준법」, 「청소년 보호법」 등에 의해 특별한 보호를 받음

③ 청소년 노동권 침해의 구제 방법: 국가인권위원회에 진정, 고용노동부나 지방 고용노동 관서에 진정 및 신고, 노동위원회에 구제 신청, 대한법률구조공단에 상담 및 지원 신청, 법원에 재판 청구 등

2. 세계 인권 문제의 양상과 해결

(1) 세계의 다양한 인권 문제: 독재 국가에서의 인권 유린 문제, 전쟁 등으로 인한 난민 문제, 관습이나 종교적 이유로 발생하는 성차별 문제, 인종이나 민족, 종교의 차이로 인한 각종 차별 및 박해 문제, 빈곤 문제, 아동 인권 침해 등

(2) 세계 인권 문제의 파악을 위한 인권 지수: 국제 연합 개발 계획(UNDP)의 인간 개발 지수, 세계 경제 포럼(WEF)의 성 격차 지수, 국제 인권 단체 프리덤하우스(Freedom House)의 세계 자유 지수, 아일랜드의 비정부 기구 컨선월드와이드(Concern Worldwide) 등의 세계 기아 지수 등

(3) 세계 인권 문제의 해결 방안

① 국제기구, 국제 비정부 기구를 통한 세계 각국의 인권 문제 파악 및 공동 대응

② 세계시민으로서 인권 문제에 대한 책임 의식과 참여 태도 배양

■ **사회적 소수자**

한 사회 내에서 단지 수적으로 열세에 있는 사람들이 아니라 정치적·경제적·사회적·문화적으로 열세에 있는 사람들을 가리킨다.

■ **「근로 기준법」**

헌법에 따라 근로 조건의 기준을 정함으로써 근로자의 기본적 생활을 보장하기 위해 제정된 법이다.

■ **「청소년 보호법」**

유해한 매체물이나 약물, 유해한 업소나 환경으로부터 청소년을 보호함으로써 청소년이 건전한 인격체로 성장할 수 있도록 돕기 위해 제정된 법이다.

■ **인간 개발 지수**

국제 연합 개발 계획(UNDP)이 각 국의 1인당 국민 소득, 기대 수명, 평균 교육 연수, 기대 교육 연수 등 여러 가지 인간의 삶과 관련된 지표를 조사하여 인간 발전 정도와 선진화 정도를 평가한 지수이다.

예시 문항 6

(가)에 해당하는 권리에 대한 설명으로 옳은 것은?

위 그림은 산업 혁명 시기에 나타난 계급 간의 빈부 격차를 풍자한 것이다. 윗부분은 부유한 계급의 편안한 생활을, 아랫부분은 탄광에서 일하는 굶주린 노동자를 표현하였다. 이처럼 산업 혁명 이후 발달한 자본주의는 인간 생활의 물질적 향상을 가져왔지만 자본의 집중에 의한 빈부의 격차를 초래하였다. 궁핍과 빈곤으로 인해 기본적인 생활 수준을 영위하지 못하자 인간다운 생활을 가능하게 하는 물적 토대를 국가에 요구할 수 있는 권리인 ⌈ (가) ⌋ 의 보장이 요구되었다.

① 미국 독립 선언에서 천명되었다.
② 바이마르 헌법에 최초로 명시되었다.
③ 프랑스의 인권 선언에 영향을 주었다.
④ 영국에서는 명예혁명을 계기로 실현되었다.
⑤ 차티스트 운동 당시 인민헌장에 규정되었다.

유형분석

자본주의의 역사적 전개 과정을 자료로 활용하여 일반사회 영역의 주요 개념인 인권 및 기본권 관련 지식의 이해 정도를 묻는 선지를 결합시킨 자료와 선지 간의 통합 유형이다.

성취기준

- 근대 시민 혁명 등을 통해 확립되어 온 인권의 의미와 변화 양상을 이해하고, 현대 사회에서 주거, 안전, 환경, 문화 등 다양한 영역으로 인권이 확장되고 있는 사례를 조사한다.
- 자본주의의 역사적 전개 과정과 그 특징을 조사하고, 시장과 정부의 관계를 중심으로 다양한 삶의 방식을 비교 평가한다.

수능길잡이

- 근대 시민 혁명 이후 인권이 역사적으로 어떻게 발달해 왔는지, 새롭게 등장한 인권은 어떤 배경이나 계기로 등장하게 되었는지 정확하게 이해해 두어야 한다.
- 인권 발달의 역사에서 중요한 의미를 갖는 선언문 등의 주요 자료와 해당 자료에 담겨 있는 인권이 무엇인지 파악해 두어야 한다.
- 모든 사람이 궁핍이나 빈곤 등으로부터 해방되어 인간다운 생활을 누리기 위해 보장받아야 할 인권이 무엇인지 파악해 두어야 한다.

문제 분석

산업 혁명 이후 나타난 빈부 격차, 빈곤 등의 심화로 인해 인간다운 생활을 위협받는 사람들이 증가하자 사회권 보장의 중요성이 높아졌다.

선택지 분석

① 미국 독립 선언에서는 자유권, 평등권, 참정권 등이 강조되었고, 사회권은 명시되지 않았다.
② 1919년에 제정된 독일 바이마르 헌법은 모든 국민의 인간다운 생활 보장을 위해 역사상 최초로 사회권 보장의 필요성을 명시하였다.
③ 프랑스 혁명은 18세기 후반에 발생한 근대 시민 혁명으로, 자유와 평등, 참정권의 보장을 강조하였다.
④ 영국의 명예혁명은 17세기 후반에 발생한 근대 시민 혁명으로, 의회를 통해 왕권을 견제함으로써 시민의 자유와 재산을 보장하고자 하였다.
⑤ 차티스트 운동은 근대 시민 혁명 이후에 발생하였고, 인민헌장을 통해 노동자들에게도 참정권을 보장할 것을 요구하였다.

정답 ②

다음 자료는 인권의 발달 역사에서 등장하는 한 문서의 주요 내용을 나타낸 것이다. 이에 대한 설명으로 옳은 것은?

> '어리석은 우리의 지배자들은 … (중략) … 공익을 희생하여 일부의 사익을 증대해 왔다. … (중략) … 다수의 이익은 형편없이 무시되거나 무자비하게 짓밟혀 왔다. 인민들은 … (중략) … 1832년의 개정안에서 그 치유책을 찾을 수 있으리라 기대를 가졌다. … (중략) … 그러나 인민들은 철저하게 기만당했을 뿐이다. … (중략) … 이에 우리는 다음 사항을 요구한다.
>
> • 모든 성인 남자에게 의원 선거권을 부여할 것
> • 모든 의원 선거를 비밀 선거로 할 것
> • 의원의 임기가 어떠한 경우에도 1년을 넘지 않도록 할 것
> • 피선거권자의 모든 재산 자격을 철폐할 것
> • 의원에 대해 적절한 보상을 제공할 것

① 근대 시민 혁명의 발생에 큰 영향을 미쳤다.
② 경제력에 따른 참정권의 차별을 폐지하고자 하였다.
③ 모든 사람이 인간답게 살 권리를 보장받아야 함을 주장하였다.
④ 절대 왕정을 폐지하고 국민이 주권을 갖는 국가를 수립하고자 하였다.
⑤ 지역이나 민족을 초월한 연대를 통해 안전과 평화를 누릴 권리가 있음을 선언하였다.

문제 분석

제시된 문서는 19세기 영국 노동자들의 차티스트 운동에서 발표한 인민헌장이다. 근대 시민 혁명이 발생한 이후에도 노동자들은 참정권을 보장받지 못했기 때문에 차티스트 운동을 벌여 참정권을 보장받고자 하였다.

선택지 분석

① 노동자들의 참정권 쟁취 투쟁인 차티스트 운동은 근대 시민 혁명 이후에 발생하였다.
② 차티스트 운동은 재산에 따른 참정권의 차별을 없애고 재산이 적은 노동자들에게도 참정권을 보장해야 함을 요구하였다.
③ 인간답게 살 권리는 사회권에 해당한다. 사회권은 1919년에 제정된 독일 바이마르 헌법에 최초로 규정되었다.
④ 절대 왕정을 폐지하고 국민이 주권을 갖는 국가를 수립하고자 한 것은 미국 독립 혁명이나 프랑스 혁명 등 근대 시민 혁명이다.
⑤ 집단을 초월한 연대나 협력을 통해 안전, 평화, 쾌적한 환경, 발전 등을 누릴 수 있는 권리는 연대권이다. 연대권은 제2차 세계 대전 이후 국제 연합(UN)에서 발표한 세계 인권 선언을 통해 부각되기 시작하였다.

目정답 ②

예시 문항 7

밑줄 친 ⓛ을 통해 해결하고자 하는 ①의 발생 원인에 대한 설명으로 옳은 것은?

> 미국의 독립 혁명, 프랑스 혁명 등을 거쳐 확립된 근대 입헌주의 헌법은 시민 계급이 자유를 극대화하는 데 필요한 최소한의 질서 유지를 위해서만 국가의 물리적 강제력 행사를 허용하였다. 사적 자치의 원칙을 강조한 근대법 체제하에서는 개인의 자유로운 경제 활동이 최대한 보장되었지만, ① 시장에서 자원이 효율적으로 배분되지 못하는 현상이 나타나게 되었다. 특히 상품의 생산 과정에서 배출되는 오염 물질로 인한 환경 피해의 경우 오염 물질의 방출이 당시의 과학 기술 수준으로 피할 수 없는 경우라면 행위자의 과실이 인정되지 않아 피해자가 구제받을 수 없는 문제가 발생하게 되었다. 이에 왜곡된 시장경제 구조를 바로잡기 위해 국가의 개입을 인정하는 조항 등이 헌법에 자리 잡게 되었고, 환경 오염으로 피해가 발생한 경우 ⓛ 고의나 과실 여부와 관계 없이 원인자에게 손해 배상 책임을 인정하는 입법이 이루어졌다.

① 외부 불경제가 발생하여 시장 거래량이 사회적 최적 거래량보다 많아졌다.

② 비경합성과 비배제성을 특성으로 하는 재화에 무임승차자의 문제가 초래되었다.

③ 독과점 형태의 시장 구조로 인해 부당한 공동 행위와 불공정 거래 행위가 발생하였다.

④ 정보가 제한된 상황에서 정부의 시장 개입이 사회 후생 개선에 실패하는 현상이 나타났다.

⑤ 산업 자본주의 국가들이 자유방임주의를 근거로 국가의 시장 개입을 최소화하는 작은 정부를 추구하였다.

유형분석

인권의 역사적 전개 과정을 자료로 활용하여 일반 사회 영역의 주요 개념인 기본권 및 시장 실패의 유형에 관한 지식의 이해 정도를 묻는 선지를 결합시킨 자료와 선지 간의 통합 유형이다.

성취기준

- 인간 존엄성 실현과 인권 보장을 위한 헌법의 역할을 파악하고, 시민의 권익을 보호하기 위한 다양한 시민 참여의 방안을 탐구하고 이를 실천한다.
- 자본주의의 역사적 전개 과정과 그 특징을 조사하고, 시장과 정부의 관계를 중심으로 다양한 삶의 방식을 비교 평가한다.
- 합리적 선택의 의미와 그 한계를 파악하고, 지속가능발전을 위해 요청되는 정부, 기업가, 노동자, 소비자의 바람직한 역할과 책임에 관해 탐구한다.

수능길잡이

- 인권과 헌법, 자본주의의 역사적 전개 과정, 시장 실패의 발생 원인인 외부 효과, 경제 주체의 역할 등의 관련성을 이해하고, 시장경제 체제가 인간의 삶에 미친 영향을 파악하여 통합적 관점에서 시장과 정부의 바람직한 관계를 학습해 두도록 한다.
- 역사 속에서 인권의 의미가 확장되어 온 과정을 파악하고, 자본주의 전개 과정에서 나타난 역사적 사건을 통해 시장경제 체제에서 경제 주체들의 합리적 선택이 오히려 사회 전체에 부작용을 발생시킨 사례를 학습해 두도록 한다.

문제 분석

사적 자치의 원칙 및 자유방임주의를 강조한 근대의 자본주의는 20세기 초 대공황을 겪게 되었고, 이 과정에서 왜곡된 시장경제 구조 및 시장 실패를 바로잡기 위해 국가의 시장 개입을 인정하는 헌법 조항이 만들어졌다. 또한 자유방임주의에 기초한 자본주의는 국가의 경제에 관한 개입과 조정이 이루어지는 수정 자본주의로 변화하였다. 이러한 변화를 배경으로 하여 환경 오염으로 피해가 발생한 경우 오염을 유발한 자가 손해 배상 책임을 지게 하는 법이 제정되었다.

선택지 분석

① 외부 불경제는 한 경제 주체의 경제 활동으로 인해 제3자에게 손해가 발생했음에도 불구하고 경제 활동을 한 주체가 그 손해에 대해 책임을 지지 않는 현상을 말한다. 외부 불경제 상황에서는 시장 거래량이 사회적으로 가장 바람직한 거래량보다 많아 자원이 효율적으로 배분되지 못하는 문제가 나타난다. ⓛ은 헌법과 법률에 기초하여 환경 오염 유발자에게 손해 배상 책임을 지게 함으로써 손해를 끼치는 행위를 사회적 최적 수준으로 감소시키고 다수의 인권을 보장하기 위한 것이다.

② 비경합성과 비배제성을 특성으로 하는 재화는 공공재이다. 공공재는 비배제성을 갖기 때문에 무임승차자의 문제가 발생하기 쉽지만, 이러한 문제의 해결과 ⓛ은 관련이 없다.

③ 자본주의에서는 독과점의 문제가 발생할 수 있지만, 이러한 문제의 해결과 ⓛ은 관련이 없다.

④ 제한된 정보로 인해 정부의 시장 개입이 비효율의 문제를 초래하는 것은 정부 실패에 해당한다.

⑤ 자유방임주의에 기초한 시장경제 체제에서는 여러 가지 시장 실패의 문제가 나타났으나, 모든 시장 실패로 인한 자원의 비효율적 배분 문제가 ⓛ과 관련된 것은 아니다.

① 답정

다음 자료에 대한 설명으로 옳은 것은?

> ㉠ 자유방임주의에 기초한 근대 자본주의 국가는 개인과 기업의 자유로운 경제 활동을 최대한 보장하는 것을 지향하였다. 이에 따라 개인의 재산권이 최대한 보장되었고, 국가의 시장에 대한 개입이 최소화되었다. 그런데 이러한 자본주의는 사적 이익의 극대화를 위해 공적 이익을 희생시키고 사회적·경제적 약자의 인간다운 생활을 위협하는 문제를 유발하였다. 이에 국가의 시장 개입을 인정하는 자본주의가 등장하게 되었고, 이러한 경향은 우리나라 헌법에도 다음과 같이 반영되었다.
>
> <헌법>
>
> 제23조 ② ㉡ 재산권의 행사는 공공복리에 적합하도록 하여야 한다.
> 제119조 ② 국가는 균형 있는 국민경제의 성장 및 안정과 ㉢ 적정한 소득의 분배를 유지하고, 시장의 지배와 경제력의 남용을 방지하며, ㉣ 경제 주체 간의 조화를 통한 경제의 민주화를 위하여 경제에 관한 규제와 조정을 할 수 있다.

① ㉠은 작은 정부가 아닌 큰 정부를 지향하였다.
② ㉡은 개인의 자유권보다 공익이 우선함을 명시한 것이다.
③ ㉢은 국민의 기본적 인권 중 사회권의 보장에 기여한다.
④ ㉣을 위해 정부가 대기업에 비해 중소기업에 유리한 정책을 실시하는 것은 평등권을 침해한다.
⑤ 헌법 제119조 제2항은 수정 자본주의가 지닌 한계를 해결하는 것을 목적으로 한다.

자본주의의 전개 과정에 관한 역사적 자료와 우리나라 헌법의 기본권 관련 조항을 제시하고 각 시대의 자본주의가 지닌 특징과 기본권 관련 지식의 이해 정도를 묻는 선지를 결합시킨 문항으로서 자료와 선지가 모두 역사와 일반사회의 통합형으로 구성되었다.

문제 분석

자유방임주의에 기초한 근대 자본주의는 개인의 자유를 최대한 보장하고자 하였다. 그런데 이로 인해 공익이 훼손되고, 사회적·경제적 약자의 인권이 침해되는 문제가 발생하자 국가의 시장 개입을 인정하는 자본주의가 등장하게 되었고, 우리나라 헌법도 이러한 경향을 반영하여 개인의 자유권에 대한 국가의 제한과 시장에 대한 국가의 개입을 규정하고 있다.

선택지 분석

① 자유방임주의에 기초한 근대 자본주의 국가는 정부의 시장 개입을 최소화하는 작은 정부를 지향하였다.
② 공공복리에 적합하도록 재산권을 행사할 것을 규정한 것은 개인의 자유권보다 공익이 우선함을 명시한 것이 아니라 개인의 자유권과 공익이 조화를 이루어야 함을 명시한 것이다.
③ 적정한 소득의 분배는 사회적·경제적 약자의 인간다운 생활을 보장하는 데 도움이 되므로 사회권의 보장에 기여한다.
④ 우리나라 헌법이 보장하는 평등권은 실질적 평등을 추구하므로 차이를 고려하여 다르게 대우하는 것은 평등권 침해에 해당하지 않을 수 있다.
⑤ 헌법 제119조 제2항은 수정 자본주의의 이념을 실현하는 것을 목적으로 한다.

© 月요

예시 문항 8

(가)~(라)에 들어갈 수 있는 옳은 내용만을 〈보기〉에서 있는 대로 고른 것은?

헌법은 연소자의 근로에 대한 특별한 보호에 관해 규정하고 있습니다. 이처럼 청소년의 노동 인권 보호를 강조하는 이유를 사회 불평등의 관점에서 분석하고, 「근로 기준법」상 연소자 보호 규정과 관련지어 설명해 봅시다.

청소년은 신체적·정신적으로 근로를 감당할 능력이 부족하기 때문에 성인에 비해 불리한 위치에 있으므로 청소년 근로에 대한 보호의 우선적 배려가 요구됩니다. 따라서 근로 계약 체결 과정에서 연소자를 보호하기 위해 ＿＿＿(가)＿＿＿와/과 같은 규정을 마련하고 있으며, ＿＿＿(나)＿＿＿을/를 명시하여 업무에 있어 안전과 건강에 대한 보호를 하고 있습니다.

청소년은 ＿＿＿(다)＿＿＿을/를 이유로 사회적 소수자로 인정될 수 있으며 노동 인권을 침해받기도 합니다. 이에 친권자나 후견인 등에게 미성년자에게 불리한 근로 계약에 대한 해지권을 부여하고, 연소자의 근로 능력과 교육 시간 확보의 필요성 등을 고려하여 ＿＿＿(라)＿＿＿을/를 규정해 근로 시간에 대한 특별한 보호를 하고 있습니다.

〈 보기 〉

ㄱ. (가): 친권자 또는 후견인의 미성년자 근로 계약에 대한 대리 금지

ㄴ. (나): 도덕상 또는 보건상 유해·위험한 사업에 사용 금지

ㄷ. (다): 후천적 요인과 수적 열세로 인하여 노동 현장에서 다른 구성원으로부터 차별을 받거나 부당한 처우의 대상이 됨

ㄹ. (라): 근로 시간이 4시간인 경우에는 사용자로 하여금 근로 시간 도중에 30분 이상의 휴게 시간을 주도록 함

① ㄱ, ㄴ 　② ㄱ, ㄷ 　③ ㄷ, ㄹ
④ ㄱ, ㄴ, ㄹ 　⑤ ㄴ, ㄷ, ㄹ

유형분석

일반사회 영역의 주요 주제인 청소년 노동 인권과 관련된 자료를 제시하고 「근로 기준법」 등에 나타나 있는 청소년 노동 인권 보호 규정에 관한 지식의 이해 정도를 묻는 선지를 제시하였다.

성취기준

- 사회적 소수자 차별, 청소년의 노동권 등 국내 인권 문제와 인권 지수를 통해 확인할 수 있는 세계 인권 문제의 양상을 조사하고, 이에 대한 해결 방안을 모색한다.
- 사회 및 공간 불평등 현상의 사례를 조사하고, 정의로운 사회를 만들기 위한 다양한 제도와 시민으로서의 실천 방안을 제안한다.

수능길잡이

- 일상생활에서 나타날 수 있는 다양한 인권 침해 사례를 학습하면서 인권 보장을 위해 마련된 법적·제도적 장치를 함께 학습하는 자세가 필요하다.
- 청소년 노동권 보장을 위해 「근로 기준법」에 규정된 근로 계약이나 근로 조건 관련 사항에 대해 심층적으로 이해해 두도록 한다.

문제 분석

헌법은 청소년의 근로에 대한 특별한 보호가 필요함을 규정하고 있는데, 「근로 기준법」은 이러한 헌법의 정신을 반영하여 18세 미만 연소자의 근로 계약 체결, 근로 시간이나 휴게 시간 등의 근로 조건에 관하여 청소년을 보호하기 위한 사항을 규정하고 있다.

선택지 분석

ㄱ. 미성년자의 친권자 또는 후견인이라도 미성년자의 근로 계약을 대리할 수 없다. 이는 부모 등이 미성년자 본인의 의지와 상관없이 근로를 하게 함으로써 인권을 침해하는 문제를 방지하기 위한 것이다.

ㄴ. 18세 미만인 연소자는 도덕상 또는 보건상 유해하거나 위험한 사업에 사용할 수 없도록 하고 있다. 이는 청소년의 건강과 안전을 보장함으로써 건전한 성장을 돕기 위한 것이다.

ㄷ. 청소년이 노동 현장에서 차별을 받거나 부당한 처우를 받을 수 있으나 그렇다고 해서 후천적 요인과 수적 열세로 인해 청소년이 사회적 소수자로 규정되는 것은 아니다. 청소년이 노동 현장에서 사회적 소수자로 규정될 수 있는 것은 성인에 비해 후천적으로 업무 역량이 낮거나 수적 열세에 있기 때문이라기보다 임금 등 여러 부문에서 성인에 비해 열악한 상황에 처해 있기 때문이다.

ㄹ. 근로 시간이 4시간인 경우 근로 시간 도중에 30분 이상의 휴게 시간을 주어야 하는 것은 청소년뿐만 아니라 모든 근로자에게 해당하는 노동권 보호 규정이다.

① 답요

다음 자료에 대한 옳은 설명만을 〈보기〉에서 고른 것은? (단, 2025년 시간당 최저 임금은 10,030원이며, B의 친권자 및 법정 대리인은 B의 부모임.)

근로 계약서

사용자 A(50세)와 근로자 B(고등학생, 17세)는 다음과 같이 근로 계약을 체결한다.

1. 근로 장소 및 담당 업무: ○○ 분식점 음식 서비스 및 식탁 청소 업무
2. 근로 기간: 2025년 7월 15일부터 2025년 8월 23일까지
3. 근로일 및 시간: 매주 월~금요일, ㉠ 오전 9시부터 오후 4시까지 (㉡ 오후 12시부터 12시 20분까지 휴게 시간)
4. 임금 및 임금 지급 방법
   1) 임금: ㉢ 시간당 9,000원
   2) 임금 지급일 및 방법: ㉣ 매주 금요일에 B의 아버지 명의로 개설된 통장으로 전액을 입금한다.

〈 보기 〉

ㄱ. B가 근로 계약을 체결하는 데에는 부모의 동의가 불필요하다.
ㄴ. ㉡은 ㉠과 달리 「근로 기준법」에 위반된다.
ㄷ. ㉢에도 불구하고 B는 법정 최저 임금 수준의 임금을 받을 권리가 있다.
ㄹ. B는 미성년자이므로 ㉣은 「근로 기준법」에 위반되지 않는다.

① ㄱ, ㄴ   ② ㄱ, ㄷ   ③ ㄴ, ㄷ   ④ ㄴ, ㄹ   ⑤ ㄷ, ㄹ

문제 분석

제시된 자료는 근로 계약을 체결할 때 포함해야 할 기본적인 사항들을 나타내고 있다. B가 17세인 고등학생이라는 점을 고려하여 근로 계약의 각 내용이 「근로 기준법」에 위반되는지 여부를 판단해야 한다.

선택지 분석

ㄱ. 미성년자가 근로 계약을 체결하려면 부모 등 법정 대리인의 동의가 필요하다.
ㄴ. 15세 이상 18세 미만인 연소자의 근로 시간은 1일에 7시간을 초과할 수 없는데, B의 근로 시간은 휴게 시간을 제외하고 6시간 40분이므로 「근로 기준법」에 위반되지 않는다. 근로 시간이 4시간 이상 8시간 미만인 경우 휴게 시간은 30분 이상 주어야 한다. 따라서 B의 휴게 시간은 「근로 기준법」에 위반된다.
ㄷ. A와 B가 시간당 임금을 9,000원으로 합의했다고 하더라도 이는 법정 최저 임금에 미치지 못하므로 위법하다. 따라서 B는 근로 계약과 별개로 법정 최저 임금 수준의 임금을 받을 권리가 있다.
ㄹ. 미성년자라 하더라도 독자적으로 임금을 청구할 수 있고, 사용자는 미성년자에게 직접 임금을 지급해야 할 의무가 있다.

© 月요

탐구1 근대 시민 혁명의 한계와 차티스트 운동

영국의 명예혁명, 미국의 독립 혁명, 프랑스 혁명은 대표적인 근대 시민 혁명으로, 자유와 평등, 참정권의 확대에 크게 기여하였다. 그런데 근대 시민 혁명 이후 참정권이 모든 사람들에게 보장된 것은 아니었다. 예를 들어 영국의 경우 1832년 선거법 개정을 통해 선거권 자격을 완화하여 농촌의 토지 소유자뿐만 아니라 도시의 중산층 이상의 재산 소유자에게 유권자 자격을 부여하였지만 노동자에게는 선거권을 부여하지 않았다. 당시 개정된 선거법은 소득이 일정 수준 이상이거나 토지 소유권을 지닌 성인 남자에 한하여 선거권을 부여했기 때문이다. 근대 시민 혁명과 이후의 선거법 개정을 통해 기대했던 참정권이 좌절되자 노동자들은 인민헌장(People's Charter)의 승인을 목적으로 한 차티스트 운동(1838년~1848년)을 벌였다. 차티스트 운동에서 발표한 인민헌장의 핵심 내용은 참정권에 있어서 재산 자격을 철폐하는 것이었다. 차티스트 운동은 비록 성공을 하지는 못하였으나, 이후 노동자를 포함한 모든 성인 남자의 선거권을 보장하는 선거법 개정에 큰 영향을 미쳤다.

탐구2 헌법과 사회권

제31조 ① 모든 국민은 능력에 따라 균등하게 교육을 받을 권리를 가진다.
제32조 ① 모든 국민은 근로의 권리를 가진다. 국가는 사회적 · 경제적 방법으로 근로자의 고용의 증진과 적정 임금의 보장에 노력하여야 하며, 법률이 정하는 바에 의하여 최저 임금제를 시행하여야 한다.
제33조 ① 근로자는 근로 조건의 향상을 위하여 자주적인 단결권 · 단체 교섭권 및 단체 행동권을 가진다.
제34조 ① 모든 국민은 인간다운 생활을 할 권리를 가진다.
　　　　 ② 국가는 사회 보장 · 사회 복지의 증진에 노력할 의무를 진다.
제35조 ① 모든 국민은 건강하고 쾌적한 환경에서 생활할 권리를 가지며, 국가와 국민은 환경 보전을 위하여 노력하여야 한다.
제36조 ③ 모든 국민은 보건에 관하여 국가의 보호를 받는다.

자료는 우리나라 헌법에 규정된 사회권의 주요 내용을 나타낸 것이다. 사회권의 보장을 위해 국가의 적극적인 노력이 필요한데, 수정 자본주의 체제에서 국가의 시장 개입을 통한 적정한 소득 분배, 최저 임금제나 사회 보장 제도의 시행 등은 이러한 노력의 사례이다.

탐구3 청소년의 노동권

구분	내용
취업 연령 제한	• 15세 미만인 사람(중학교에 재학 중인 18세 미만인 사람을 포함)은 원칙적으로 근로자로 고용할 수 없음. 15세 미만인 사람의 경우 고용노동부 장관이 발급한 취직 인허증이 필요함 • 18세 미만인 사람(연소자)을 고용하는 사용자는 그 연령을 증명하는 가족 관계 기록 사항에 관한 증명서와 친권자 또는 후견인의 동의서를 사업장에 갖추어 두어야 함
근로 계약	• 미성년자(19세 미만인 자)의 근로 계약은 법정 대리인(친권자나 후견인)의 동의를 얻어 본인이 직접 체결해야 함 → 친권자 또는 후견인이 미성년자의 근로 계약을 대리할 수 없음 • 임금, 근로 시간, 취업의 장소와 업무 내용 등의 근로 조건을 근로 계약서에 반드시 명시해야 하고, 사용자는 근로 계약서를 반드시 당사자에게 교부해야 함
임금	• 미성년자도 최저 임금제의 적용을 받으며, 최저 임금에 미치지 못하는 임금으로 계약했어도 최저 임금을 보장해야 함 • 미성년자도 독자적으로 임금을 청구할 수 있으며, 사용자는 근로자인 미성년자에게 매월 1회 이상 일정한 날짜에 직접 임금 전액을 지급해야 함
근로 사용 금지	사용자는 18세 미만인 사람(연소자)을 도덕 · 보건상 유해하거나 위험한 사업에 고용할 수 없음
근로 시간 제한	• 15세 이상 18세 미만인 사람의 근로 시간은 원칙적으로 1일 7시간, 1주에 35시간(법정 근로 시간)을 초과하지 못함. 단, 당사자 간 합의에 의해 1일 1시간, 1주에 5시간을 한도로 연장 가능함 • 18세 미만인 사람은 원칙적으로 야간 근로(오후 10시부터 오전 6시까지) 및 휴일 근로를 시킬 수 없음. 단, 본인의 동의가 있고 고용노동부 장관의 인가를 받으면 근로시킬 수 있음

[25507-0057]

1 다음 자료는 '인간과 시민의 권리 선언'의 주요 내용을 나타낸 것이다. 이에 대한 옳은 설명만을 〈보기〉에서 고른 것은?

> 제1조 인간은 권리에 있어서 자유롭고 평등하게 태어나 생존한다. 사회적 차별은 공동 이익을 근거로 해서만 있을 수 있다.
> 제2조 모든 정치적 결사의 목적은 인간의 자연적이고 소멸될 수 없는 권리를 보전함에 있다. 그 권리란 자유, 재산, 안전, 그리고 압제에의 저항이다.
> 제3조 모든 주권의 원리는 본질적으로 국민에게 있다. 어떠한 단체나 개인도 국민으로부터 명시적으로 유래하지 않는 권력을 행사할 수 없다.
> 제4조 자유는 타인에게 해롭지 않은 모든 것을 행할 수 있음이다. 그러므로 각자의 자연권의 행사는 사회의 다른 구성원에게 같은 권리의 향유를 보장하는 이외의 제약을 갖지 아니한다. 그 제약은 법에 의해서만 규정될 수 있다.

〈 보기 〉
ㄱ. 개인의 인권이 국가로부터 부여받은 것임을 강조하였다.
ㄴ. 법치주의를 확립하여 개인의 인권을 보장하고자 하였다.
ㄷ. 성별과 재산에 따른 차별 등 모든 차별이 철폐되는 계기가 되었다.
ㄹ. 국민의 동의를 얻지 않은 국가 권력 행사는 정당성을 가질 수 없다고 보았다.

① ㄱ, ㄴ　　　② ㄱ, ㄷ　　　③ ㄴ, ㄷ　　　④ ㄴ, ㄹ　　　⑤ ㄷ, ㄹ

[25507-0058]

2 밑줄 친 ㉠~㉣에 대한 설명으로 옳은 것은?

　　사진은 영국에서 여성들이 ㉠ 참정권을 쟁취하기 위해 시위를 하는 모습을 나타낸 것이다. 영국에서는 1884년 ㉡ 제3차 선거법 개정을 통해 농민과 노동자에게도 선거권을 부여하였다. 그런데 제3차 선거법 개정에서도 여성에게는 선거권을 부여하지 않았기 때문에 여성들은 단체를 조직하여 ㉢ 여성 참정권 쟁취 운동을 벌였다. 수많은 여성들이 감옥에 가는 등 많은 박해를 받았지만 여성들의 투쟁이 점차 강해지면서 1918년 제4차 선거법 개정으로 21세 이상 남성과 30세 이상 여성의 선거권이 인정되었고, 1928년 ㉣ 제5차 선거법 개정으로 21세 이상 남녀가 평등하게 선거권을 갖게 되었다.

① ㉠은 자유권과 달리 근대 시민 혁명에서 강조되지 않았다.
② ㉡을 통해 영국에서 노동자의 인간다운 생활을 할 권리가 보장되었다.
③ ㉢은 인권의 보편성을 전제로 한다.
④ ㉣을 통해 영국에서 평등 선거 원칙이 확립되었다.
⑤ ㉡과 달리 ㉣은 재산에 따른 참정권 차별 문제의 해결을 목적으로 하였다.

[25507-0059]

3 다음 자료는 우리나라 헌법 조항 중 일부를 나타낸 것이다. 이에 대한 옳은 설명만을 〈보기〉에서 고른 것은?

제10조 모든 국민은 ㉠ 인간으로서의 존엄과 가치를 가지며, ㉡ 행복을 추구할 권리를 가진다. 국가는 개인이 가지는 불가침의 기본적 인권을 확인하고 이를 보장할 의무를 진다.

제11조 ① 모든 국민은 법 앞에 평등하다. 누구든지 성별·종교 또는 사회적 신분에 의하여 정치적·경제적·사회적·문화적 생활의 모든 영역에 있어서 차별을 받지 아니한다.

제12조 ① 모든 국민은 신체의 자유를 가진다. 누구든지 법률에 의하지 아니하고는 체포·구속·압수·수색 또는 심문을 받지 아니하며, 법률과 적법한 절차에 의하지 아니하고는 처벌·보안 처분 또는 강제 노역을 받지 아니한다.

〈보기〉

ㄱ. ㉠은 헌법을 통해 실현하려는 최고의 목표이자 가치이다.
ㄴ. ㉡은 물질적인 안락함이 아니라 정신적인 안락함을 추구할 수 있는 권리이다.
ㄷ. 장애인 전용 주차 구역을 설정하여 비장애인의 주차를 금지하는 것은 제11조에 위반되지 않는다.
ㄹ. 제10조에 따르면 국가는 제12조에 규정된 기본적 인권을 제한할 수 없다.

① ㄱ, ㄴ   ② ㄱ, ㄷ   ③ ㄴ, ㄷ   ④ ㄴ, ㄹ   ⑤ ㄷ, ㄹ

[25507-0060]

4 다음 기본권 A~C에 대한 옳은 설명만을 〈보기〉에서 고른 것은? (단, A~C는 각각 사회권, 자유권, 참정권 중 하나임.)

- '근대 시민 혁명을 통해 확대되기를 바랐던 기본권인가?'에 대한 응답을 통해 A와 C를 구분할 수 없다.
- '국민 주권의 원리를 실현하기 위해 필수적으로 보장되어야 할 기본권인가?'에 대한 응답을 통해 B와 C를 구분할 수 있다.

〈보기〉

ㄱ. A는 국가의 개입이 적을수록 보장 가능성이 높다.
ㄴ. B의 보장을 위해서는 국가의 적극적인 사회 보장 제도 마련이 필요하다.
ㄷ. C는 외국인에게도 폭넓게 보장하는 것을 원칙으로 한다.
ㄹ. A는 B, C와 달리 국가가 공익을 위해 법률로 제한할 수 있다.

① ㄱ, ㄴ   ② ㄱ, ㄷ   ③ ㄴ, ㄷ   ④ ㄴ, ㄹ   ⑤ ㄷ, ㄹ

[25507-0061]

5 다음 자료에 대한 옳은 설명만을 〈보기〉에서 고른 것은?

> (가) 갑국 인구의 70%는 A 종교를 믿고, 30%는 B 종교를 믿는다. 그런데 갑국의 정치나 경제 등 모든 분야에서 B 종교를 믿는 사람들이 지배적인 위치에 있기 때문에 B 종교를 믿는 사람들은 A 종교를 믿는 사람들을 교육이나 취업 등에 있어서 차별을 하고 있다. 이에 A 종교를 믿는 사람들은 단체를 만들어 차별을 철폐하기 위한 운동을 하고 있다.
>
> (나) 을국은 장애인에 대한 차별이 심각하여 국제기구로부터 많은 비난을 받고 있다. 장애인은 기본적인 교육조차 받을 수 없을 뿐만 아니라 취업의 기회도 전혀 보장받지 못하고 있다. 장애인은 대부분 빈곤에 시달리고 있으며, 각종 폭력 등 범죄의 대상이 되기도 한다. 이에 장애인들은 단체를 만들어 을국 정부에 장애인 처우 개선법을 제정할 것을 요구하고 있다.

〈 보기 〉

ㄱ. (가)에는 인구 측면의 열세로 인해 사회적 소수자가 된 집단이 나타나 있다.
ㄴ. (나)에서 사회적 소수자 단체는 제도적 차원의 해결 방안을 마련해 줄 것을 요구하고 있다.
ㄷ. (가)와 달리 (나)에는 선천적 요인으로 인해 차별받는 사회적 소수자가 나타나 있다.
ㄹ. (가)와 (나) 모두에서 차별받는 집단은 사회적 소수자로서의 정체성을 가지고 있다.

① ㄱ, ㄴ   ② ㄱ, ㄷ   ③ ㄴ, ㄷ   ④ ㄴ, ㄹ   ⑤ ㄷ, ㄹ

[25507-0062]

6 다음 글을 바탕으로 타당한 의견을 제시한 학생만을 〈보기〉에서 고른 것은?

> 빈곤율이 높고, 정치적으로 혼란이 심각하며, 내전이나 자연재해 등 불안 요소가 많은 국가일수록 인권을 보장받지 못하는 아동의 비율이 높다는 연구 결과가 있다. 학교에 다녀야 할 아동이 강제 노동으로 내몰리고 심지어 손에 총을 쥐고 전투에 동원되는 국가들을 보면 대부분 빈곤하며 정치적 후진국에 해당한다. 한편, 아동 인권 침해의 문제가 심각한 국가들은 대부분 경제적으로 아동 지원에 투입할 재원이 부족하고, 오랜 독재 체제로 인해 부정부패가 팽배하여 스스로 문제를 해결하기 어려운 경우가 많다.

〈 보기 〉

갑: 경제 성장 정도와 아동 인권 보장 수준은 관련이 없어.
을: 아동 인권 보장을 위해서는 국제 사회의 협력이 필요해.
병: 정치적 민주화는 아동 인권 침해 문제의 해결에 기여할 수 있어.
정: 아동 인권 침해 문제는 아동의 노동권 보장을 통해 해결할 수 있어.

① 갑, 을   ② 갑, 병   ③ 을, 병   ④ 을, 정   ⑤ 병, 정

01 밑줄 친 ㉠~㉤에 대한 옳은 설명만을 〈보기〉에서 있는 대로 고른 것은?　　[25507-0063]

> • 카렐 바사크는 인권의 발달 과정을 3세대 인권론으로 정리하였다. 1세대 인권은 근대 시민 혁명기에 강조된 ㉠ 자유권 중심의 인권을, 2세대 인권은 ㉡ 사회권을, 3세대 인권은 평화에 관한 권리, 재난으로부터 안전할 권리, 지속 가능한 환경에 관한 권리 등의 ㉢ 연대권을 가리키는데, 카렐 바사크는 근대 이후 인권의 발달 역사가 1세대 인권에서 2세대 인권을 거쳐 3세대 인권이 강조되는 역사라고 하였다.
> • 세계 인권 선언
> 제1조 모든 인간은 태어날 때부터 자유로우며 그 존엄과 권리에 있어 동등하다. 인간은 천부적으로 이성과 양심을 부여받았으며 ㉣ 서로 형제애의 정신으로 행동하여야 한다.
> ㉤ 제2조 모든 사람은 인종, 피부색, 성, 언어, 종교, 정치적 또는 기타의 견해, 민족적 또는 사회적 출신, 재산, 출생 또는 기타의 신분과 같은 어떠한 종류의 차별이 없이, 이 선언에 규정된 모든 권리와 자유를 향유할 자격이 있다.

> 〈 보기 〉
> ㄱ. ㉠은 국가의 개입과 규제가 많을수록 더 많이 보장될 수 있다.
> ㄴ. ㉡은 산업 혁명 이후 심화된 빈부 격차나 빈곤 문제를 배경으로 등장하였다.
> ㄷ. ㉤을 통해 인권이 보편성을 지님을 알 수 있다.
> ㄹ. ㉢이 보장되려면 ㉣에 나타난 정신의 실천이 필요하다.

① ㄱ, ㄷ　　　　② ㄱ, ㄹ　　　　③ ㄴ, ㄹ
④ ㄱ, ㄴ, ㄷ　　　⑤ ㄴ, ㄷ, ㄹ

02 다음 대화에 대한 설명으로 옳은 것은? (단, A~D는 각각 사회권, 자유권, 청구권, 평등권 중 하나임.)　[25507-0064]

> 교사: A~D 중 본인이 담당한 기본권에 대해 설명해 보세요.
> 갑: 국가에 대해 일정한 행위를 요구하거나 침해당한 기본권의 구제를 요구할 수 있는 기본권입니다.
> 을: 국가의 간섭이 적을수록 많이 누릴 수 있는 기본권입니다.
> 병: 합리적 이유 없이 차별 대우를 하지 않을 것을 국가에 요구할 수 있는 기본권입니다.
> 정: 인간다운 생활과 실질적 평등의 실현을 국가에 요구할 수 있는 기본권입니다.
> 교사: 갑은 본인이 담당한 A에 대해, 을은 본인이 담당한 B에 대해 옳게 설명했어요. 그런데 병은 정이 담당한 C에 대해, 정은 병이 담당한 D에 대해 옳게 설명했군요.

① A는 B와 달리 다른 기본권 보장을 위한 수단이라는 특징을 갖는다.
② B는 D와 달리 근대 산업 사회에서 빈곤 문제가 심각해지면서 부각되기 시작하였다.
③ C는 A와 달리 영장 없이 체포할 수 없게 한 헌법 규정을 통해 보장하고자 하는 기본권이다.
④ D는 C와 달리 국가가 존재하지 않아도 보장될 수 있다.
⑤ 을, 병이 각각 담당한 기본권보다 정이 담당한 기본권이 역사적으로 나중에 등장하였다.

 **통합형 03** 다음 자료에 대한 설명으로 옳은 것은?　　　　　　　　　　　　　　　　　　　[25507-0065]

> **(가) 미국 독립 선언문**
> 　우리는 다음과 같은 사실을 자명한 진리로 받아들인다. 즉 모든 사람은 평등하게 창조되었고, 창조주는 몇 개의 양도할 수 없는 권리를 부여했으며, 그 권리 중에는 생명과 자유와 행복의 추구가 있다. 이 권리를 확보하기 위하여 인류는 정부를 조직했으며, 이 정부의 정당한 권력은 인민의 동의로부터 유래하고 있는 것이다. 또 어떤 형태의 정부이든 이러한 목적을 파괴할 때에는 언제든지 정부를 개혁하거나 폐지하여 인민의 안전과 행복을 가장 효과적으로 가져올 수 있는, 그러한 원칙에 기초를 두고 그러한 형태로 기구를 갖춘 새로운 정부를 조직하는 것은 인민의 권리인 것이다.
>
> **(나) 우리나라 「환경 정책 기본법」**
> 제1조 이 법은 환경 보전에 관한 국민의 권리·의무와 국가의 책무를 명확히 하고 환경 정책의 기본 사항을 정하여 환경 오염과 환경 훼손을 예방하고 환경을 적정하고 지속 가능하게 관리·보전함으로써 모든 국민이 건강하고 쾌적한 삶을 누릴 수 있도록 함을 목적으로 한다.

① (가)에는 국가가 없으면 인권도 없다는 사상이 담겨 있다.
② (가)는 국민 주권 사상을 바탕으로 직접 민주주의를 시행해야 함을 강조하였다.
③ (나)는 현대 사회에서 자유권보다 환경권의 보장이 중요함을 강조하고 있다.
④ (나)는 인간과 자연환경의 관계에 대한 인간 중심주의로 인해 발생한 문제를 해결하고자 한다.
⑤ (가)와 달리 (나)는 국가가 인권 보장을 위한 수단이라는 인식을 바탕으로 한다.

04 다음 자료에 대한 설명으로 옳은 것은?　　　　　　　　　　　　　　　　　　　[25507-0066]

> 　갑은 아파트 앞 공원에서 상의를 벗고 일광욕을 하다가 과다노출로 적발되어 범칙금 처분을 받았지만 범칙금을 내지 않았다. 이에 경찰이 법원에 즉결 심판을 청구하여 법원이 벌금 5만 원을 선고하였다. 갑은 이에 불복하여 정식 재판을 청구하였는데, 재판 진행 중 법원은 공공장소에서 과다하게 신체를 노출하여 다른 사람들에게 불쾌감을 주는 행위를 처벌하도록 한 「경범죄 처벌법」의 해당 규정이 너무 모호하여 사람에 따라 해석이 달라질 수 있는 까닭에 ㉠ 국민의 기본권 중 ▢ (가) ▢을/를 침해할 우려가 크다며 A에 ▢ (나) ▢을/를 제청하였다. A는 「경범죄 처벌법」의 해당 규정이 헌법이 규정하고 있는 ▢ (가) ▢을/를 침해한다고 결정하였다.

① A는 대법원이다.
② 국회는 ㉠을 제한하는 법률을 제정할 수 없다.
③ (가)에는 '평등권'이 들어갈 수 있다.
④ 최저 임금제는 (가)에 들어갈 기본권을 보장하기 위한 제도이다.
⑤ (나)에는 '위헌 법률 심판'이 들어갈 수 있다.

05 다음 자료에 대한 분석으로 옳은 것은?　　　　　　　　　　[25507-0067]

> 표는 1980년과 2020년의 갑국, 을국의 남성 근로자 월평균 임금과 성별 근로자 월평균 임금 격차 지수를 나타낸 것이다.
>
> | 구분 | 1980년 | | 2020년 | |
> |---|---|---|---|---|
> | | 갑국 | 을국 | 갑국 | 을국 |
> | 남성 근로자 월평균 임금(달러) | 1,000 | 2,000 | 2,500 | 4,000 |
> | 성별 근로자 월평균 임금 격차 지수 | 50 | 40 | 40 | 10 |
>
> * 성별 근로자 월평균 임금 격차 지수 = {(남성 근로자 월평균 임금 − 여성 근로자 월평균 임금)/남성 근로자 월평균 임금} × 100

① 1980년 을국에서 월평균 임금은 여성 근로자가 남성 근로자의 40% 수준에 해당한다.

② 2020년에 갑국의 여성 근로자 월평균 임금은 1,000달러이다.

③ 1980년 대비 2020년에 여성 근로자의 월평균 임금 상승률은 갑국과 을국이 같다.

④ 1980년에 비해 2020년에 갑국과 을국 모두 남성 근로자와 여성 근로자 간 월평균 임금액의 차이가 작다.

⑤ 1980년에 비해 2020년에 갑국과 달리 을국은 남성 근로자 월평균 임금에 대한 여성 근로자 월평균 임금의 비가 크다.

 통합형 **06** 다음 자료에 대한 설명으로 옳은 것은?　　　　　　　　　[25507-0068]

> 다음은 학생 갑이 인권의 발달 역사에서 중요한 의미를 갖는 인권 선언 (가), (나)의 주요 내용을 조사한 후, 이와 관련된 우리나라 헌법 규정을 찾아 제시한 것이다.
>
> | | |
> |---|---|
> | **(가)** | 제1조 인간은 권리에 있어서 자유롭고 평등하게 태어나 생존한다. ㉠ 사회적 차별은 공동 이익을 근거로 해서만 있을 수 있다.
제2조 모든 정치적 결사의 목적은 인간의 자연적이고 소멸할 수 없는 권리를 보전함에 있다. 그 권리란 자유, 재산, 안전 그리고 압제에의 저항이다. |
> | **(나)** | 제1조 모든 인간은 태어날 때부터 자유로우며 그 존엄과 권리에 있어 동등하다. … (후략) …
제22조 모든 사람에게는 사회의 일원으로서 사회 보장을 요구할 권리가 있으며, 국가적 노력과 국제적 협력을 통해, … (중략) … 자신의 인격의 자유로운 발전에 필수 불가결한 경제·사회·문화적 권리를 실현할 자격이 있다. |
>
> 헌법 제10조 모든 국민은 인간으로서의 존엄과 가치를 가지며, 행복을 추구할 권리를 가진다. 국가는 개인이 가지는 불가침의 기본적 인권을 확인하고 이를 보장할 의무를 진다.
> 헌법 ㉡ 제34조 ① 모든 국민은 인간다운 생활을 할 권리를 가진다.

① ㉠을 통해 (가)가 개인주의보다 공동체주의를 중시했음을 알 수 있다.

② ㉡에 나타나 있는 인권의 유형은 (나)에서 세계 최초로 명시하였다.

③ (가)는 우리나라 헌법과 달리 천부 인권 사상을 바탕으로 하였다.

④ (나)는 국제 연합(UN)에서 채택되었고 인권의 국제적 기준을 제시하였다.

⑤ 우리나라 헌법은 (가), (나)와 달리 국가에게 인권 보장의 의무가 있음을 규정하였다.

 07 다음 자료에 대한 설명으로 옳은 것은? (단, A국~D국은 각각 미국, 인도, 콩고민주공화국, 타이 [25507-0069] 중 하나임.)

그림은 2023년 A국~D국의 세계 기아 지수를 나타낸 것이다. 세계 기아 지수는 영양 결핍 인구 비율, 영유아 사망률, 저체중 및 발육 부진 아동 비율을 종합하여 산출한다.

① C국은 벼농사보다 유목 방식의 목축업이 발달하였다.
② A국은 B국과 달리 과거에 유럽 국가의 식민 지배를 받았다.
③ B국은 D국에 비해 국제적 연대를 통한 기아 문제 해결의 필요성이 낮다.
④ A국, B국은 D국에 비해 행복의 조건으로 경제 성장이 강조될 가능성이 높다.
⑤ A국~D국 중 세계 기아 지수가 위험 수준에 있는 국가는 아시아에 속해 있다.

통합형 08 다음 대화에 대한 옳은 설명만을 〈보기〉에서 있는 대로 고른 것은?　　　[25507-0070]

> 갑: 우리나라 헌법은 대통령의 법률안 거부권과 국회의 대통령에 대한 탄핵 소추권을 규정함으로써 기본권을 침해하는 법률이나 정책이 만들어지는 것을 방지하고 있어. 그럼에도 불구하고 기본권을 침해하는 법률이나 정책이 만들어진다면 우리는 불복종을 선택할 것이 아니라 합법적인 방법을 통해 문제를 해결하려고 노력해야 해.
> 을: 기본권을 침해하는 법률이나 정책에 시민이 불복종하는 것은 정당해. 기본권 보장이라는 국민 다수의 이익을 목적으로 하기 때문이지.
> 병: ㉠ 헌법 재판소를 통한 기본권 구제 제도를 활용하는 등 합법적으로 활용할 수 있는 제도가 있는데, 그런 제도들을 활용하지 않고 무조건 불복종을 선택하는 것은 바람직하지 않아.
> 정: 불복종에 대한 책임으로 형사 처벌 등의 불이익을 감수한다면 시민불복종은 정당화될 수 있다고 생각해.

〈 보기 〉

ㄱ. 갑은 권력 분립 제도가 기본권 보장에 기여한다고 보았다.
ㄴ. 을은 비폭력성을 갖춘 시민불복종은 정당성을 갖는다고 보았다.
ㄷ. 시민불복종의 요건으로 병은 양심성을, 정은 최후 수단성을 강조하였다.
ㄹ. ㉠의 사례로 헌법 소원 심판 제도나 위헌 법률 심판 제도를 들 수 있다.

① ㄱ, ㄷ　　　　　② ㄱ, ㄹ　　　　　③ ㄴ, ㄹ
④ ㄱ, ㄴ, ㄷ　　　　⑤ ㄴ, ㄷ, ㄹ

1 정의의 의미와 실질적 기준

1. 정의의 의미와 필요성

의미	• 개인 간의 올바른 도리 또는 사회를 구성하고 유지하는 공정한 도리 • 사회적 대우나 보상, 처벌 등에 있어서 각자가 마땅히 받아야 할 몫을 공정하게 받는 것
필요성	• 모든 사회 구성원들의 인간다운 삶을 보장 • 사회 구성원들이 서로 신뢰하고 협력할 수 있게 해 줌으로써 사회 통합을 실현
종류	• 분배적 정의: 한정된 사회적 자원이나 가치를 각자의 몫에 따라 공정하게 나누는 것 • 교정적 정의: 잘못에 대한 처벌을 통해 부정의한 상태를 정의로운 상태로 되돌리는 것

■ 교정적 정의에 대한 칸트와 베카리아의 입장

칸트는 응보주의 관점에서 형벌의 본질은 범죄 행위에 대한 응당한 보복이라고 주장하며 살인자에 대한 사형에 찬성하였다. 반면, 베카리아는 공리주의 관점에서 형벌은 사회적 이익 증진을 목적으로 해야 하는데, 사형보다 종신 노역형이 범죄 예방 효과가 큰 만큼 사형이 아닌 종신 노역형이 바람직하다고 주장하였다.

2. 정의의 실질적 기준 (분배적 정의의 실질적 기준)

기준	장점	비판
능력	능력이 뛰어난 사람에게 더 많은 몫을 분배함으로써 잠재력을 계발할 동기를 제공하여 사회 발전에 이바지함	• 능력을 평가하는 객관적이고 정확한 기준 마련이 어려움 • 능력 획득에 있어 선천적 자질 및 사회적 환경 등 우연적 요소가 개입될 여지가 큼
업적	• 각자가 성취한 업적과 기여도에 따라 분배함으로써 열심히 노력하려는 성취동기가 높아져 생산성이 향상됨 • 업적에 대한 객관적인 평가와 측정이 용이함	• 서로 다른 종류의 업적에 대해서는 양과 질을 비교하기가 쉽지 않음 • 업적을 쌓기 어려운 사회적 약자에 대한 배려가 부족함 • 업적을 쌓기 위한 경쟁이 지나치게 과열될 경우 사회적 갈등이 생겨날 우려가 있음
필요	인간의 기본적 욕구를 충족시켜 줌으로써 사회적 약자를 보호하고 모든 사람의 인간다운 삶을 보장함	• 재화는 한정되어 있으므로 모든 사람의 필요를 충족시켜 주지는 못함 • 열심히 노력하려는 동기를 약화시켜 경제적 효율성이 저하될 수 있음

■ 정의의 필요성

사상 체계의 제덕목을 진리라고 한다면 정의는 사회 제도의 제덕목이다. 이론이 아무리 정교하고 간결할지라도 그것이 진리가 아니라면 배척되거나 수정되어야 하듯이, 법이나 제도가 아무리 효율적이고 정연하다 할지라도 그것이 정당하지 못하면 개선되거나 폐기되어야 한다.

— 롤스, 『정의론』 —

롤스는 사회 제도의 제1덕목을 정의라고 밝히며, 법이나 제도가 정의로울 때 개인의 자유와 권리가 보장되고 사회 구성원들이 서로 협력할 수 있다고 강조하였다.

자료 플러스 **아리스토텔레스의 정의**

• 분배에 있어서 동등한 사람들이 동등하지 않은 몫을 받거나 동등하지 않은 사람들이 동등한 몫을 받게 되면 바로 거기서 싸움과 불평이 생긴다.
• 상호 교섭에서 정의로운 것은 어떤 종류의 동등함이고 정의롭지 못한 것은 어떤 종류의 동등하지 않음이다.

— 아리스토텔레스, 『니코마코스 윤리학』 —

아리스토텔레스는 정의를 일반적 정의와 특수적 정의로 구분하고 특수적 정의를 다시 분배적 정의, 교정적 정의로 구분하였다. 일반적 정의는 공익을 지향하는 법을 준수하는 것을 의미하고, 분배적 정의는 각자의 가치에 따라 사회적 재화를 분배하는 것을 의미한다. 교정적 정의는 타인에게 해를 끼쳤으면 그만큼 보상해 주고 이익을 주었으면 그만큼 돌려받아 서로 간에 동등하지 않음을 바로잡는 것이다. 한편, 아리스토텔레스는 같은 가치를 지닌 물건의 교환과 같이 교환의 결과를 공정하게 하는 것은 교환적 정의에 해당한다고 설명하였다.

2 다양한 정의관의 특징과 적용

1. 자유주의적 정의관과 공동체주의적 정의관

(1) 자유주의적 정의관

① 개인이 국가와 사회에 우선하며, 개인선과 공동선이 상충할 때 개인선의 실현을 정의로운 것으로 봄

② 개인은 독립적·자율적인 존재로서 자신의 삶의 방식을 스스로 결정할 자유와 권리를 지님

③ 국가와 같은 공동체는 개인의 자유와 권리를 보호하고 증진하기 위한 수단임

(2) 공동체주의적 정의관

① 개인은 자신이 속한 공동체의 역사와 전통 속에서 정체성을 형성하는 존재임

② 공동체의 덕목에 기반한 도덕적 책무 수행을 강조하며, 개인선과 공동선이 상충할 때 공동선의 실현을 정의로운 것으로 봄

③ 공동체는 단순한 수단이 아니라 개인이 좋은 삶을 살아가는 데 있어 중요한 기반임

2. 자유주의적 정의관과 공동체주의적 정의관의 적용

(1) 개인과 공동체의 관계: 개인선과 공동선은 갈등을 빚을 수 있지만 모순 관계는 아님

(2) 권리와 의무, 사익과 공익의 조화: 권리와 의무, 사익과 공익이 상호 보완적 관계에 있음을 인식하고 서로 조화를 이룰 수 있도록 노력하는 것이 바람직함

■ **롤스의 무지의 베일을 쓴 원초적 입장**

롤스는 자신의 사회적 지위, 타고난 소질과 능력, 심리적 특성이나 가치관 등을 모르는 가상의 상황, 즉 무지의 베일을 쓴 원초적 입장에서 정의의 원칙에 합의할 때 공정한 정의의 원칙이 채택될 수 있다고 보았다.

■ **롤스 정의론에 있어서의 축차적 서열**

롤스는 정의의 두 원칙에서 제1원칙이 제2원칙에 우선한다고 밝혔다. 즉, 평등한 자유의 원칙을 위반하는 것이 보다 큰 사회적·경제적 이익을 가져다준다 할지라도 그러한 이익을 목적으로 평등한 자유의 원칙을 위반하는 것은 정당화될 수 없다고 주장하였다.

■ **노직의 최소 국가**

노직은 정의를 실현하기 위해서는 국가가 개인의 소유 권리를 침해해서는 안 되며, 국가는 개인의 소유 권리를 보호하기 위한 최소한의 역할만을 수행해야 한다고 주장하였다.

자료 플러스 1 **자유주의적 정의관**

- 모든 사람은 전체 사회의 복지라는 명목으로도 유린될 수 없는 정의에 입각한 불가침성을 갖는다. 그러므로 정의는 타인들이 갖게 될 보다 큰 선을 위하여 소수의 자유를 뺏는 것이 정당화될 수 없다고 본다.   – 롤스, 『정의론』 –
- 첫째, 모든 사람은 다른 사람들의 유사한 자유와 양립할 수 있는 기본적 자유를 최대한 누릴 수 있는 평등한 권리를 가져야 한다. 둘째, 사회적·경제적 불평등은 다음과 같은 두 조건을 만족시키도록, 즉 모든 사람들의 이익이 되리라는 것이 합당하게 기대되고, 모든 사람들에게 개방된 직위와 직책이 결부되게끔 편성되어야 한다.   – 롤스, 『정의론』 –
- 취득에서의 정의의 원리에 따라 소유물을 취득한 자는 그 소유물에 대한 소유 권리가 있다. 이전(移轉)에서의 정의의 원리에 따라 한 소유물을, 이 소유물에 대한 소유 권리가 있는 자로부터 취득한 자는 그 소유물에 대한 소유 권리가 있다. 어느 누구도 이 원리의 적용에 의하지 않고서는 그 소유물에 대한 소유 권리가 없다.   – 노직, 『아나키에서 유토피아로』 –

롤스는 모든 사람이 기본적 자유를 최대한 누릴 수 있는 동등한 권리를 가지며, 사회적 약자를 포함한 사회 구성원 모두에게 이익이 되도록 제도가 편성된 사회가 정의로운 사회라고 주장하였다. 노직은 개인의 자유와 권리를 보호하고 존중하는 사회, 특히 개인의 소유 권리가 최대한 보장되는 사회가 정의로운 사회라고 주장하였다.

자료 플러스 2 **공동체주의적 정의관**

나는 누군가의 아들 또는 딸이고, 이 도시 또는 저 도시의 시민이다. 그렇기 때문에 나에게 좋은 것은 이러한 역할을 담당하는 누구에게나 좋아야 한다. 나는 나의 가족, 나의 도시, 나의 민족으로부터 다양한 부채와 유산, 정당한 기대와 책무들을 물려받는다. 그것들은 나의 삶에 주어진 사실과 나의 도덕적 출발점을 구성한다.   – 매킨타이어, 『덕의 상실』 –

매킨타이어는 개인의 정체성은 공동체의 역사와 전통 속에서 형성되며, 공동체의 덕목을 바탕으로 사회적 역할을 다하고 도덕적 책무를 수행해야 한다고 주장하였다.

3 다양한 불평등 현상과 정의로운 사회 실현

1. 다양한 불평등 현상

(1) 사회 계층의 양극화

① 사회 계층 중 중간 계층의 비중이 줄어들고 상층과 하층의 비중이 상대적으로 늘어나며 양극단으로 쏠리는 현상을 말함

② 경제적 격차가 주요 원인이 되어 나타나며 지속될 경우 계층 간 위화감 조성, 계층 간 갈등이 심화될 우려가 있음

(2) 공간 불평등

① 사회적 자원이 불평등하게 분배되어 지역 간에 사회적·경제적·문화적으로 격차가 발생하는 현상으로, 성장 거점 개발이 주요 원인으로 작용함

　⑩ 수도권과 비수도권의 격차, 도시와 농촌의 격차, 도시 내 신도심과 구도심의 격차 등

② 소득은 물론 교육, 문화, 의료 등 생활 전반에서의 불평등으로 이어질 뿐만 아니라 지역 간 갈등의 원인으로 작용하여 사회 통합을 저해할 우려가 있음

(3) 사회적 약자에 대한 차별

① 사회적 약자란 신체적·정치적·사회적·경제적·문화적으로 소외되고 차별받아 인간다운 삶을 영위하는 데 어려움을 겪는 사람들을 의미함

② 사회적 약자에 대한 선입견과 편견, 차별을 용인하는 사회적 환경 등이 원인이 되어 발생함

2. 정의로운 사회를 실현하기 위한 다양한 제도적 노력

(1) 사회 복지 제도

사회 보험	• 질병, 실업, 사고 등 사회 구성원에게 발생할 수 있는 위험에 대비하기 위해 개인, 기업, 정부가 비용을 분담하여 국민의 건강과 소득을 보장하는 제도 • 국민연금, 국민 건강 보험, 고용 보험, 산업 재해 보상 보험 등이 있음
공공 부조	• 국가나 지방 자치 단체가 생활 유지 능력이 없거나 생활이 어려운 사람들의 최저 생활 및 자립을 지원하는 제도로, 국민이 낸 세금을 재원으로 운영됨 • 국민 기초 생활 보장 제도, 기초 연금, 의료 급여 등이 있음
사회 서비스	• 도움이 필요한 모든 국민에게 상담, 재활, 돌봄, 정보 제공, 복지 시설 이용, 사회 참여 지원 등을 제공하는 제도로, 비금전적인 지원을 원칙으로 함 • 노인 돌봄 서비스, 장애인 활동 지원, 가사·간병 서비스 등이 있음

(2) 지역 격차 완화 정책

① 그동안 소외되어 왔던 지역을 중심으로 개발을 추진함으로써 공간 불평등을 해소하고 국토의 균형 발전을 추진하는 정책

　⑩ 공공 기관 지방 이전, 지방 이전 기업에 대한 세금 감면 및 규제 완화 등

② 지역 브랜드 만들기, 장소 마케팅 등 지역의 특색을 살린 지역 발전 전략의 수립 및 실천

(3) 적극적 평등 실현 조치

① 오랫동안 차별을 받아 온 사회적 약자에게 경제, 고용, 교육 등의 분야에서 직·간접적인 혜택을 줌으로써 실질적인 기회의 평등을 보장하고 불평등을 완화하려는 조치

　⑩ 장애인 의무 고용 제도 등

② 혜택을 받지 못하는 다른 계층에 대한 역차별의 문제가 발생할 수도 있음

■ **성장 거점 개발**
성장 잠재력이 크고 경제 활동 기반이 잘 구축된 거점 지역을 중점적으로 육성하여 그 효과가 주변 지역으로 확산, 파급되도록 하는 개발 방식을 말한다.

■ **역차별**
부당하게 차별을 받아 온 사람들에게 혜택을 주어 차별을 시정하려는 시도가 오히려 혜택을 받지 못하는 사람들에게 차별로 작용하는 현상을 말한다.

예시 문항 9

(가)의 갑, 을 사상가들의 입장을 (나) 그림으로 탐구하고자 할 때, A~C에 들어갈 적절한 질문만을 〈보기〉에서 고른 것은?

(가)	갑: 한 사람의 소유물은 취득, 이전, 교정의 원리에 의해 권리를 부여받았으면 정당하다. 각 개인의 소유물이 정당하다면 소유물의 전체 집합, 즉 분배도 정당하다. 을: 공정으로서의 정의는 공정한 합의의 관념을 기본 구조 자체로 확장시킨다. 무지의 베일이라 부른 특징을 갖는 원초적 입장이 이러한 관점을 구체화한다.

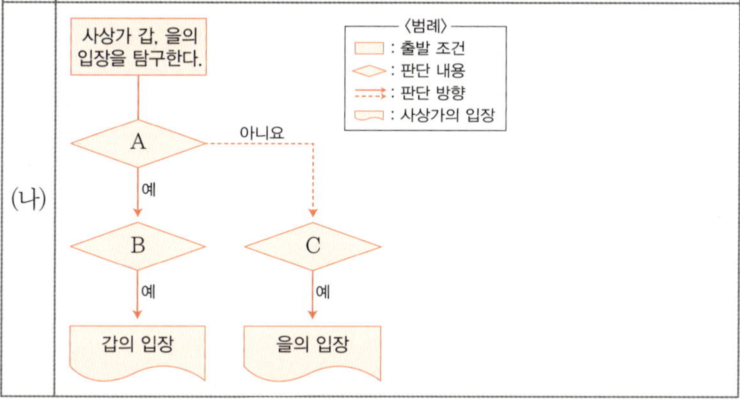

〈 보기 〉

ㄱ. A: 정의로운 사회에서 경제적 불평등이 허용될 수 있는가?
ㄴ. B: 각 개인은 자신의 정당한 소유물에 대한 배타적 사용권을 가지는가?
ㄷ. B: 자신이 직접 노동하지 않더라도 정당하게 소유물을 얻는 것이 허용될 수 있는가?
ㄹ. C: 사회적 약자의 경제적 이익을 증진하는 것을 최우선의 정의 원칙으로 삼아야 하는가?

① ㄱ, ㄴ ② ㄱ, ㄷ ③ ㄴ, ㄷ ④ ㄴ, ㄹ ⑤ ㄷ, ㄹ

문제 분석

제시문의 갑은 노직, 을은 롤스이다. 노직은 취득, 이전, 교정의 과정에서 개인의 소유 권리가 최대한 보장되는 사회를 정의로운 사회로 보았다. 롤스는 자신의 사회적 지위, 선천적인 소질과 능력, 심리적 특성이나 가치관 등을 모르는 가상의 상황, 즉 무지의 베일을 쓴 원초적 입장에서 합의한 정의의 원칙에 따라 규제되는 사회를 정의로운 사회로 보았다.

선택지 분석

ㄱ. 노직은 정의로운 사회, 즉 취득, 이전, 교정의 원리에 의해 개인의 소유 권리가 보호되는 사회에서 경제적 불평등은 얼마든지 허용될 수 있다고 보았다. 롤스는 차등의 원칙과 공정한 기회 균등의 원칙이 지켜지는 정의로운 사회에서 경제적 불평등은 정당화될 수 있다고 보았다. 따라서 노직과 롤스 모두 긍정의 대답을 할 질문이다.
ㄴ. 노직은 각 개인은 취득, 이전 과정이 정의로운 소유물에 대해 절대적·배타적 소유 권리를 가진다고 주장하였다. 따라서 노직이 긍정의 대답을 할 질문이다.
ㄷ. 노직은 자신이 직접 노동하지 않더라도 정당한 이전의 과정을 통해 재화에 대한 정당한 소유 권리를 가질 수 있다고 보았다. 따라서 노직이 긍정의 대답을 할 질문이다.
ㄹ. 롤스는 정의의 원칙 중 평등한 자유의 원칙이 차등의 원칙보다 우선되어야 한다고 보았다. 따라서 롤스가 부정의 대답을 할 질문이다.

© 평가원

(가)의 갑, 을 사상가들의 입장을 (나) 그림으로 탐구하고자 할 때, A~C에 들어갈 적절한 질문만을 〈보기〉에서 고른 것은?

(가)	갑: 정의의 원칙에 따라 모든 사람은 평등한 기본적 자유를 최대한 누려야 한다. 사회적·경제적 불평등의 계기가 되는 직위와 직책은 모든 사람들에게 열려 있어야 하며, 사회적·경제적 불평등은 가장 불리한 처지에 있는 최소 수혜자에게 최대의 이익이 되도록 편성해야 한다. 을: 어떤 사람이 다른 사람에게 피해를 주지 않고 정당하게 소유물을 취득하거나 양도받았다면 그 사람은 그 소유물에 대한 소유 권리를 갖는다. 그런데 분배적 정의에 관한 정형적 원리들은 재분배를 필연적으로 요청한다. 소유 권리론의 입장에서 볼 때 재분배는 개인들의 권리를 침해할 수 있으므로 심각한 문제이다.
(나)	순서도

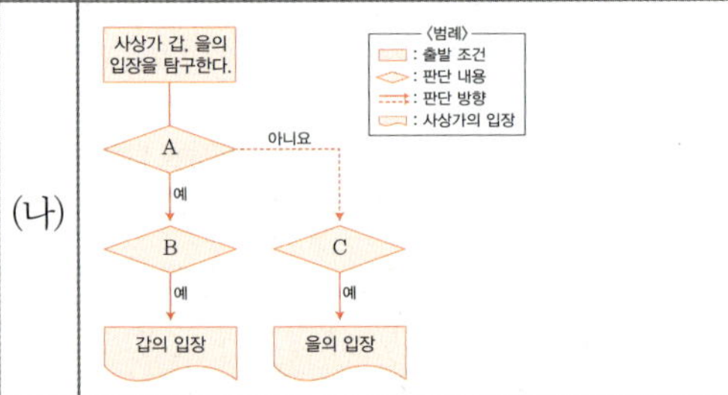

〈 보기 〉

ㄱ. A: 정의로운 사회에서는 재화의 공정한 분배를 위한 국가의 역할이 인정될 수 있는가?
ㄴ. A: 기본적 자유의 불평등한 분배는 사회적 약자의 혜택을 최대화할 때에만 공정한 것으로 간주되는가?
ㄷ. B: 정의의 원칙은 자신의 사회적 지위 및 타고난 재능을 모르는 상황에서 합의되어야 하는가?
ㄹ. C: 재화의 취득 과정에서 기여한 것이 없는 사람에게 재화에 대한 정당한 소유권이 부여될 수 있는가?

① ㄱ, ㄴ　　② ㄱ, ㄷ　　③ ㄴ, ㄷ　　④ ㄴ, ㄹ　　⑤ ㄷ, ㄹ

윤리 영역에 해당하는 내용으로 분배 정의에 대한 롤스와 노직의 사상적 입장에 대한 이해를 바탕으로 순서도에 들어갈 적절한 질문을 고르는 문항이다.

문제 분석

개인과 공동체 간의 관계를 기준으로 다양한 정의의 관점과 기준이 있음을 이해하고 이를 바탕으로 분배 정의 문제와 관련하여 각 정의관의 입장에서 어떤 가치 판단을 내릴 수 있을지를 판단하는 문항이다. 제시된 자료를 통해 갑은 롤스, 을은 노직임을 파악하고, 두 사상가의 분배 정의 이론에 근거하여 분배 정의에 관련된 다양한 탐구 질문에 대해 두 사상가가 어떤 입장을 취할 수 있을지를 비교하여 이해할 수 있어야 한다.

선택지 분석

ㄱ. 롤스는 사회적 약자에게 최대의 이익이 되도록 하는 분배 원칙인 차등의 원칙 실현을 위한 국가의 역할을 인정하였다. 노직은 취득과 양도 과정에서 개인의 소유 권리가 부당하게 침해당한 것을 바로잡기 위한 교정 과정에서의 국가의 역할을 인정하였다. 따라서 롤스와 노직 모두 긍정의 대답을 할 질문이다.
ㄴ. 롤스는 평등한 자유의 원칙이 차등의 원칙에 우선해야 한다고 보았다. 노직은 다른 사람의 이익을 위한다는 명분으로 개인의 정당한 권리가 침해당해서는 안 된다고 보았다. 따라서 롤스와 노직 모두 부정의 대답을 할 질문이다.
ㄷ. 롤스는 자신의 사회적 지위, 타고난 소질과 능력, 심리적 특성이나 가치관 등을 모르는 가상의 상황, 즉 무지의 베일을 쓴 원초적 입장에서 정의의 원칙에 대한 공정한 합의에 이를 수 있다고 보았다. 따라서 롤스가 긍정의 대답을 할 질문이다.
ㄹ. 노직은 개인이 자신의 정당한 소유물을 어떻게 사용할 것인가는 전적으로 개인의 선택에 달려 있다고 보았다. 이에 따라 재화의 취득 과정에 기여한 것이 없는 사람에게도 재화에 대한 자신의 소유권을 이전해 줄 수 있다. 따라서 노직이 긍정의 대답을 할 질문이다.

정답 ⑤

예시 문항 10

다음 자료에 대한 옳은 설명만을 〈보기〉에서 있는 대로 고른 것은?

우리나라 사회 복지 제도 중 ㉠ 의료 급여 제도는 생활이 어려운 사람에게 의료 급여를 함으로써 보건과 사회 복지의 증진을 목표로 하는 제도이다. 2022년에는 전국 인구의 약 3%가 이 제도의 수급권자였다. 시도별 의료 급여 수급권자 비율이 가장 낮은 지역은 1.2%, 가장 높은 지역은 4.6%로 차이가 있다. 수급권자 비율이 전국 평균보다 낮은 시도는 서울, 경기, 울산, 충남, 세종이다.

〈시도별 의료 급여 수급권자 비율(총인구 대비)〉

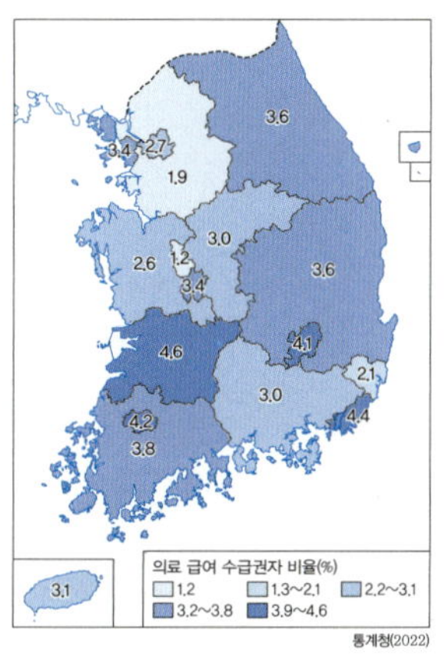

〈 보기 〉

ㄱ. 광역시는 모두 ㉠의 수급권자 비율이 4.0% 이상이다.
ㄴ. ㉠의 수급권자 비율이 가장 낮은 지역은 충청권에 위치한다.
ㄷ. ㉠은 인간의 기본적 필요 충족을 분배적 정의의 기준으로 적용하였다.
ㄹ. ㉠은 공공 부조에 해당하며, 정부 재정으로 비용을 전액 충당하는 것을 원칙으로 한다.

① ㄱ, ㄴ ② ㄱ, ㄷ ③ ㄷ, ㄹ
④ ㄱ, ㄴ, ㄹ ⑤ ㄴ, ㄷ, ㄹ

문제 분석

제시된 자료는 사회 복지 제도 중 의료 급여 제도의 의미와 시도별 의료 급여 수급권자 비율에 대한 분석 내용을 제시하고, 시도별 의료 급여 수급권자 비율(총인구 대비)을 단계 구분도로 나타낸 것이다. 우리나라 시도는 총 17개의 광역 자치 단체로 구성되어 있으며, 시는 서울특별시, 부산광역시, 대구광역시, 인천광역시, 대전광역시, 광주광역시, 울산광역시, 세종특별자치시가 있고, 도는 경기도, 강원특별자치도, 충청북도, 충청남도, 전북특별자치도, 전라남도, 경상북도, 경상남도, 제주특별자치도가 있다.

선택지 분석

ㄱ. 광역시의 의료 급여 제도 수급권자 비율(%)은 4.4(부산), 4.1(대구), 3.4(인천), 3.4(대전), 4.2(광주), 2.1(울산)로, 인천, 대전, 울산은 수급권자 비율이 4.0% 미만이다.
ㄴ. 의료 급여 제도의 수급권자 비율이 가장 낮은 지역은 세종(1.2%)으로 세종은 충청권에 위치한다.
ㄷ. 의료 급여 제도는 인간의 기본적 필요 충족을 분배적 정의의 기준으로 적용하였다. 분배적 정의는 각자가 자신이 받아야 할 몫을 공정하게 받도록 하는 것으로, 사회적 자원을 공정하게 분배하는 원칙과 관련 있다.
ㄹ. 의료 급여 제도는 사회 복지 제도 중 공공 부조에 해당한다. 공공 부조는 생활 유지 능력이 없거나 생활이 어려운 국민의 최저 생활을 보장하고 자립을 지원하는 제도로, 정부 재정으로 비용을 전액 충당하는 것을 원칙으로 한다.

정답 ⑤

다음 자료에 대한 옳은 설명만을 〈보기〉에서 고른 것은?

> 사회 복지 제도는 질병, 실업, 빈곤, 재해 등 누구나 경험할 수 있는 사회적 위험에서 벗어나 인간다운 삶을 영위할 수 있도록 지원하는 제도로, 우리나라는 ㉠ 사회 보험, 공공 부조, 사회 서비스 등을 운영하고 있다. 사회 복지 제도 중 ㉡ 국민연금은 초고령 사회로 진입한 우리나라에서 노년층을 위한 사회 안전망으로 중요한 기능을 하고 있다. 그러나 전국의 국민연금 1인당 월평균 수급 금액은 2022년 기준 약 41만 3천 원으로 노후 생활을 대비하기에 많이 부족한 실정이며, 지역별 국민연금 수급 금액의 불균형도 심각한 것으로 나타났다.
>
> 〈시·도별 국민연금 1인당 월평균 수급 금액〉
>
> 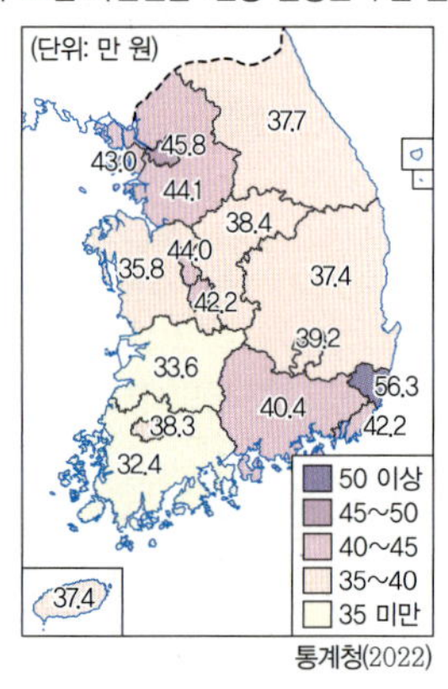
>

─〈 보기 〉─

ㄱ. 광역시는 모두 ㉡의 1인당 월평균 수급 금액이 전국 평균보다 많다.
ㄴ. ㉡은 인간의 기본적 필요 충족을 교정적 정의의 기준으로 적용하였다.
ㄷ. ㉡의 1인당 월평균 수급 금액이 가장 많은 시·도는 영남권에 위치한다.
ㄹ. ㉡은 ㉠ 중 사회 보험에 해당한다.

① ㄱ, ㄴ　　② ㄱ, ㄷ　　③ ㄴ, ㄷ　　④ ㄴ, ㄹ　　⑤ ㄷ, ㄹ

문제 분석

제시된 자료는 사회 복지 제도의 의미와 유형에 대한 내용을 제시하고, 시·도별 국민연금 1인당 월평균 수급 금액을 단계 구분도로 나타낸 것이다. 사회 복지 제도 중 사회 보험에 해당하는 국민연금은 납부 금액과 기간에 따라 수급 금액이 차등적으로 지급되며, 2022년 기준 특별시, 광역시, 특별자치시가 도, 특별자치도보다 대체로 1인당 월평균 수급 금액이 많은 것으로 나타난다.

선택지 분석

ㄱ. 광역시의 국민연금 1인당 월평균 수급 금액(만 원)은 42.2(부산), 39.2(대구), 43.0(인천), 42.2(대전), 38.3(광주), 56.3(울산)으로, 대구, 광주는 전국 평균인 41.3만 원보다 적다.

ㄴ. 인간의 기본적 필요 충족을 중시하는 사회 복지 제도는 공공 부조이며, 이는 분배적 정의의 기준과 관련된 것이다.

ㄷ. 국민연금 1인당 월평균 수급 금액이 가장 많은 시도는 울산으로, 울산은 영남권에 위치한다.

ㄹ. 국민연금은 사회 복지 제도의 사회 보험, 공공 부조, 사회 서비스 중 사회 보험에 해당한다. 사회 보험은 개인, 정부, 기업이 복지 비용을 분담하여 공동체 구성원의 사회적 위험에 대비하는 제도로, 국민연금, 국민 건강 보험, 고용 보험, 산업 재해 보상 보험, 노인 장기 요양 보험이 이에 해당한다.

⑤ 정답

탐구1 롤스와 노직의 분배 정의 이론

> • 원초적 입장에서 사람들은 다음과 같은 상이한 두 원칙을 채택한다. 즉, 첫 번째 원칙은 기본적인 권리와 의무의 할당에 있어 평등을 요구하는 것이며, 반면에 두 번째 것은 사회적·경제적 불평등, 예를 들면 재산과 권력의 불평등을 허용하되 그것이 모든 사람, 그중에서도 특히 사회의 최소 수혜자에게 그 불평등을 보상할 만한 이득을 가져오는 경우에만 정당한 것임을 내세우는 것이다. 다른 사람의 번영을 위해서 일부가 손해를 입는다는 것은 편리할지는 모르나 정의롭지는 않다. 그러나 불운한 사람의 처지가 그로 인해 더 향상된다면 소수자가 더 큰 이익을 취한다고 해도 부정의한 것은 아니다.
>
> — 롤스, 『정의론』 —
>
> • 분배에 있어 정의의 소유 권리론은 역사적이다. 분배가 정의로운가는 이 분배가 어떻게 이루어졌는가에 달려 있다. 정의의 역사적 원리에 따르면 과거의 상황이나 사람들의 과거 행위는 사물에 대한 차별적인 소유 권리나 응분의 자격을 창조한다.
>
> — 노직, 『아나키에서 유토피아로』 —

롤스는 자연적·사회적 우연성이 배제된 무지의 베일을 쓴 원초적 입장에 놓인 사람들은 자신이 가장 불리한 상황에 처할 가능성을 염두에 두고 모든 사람에게 공정한 정의의 원칙에 합의하게 된다고 보았다. 그 결과 사람들은 기본적 자유를 평등하게 가지고, 사회적·경제적 불평등은 최소 수혜자에게 최대의 이익을 보장하며, 불평등의 계기가 되는 직위와 직책이 모든 사람에게 개방되는 분배 원칙을 채택하게 된다고 주장하였다. 노직은 취득에 있어서 정의의 원리에 따라 소유물을 취득한 사람은 그 소유물에 대한 권리를 가지며, 이전에 있어서 정의의 원리에 따라 소유물에 대한 권리가 있는 사람으로부터 그 소유물을 취득한 사람은 그 소유물에 대한 소유 권리를 가지게 된다고 주장하였다.

탐구2 분배적 정의의 실질적 기준 적용 사례

(가) 흥행 보수	(나) 간호사 채용 공고	(다) 재난적 의료비 지원 사업
영화나 연극에 참여하는 배우나 제작진이 출연료 외에 작품의 흥행 결과에 따라 추가적인 보상을 받는 것으로 작품의 상업적 성공에 따라 참여자들에게 더 많은 수익을 분배하는 방식	1. 모집 분야: 간호사 2. 자격 요건 • 간호학과 졸업자로 간호사 면허증을 소지한 자 • 병원 임상 경력 1년 이상 또는 신규 간호사로서 병원 실습 경험 보유자 • 심폐소생술 자격증 소지자 우대	• 소득 수준에 비해 과도한 의료비 지출로 경제적 어려움을 겪는 국민들에게 의료비의 일부를 지원하는 제도 • 국민 누구나 보편적 의료 보장을 누릴 수 있도록 의료 안전망을 확충하는 취지에서 시행

분배적 정의는 개인 또는 집단 사이에 사회적·경제적 자원을 분배하는 데 있어서의 공정함을 의미하며, 업적, 능력, 필요는 분배적 정의를 실현하는 데 사용되는 대표적인 실질적 기준이다. 제시된 사례 중 흥행 보수는 업적, 간호사 채용 공고는 능력, 재난적 의료비 지원 사업은 필요에 따른 분배 기준이 적용되었다.

탐구 3 능력에 따른 신입생 선발의 공정성 문제

> #### 능력에 근거한 입시 제도는 공정한가?
>
> 미국에서 시행되는 SAT와 같은 능력 중심의 입시 제도는 부모의 경제적 배경과 무관하게 지원자의 역량과 실력만으로 대학 입학이 결정된다는 점에서 많은 사람들이 공정하다고 생각한다. 이 제도에 따르면 경제적으로 가장 열악한 환경에서 자란 학생이라도 자신의 지적 잠재력을 인정받을 수 있다. 능력을 기반으로 대학에 입학한 학생들은 자신의 성공을 개인의 노력과 성취의 결과로 여겨 자부심을 느낄 것이다. 하지만 현실적으로는 부유한 가정 출신 학생들이 입학 시험에서 높은 점수를 받을 가능성이 더 크다. 일부 부유한 부모들은 입시 준비를 위해 사설 컨설턴트를 고용하고, 자녀에게 음악이나 무용 등의 개인 레슨을 받게 하며, 펜싱, 골프, 스쿼시와 같은 엘리트 스포츠를 배우도록 지원한다. 이로 인해 학생들은 대학 운동부 입학 요건을 충족하기 쉬워진다. 또한, 자선 활동을 강조하기 위해 해외 봉사 활동의 기회를 마련해 주기도 한다. 이러한 점들을 고려했을 때, 능력 중심의 입시 제도에서 과연 오직 개인의 능력과 실력만으로 대학 입학이 이루어졌다고 할 수 있을까? 그리고 이런 제도가 정말 공정한 것일까?
>
> – 샌델, 『공정하다는 착각』 –

SAT는 미국 대학교에 지원하려는 학생들이 치르는 대학 입학 자격 시험으로, 미국에서는 SAT 점수와 함께 과외 활동, 에세이 등의 다양한 영역을 종합적으로 평가하여 대학 입학생을 선발한다. 많은 사람들이 SAT와 같은 입시 제도가 지원자의 능력과 실력을 공정하게 측정하는 방식이라고 믿지만, 샌델은 개인의 능력이 노력뿐만 아니라 선천적 재능이나 부모의 사회적·경제적 지위 등의 우연적인 요소가 개입되어 형성될 수 있다고 주장하고 있다.

탐구 4 정규직과 비정규직의 임금 격차

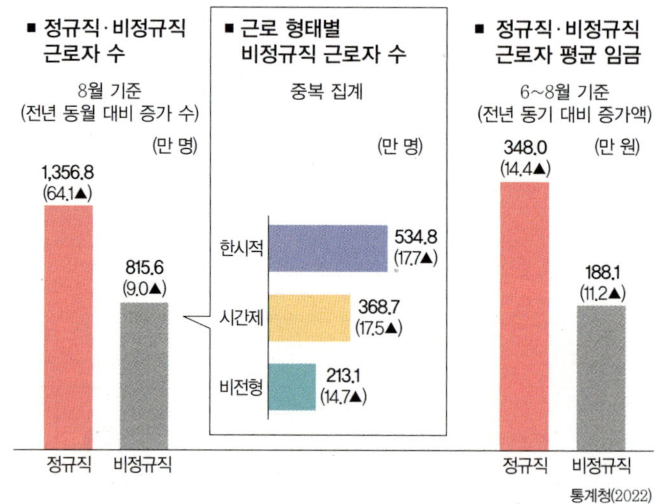

2022년 우리나라 비정규직 근로자 수는 전년 대비 약 9만 명 증가하였으며, 비정규직과 정규직 간 평균 임금 격차가 약 160만 원에 이르러 역대 최고 수준을 기록하였다. 같은 해 6월부터 8월까지의 정규직 근로자의 월평균 임금은 약 348만 원으로 전년 대비 14만 4천 원 상승했던 반면, 비정규직 근로자 임금은 약 188만 원으로 11만 2천 원 증가에 그쳤다.

– ○○뉴스, 2022. 10. 25. –

비정규직은 정규직과 달리 근로 방식 및 기간, 고용의 지속성 등에서 보장을 받지 못하는 고용 형태로, 한시적, 시간제, 비전형 등의 근로 형태 유형이 있다. 1997년 경제 위기 이후 기업들이 정규직을 고용하기 부담스러워 하게 되면서 우리나라에 비정규직 근로 형태가 큰 폭으로 증가하였다. 비정규직 근로자는 불안정한 고용 환경에 노출되어 있을 뿐만 아니라 정규직에 비해 평균 임금 수준도 낮은 편이다.

탐구 5 소득 최상위 1%가 전체 소득에서 차지하는 비율의 변화

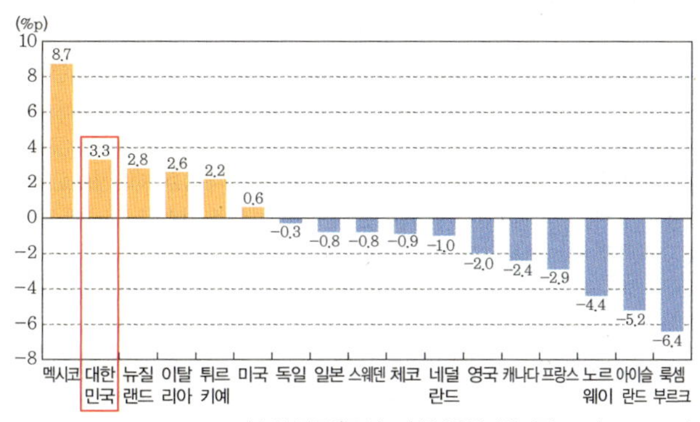

(세계 불평등 연구소(WIL)/경제 협력 개발 기구(OECD), 2007~2021)

세계 불평등 연구소(WIL)가 공개한 국가별 소득 격차 자료를 분석한 결과, 2007년부터 2021년까지 우리나라 소득 최상위 1%가 전체 소득에서 차지하는 비율은 3.3%p 증가하여 11.7%에 이르렀다. 이는 경제 협력 개발 기구(OECD) 회원국 중 멕시코(8.7%p)에 이어 두 번째로 높은 증가 폭이다. 또한, 같은 기간 소득 최상위 10%가 차지하는 비율도 2.5%p 증가하여 34.4%를 기록하며 OECD 회원국 중 네 번째로 큰 증가 폭을 보였다. 한 나라의 전체 소득에서 최상위 계층이 차지하는 비율이 늘었다는 것은 중하위 계층의 몫이 줄어들었음을 의미하며, 이는 소득 분배가 불균형하게 이루어지고 있음을 시사한다.

– □□신문, 2023. 4. 10. –

부, 권력, 명예, 지위 등의 사회적 가치는 희소성이 있기 때문에 사람들은 이를 더 많이 가지기 위해 경쟁하게 되는데, 그 결과 사회적 희소가치가 차등적으로 분배되는 사회 불평등 현상이 나타난다. 위의 사례를 보면 한 국가에서 소득 최상위 1%가 전체 소득에서 차지하는 비율의 변화가 국가별로 다르게 나타나는데, 우리나라는 경제 협력 개발 기구(OECD) 회원국 중 두 번째로 큰 증가 폭을 보여 다른 회원국들에 비해 경제적 양극화가 심화되었음을 알 수 있다.

탐구 6 수도권 집중과 지역 불균형 현황

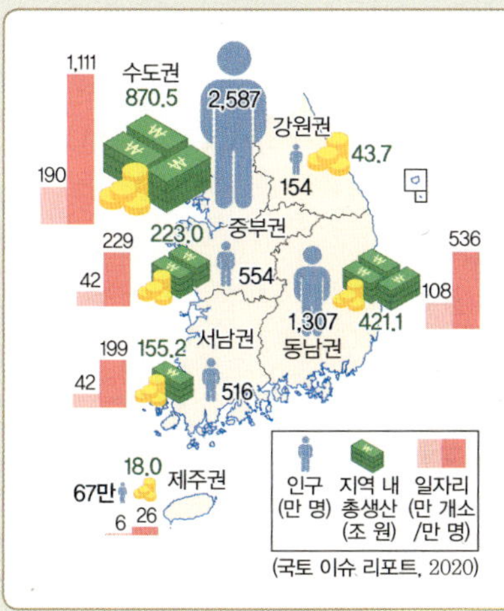

(국토 이슈 리포트, 2020)

우리나라는 급속한 경제 성장을 이루었으나 수도권을 비롯한 특정 지역을 중심으로 국토 개발이 이루어지면서 도시와 농촌, 수도권과 비수도권 간의 공간 불평등 문제가 발생하였다. 수도권은 남한 면적의 약 12%에 불과하지만, 다양한 기능의 집중으로 우리나라 전체 인구와 지역 내 총생산(GRDP)의 절반 정도를 차지하고 있으며 일자리도 양적인 면과 질적인 면에서 다른 지역에 비해 풍부하다. 이에 따라 청장년층 인구가 수도권으로 유입되어 수도권 외 지역의 인구는 줄어들고 농어촌 지역을 중심으로 정주 기반이 약화되고 있어 지역 간의 불균형이 심화되고 있다.

[25507-0071]

1 그림의 강연자가 지지할 입장으로 가장 적절한 것은?

① 교환적 정의의 실현 여부는 교환의 결과를 통해서는 확인할 수 없다.
② 손해와 보상 간의 비례 관계가 유지될 때 교정적 정의가 실현될 수 있다.
③ 타인에게 끼친 손해와 달리 타인에게 준 이익은 교정적 정의의 대상이 아니다.
④ 분배적 정의는 업적에 따른 분배가 아니라 필요에 따른 분배를 통해 실현될 수 있다.
⑤ 동등하지 않은 가치를 지닌 사람들이라도 동등한 몫을 받아야 분배적 정의가 구현된다.

[25507-0072]

2 다음은 서술형 평가 문제와 학생 답안이다. 밑줄 친 ㉠~㉤ 중 옳지 <u>않은</u> 것은?

서술형 평가

◎ 문제: 분배적 정의의 실질적 기준 (가), (나)를 비교하여 서술하시오.

> (가) 국제 경기 대회에서 메달을 획득한 선수에게 포상금을 지급하거나 기업에서 실적에 따라 성과급을 지급하는 것과 같은 분배 방식을 의미한다.
> (나) 경제적으로 곤란을 겪고 있는 사회적 약자에게 복지 정책을 통해 생계비나 의료비를 지원하는 것과 같은 분배 방식을 의미한다.

◎ 학생 답안

분배적 정의의 실질적 기준과 관련하여 (가)는 ㉠ <u>자신이 이룩한 성과만큼 보상을 받을 수 있으므로 성취동기가 높아져 생산성이 향상될 수 있다는 장점이 있다.</u> 반면, ㉡ <u>성과를 쌓기 위한 과열 경쟁으로 구성원 간 사회적 갈등이 커질 수 있다는 비판을 받기도 한다.</u> 이에 비해 (나)는 ㉢ <u>모든 사람들이 최소한의 인간다운 삶을 살아갈 수 있는 환경을 만들 수 있다는 장점이 있다.</u> 반면, ㉣ <u>열심히 일하려는 성취동기를 약화하여 생산성 저하를 불러올 수 있다는 비판을 받기도 한다.</u> 한편, (가)와 (나)는 모두 ㉤ <u>기회의 평등이 아니라 결과의 평등을 강조한다는 공통점을 지니고 있다.</u>

---

① ㉠   ② ㉡   ③ ㉢   ④ ㉣   ⑤ ㉤

[25507-0073]

3 다음 가상 편지를 쓴 사상가가 지지할 입장으로 가장 적절한 것은?

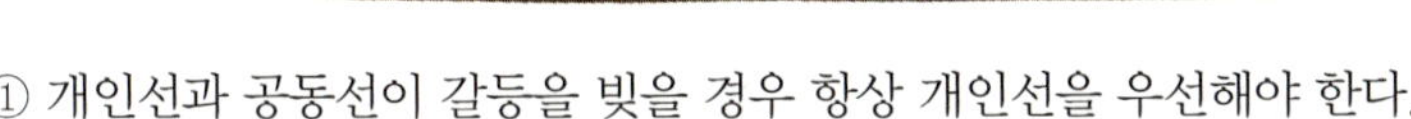

① 개인선과 공동선이 갈등을 빚을 경우 항상 개인선을 우선해야 한다.
② 공동체가 추구하는 좋은 삶의 모습은 개인선의 실현과 모순 관계에 놓여 있다.
③ 사회적 유대감에 기반한 도덕적 책무의 이행은 사회 정의 실현에 기여할 수 있다.
④ 개인의 자아 정체성은 자신이 속한 공동체의 역사와는 무관하게 형성되어야 한다.
⑤ 공동체는 개인의 자유와 권리를 보호하기 위한 수단 이상의 의미를 지니지 못한다.

[25507-0074]

4 (가)의 입장에 비해 (나)의 입장이 갖는 상대적 특징을 그림의 ㉠~㉤ 중에서 고른 것은?

(가) 인간은 자신이 속한 공동체의 역사와 전통 속에서 공동체 구성원으로서 자신의 정체성을 형성해 가는 연고적 존재이다. 따라서 공동체의 가치와 덕목을 내면화하여 공동체 구성원으로서의 사회적, 도덕적 책무를 다하는 삶을 살아야 한다. 국가 공동체는 개인의 자유와 권리를 보호하는 단순한 수단이 아니라 좋은 삶을 살기 위한 기반이다.

(나) 인간은 합리적 이성에 따라 자신이 원하는 삶을 자율적으로 선택하여 자신의 정체성을 형성해 가는 독립적 존재이다. 따라서 공동체의 가치와 덕목에 따르는 삶보다는 자신의 자유와 권리 보장이 더 우선시되어야 한다. 국가 공동체는 개인의 자유와 권리를 보호하기 위한 수단으로서 존재하는 것이다.

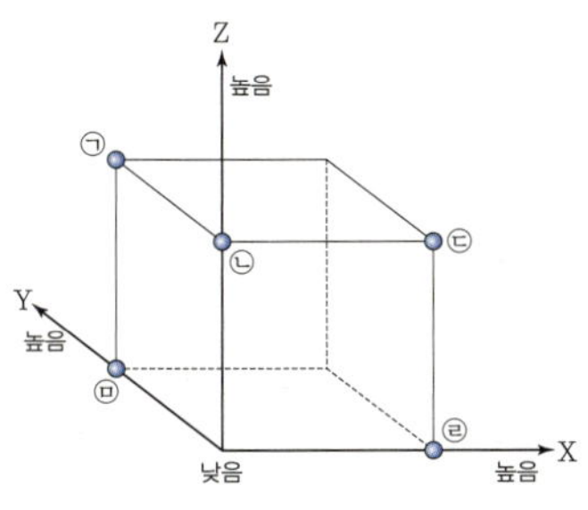

① ㉠　　　② ㉡　　　③ ㉢　　　④ ㉣　　　⑤ ㉤

[25507-0075]

5 밑줄 친 ㉠에 대한 옳은 설명만을 〈보기〉에서 고른 것은?

> 미국 대학 입학에서 소수 인종을 우대하는 정책인 이른바 ㉠ 적극적 평등 실현 조치에 대해 연방 대법원이 헌법에 위배된다는 판결을 내렸다. 미국 연방 대법원은 "적극적 평등 실현 조치는 좋은 의도를 지니고 있기는 하지만 영원히 지속될 수 있는 정책은 아니다. 학생들은 인종이 아니라 개개인의 경험에 따라 대우받아야 한다."라고 판결의 취지를 밝혔다. 한편, 적극적 평등 실현 조치는 백인 중심의 미국 사회에서 소외를 받았던 흑인, 원주민, 히스패닉 등의 소수 인종을 우대하여 이들에게도 공정한 기회를 부여해야 한다는 취지에서 출발하여 시행되어 왔다.

〈 보기 〉

ㄱ. 업적에 따른 분배를 실현하기 위해 시행된다.
ㄴ. 다른 집단에 대한 역차별의 문제가 발생할 수 있다.
ㄷ. 장애인 의무 고용 제도와는 상반된 취지에서 운영된다.
ㄹ. 사회적 약자에게 혜택을 주어 불평등을 시정하고자 한다.

① ㄱ, ㄴ　　　② ㄱ, ㄷ　　　③ ㄴ, ㄷ　　　④ ㄴ, ㄹ　　　⑤ ㄷ, ㄹ

[25507-0076]

6 다음 사회 복지 제도 (가)~(다)에 대한 설명으로 옳지 <u>않은</u> 것은?

> (가) 국가나 지방 자치 단체가 생활 유지 능력이 없거나 생활이 어려운 사회 구성원의 최저 생활 보장 및 자립을 지원하는 제도이다.
> (나) 국가나 지방 자치 단체가 도움이 필요한 모든 국민에게 상담, 재활, 돌봄, 복지 시설 이용, 사회 참여 지원 등을 제공하는 제도이다.
> (다) 개인, 기업, 정부가 비용을 분담하여 질병, 실업 등 사회 구성원에게 발생할 수 있는 사회적 위험에 대비하는 제도이다.

① 국민 기초 생활 보장 제도는 (가)에 해당하는 제도이다.
② (나)는 비금전적인 지원을 원칙으로 한다.
③ 국민 건강 보험, 국민연금은 (다)에 해당하는 제도이다.
④ (가)는 (다)에 비해 소득 재분배 효과가 크다.
⑤ (나)는 (가)와 달리 세금을 재원으로 한다.

01 다음 토론의 핵심 쟁점으로 가장 적절한 것은?

[25507-0077]

> 갑: 분배 정의를 확립하고 사회 구성원의 인간다운 삶을 보장하기 위해서는 필요에 따른 분배가 이루어져야 합니다. 필요에 따른 분배는 인간의 기본적 욕구를 충족하는 분배를 지향하므로 사회적 약자를 보호할 수 있고 사회적 불평등을 완화할 수 있습니다.
>
> 을: 필요에 따른 분배가 사회적 약자를 보호하여 사회적 불평등을 완화하는 데 도움을 줄 수 있다는 점에는 동의합니다. 그러나 모든 사람의 필요와 욕구를 충족시켜 주기에는 우리 사회의 재화가 한정되어 있습니다. 또한 기여도와 무관하게 필요에 따른 분배가 이루어질 경우 일하려는 동기가 약화되어 경제적 비효율성이 높아집니다.
>
> 갑: 물론, 우리 사회의 재화가 한정된 것은 맞습니다. 그런데 한정된 재화를 소수가 독차지하게 되면 빈부 격차로 인한 상대적 박탈감 때문에 일에 대한 동기가 떨어집니다. 오히려 기본적 필요가 충족되면 창의적 업무 수행이 가능해져 경제적 효율성이 높아집니다. 또한, 기여도를 기준으로 하는 업적에 따른 분배는 선천적인 재능 및 타고난 경제적 여건과 같이 자신의 노력으로 얻은 결과물이 아닌 우연적 요소에 지나치게 많은 영향을 받아 분배의 공정성도 훼손될 우려가 큽니다.
>
> 을: 선천적인 재능 및 타고난 경제적 여건이 자신의 노력으로 얻은 결과물이 아니라는 점에는 동의합니다. 그러나 분배에 있어 공정성을 추구하는 것만큼이나 어떤 분배 방식이 자원 배분의 효율성을 높여줄 수 있느냐도 분배 기준 선택 시 반드시 고려되어야 할 사안입니다.

① 필요에 따른 분배는 경제적 효율성을 저해하는가?
② 공정성은 분배 기준을 선택할 때 고려되어야 할 요소인가?
③ 타고난 재능과 경제적 여건은 자신의 노력으로 성취한 결과물인가?
④ 사람들의 필요를 충족시켜 줄 수 있는 재화는 무한히 공급 가능한가?
⑤ 필요에 따른 분배는 사회적 불평등을 완화하는 데 기여할 수 있는가?

02 그림은 갑, 을 사상가들의 가상 대화이다. 갑, 을의 입장으로 옳은 것만을 〈보기〉에서 고른 것은? [25507-0078]

〈 보기 〉
ㄱ. 갑: 범죄자의 인격 존중을 위해 살인범에게 사형 이외의 형벌도 부과될 수 있다.
ㄴ. 갑: 사형은 살인범에 대한 보복의 수단으로서 교정적 정의 실현에 기여할 수 있다.
ㄷ. 을: 종신 노역형과 다르게 사형은 범죄 예방에 아무런 효과를 가지지 못한다.
ㄹ. 갑과 을: 형벌은 공적 정의를 실현하기 위한 수단으로 시행되어야 한다.

① ㄱ, ㄴ   ② ㄱ, ㄷ   ③ ㄴ, ㄷ   ④ ㄴ, ㄹ   ⑤ ㄷ, ㄹ

03 다음 가상 대담의 사상가가 지지할 입장으로 가장 적절한 것은? [25507-0079]

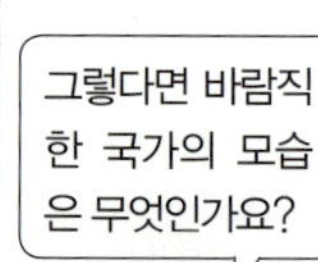

① 국가가 개인에게 부과하는 모든 세금은 개인의 소유 권리를 침해한다.
② 업적에 따라 재화를 분배받은 경우에만 개인의 소유 권리가 보호된다.
③ 개인의 소유 권리가 보장되는 정의로운 사회에서는 불평등이 존재할 수 없다.
④ 개인은 정당한 노동으로 취득한 소유물에 대해서만 소유 권리를 주장할 수 있다.
⑤ 정당하게 이전받은 소유물에 대해서도 소유 권리를 주장할 수 없는 경우가 있다.

04 (가)의 갑, 을 사상가들의 입장을 (나) 그림으로 탐구하고자 할 때, A~C에 들어갈 적절한 질문 [25507-0080]
만을 〈보기〉에서 고른 것은?

(가)	갑: 정의의 원칙들을 선택할 때 타고난 운수나 사회적 여건 때문에 유리하거나 불리해서는 안 된다. 정의의 원칙들은 개인의 특수한 처지에 맞춰 만들어질 수 없다. 이리하여 우리는 무지의 베일을 쓴 원초적 입장이라는 개념에 이르게 된다. 을: 분배 정의에 있어 소유 권리론은 역사적이다. 분배가 정의로운가는 분배가 어떻게 이루어졌는가에 달려 있다. 취득과 이전에서의 정의의 원리에 따라 소유물을 취득하고 이전받은 자는 소유 권리를 가진다. 그런데 현실에서 모든 소유물에 대해 두 원리가 지켜지는 것은 아니므로 불의에 대한 교정의 원리가 요구된다.
(나)	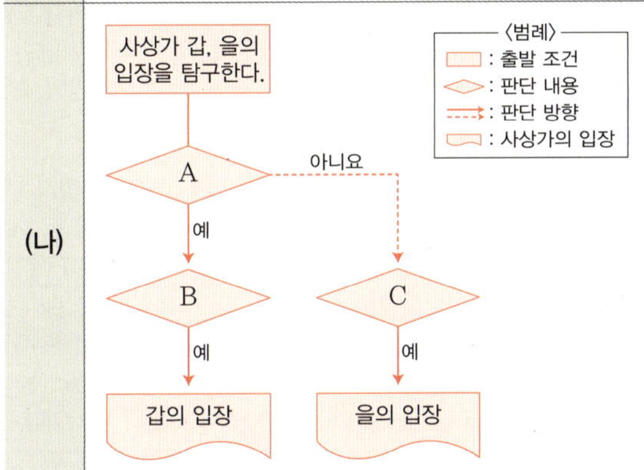

〈보기〉

ㄱ. A: 능력에 따른 분배는 정의의 원칙에 위배될 수 있는가?

ㄴ. A: 사회적 약자를 돕기 위한 목적으로 실시되는 부의 재분배 정책은 정당화될 수 있는가?

ㄷ. B: 정의로운 사회에서 시민의 평등한 기본적 자유는 아무런 제약 없이 행사되어야 하는가?

ㄹ. C: 경제적 불평등 정도가 심한 사회가 그렇지 않은 사회보다 더 정의로울 수 있는가?

① ㄱ, ㄴ   ② ㄱ, ㄷ   ③ ㄴ, ㄷ   ④ ㄴ, ㄹ   ⑤ ㄷ, ㄹ

  통합형 **05** (가)의 갑, 을 사상가들의 입장에서 (나)의 밑줄 친 ㉠, ㉡에 대해 제시할 견해로 적절한 것만을 [25507-0081] 〈보기〉에서 있는 대로 고른 것은?

(가)	갑: 원초적 입장에서 사람들은 다음과 같은 두 원칙을 채택한다. 첫 번째 원칙은 기본적인 권리와 의무의 할당에 있어 평등을 요구하는 것이며, 두 번째 원칙은 사회적·경제적 불평등을 허용하되 그것이 모든 사람, 그중에서도 특히 사회의 최소 수혜자에게 그 불평등을 보상할 만한 이득을 가져오는 경우에만 정당한 것임을 내세우는 것이다. 불운한 사람의 처지가 그로 인해 더 향상된다면 소수자가 더 큰 이익을 취한다고 해도 부정의한 것은 아니다. 을: 기본적 욕구 충족에 필요한 것 이상의 재화를 취득하기 위해 여가 시간 대신 추가로 노동하는 것을 선택한 사람과, 재화를 취득하기 위한 추가적 노동 대신 여가 시간을 선택한 사람이 달리 취급되어서는 안 된다. 여가 활동을 선택한 사람이 방해받지 않고 여가를 즐길 수 있다면 추가 노동을 선택한 사람에게도 제약이 가해져서는 안 된다. 따라서 가난한 사람을 돕기 위한 명분으로 행해지는 근로 소득에 대한 과세는 강제 노동과 같다. 개인의 소유 권리는 최대한 보장되어야 한다.
(나)	프랑스의 법학자 카렐 바사크는 인권의 확장 과정을 3세대로 나누어 구분하였다. ㉠ 1세대 인권은 신체의 자유, 사상·양심·종교의 자유, 표현의 자유, 집회 및 결사의 자유 등 개인의 자유와 권리를 보호하기 위한 시민적, 정치적 권리가 중심이 된다. ㉡ 2세대 인권은 근로의 권리, 교육에 대한 권리, 문화에 대한 권리, 사회 보장을 받을 권리, 인간다운 생활을 할 권리 등 모든 인간의 인간다운 삶을 위한 경제·사회·문화적 권리가 중심이 된다. 3세대 인권은 자결권, 발전의 권리, 평화에 관한 권리, 재난 구제를 받을 권리, 지속 가능한 환경에 대한 권리 등 차별받는 개인과 집단의 인권에 주목하여 연대권을 중심으로 하는 전 지구적 차원의 권리이다.

〈 보기 〉

ㄱ. 갑: 사회적 약자의 ㉡을 보장하기 위해서라면 정의로운 사회에서도 ㉠에 대한 제한이 불가피하다.
ㄴ. 을: 경제적 불평등을 완화하는 국가 정책을 통해 모든 사람이 ㉡을 보장받을 때 분배 정의가 실현된다.
ㄷ. 갑과 을: 개인은 ㉠을 행사하는 과정에서 타인의 ㉠을 침해하지 않아야 한다.
ㄹ. 갑과 을: 다수의 이익을 명분으로 개인의 ㉠을 침해하는 것은 정의를 훼손할 수 있다.

① ㄱ, ㄴ 　② ㄴ, ㄹ 　③ ㄷ, ㄹ
④ ㄱ, ㄴ, ㄷ 　⑤ ㄱ, ㄷ, ㄹ

06 갑, 을 사상가들의 입장으로 적절한 것만을 〈보기〉에서 고른 것은?　　　[25507-0082]

> 갑: 큰 도(道)가 행해지고 천하가 모두의 것이다. 현명하고 유능한 자를 뽑아 다스리게 하니, 사람들은 자기 부모만을 부모로 여기지 않고 자기 자식만을 자식으로 여기지 않는다. 노인은 여생을 잘 마치게 되고 장년은 일자리가 있으며, 어린이는 잘 양육되고 홀로된 자와 병든 자도 모두 부양받는다. 이를 대동(大同)이라고 한다.
> 을: 초승달 모양의 섬 유토피아의 시민들은 남녀를 가리지 않고 생산적 노동에 종사한다. 집집마다 빗장을 거는 일이 없는데 개인의 소유란 없기 때문이다. 사람들은 공동의 창고에서 필요한 물품을 비용 없이 자유롭게 가져갈 수 있다. 물자가 풍족하고 모든 것이 평등하게 분배되기 때문에 가난한 사람이 존재하지 않는다.

〈 보기 〉

ㄱ. 갑: 이상 사회에서는 최소한의 인간다운 삶을 살아갈 수 있는 분배가 이루어진다.
ㄴ. 을: 이상 사회에서는 필요에 따른 분배가 이루어지므로 노동의 필요성이 사라진다.
ㄷ. 을: 이상 사회에서는 사유 재산을 인정하지 않으므로 경제적 불평등이 존재하지 않는다.
ㄹ. 갑과 을: 이상 사회는 경제적으로는 풍요롭지 않으나 사회적 약자에 대한 차별은 존재하지 않는다.

① ㄱ, ㄴ　　② ㄱ, ㄷ　　③ ㄴ, ㄷ　　④ ㄴ, ㄹ　　⑤ ㄷ, ㄹ

07 다음 자료에 나타난 불평등 현상에 대한 옳은 설명만을 〈보기〉에서 있는 대로 고른 것은?　　　[25507-0083]

> 다음은 가상 국가 A의 시·도별 치료 가능 사망률을 나타낸 것이다.
>
> 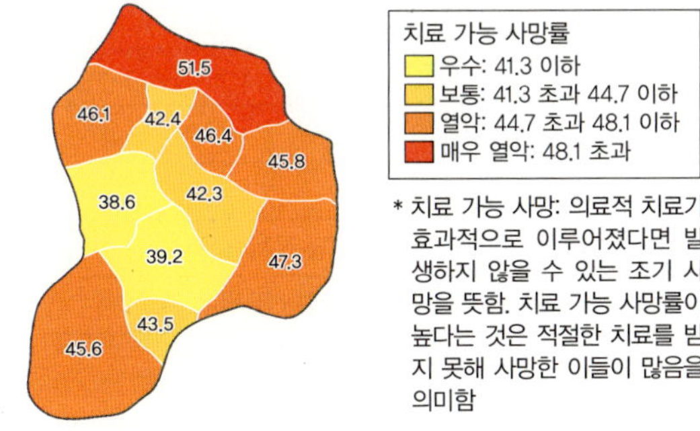
>
>
> * 치료 가능 사망: 의료적 치료가 효과적으로 이루어졌다면 발생하지 않을 수 있는 조기 사망을 뜻함. 치료 가능 사망률이 높다는 것은 적절한 치료를 받지 못해 사망한 이들이 많음을 의미함

〈 보기 〉

ㄱ. 이러한 불평등이 심화될 경우 사회 통합이 저해될 우려가 있다.
ㄴ. 이러한 불평등은 의료 자원이 지역 간에 불균등하게 분배되어 나타난다.
ㄷ. 이러한 불평등을 해결하기 위해 성장 거점 개발 방식의 정책을 확대해야 한다.
ㄹ. 이러한 불평등은 도시와 농촌 간에서는 관찰되지만 도시 간에는 발생하지 않는다.

① ㄱ, ㄴ　　　② ㄱ, ㄷ　　　③ ㄴ, ㄹ
④ ㄱ, ㄷ, ㄹ　　⑤ ㄴ, ㄷ, ㄹ

1 자본주의의 전개 과정과 시장경제

1. 자본주의의 전개 과정

(1) 자본주의의 의미와 특징

① 의미: 사유 재산 제도를 바탕으로 시장을 통해 경제의 기본 문제를 해결하는 경제 체제

② 특징: 사유 재산권 보장, 경제 활동의 자유 보장, 사적 이익의 추구 인정

(2) 자본주의의 전개 과정

구분	시기	내용
상업 자본주의	16세기 ~ 18세기 초반	• 배경: 신항로 개척, 교역망 확장 등 • 상품의 생산보다 유통 과정을 통한 이윤 창출 중시 • 절대 왕정의 중상주의 정책을 통해 발달
산업 자본주의	18세기 중반 ~ 19세기 중반	• 배경: 산업 혁명, 중상주의에 대한 비판 등 • 상품의 유통보다는 생산 활동을 통한 이윤 추구 중시 • 애덤 스미스의 자유방임주의 확산
수정 자본주의	20세기 중반	• 배경: 시장 실패, 경제 대공황 등 • 자본주의 경제 체제를 유지하면서 정부의 시장 개입 일부 허용 • 케인스는 정부의 역할을 강조하는 경제 이론 제시
신자유주의	20세기 후반	• 배경: 정부 실패, 석유 파동, 스태그플레이션 등 • 지나치게 커진 정부의 역할을 축소하고 시장의 자유로운 경제 활동 강조 • 세금 감면, 복지 축소, 공기업 민영화, 기업 규제 완화, 노동 시장 유연화 등의 실시 → 시장의 불안정성 증대, 빈부 격차 심화

2. 경제 체제

(1) 경제 체제의 의미와 분류

① 경제 체제의 의미: 기본적인 경제 문제를 해결하기 위한 합의된 제도나 방식

② 경제 체제의 분류

기준	유형	내용
생산 수단의 소유 형태	자본주의	생산 수단의 사유
	사회주의	생산 수단의 국유(공유)
경제 문제의 해결 방식	시장경제 체제	시장 가격을 통한 자율적 경제 문제 해결
	계획경제 체제	정부의 계획과 명령에 따라 경제 문제 해결

(2) 시장경제 체제와 계획경제 체제

구분	시장경제 체제	계획경제 체제
특징	• 일반적으로 자본주의와 결합 • 개별 경제 주체의 자유로운 의사 결정 보장	• 일반적으로 사회주의와 결합 • 개별 경제 주체의 경제 활동 자유 제한
장점	• 효율적 자원 배분 • 개인의 능력과 창의성 발휘 등	• 분배의 형평성 추구 • 국가 정책 목표의 신속한 달성 등
한계	• 빈부 격차(형평성 저해) • 급격한 경기 변동(실업, 인플레이션) 등	• 경제적 유인 부족(효율성 저해) • 소비자의 다양한 욕구를 반영한 계획 수립 곤란 등

(3) 혼합 경제 체제: 시장경제 체제 요소와 계획경제 체제 요소가 혼합된 경제 체제

■ **중상주의 정책**

국가의 부 증대를 위해 상업과 수출을 장려하고 수입을 억제하는 정책이다.

■ **애덤 스미스의 자유방임주의**

애덤 스미스는 개인의 자유로운 경제 활동 보장을 위해 국가의 개입을 최소화해야 한다고 주장하며, '보이지 않는 손', 즉 시장의 작동 원리를 통해 정부 개입 없이도 효율적인 자원 배분이 가능하다고 보았다.

■ **시장 실패**

시장에서 자원이 효율적으로 배분되지 못하는 상태를 말한다.

■ **케인스의 경제 사상**

케인스는 경제 대공황이 유효 수요 부족으로 발생하였으며, 이와 같은 경제 문제 해결을 위해 정부의 시장 개입이 필요하다고 보았다.

■ **정부 실패**

시장의 문제를 해결하기 위한 정부의 개입이 문제 해결에 미흡하거나 오히려 악화시키는 현상을 말한다.

■ **석유 파동**

1970년대 중동 전쟁과 이란 혁명 이후 두 차례에 걸쳐 국제 석유 가격이 폭등한 사건으로, 이로 인해 물가 상승과 경기 침체가 동시에 나타나는 스태그플레이션이 발생하였다.

■ **기본적인 경제 문제**

자원의 희소성으로 인해 발생하는 경제 문제들은 결국 선택의 문제이다. 기본적인 경제 문제에는 '무엇을 얼마나 생산할 것인가?', '어떻게 생산할 것인가?', '누구를 위해 생산할 것인가?' 등이 있다.

■ **혼합 경제 체제**

1930년대 대공황을 배경으로 등장한 혼합 경제 체제는 오늘날 대부분의 국가에서 채택하고 있지만, 국가가 추구하는 목표에 따라 시장경제 체제 요소와 계획경제 체제 요소의 혼용 정도는 다를 수 있다.

2 합리적 선택과 경제 주체의 역할

1. 기회비용과 합리적 선택

(1) 기회비용

① 의미: 어떤 대안을 선택할 때 실제로 지출되는 비용(명시적 비용)과 그 선택으로 포기하는 대안 중 가장 가치가 큰 것(암묵적 비용)을 합한 것

② 희소성과 기회비용: 경제 문제는 희소성으로 인한 선택의 문제인데, 모든 선택에는 그에 따른 기회비용이 발생함

(2) 합리적 선택

① 최소의 비용으로 최대의 편익을 얻을 수 있는 선택, 순편익이 0보다 큰 선택이 합리적 선택임

② 매몰 비용을 고려해서는 안 됨

(3) 시장 실패의 요인

독과점 **(불완전 경쟁)**	• 독점 시장에서는 공급자가 가격, 공급량을 임의로 결정할 수 있음 • 과점 시장에서는 공급자들이 담합을 통해 가격, 공급량을 임의로 조절할 수 있음 • 일반적으로 독과점 시장의 공급자는 생산량을 줄여 가격을 올림으로써 이윤을 극대화하고자 함 → 사회적 최적 수준보다 적게 공급됨
공공재	• 공공재는 비배제성과 비경합성을 가진 재화임 • 비배제성으로 인해 아무런 대가를 지불하지 않고도 소비하려는 무임승차자 문제가 발생함 • 공공재의 공급을 시장에 맡기면, 공공재의 특성상 이윤을 얻기 어려운 기업은 생산을 꺼림 → 사회적 최적 수준보다 적게 공급됨
외부 효과	• 긍정적 외부 효과: 제3자에게 의도하지 않은 이익을 주고도 이에 대한 대가를 받지 않는 상태 → 사회적 최적 수준보다 적게 생산·소비됨 • 부정적 외부 효과: 제3자에게 의도하지 않은 피해를 주고도 이에 대한 대가를 지불하지 않는 상태 → 사회적 최적 수준보다 많게 생산·소비됨

2. 경제 주체의 역할

정부		• 공정한 경쟁 촉진: 「독점 규제 및 공정 거래에 관한 법률」, 공정거래위원회 등 • 외부 효과의 개선 　－ 긍정적 외부 효과: 보조금 지급, 세금 감면 등을 통해 생산·소비의 증대를 꾀함 　－ 부정적 외부 효과: 부담금이나 조세 부과 등을 통해 생산·소비의 감소를 꾀함 • 공공재(국방, 치안 서비스 등)를 직접 생산함 • 소득 격차 완화를 위한 노력: 누진세 제도, 사회 보장 제도 등 • 실업률을 낮추고 물가를 안정시키기 위한 정책을 실시함
기업		• 재화와 서비스를 생산함으로써 이윤 극대화를 추구함 • 생산 요소 시장에서 생산 요소를 구입하고 임금, 지대, 이자 등을 지급함 → 가계의 소득 창출 • 기업가 정신 및 사회적 책임을 다하려는 노력이 필요함
가계	**소비자**	• 합리적 소비를 통한 효용 극대화를 추구함(생산물 시장에서 상품의 수요자) • 지속가능한 발전을 위해 환경과 공동체 등을 고려한 윤리적 소비가 필요함
	근로자	• 기업에 노동을 제공한 대가로 임금을 받아 생활함(생산 요소 시장의 공급자) • 권리(근로권, 노동 3권 등)와 의무(직업 윤리, 사용자와의 상생 의식 등)가 동시에 필요함

■ **매몰 비용**

이미 지출되어 회수할 수 없는 비용을 말한다. 선택으로 인해 발생하는 비용이 아니므로 합리적 선택을 위해서는 고려하지 않아야 한다.

■ **비배제성과 비경합성**

비배제성은 대가를 지불하지 않은 사람을 소비에서 배제할 수 없는 특성이고, 비경합성은 한 사람의 소비가 다른 사람의 소비량을 감소시키지 않는 특성이다.

■ **생산 요소**

재화 및 서비스의 생산을 위해 필요한 자원으로, 토지, 노동, 자본 등이 이에 해당한다.

■ **기업가 정신**

슘페터는 창조적 파괴, 즉 혁신을 기업가 정신의 핵심으로 강조하였다. 기업가 정신은 위험과 불확실성을 무릅쓰고 새로운 시장을 개척하거나 기술 혁신 등을 위해 노력하는 기업가의 의지를 말한다.

■ **노동 3권**

단결권, 단체 교섭권, 단체 행동권으로 구성되어 있다. 단결권은 노동조합을 조직·가입·운영할 수 있는 권리이고, 단체 교섭권은 근로 조건에 관하여 노동조합이 사용자와 교섭하고 협약을 체결할 수 있는 권리이며, 단체 행동권은 쟁의 행위를 통해 사용자에게 대항할 수 있는 권리이다.

3 자산 관리와 금융 생활 설계

1. 자산 관리

(1) 자산의 의미와 자산 관리의 원칙
① 자산의 의미: 경제 주체가 소유한 유·무형의 재산으로, 금융 자산과 실물 자산으로 구분함
② 자산 관리의 원칙: 안전성, 수익성, 유동성(환금성)

(2) 금융 자산의 종류

예금	• 금융 기관에 자금을 맡기고 이자를 받는 금융 자산 • 요구불 예금: 입금과 출금이 자유로움(유동성이 높음) • 저축성 예금: 만기일까지 자금을 예치하거나 적립함, 일반적으로 요구불 예금에 비해 높은 이자 수익을 기대할 수 있음 • 일반적으로 다른 금융 자산보다 안전성과 유동성이 높지만 수익성은 낮음
주식	• 주식 회사가 자금을 투자한 사람에게 발행하는 증서 • 주식을 보유한 사람은 주주로서 회사 경영에 참여할 권리 행사가 가능함 • 배당금과 시세 차익을 기대할 수 있음 • 일반적으로 예금, 채권보다 수익성은 높지만, 안전성은 낮은 편임
채권	• 정부, 기업 등이 일정한 이자 지급을 약속하고 돈을 빌린 후 제공하는 증서 • 이자 수익이나 시세 차익을 기대할 수 있음 • 일반적으로 주식에 비해 안전성은 높고 수익성은 낮음

2. 금융 생활 설계

(1) 생애 주기
① 의미: 사람들이 출생에서 사망까지 시간의 흐름에 따라 거치는 일련의 단계
② 생애 주기별 수입과 지출 곡선

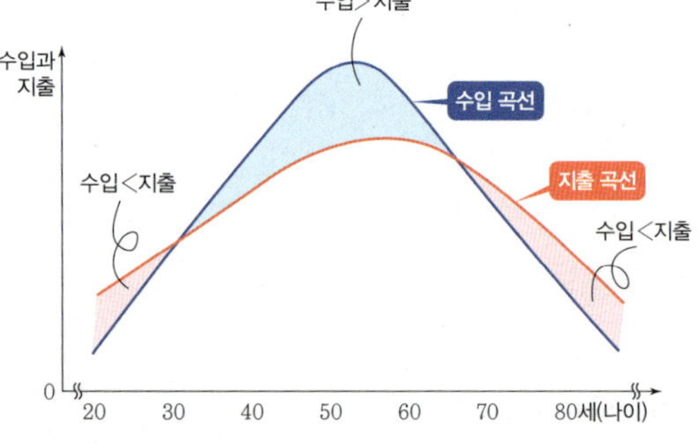

(2) 금융 생활 설계(재무 설계)
① 의미: 생애 주기별 과업을 고려하여 재무 목표를 설정하고, 이러한 재무 목표를 달성하기 위해 자산을 효율적으로 관리하는 것
② 일반적 과정

(3) 금융 의사 결정
① 의미: 금융과 관련된 다양한 문제를 해결하기 위한 의사 결정을 의미함
② 금융 의사 결정은 개인의 재무 목표뿐만 아니라 경제적·정치적·사회적 환경과 같은 다양한 거시적 요인의 영향을 받음

■ **자산 관리의 원칙**

안전성	투자한 자산의 가치가 안전하게 보호될 수 있는 정도
수익성	투자한 자산의 가치 상승이나 이자 수익 등을 기대할 수 있는 정도
유동성	보유하고 있는 자산을 현금으로 쉽게 바꿀 수 있는 정도

■ **저축성 예금**

저축성 예금은 정기 예금과 정기 적금으로 구분된다. 정기 예금은 목돈을 계약 기간 동안 맡겼다가 만기가 되면 원리금을 받는 금융 자산이고, 정기 적금은 일정 금액을 계약 기간 동안 정기적으로 납입하고 만기가 되면 원리금을 받는 금융 자산이다.

■ **배당**

기업이 일정 기간 벌어들인 이익금의 일부를 주주에게 주식의 보유 정도에 따라 나누어 주는 것을 말한다.

■ **시세 차익**

주식, 채권 등을 매수한 이후 가격이 상승한 시점에 매도함으로써 얻는 이익으로 매매차익이라 할 수 있다.

4 국제 분업과 무역

1. 국제 분업과 무역

(1) 필요성
① 자국에서 얻기 힘든 상품을 다른 나라로부터 얻을 수 있음
② 다른 나라보다 더 잘 만드는 물건을 팔아 이익을 얻을 수 있음

(2) 무역의 발생
① 발생 이유: 생산 요소의 차이 → 생산비의 차이 → 특화 및 교환 → 거래 당사국에 이익 발생
② 무역 이론

절대 우위론	다른 나라보다 생산비가 적게 들어가는 재화, 즉 절대 우위에 있는 재화를 특화하여 교역하면 무역 이익이 발생함
비교 우위론	다른 나라보다 기회비용이 적게 들어가는 재화, 즉 비교 우위에 있는 재화를 특화하여 교역하면 무역 이익이 발생함

2. 지속가능발전과 국제 무역

(1) 국제 무역의 흐름
① 재화, 서비스뿐만 아니라 노동, 자본, 기술 등이 자유롭게 이동하면서 국제 교역량이 증가함
② 자유 무역을 추구하는 세계 무역 기구(WTO)가 출범하면서 국제 무역의 규모가 크게 확대됨
③ 경제 블록 형성 및 자유 무역 협정(FTA) 체결을 통해 국가 간 상호 의존 관계가 강화됨

(2) 국제 거래 확대의 영향

긍정적 영향	• 소비자에게는 다양한 상품의 선택 기회 제공 • 기업에게는 규모의 경제 실현 및 경쟁을 통한 기술 발전의 기회 제공 • 국가적 차원에서 일자리 창출 및 국내 경기 활성화 등
부정적 영향	• 국가 간 불평등 심화 • 경제 성장에 따른 자원 고갈과 환경 파괴 등의 문제 초래 등 → 지속가능발전 저해

(3) 지속가능발전을 위한 국제 무역 방안
① 무역의 이익이 공정하게 공유되어야 함
② 각국이 친환경적인 상품을 생산·교역하도록 노력해야 함
③ 선진국은 기술 이전 및 협력을 통해 개발도상국을 지원해야 함 → 국가 간 불평등 완화 가능
④ 국제적인 차원의 협력과 노력이 필수적임

자료 플러스 **비교 우위**

현재 갑국은 X재 5개, Y재 5개를 생산·소비하고 있고, 을국은 X재 10개, Y재 5개를 생산·소비하고 있다. 표는 갑국과 을국의 X재, Y재의 최대 생산량을 나타낸 것이다. 단, 각 재화 1개를 추가 생산할 때마다 발생하는 기회비용은 일정하다.

구분	갑국	을국
X재	10개	20개
Y재	10개	10개

X재 1개 생산의 기회비용은 을국(Y재 0.5개)이 갑국(Y재 1개)보다 작고, Y재 1개 생산의 기회비용은 갑국(X재 1개)이 을국(X재 2개)보다 작다. 따라서 갑국은 Y재 생산에, 을국은 X재 생산에 비교 우위가 있다. 갑국은 Y재만을 10개 특화하고, 을국은 X재만을 20개 특화하여 생산한 뒤 X재 6개와 Y재 5개를 교역한다고 하자. 그러면 최종적으로 갑국은 X재 6개, Y재 5개를, 을국은 X재 14개, Y재 5개를 보유하게 된다. 교역 전과 비교해 보면 교역 후 갑국은 X재 1개, 을국은 X재 4개를 더 소비할 수 있으므로 무역 이익이 발생한다.

■ **국제 분업과 무역**
국제 분업은 각국이 무역에 유리한 상품을 특화하여 생산하는 것이고, 무역, 즉 국제 거래는 나라와 나라 사이에 재화, 서비스 등을 거래하는 것이다.

■ **특화**
상대국보다 우위에 있는 재화, 서비스만을 전문적으로 생산하는 것을 말한다.

■ **세계 무역 기구(WTO)**
상품, 서비스, 지적 재산권 등 모든 분야에서의 자유 무역 증진을 목표로 출범한 국제기구이다.

■ **자유 무역 협정(FTA)**
협정 당사국들끼리 상품의 자유로운 이동을 위해 관세 및 무역 장벽을 완화하거나 철폐하는 협정을 의미한다.

■ **규모의 경제**
상품의 생산량이 늘어날수록 단위당 생산비, 즉 평균 비용이 감소하는 현상을 뜻한다.

예시 문항 11

밑줄 친 '저'에 대한 설명으로 옳은 것은?

> 친애하는 후버 대통령과 대법원장, 그리고 여러분! 지금 저와 여러분은 공통적인 난국에 직면해 있습니다. 이러한 난국은 다행히 물질적인 것에만 관련된 것입니다. 물가는 믿을 수 없을 정도로 떨어졌습니다. 상업 거래에서는 돈이 돌지 않고, 생산 기업은 말라죽은 잎사귀처럼 여기저기에 흩어져 있습니다. 농민들은 생산물을 팔 시장을 찾을 수가 없고, 수만 가정에 수년 동안 저축해 온 돈은 삽시간에 사라졌습니다. 더욱 중대한 것은 다수의 실업자들이 냉혹한 생존 문제에 직면해 있습니다. … (중략) … '검은 목요일'로부터 시작된 지금의 난국으로 인해 우리 미국 국민들은 좌절한 일이 없습니다. 그들은 지도자가 규율과 방향을 제시해 줄 것을 요구하며 저를 자신들의 소원을 실현시키는 인물로 만들고 있습니다. 저는 이 임무를 소명으로 기꺼이 받아들일 것이며, 대통령으로서의 헌신을 서약함에 있어 겸허하게 신의 축복을 기원하는 바입니다.

① 자본가와 노동자 간의 계급 투쟁을 강조하였다.
② 대규모 공공사업을 벌이는 등 뉴딜 정책을 실시하였다.
③ 신자유주의에 근거하여 노동 시장의 유연성을 강화하였다.
④ 제1차 석유 파동으로 인한 경기 침체를 극복하고자 하였다.
⑤ 국부론을 저술하여 개인의 경제적 자율성 보장을 역설하였다.

유형 분석

대공황과 관련된 루스벨트 대통령의 취임 연설문이라는 역사적 자료를 활용하여 구성한 문항이다. 일반사회 영역의 내용을 바탕으로 자본주의의 역사적 전개 과정에 등장한 자본주의의 유형별 특징 및 등장 배경을 파악할 수 있는지 확인하는 통합형 문항이다.

성취기준

- 자본주의의 역사적 전개 과정과 그 특징을 조사하고, 시장과 정부의 관계를 중심으로 다양한 삶의 방식을 비교 평가한다.
- 합리적 선택의 의미와 한계를 파악하고, 지속가능발전을 위해 요청되는 정부, 기업가, 노동자, 소비자의 바람직한 역할과 책임에 관해 탐구한다.

수능길잡이

- 제32대 미국 대통령인 루스벨트의 취임 연설문을 분석하고 그 안에 담긴 내용을 통해 자료가 등장한 시기가 대공황 시대임을 파악한다.
- 자본주의의 역사적 전개 과정에서 등장한 상업 자본주의, 산업 자본주의, 수정 자본주의, 신자유주의의 특징을 시장과 정부의 관계를 중심으로 이해한다.
- 자료와 선지는 자본주의의 역사적 전개 과정, 시장경제와 합리적 선택, 경제 주체의 역할 등 여러 내용 요소를 포함하여 구성되었으므로 기본 개념과 이해를 바탕으로 한 통합적 접근을 시도한다.

문제 분석

제시된 자료는 미국의 루스벨트 대통령의 취임 연설문으로, '검은 목요일'은 경제 대공황을 의미한다. 제시된 자료를 통해 경제가 불황 상태에 있으며, 이를 해결하기 위해 '저'로 표현된 대통령, 즉 정부가 시장에 적극 개입할 것임을 파악할 수 있다. 대공황을 해결하는 과정에서 등장한 자본주의는 수정 자본주의이다.

선택지 분석

① 자본가와 노동자 간의 계급 투쟁을 강조한 것은 사회주의이다.
② 루스벨트는 대공황 해결을 위해 대규모 토목 공사 등의 뉴딜 정책을 실시하여 고용을 창출하였다.
③, ④ 1970년대 석유 파동을 배경으로 등장한 신자유주의는 시장에 대한 정부의 적극적 개입에 반대하면서 작고 효율적인 정부를 주장하며, 노동 시장의 유연성을 강조하였다.
⑤ 『국부론』을 저술한 사람은 애덤 스미스이다. 애덤 스미스는 산업 자본주의 시대의 대표적인 경제학자이다.

정답 ②

유형분석

일반사회 영역의 내용을 바탕으로, 자본주의의 전개 과정에서 등장한 상업 자본주의, 산업 자본주의, 수정 자본주의, 신자유주의의 특징을 구분하고, 산업 자본주의의 역사적 등장 배경이 되는 산업 혁명의 발생 시기 및 해당 지역을 포함하는 문화권의 특징을 파악할 수 있는지를 확인하는 통합형 문항이다.

밑줄 친 ㉠, ㉡에 대한 옳은 설명만을 〈보기〉에서 있는 대로 고른 것은?

지도의 ㉠A 지역 출신의 경제학자였던 ㉡그는 "우리가 맛있는 저녁 식사를 할 수 있는 것은 푸줏간 주인이나 제빵사들의 자비심 덕분이 아니라 오히려 그들 개인의 이익 추구 덕분이다. … (중략) … 개인은 공익을 증진하려고 의도하지 않으며 또 얼마나 증대시킬 수 있는지도 알지 못한다. 그는 단지 자신의 안전과 이익을 위하여 행동할 뿐이다. 그러나 이렇게 행동하는 가운데 '보이지 않는 손'의 인도를 받아서 원래 의도하지 않았던 목표를 달성할 수 있게 된다."라고 주장하였다.

〈 보기 〉

ㄱ. ㉠이 속한 문화권은 18세기 산업 혁명의 발상지이다.
ㄴ. ㉠이 속한 문화권은 지중해성 기후를 바탕으로 유목과 오아시스 농업이 발달하였다.
ㄷ. ㉡은 절약의 역설을 통해 정부의 시장 개입을 옹호하였다.
ㄹ. ㉡은 개개인의 영리 추구가 사회 전체의 이익을 증대시킨다고 보았다.

① ㄱ, ㄷ　　　② ㄱ, ㄹ　　　③ ㄴ, ㄹ
④ ㄱ, ㄴ, ㄷ　　　⑤ ㄴ, ㄷ, ㄹ

문제 분석

지도의 A 지역은 현재 영국으로, 유럽 문화권에 속한다. 밑줄 친 '그'는 애덤 스미스이고, 자료는 애덤 스미스가 『국부론』에서 주장한 내용을 정리한 것이다. 애덤 스미스는 중상주의를 비판하면서 정부의 역할은 최소한으로 축소시키고, 개인의 자유로운 경제 활동은 최대로 보장해야 한다고 주장하였다.

선택지 분석

ㄱ. 산업 혁명은 18세기 영국에서 시작되었다.
ㄴ. 유목과 오아시스 농업은 유럽 문화권이 아니라 건조 문화권의 특징이다.
ㄷ. 절약의 역설을 통해 경제 문제 해결을 위한 정부의 적극적 시장 개입을 옹호한 사람은 케인스이다. 애덤 스미스는 정부의 적극적 시장 개입에 반대하는 입장이다.
ㄹ. 자유방임주의를 주장한 애덤 스미스는 개개인의 자유로운 영리 추구가 모여 사회 전체의 이익을 증대시킨다고 보았다.

② 답요

예시 문항 12

다음 자료에 대한 설명으로 옳은 것은? (단, A~C는 각각 예금, 주식, 채권 중 하나임.)

> [평가 요소] 금융 자산 A~C의 일반적 특징
>
> [서술형 문항]
> 〈1〉 C와 구별되는 A의 일반적 특징을 1가지만 쓰시오. (1점)
> 〈2〉 C와 구별되는 B의 일반적 특징을 1가지만 쓰시오. (1점)
> 〈3〉 A와 구별되는 C의 일반적 특징을 1가지만 쓰시오. (1점)
>
> [학생 답안지]
>
> | 서술형 문항 | 답안 | 점수 |
> |---|---|---|
> | 〈1〉 | 배당 수익을 기대할 수 있다. | 1점 |
> | 〈2〉 | 예금자 보호 제도의 적용을 받는다. | 1점 |
> | 〈3〉 | (가) | ㉠ |
>
> * 각 문항별로 채점하며, 옳은 답안은 1점, 틀린 답안은 0점을 부여함

① A는 계약 기간 동안 일정한 금액을 매달 납입하여 만기 시에 원금과 이자를 받는 자산이다.
② 일반적으로 A는 C보다 안전성이 높다.
③ 일반적으로 B는 A보다 수익성이 높다.
④ B와 C는 모두 이자 수익을 기대할 수 있다.
⑤ (가)에 '시세 차익을 기대할 수 있다.'가 들어가면, ㉠은 '1점'이다.

일반사회 영역 중 경제와 관련된 내용을 바탕으로 각 금융 자산의 특징을 묻는 평가지 형식의 자료를 활용하여 구성한 문항이다.

금융 자산의 특징과 자산 관리의 원칙을 토대로 금융 생활을 설계하고, 경제적, 사회적 환경의 변화가 금융과 관련한 의사 결정에 미치는 영향을 탐구한다.

• 제시된 금융 자산의 일반적 특징을 바탕으로 A~C가 각각 예금, 주식, 채권 중 어떤 금융 자산에 해당하는지를 파악한다.
• 제시된 자료에서 A는 주식, B는 예금, C는 채권임을 파악하고, (가)에 들어갈 내용에 따라 ㉠에 들어갈 점수가 달라질 수 있음을 이해한다.
• 금융 자산의 일반적인 특징을 안전성, 수익성, 유동성과 같은 자산 관리 원칙과 연계하여 종합적으로 탐구한다.

문제 분석

예금, 주식, 채권 중 배당 수익을 기대할 수 있는 금융 자산은 주식뿐이고, 예금자 보호 제도의 적용을 받는 금융 자산은 예금뿐이다. 따라서 A는 주식, B는 예금, C는 채권이다. (가)에 주식과 구별되는 채권의 일반적 특징이 들어가면 ㉠은 1점이고, 그렇지 않으면 ㉠은 0점이다.

선택지 분석

① 계약 기간 동안 일정한 금액을 매달 납입하여 만기 시에 원금과 이자를 받는 금융 자산은 정기 적금이다. 정기 적금은 예금인 B에 속한다.
② 일반적으로 주식은 채권보다 수익성이 높지만 안전성이 낮다.
③ 일반적으로 예금은 주식보다 수익성이 낮다.
④ 예금은 이자 수익을 기대할 수 있고, 채권은 이자 수익과 시세 차익을 기대할 수 있다.
⑤ 시세 차익을 기대할 수 있는 것은 주식과 채권이다. 따라서 해당 내용이 (가)에 들어가면, ㉠은 0점이다.

정답 ④

다음 자료에 대한 설명으로 옳은 것은? (단, A~D는 각각 정기 예금, 정기 적금, 주식, 채권 중 하나임.)

표는 질문에 대한 응답 결과를 정리한 것이다.

질문	응답 결과
시세 차익을 기대할 수 있는가?	A, B, C 중 '예'라는 응답이 2개임
배당 수익을 기대할 수 있는가?	A, C, D 중 '예'라는 응답이 1개임
계약 기간 동안 일정액을 정기적으로 납입하는가?	B, C, D 중 '예'라는 응답이 0개임

① A는 B와 달리 일반적으로 이자 수익을 기대할 수 있다.
② B는 C에 비해 일반적으로 수익성이 높은 금융 자산이다.
③ C는 B와 달리 예금자 보호 제도의 적용을 받는 자산이다.
④ A, B는 C와 달리 일반적으로 만기가 존재하는 금융 자산이다.
⑤ B, C는 D와 달리 보유한 사람에게 기업의 주주로서의 지위를 부여한다.

유형분석

일반사회 영역 중 경제에 해당하는 내용을 바탕으로, 정기 예금, 정기 적금, 주식, 채권의 일반적 특징을 묻는 질문 및 그에 대한 응답 결과를 나타내는 자료로 구성한 문항이다.

문제 분석

세 번째 질문에서 계약 기간 동안 일정액을 정기적으로 납입하는 금융 자산은 정기 적금뿐이므로 A는 정기 적금이다. 첫 번째 질문에서 시세 차익을 기대할 수 있는 금융 자산은 주식과 채권이므로 B, C는 각각 주식, 채권 중 하나이다. 따라서 D는 정기 예금이다. 두 번째 질문에서 배당 수익을 기대할 수 있는 금융 자산은 주식뿐이므로 C는 주식이다. 따라서 A는 정기 적금, B는 채권, C는 주식, D는 정기 예금이다.

선택지 분석

① 정기 적금과 채권은 모두 이자 수익을 기대할 수 있는 금융 자산이다.
② 일반적으로 채권은 주식에 비해 수익성이 높다고 볼 수 없다.
③ 주식과 채권은 예금자 보호 제도의 적용 대상이 아니다.
④ 정기 적금과 채권은 만기가 있는 반면, 주식은 만기가 없다.
⑤ 보유한 사람에게 기업의 주주로서의 지위를 부여하는 것은 주식이다.

답 ④

탐구1 검은 목요일(대공황)

뉴욕 증권거래소에서 역사적인 주가 폭락이 발생한 1929년 10월 24일 목요일을 사람들은 검은 목요일(Black Thursday)이라고 부른다. 충격에 빠진 수많은 사람들은 경제적 혼란과 불확실성 속에서 자신의 미래를 걱정하며 월스트리트에 모여들었는데, 이 사건은 대공황의 시작을 알리는 신호탄이었다. 당시 미국은 제1차 세계 대전으로 황폐해진 유럽과 달리 군수 물자 수출 등을 통해 엄청난 경제 호황기를 누리고 있었다. 기업은 더 많은 돈을 벌기 위해 공장을 늘려 생산량을 증가시켰고, 미국인들은 주식 시장으로 몰려들었다. 하지만 시장에 쏟아낸 제품들이 팔리지 않으면서 경제의 실물 지표들이 상승세를 멈추고 하강하기 시작하였는데, 이로써 계속될 것 같았던 미국의 호황도 끝을 맞이하게 된다. 불안해진 사람들이 일시에 은행으로 달려가 자금을 인출하면서 은행들이 파산하고, 은행의 파산이 기업의 파산으로 이어지면서 실업자가 급증하였다. 세계 경제를 이끌고 있었던 미국의 붕괴는 세계 경제 전반에 악영향을 미치게 되었고, 결국 미국에서 시작된 사건은 세계 전체를 극심한 경기 침체, 즉 대공황의 시대로 접어들게 하였다.

탐구2 뉴딜 정책

이전	뉴딜 정책	이후
• 자유 방임 • 높은 실업률 • 노동자 보호 미흡 • 사회적 약자 방치	• 전국산업부흥법 등 제정 • 대규모 토목 공사(테네시강 유역 개발 공사) 실시 • 최저 임금제 등 시행 • 실업 보험, 극빈층 장애인 보조금제 실시	• 수정 자본주의의 확산 • 고용 창출 • 근로자의 권리 강화 • 사회 보장 제도 수립

뉴딜 정책은 대공황을 돌파하기 위한 미국의 전략적 도전이었다. 이전까지의 정부 경제 정책의 지향점은 시장에 대한 개입을 최소화함으로써 완전한 시장경제를 추구하는 것이었다. 이런 상황에서 발생한 대공황은 국민 총생산을 대공황 이전의 절반 수준까지 떨어뜨리고 실업자를 1,300만 명까지 폭증시켰다. 심각한 불황 속에서 1932년 치러진 미국의 대통령 선거에서 루스벨트는 빈곤과 불안에 떠는 사람들을 구제하기 위한 '잊혀진 사람들을 위한 뉴딜'을 공약으로 내세워 당선되었다. 이후 7년간에 걸쳐 시행된 뉴딜 정책은 경기 침체를 벗어나기 위한 경제 정책으로서 뿐만 아니라 사회 전체에 커다란 영향을 미친 정책으로서 평가받고 있다.

탐구 3 **케인스의 절약의 역설**

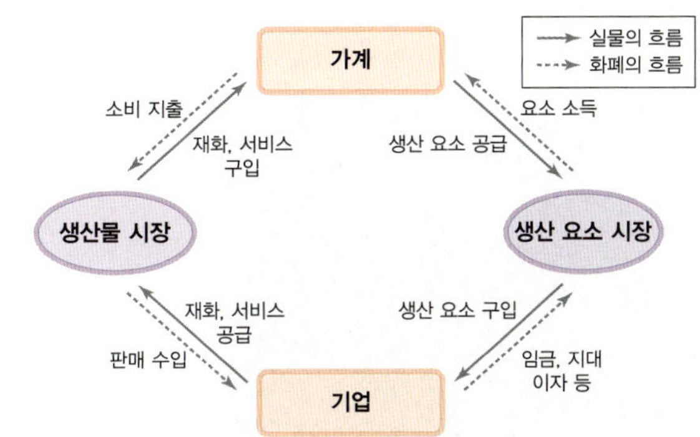

　그림은 가계와 기업의 경제 활동이 서로 영향을 미치며 순환함을 보여 준다. 경기가 좋지 않을 때 개인적 차원에서 저축은 합리적 선택일 수 있지만, 사회 전체적으로 비합리적 결과를 낳을 수 있다. 개인(가계)의 저축 증대는 소비 지출 감소, 판매 수입 감소, 생산 감소, 고용 감소, 가계 소득 감소, 소비 지출 감소 등으로 악순환을 반복하면서 국가 전체의 경기 불황을 지속시키는 것이다. 케인스는 이를 '절약의 역설'이라고 표현하였다. 이런 악순환을 끊어내고 대공황과 같은 경기 침체의 늪에서 벗어나기 위해서는 정부가 시장에 개입해야 한다는 케인스의 주장은 수정 자본주의의 이론적 바탕이 되었다.

탐구 4 **금융 자산의 종류와 특징**

　정기 예금, 정기 적금, 주식, 채권의 일반적인 특징을 나타내면 다음과 같다.

구분	정기 예금	정기 적금	주식	채권
만기가 존재하는가?	○	○	×	○
주주로서의 증표인가?	×	×	○	×
배당 수익을 기대할 수 있는가?	×	×	○	×
시세 차익을 기대할 수 있는가?	×	×	○	○
이자 수익을 기대할 수 있는가?	○	○	×	○
예금자 보호 제도의 적용 대상인가?	○	○	×	×

(○: 예, ×: 아니요)

[25507-0084]

1 다음 자료에 대한 옳은 설명만을 〈보기〉에서 고른 것은?

〈 보기 〉

ㄱ. ㉠은 스태그플레이션을 발생시킨 요인이다.
ㄴ. ㉡에서는 공기업의 민영화 등을 주장하였다.
ㄷ. 1930년대 대공황에서는 ㉢과 ㉣이 동시에 나타났다.
ㄹ. 갑은 빈곤 구제를 위한 정부의 적극적 복지 정책을 강조하였다.

① ㄱ, ㄴ　　　② ㄱ, ㄷ　　　③ ㄴ, ㄷ　　　④ ㄴ, ㄹ　　　⑤ ㄷ, ㄹ

[25507-0085]

2 빈칸에 들어갈 경제 체제 A, B에 대한 옳은 설명만을 〈보기〉에서 고른 것은?

　　자본주의가 고도로 발달하면서 노출된 여러 문제를 비판하며 등장한 　A　는 자본주의 체제를 근본적으로 반대하며 생산 수단의 사적 소유를 부정하였다. 반면, 미국의 루스벨트 대통령이 테네시강 유역 개발 공사와 같은 대규모 토목 공사를 통해 역사적으로 유례없는 경기 침체를 해결하면서 등장한 　B　는 자본주의 체제를 근간으로 하면서도 　A　의 요소를 반영한 체제이다.

〈 보기 〉

ㄱ. A는 정부의 계획과 명령으로 경제 문제를 해결한다.
ㄴ. B는 경기 침체 시의 정부 개입은 인정하지만, 경기 과열 시의 정부 개입은 부정한다.
ㄷ. A와 달리 B는 '보이지 않은 손'에 의한 자원 배분을 중시한다.
ㄹ. B와 달리 A는 경제 주체의 자유로운 의사 결정이 보장되는 경제 체제이다.

① ㄱ, ㄴ　　　② ㄱ, ㄷ　　　③ ㄴ, ㄷ　　　④ ㄴ, ㄹ　　　⑤ ㄷ, ㄹ

[25507-0086]

3 그림은 질문에 대한 응답에 따라 A~C를 구분한 것이다. 이에 대한 설명으로 옳은 것은? (단, A~C는 각각 가계, 기업, 정부 중 하나이고, ㉠, ㉡은 각각 '예', '아니요' 중 하나임.)

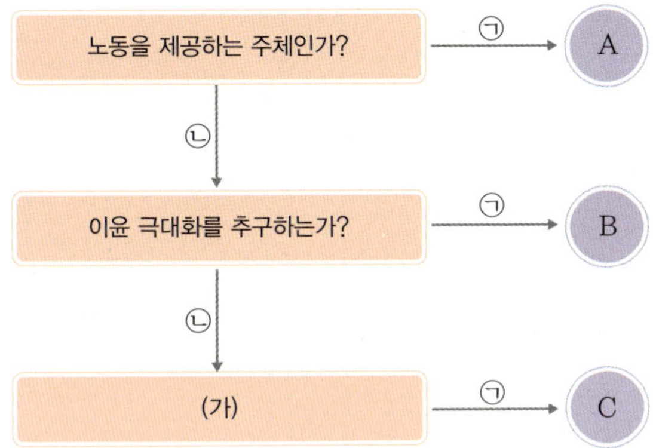

① ㉠은 '아니요', ㉡은 '예'이다.
② A는 B와 달리 효용의 극대화를 추구한다.
③ B는 C와 달리 공공재를 생산하는 주체이다.
④ C는 B와 달리 기업가 정신이 요구되는 주체이다.
⑤ (가)에는 '희소성으로 인한 경제 문제를 경험하지 않는가?'가 들어갈 수 있다.

[25507-0087]

4 다음 헌법에 나타난 우리나라 경제 체제에 대한 설명으로 옳은 것은?

> 제23조 ① 모든 국민의 재산권은 보장된다. 그 내용과 한계는 법률로 정한다.
> 제32조 ① … (중략) … 국가는 사회적·경제적 방법으로 근로자의 고용의 증진과 적정 임금의 보장에 노력하여야 하며, 법률이 정하는 바에 의하여 최저 임금제를 시행하여야 한다.
> 제119조 ① 대한민국의 경제 질서는 개인과 기업의 경제상의 자유와 창의를 존중함을 기본으로 한다.
> ② 국가는 균형 있는 국민 경제의 성장 및 안정과 적정한 소득의 분배를 유지하고, 시장의 지배와 경제력의 남용을 방지하며, 경제 주체 간의 조화를 통한 경제의 민주화를 위하여 경제에 관한 규제와 조정을 할 수 있다.

① 계획경제 체제를 바탕으로 한다.
② 정부의 시장 개입을 원천적으로 금지하고 있다.
③ 최저 임금제는 순수한 형태의 시장경제 체제를 반영하고 있다.
④ 정부가 추구하는 정책의 최고 목표를 빈부 격차 완화에 두고 있다.
⑤ 시장경제 체제를 바탕으로 계획경제 체제의 요소를 혼합하고 있다.

[25507-0088]

5 그림은 일반적 특징에 따라 금융 자산 A, B를 구분한 것이다. 이에 대한 설명으로 옳은 것은? (단, A, B는 각각 주식, 요구불 예금 중 하나임.)

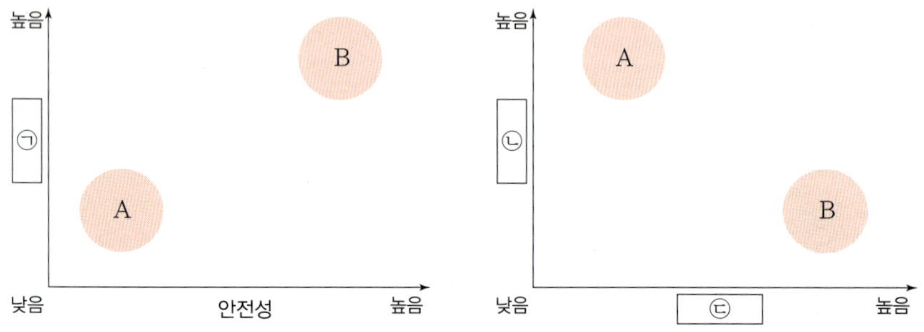

① ㉠에는 '유동성'이 들어갈 수 없다.
② ㉡이 '수익성'이면서 동시에 ㉢은 '유동성'일 수 있다.
③ A는 B와 달리 배당 수익을 기대할 수 없는 자산이다.
④ B는 A와 달리 시세 차익을 기대할 수 있는 자산이다.
⑤ A와 B는 모두 예금자 보호 제도의 적용을 받는 자산이다.

[25507-0089]

6 밑줄 친 '법칙'에 부합하는 진술만을 〈보기〉에서 고른 것은? (단, 자산은 예금, 주식만 고려함.)

> '계란을 한 바구니에 담지 마라.'라는 격언처럼 분산 투자는 꼭 필요하다. 이런 분산 투자를 위해 우리가 참고할 수 있는 지침으로 '100-나이 법칙'이 있다. 특히 자신의 연령에 따른 금융 자산별 투자 비율을 결정할 때 유용한데, 100에서 현재 자신의 나이를 빼서 나온 숫자만큼의 비율을 수익성이 높은 공격적 자산에 투자하고, 나머지는 수익성이 낮더라도 안전성이 높은 자산에 투자할 것을 권고한다.

〈 보기 〉

ㄱ. 30세인 경우 자산 중 70%를 주식에, 30%를 예금에 투자한다.
ㄴ. 30대보다 40대에는 자산 중 주식 총액의 비중을 높게 투자한다.
ㄷ. 주식 총액에 대한 예금 총액의 비는 40대보다 50대가 높게 투자한다.
ㄹ. 자산 중 예금 총액의 비중은 50대보다 60대가 낮게 투자한다.

① ㄱ, ㄴ　　　② ㄱ, ㄷ　　　③ ㄴ, ㄷ　　　④ ㄴ, ㄹ　　　⑤ ㄷ, ㄹ

[25507-0090]

7 다음 자료에 대한 옳은 설명만을 〈보기〉에서 고른 것은?

> - 갑국 정부는 국내 ㉠ X재 시장에서 발생한 외부 효과를 개선하기 위해 X재 생산자에게 보조금을 지급하는 정책을 실시하였고, 결과적으로 ㉡ 의도한 결과를 얻을 수 있었다.
> - 을국 정부는 국내 ㉢ X재 시장에서 발생한 외부 효과를 개선하기 위해 X재 생산자에게 환경 개선 부담금을 부과하는 정책을 실시하였고, 결과적으로 ㉣ 의도한 결과를 얻을 수 있었다.

〈 보기 〉
ㄱ. 정책 시행 전 X재의 시장 거래량은 갑국보다 을국이 많다.
ㄴ. ㉠은 과점 시장의 공급자들이 담합하는 경우 발생하는 시장 실패이다.
ㄷ. ㉢은 제3자에게 의도하지 않은 피해를 주고도 이에 대한 대가를 지불하지 않는 현상이다.
ㄹ. X재의 생산 증가는 ㉣보다 ㉡으로 적절하다.

① ㄱ, ㄴ   ② ㄱ, ㄷ   ③ ㄴ, ㄷ   ④ ㄴ, ㄹ   ⑤ ㄷ, ㄹ

[25507-0091]

8 다음 대화에 대한 옳은 설명만을 〈보기〉에서 고른 것은?

> 갑: 세계 무역 기구가 출범하고 자유 무역 협정의 체결을 통해 세계적으로, 그리고 협정 당사자국 간의 자유 무역이 확대되면서 국가 간 상호 의존성이 높아지고 있습니다.
> 을: 교통, 통신의 발달 역시 자유 무역을 확대시키는 요인으로 작용하였습니다. 자유 무역 확대를 통해 교역 당사국들은 모두 각각 경제적 이익이 증가하고 있습니다.
> 병: 자유 무역의 확대가 교역 당사국들이 얻는 무역 이익의 총합을 키운 것은 맞지만, 무역 이익이 교역 당사국들에게 골고루 돌아가지 못하면서 오히려 국가 간 빈부 격차를 심화시키고 있습니다.
> 정: 자유 무역의 확대는 문화적 교류를 촉진하였습니다. 이 과정에서 문화적 다양성이 강화되기보다는 경제적 약소국의 문화가 경제적 강대국의 문화에 의해 잠식되고 있습니다.

〈 보기 〉
ㄱ. 갑은 을과 달리 자유 무역 확대의 긍정적 측면을 강조하고 있다.
ㄴ. 을과 병은 모두 자유 무역 확대를 통해 교역 당사국들의 무역 이익의 총합이 증가한다고 본다.
ㄷ. 병과 정은 모두 자유 무역 확대로 인해 발생하는 부정적 결과를 우려하고 있다.
ㄹ. 정은 갑과 달리 자유 무역 확대로 인해 나타나는 문화 획일화 현상을 경시하고 있다.

① ㄱ, ㄴ   ② ㄱ, ㄷ   ③ ㄴ, ㄷ   ④ ㄴ, ㄹ   ⑤ ㄷ, ㄹ

01 다음 자료에 대한 설명으로 옳은 것은? [25507-0092]

> - A~C는 각각 계획경제 체제, 시장경제 체제, 혼합 경제 체제 중 하나이고, 각 질문에 대한 A~C의 응답은 각각 '예', '아니요' 중 하나이다.
> - 혼합 경제 체제는 시장경제 체제를 바탕으로 계획경제 체제 요소가 일부 반영된 형태이다.
> - ㉠ '생산 수단의 국·공유화를 원칙으로 하는가?'에 대한 A의 응답은 B와 다르다.
> - '원칙적으로 개인의 사적 이윤 추구 활동을 보장하는가?'에 대한 A의 응답은 C와 같다.
> - '정부의 계획에 의한 경제 문제 해결을 인정하는가?'에 대한 B의 응답은 C와 같다.

① ㉠은 '예'이다.
② A는 B와 달리 분배 과정에서 형평성을 중시한다.
③ B는 C에 비해 시장 실패가 나타날 가능성이 높다.
④ C는 A에 비해 자원 배분이 시장 가격 기구에 의해 결정되는 정도가 약하다.
⑤ A는 B, C와 달리 1930년대 대공황을 해결하는 과정에서 등장하였다.

02 다음 대화에 대한 설명으로 옳은 것은? (단, A~C는 각각 상업 자본주의, 산업 자본주의, 수정 자본주의 중 하나임.) [25507-0093]

> 교사: 지난 시간에 배운 A~C에 대해 발표해 봅시다.
> 갑: A는 B와 달리 석유 파동을 배경으로 등장하였습니다.
> 을: B는 C와 달리 정부 역할을 강조한 결과 복지병을 낳기도 하였습니다.
> 병: C는 A와 달리 상품 생산보다 유통 과정을 통한 이윤 추구를 중시하였습니다.
> 정: _______________(가)_______________
> 교사: ㉠ 세 학생만 옳게 발표하였습니다.

① 갑은 ㉠에 포함된다.
② A는 중상주의 정책을 비판하면서 발달하였다.
③ B는 정부의 시장 개입에 대해 부정적이다.
④ (가)에는 'A는 B에 비해 정부의 시장 개입 정도가 강합니다.'가 들어갈 수 있다.
⑤ (가)에는 'B는 C와 달리 자본주의 체제 자체를 부정하면서 등장하였습니다.'가 들어갈 수 있다.

정답과 해설 28쪽

통합형 **03** 밑줄 친 ㉠~㉥에 대한 설명으로 옳은 것은? [25507-0094]

> ㉠ 가계는 생산물 시장에서 재화, 서비스 등을 구입하는 소비자이다. 기존까지 소비자들의 주요 관심사는 ㉡ 희소성으로 인해 발생하는 선택의 상황에서 합리적으로 소비하는 것이었다. 하지만 경제 성장이 지속됨에 따라 심화되는 자원 고갈과 환경 파괴 등의 문제는 지속가능발전을 위태롭게 했고, 이런 시대적 위기감은 소비자에게 합리성을 넘어 윤리성을 요구하게 되었다. 특히 ㉢ 정보화의 진척이 시장의 주축을 ㉣ 기업에서 소비자로 변화시키고 있다는 점을 고려하면, 소비자의 선택이 생산, 유통 등 경제 전반에 얼마나 큰 영향을 미칠지 충분히 짐작할 수 있다. 따라서 소비자들은 ㉤ 합리적 소비뿐만 아니라 인간, 동물, 환경 등을 고려하는 ㉥ 윤리적 소비를 실천함으로써 시장경제의 원활한 작동과 함께 지속가능발전을 위해서도 힘써야 할 것이다.

① ㉠은 ㉣과 달리 생산 요소를 구입하는 주체이다.
② 존재량보다 사람들의 욕구 수준이 작을 때 ㉡이 나타난다.
③ ㉢은 개인 정보 유출, 사생활 침해 등의 문제를 감소시킨다.
④ 매몰 비용보다 편익이 큰 재화를 구입하는 것은 ㉤에 해당한다.
⑤ 다소 비싸더라도 공동선을 추구하는 기업의 제품을 구입하는 것은 ㉥에 해당한다.

04 다음 자료에 대한 옳은 설명만을 〈보기〉에서 고른 것은? [25507-0095]

> • 갑은 X재 1개 또는 Y재 1개를 구입하려 한다.
> • X재 1개의 가격은 2만 원, Y재 1개의 가격은 1만 5천 원이다.
> • X재 1개 구입의 기회비용과 Y재 1개 구입의 기회비용은 각각 2만 5천 원으로 같다.

〈 보기 〉

ㄱ. 재화 1개 구입의 편익은 X재가 Y재의 1.5배이다.
ㄴ. 재화 1개 구입의 암묵적 비용은 Y재가 X재의 2배이다.
ㄷ. X재 1개 구입의 순편익은 Y재 1개 구입의 암묵적 비용보다 크다.
ㄹ. Y재 1개 구입의 명시적 비용은 X재 1개 구입의 기회비용보다 크다.

① ㄱ, ㄴ ② ㄱ, ㄷ ③ ㄴ, ㄷ ④ ㄴ, ㄹ ⑤ ㄷ, ㄹ

05 다음 자료에 대한 옳은 설명만을 〈보기〉에서 고른 것은?　　　　　　[25507-0096]

> 표는 부부인 갑, 을이 작성한 금융 상품 A~C의 평가표이다. 평가 기준(안전성, 수익성, 유동성)별로 각각 최저 1점에서 최고 5점까지 점수를 부여하는 방식으로 작성되었는데, 평가 기준 간 중요도에는 차이가 없다. 갑, 을은 ㉠ 각각 하나의 상품을 골라 투자하는 방식과 ㉡ 둘의 자산을 합쳐 하나의 상품에 투자하는 방식을 고민 중이다. 단, 갑, 을의 선호도는 각각 하나의 상품을 골라 투자하는 방식에 따를 경우, 기준에 따른 점수를 합한 총점이 큰 금융 상품일수록 높고, 둘의 자산을 합쳐 하나의 상품에 투자하는 방식에 따를 경우, 두 사람이 각 상품에 부여한 총점의 합이 큰 금융 상품일수록 높다.

(단위: 점)

구분	A		B		C	
	갑	을	갑	을	갑	을
안전성	5	3	1	2	4	2
수익성	2	1	5	4	3	2
유동성	4	3	2	2	2	2

〈 보기 〉

ㄱ. 갑과 을은 모두 B보다 A를 선호한다.
ㄴ. ㉠에 따를 경우, 을이 선택할 금융 상품은 수익성 점수가 안전성 점수보다 높다.
ㄷ. ㉡에서의 선호 순위는 ㉠에서의 갑의 선호 순위와 일치한다.
ㄹ. ㉡에 따를 경우, 갑, 을은 자신들이 모두 수익성에 가장 낮은 점수를 부여한 금융 상품을 선택할 것이다.

① ㄱ, ㄴ　　　② ㄱ, ㄷ　　　③ ㄴ, ㄷ　　　④ ㄴ, ㄹ　　　⑤ ㄷ, ㄹ

06 그림은 질문에 대한 응답에 따라 재화 A~C를 구분한 것이다. 이에 대한 설명으로 옳은 것은?　　[25507-0097]

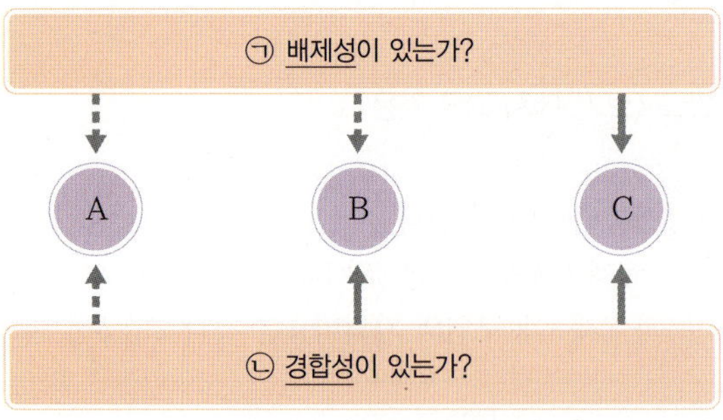

① 국방과 치안 서비스는 ㉠이 있다.
② ㉡은 한 사람의 소비가 다른 사람의 소비량을 감소시키지 않는 특성이다.
③ A는 B와 달리 희소성이 없는 재화이다.
④ A는 C와 달리 무임승차자 문제가 발생할 가능성이 높다.
⑤ C는 A와 달리 시장에서 사회적 최적 수준보다 적게 생산될 가능성이 높다.

07 다음 자료에 대한 설명으로 옳은 것은? [25507-0098]

> 노동만을 생산 요소로 하여 X재와 Y재만을 생산하는 갑국과 을국은 비교 우위가 있는 재화만을 생산하여 교역한다. 표는 갑국과 을국이 생산 요소를 모두 활용하여 생산할 수 있는 X재와 Y재 수량의 조합을 나타낸 것이다. 단, 교역은 거래 비용 없이 양국 간에만 이루어지고, 양국이 보유하고 있는 노동량은 동일하다.

〈갑국〉 (단위: 개)

X재	0	1	2	3	4
Y재	8	6	4	2	0

〈을국〉 (단위: 개)

X재	0	1	2	3	4	5	6	7	8	9	10
Y재	10	9	8	7	6	5	4	3	2	1	0

① 갑국은 X재 생산에 절대 우위가 있다.
② 을국은 Y재 생산에 비교 우위가 있다.
③ 갑국의 X재 최대 생산 가능량은 을국의 Y재 최대 생산 가능량보다 많다.
④ X재 2개와 Y재 3개를 교역하는 경우, 갑국과 을국은 모두 무역 이익이 발생한다.
⑤ X재 2개에서 1개를 추가로 생산하기 위해 포기해야 하는 Y재의 수량은 갑국이 을국보다 적다.

08 다음 자료에 대한 설명으로 옳은 것은? [25507-0099]

> 갑국은 을국, 병국 중 한 국가와의 교역을 고려하고 있다. 〈그림 1〉은 갑국이 을국과 거래하는 경우 갑국과 을국의 수출품을 나타낸 것이고, 〈그림 2〉는 갑국이 병국과 거래하는 경우, 갑국과 병국의 수출품을 나타낸 것이다. 교역에 참여하는 양국은 비교 우위에 있는 재화만을 특화하여 교역 이득이 발생하는 경우에만 거래 비용 없이 거래한다. 단, 갑국~병국은 각각 X재와 Y재만을 생산할 수 있고, 각 재화 1개를 추가 생산할 때마다 발생하는 기회비용은 일정하다.

① X재 1개 생산의 기회비용은 을국이 가장 작다.
② Y재 1개 생산의 기회비용은 갑국이 가장 크다.
③ 갑국에서 X재 1개 생산의 기회비용은 Y재 1개보다 작다.
④ 병국에서 Y재 1개 생산의 기회비용은 X재 2.5개보다 작다.
⑤ X재 1개 생산을 위해 포기해야 하는 Y재의 생산량은 갑국이 병국보다 적다.

Ⅳ 세계화와 평화

1 세계화의 다양한 양상과 문제점 및 해결 방안

1. 세계화와 지역화

(1) **세계화**

의미	교통·통신의 발달에 따라 지역 간 상호 의존성이 커지고, 전 세계가 하나로 통합되어가는 현상
영향	• 전 세계적으로 상품, 자본, 기술의 이동이 활발해지며, 지구적 규모로 경제적 상호 의존과 경쟁 증가 • 신념, 가치 등의 지구적 확산과 사회·문화적 측면의 지역 연계 증가

(2) **지역화**

의미	특정 지역의 고유한 전통이나 특성이 세계적인 차원에서 가치를 갖는 현상
특징	• 지역화를 통해 지역의 경쟁력을 강화하고 지역 경제 활성화를 추구함 • 지역 브랜드, 장소 마케팅, 지리적 표시제 등의 지역화 전략을 추진함

(3) **글로컬라이제이션**: 세계화와 지역화는 동시에 이루어지며, 상호 보완적인 관계에 있음

2. 세계 도시의 형성

의미	정치, 경제, 문화 등 다양한 측면에서 세계의 중심지 역할을 하는 도시 ⓔ 뉴욕, 런던, 도쿄 등
특징	다국적 기업의 본사, 국제 금융 업무, 생산자 서비스 기능 등이 밀집하여 세계의 자본과 정보가 집중, 국제기구 본부가 위치하거나 국제회의와 행사를 통해 교류

3. 다국적 기업의 등장

(1) **의미**: 국경을 넘어 세계적인 규모로 생산, 유통, 판매 활동을 하는 기업

(2) **공간적 분업**: 각 기능이 공간적으로 분리되는 현상

본사	• 경영 및 관리 기능을 수행 • 정보 수집과 의사 결정에 유리한 본국의 대도시에 입지
연구소	• 연구 개발 기능을 수행 • 핵심 기술 인력을 구하기 쉬운 곳에 입지
생산 공장	• 제품의 조립 및 생산 기능을 수행 • 원료나 인건비가 저렴한 곳이나, 무역 장벽을 피하고 판매 시장을 확보할 수 있는 곳에 입지

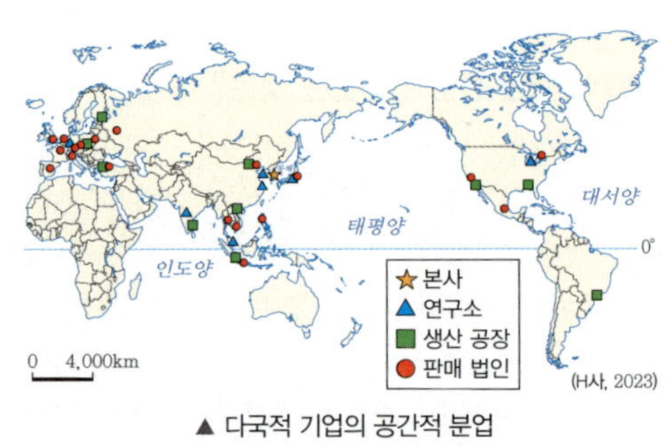

▲ 다국적 기업의 공간적 분업

(3) **다국적 기업에 의한 지역의 변화**

입지 지역	일자리가 늘어나고 지역 경제가 활성화됨, 경쟁력이 부족한 자국 기업의 피해
철수 지역	실업자가 증가하며 지역 경제가 침체됨

4. 세계화 시대의 문제점과 해결 방안

세계화의 문제점	문화의 획일화와 소멸, 빈부 격차의 심화, 보편 윤리와 특수 윤리의 갈등 등
해결 방안	세계시민 의식, 정의로운 분배 의식, 공정 무역 등

■ 지역 브랜드

지역에서 생산되는 상품이나 서비스 또는 지역 자체에 고유한 상표를 부여하는 것을 말한다. 뉴욕의 I ♥NY이 대표적이다.

■ 장소 마케팅

특정 장소가 지닌 특징을 이용하여 장소 자체를 매력적인 상품으로 만드는 것을 말한다. 브라질의 리우 카니발 등의 지역 축제는 장소 마케팅의 방법 중 하나이다.

■ 지리적 표시제

특정 상품의 품질이나 특성이 생산지의 지리적 특성에서 비롯되고 상품의 우수성이 인정될 때 지역 이름이 상표권으로 인정되는 것을 말한다. 인도의 다르질링차 등이 대표적이다.

■ 서비스업의 구분

서비스업은 서비스 제공 대상에 따라 소비자 서비스업과 생산자 서비스업으로 구분한다. 소비자 서비스업은 음식업, 숙박업, 소매업 등과 같이 일반 소비자에게 직접 제공한다. 생산자 서비스업은 회계, 금융, 법률, 광고, 시장 조사 등과 같이 기업 활동에 도움을 준다.

■ 다국적 기업의 현지화 전략

특정 지역의 특성을 생산과 유통 과정에 반영하여 수익률을 높이는 방법을 말한다. 예를 들어 햄버거의 경우 우리나라의 불고기 버거, 인도의 양고기 버거 등이 있다.

2 평화의 의미와 평화 실현을 위한 국제 사회의 역할

1. 평화의 의미와 소중함

(1) 갈퉁의 평화 사상

① 소극적 평화: 범죄, 테러, 전쟁 등과 같은 직접적이고 물리적인 폭력이 없는 상태

② 적극적 평화: 직접적 폭력뿐만 아니라 구조적 폭력과 문화적 폭력까지 모든 폭력이 사라진 상태

(2) 국제 사회의 갈등과 협력 및 평화의 소중함

① 국제 사회에서는 영토, 자원, 종교, 이념, 민족, 인종 등 다양한 원인이 복합적으로 얽혀 갈등과 분쟁이 발생하고 있음

② 국제 사회의 갈등과 분쟁은 개별 국가의 노력만으로는 해결하기 어려우므로 국제 사회의 협력을 통해 평화를 실현해야 함

2. 세계 평화를 위한 행위 주체의 역할

(1) 국제 사회를 움직이는 행위 주체

① 국가: 일정한 영토와 국민을 바탕으로 주권을 가진 국제 사회의 가장 기본적인 행위 주체로, 자국의 이익을 위해 다른 나라와 협력을 하기도 하고 갈등을 빚기도 함

② 국제기구: 주권을 가진 국가들로 구성된 협력체로, 국제 사회의 갈등 해결 및 평화 유지와 국제 사회에 존재하는 다양한 문제 해결을 위한 경제적·사회적 협력 활동을 펼침
　　예 국제 연합, 경제 협력 개발 기구, 세계 보건 기구 등

③ 비정부 기구: 개인이나 민간 단체를 중심으로 구성된 행위 주체로, 특정 개인이나 개별 국가의 이익이 아닌 생명, 인권, 환경 등 인류의 보편적 가치 실현을 위해 활동함
　　예 국제 앰네스티, 국경 없는 의사회, 그린피스 등

(2) 세계 평화를 위한 행위 주체의 역할

① 국가: 국가 간 갈등을 평화적으로 해결하기 위해 노력하고 빈곤, 재난 등으로 어려움에 빠진 다른 국가를 원조해야 함

② 국제기구 및 비정부 기구: 국가 간 갈등을 중재하여 평화적으로 해결될 수 있도록 노력하고 인류의 보편적 가치 실현을 위한 인도주의적 활동을 지속적으로 펼쳐야 함

■ **갈퉁의 평화 이론**

갈퉁은 전쟁이 없는 상태인 소극적 평화에서 인간 존엄성 보장, 삶의 질 향상 등을 포함하는 적극적 평화로 평화의 개념을 확장하였으며, 평화는 폭력적 수단이 아니라 평화적 수단에 의해 달성되어야 한다고 주장하였다.

자료 플러스 갈퉁의 평화 사상

> 전쟁은 단지 하나의 특정한 형태의 폭력일 뿐이다. 평화를 전쟁의 반대로 보는 것은 매우 편협한 시각이다. 이러한 시각에는 폭력의 유형 간의 중요한 상호 연결성이 빠져 있다. 폭력은 사회 구조 속에 존재하기도 하고, 폭력을 정당화하는 문화 속에 스며들어 있기도 하다. 평화는 직접적 평화와 구조적 평화, 그리고 문화적 평화가 합쳐진 것이다.
>
> — 갈퉁, 『평화적 수단에 의한 평화』 —

갈퉁은 폭력에는 범죄, 테러, 전쟁과 같은 직접적이고 물리적인 폭력, 부정의한 사회 제도나 구조를 통해 이루어지는 정치적 억압, 경제적 착취, 빈곤 등의 구조적 폭력, 그리고 직접적 폭력과 구조적 폭력을 정당화하는 문화적 폭력이 있다고 주장하였다.

3 남북 분단 및 동아시아 역사 갈등과 세계 평화를 위한 노력

1. 남북 분단의 배경과 평화 통일을 위한 노력

(1) 남북 분단의 배경

① 1945년 8월 15일 일본의 식민 지배에서 벗어나 광복을 맞이하였지만 냉전 체제 속에서 북위 38도선을 경계로 미군과 소련군이 남북에 각각 주둔함

② 신탁 통치 찬반을 둘러싸고 민족 내부의 갈등이 깊어졌으며, 1948년 남북한에 서로 다른 정치 체제가 수립됨

③ 1950년 6·25 전쟁의 발발로 남북 분단이 더욱 고착화됨

(2) 평화 통일의 의의와 평화 통일을 위한 노력

① 평화 통일의 의의: 평화 통일은 이산가족의 고통을 덜어주고 북한 주민의 인권을 개선하는 등 인도주의적 차원에서 의의를 지님은 물론, 소모적인 군사비 지출 등 분단 비용을 줄여 한반도 경제 발전을 위한 토대를 마련할 수 있으며, 세계 평화 실현에 기여할 수 있음

② 평화 통일을 위한 노력: 남북한 간 교류와 협력을 지속하여 남북한의 신뢰 및 민족의 동질성을 회복하고, 남북 통일에 우호적인 국제 환경 조성을 위해 주변국의 지지와 협력을 이끌어내려는 노력이 필요함

■ **신탁 통치**
국제 연합의 위임을 받은 국가가 아직 자치 능력을 갖추지 못한 지역이 자치 능력을 갖출 때까지 일정 기간 대신 통치하는 제도이다.

2. 동아시아의 역사 갈등과 세계 평화 실현을 위한 우리나라의 노력

(1) 동아시아의 역사 갈등 및 갈등 해결을 위한 노력

① 고조선, 고구려, 발해의 역사를 자국의 역사로 편입시키려는 중국의 동북공정, 독도를 자국의 영토라 주장하고 침략 전쟁과 식민 지배를 은폐, 미화하는 내용을 담은 일본의 역사 교과서 왜곡 등 한국, 중국, 일본 간 역사 갈등이 발생함

② 공동 역사 연구 진행, 공동 역사 교재 발간 등 역사 왜곡에 대한 공동의 대응 및 역사 갈등을 해결하기 위한 다양한 연대와 교류의 노력이 필요함

(2) 세계 평화 실현을 위한 우리나라의 노력

① 다른 나라로부터 원조를 받던 우리나라는 눈부신 경제 성장을 이룩하여 개발 원조 위원회에 가입하여 다른 나라에 원조하는 국가가 됨

② 높은 국제적 위상을 바탕으로 재해나 재난을 입은 국가에 대한 구호 활동, 개발도상국에 대한 경제적 지원, 분쟁 지역의 평화를 유지하기 위한 활동 등 세계 평화 실현을 위한 적극적 노력을 펼치고 있음

■ **개발 원조 위원회(DAC)**
경제 협력 개발 기구 산하 위원회 중 하나로 개발도상국에 대한 선진국의 원조 업무를 담당하고 있다.

자료 플러스 통일과 관련된 비용

- 분단 비용: 분단으로 인해 남북한이 부담하는 유무형의 모든 비용으로, 소모적 성격을 지님.
  - 예 국방비, 불안정한 안보 상황으로 인한 경제적 손실, 외교적 경쟁 비용, 이산가족의 고통, 국민들의 불안 등
- 통일 비용: 통일 과정과 통일 이후 남북 간 격차를 해소하고 완전한 통합을 이루는 데 필요한 비용으로, 통일 한국의 번영을 위한 생산적이고 투자적인 성격을 지님
  - 예 화폐 통합 비용, 생산 시설 및 사회 기반 시설 구축 비용, 실업 등 초기 사회의 문제 처리 비용 등
- 통일 편익: 통일로 얻게 되는 경제적, 비경제적 이익과 혜택
  - 예 시장 규모 확대로 인한 경제적 이익 증가, 이산가족의 고통 해결, 북한 주민의 인권 문제 해결 등

예시 문항 13

다음 강연자가 지지할 견해로 적절하지 <u>않은</u> 것은?

① 적극적 평화를 실현하는 것이 폭력에 대한 최선의 방어이다.
② 폭력은 소극적 평화를 실현하는 수단으로서만 허용될 수 있다.
③ 직접적 폭력과 간접적 폭력은 서로 유기적으로 연결되어 있다.
④ 폭력은 의도하지 않아도 생길 수 있으며 또 다른 폭력으로 이어질 수 있다.
⑤ 국제 사회의 행위 주체인 국제기구는 갈등 해결을 위해 평화적 수단을 활용해야 한다.

유형분석

윤리 영역에 해당하는 내용으로 강연문 형식으로 제시된 자료에 대한 해석을 바탕으로 갈퉁의 평화 사상에 대한 올바른 이해 정도를 평가하기 위해 구성된 문항이다.

성취기준

평화의 관점에서 국제 사회의 갈등과 협력의 사례를 조사하고, 세계 평화를 위한 행위 주체의 바람직한 역할을 탐색한다.

수능길잡이

- 제시된 자료를 바탕으로 강연자가 누구인지를 파악하여, 폭력과 평화에 대한 강연자의 사상적 입장을 정확하게 추론해 낼 수 있어야 한다.
- 제시된 자료에서 강연자가 갈퉁임을 파악하고, 폭력의 종류 및 평화의 상태에 대한 갈퉁의 이론에 근거하여 평화 실현에 대한 갈퉁의 실천적 견해를 판단할 수 있어야 한다.

문제 분석

강연자는 갈퉁이다. 갈퉁은 인간의 기본적 욕구를 모독하는 모든 것을 폭력으로 규정하고 직접적 폭력뿐만 아니라 구조적 폭력과 문화적 폭력까지 모든 종류의 폭력이 사라진 상태를 진정한 평화의 상태로 보았다.

선택지 분석

① 갈퉁은 직접적 폭력, 구조적 폭력, 문화적 폭력 등 모든 폭력이 사라진 상태를 적극적 평화로 규정하였다.
② 갈퉁은 평화는 폭력적인 수단이나 방법을 통해서가 아니라 평화적 수단과 방법을 통해 실현되어야 한다고 주장하였다.
③ 갈퉁은 모든 폭력은 서로 유기적으로 연결되어 있으므로 어디에서부터든 발생할 수 있고 또 어디로든 확산될 수 있다고 보았다.
④ 갈퉁은 폭력은 의도한 곳에서뿐만 아니라 의도하지 않은 곳에서도 발생할 수 있다고 보았다.
⑤ 갈퉁은 국가 간 평화는 폭력적인 수단이나 방법을 통해서가 아니라 평화적 수단과 방법을 통해 달성되어야 한다고 주장하였다.

정답 ②

그림의 강연자가 지지할 견해로 가장 적절한 것은?

① 전쟁의 부재와 종식은 진정한 평화를 실현하기 위한 필수 요건이다.
② 비폭력적인 방법으로 평화를 실현하려는 노력은 소극적 평화 실현을 저해한다.
③ 직접적 폭력은 구조적 폭력으로 확산될 수는 있어도 문화적 폭력으로 확산되지는 않는다.
④ 침략 전쟁에서 사용되는 폭력과는 다르게 평화 실현 수단으로서의 폭력은 언제나 정당하다.
⑤ 사회적 차별의 철폐 노력은 적극적 평화 실현에는 기여하지만 소극적 평화 실현과는 무관하다.

문제 분석

그림의 강연자는 갈퉁이다. 갈퉁은 폭력의 삼각형 이론을 통해 폭력은 직접적 폭력, 구조적 폭력, 문화적 폭력 어디에서나 시작하여 다른 폭력으로 확대·재생산될 수 있다고 주장하였다.

선택지 분석

① 갈퉁은 전쟁과 같은 직접적 폭력과 구조적 폭력 및 문화적 폭력이 모두 부재한 상태를 진정한 평화로 보았다.
②, ④ 갈퉁은 평화를 실현하려는 노력은 폭력적인 수단이 아니라 평화적인 수단에 의해 이루어져야 한다고 주장하였다.
③ 갈퉁은 직접적 폭력, 구조적 폭력, 문화적 폭력 어디에서든지 폭력이 발생하여 또 다른 폭력으로 전이될 수 있다고 주장하였다.
⑤ 갈퉁은 사회적 차별과 같은 구조적 폭력을 없애려는 노력은 직접적 폭력 및 문화적 폭력의 제거와 예방에도 도움이 된다고 보았다.

정답 ①

탐구 1 진정한 평화의 의미

- 폭력의 결과를 의도한 행위자 또는 가해자가 존재한다면 우리는 직접적 폭력에 대해 이야기할 수 있고, 그렇지 않다면 간접적 폭력 또는 구조적 폭력에 대해 이야기할 수 있을 것이다. 비참한 것도 폭력의 한 형태이므로 어딘가에 폭력이 존재한다. 이에 따라 우리는 간접적 폭력이 구조적 폭력이라는 입장을 취할 수 있게 된다. 간접적 폭력은 사회 구조 자체에서 일어난다. 외적으로 일어나는 구조적 폭력의 두 가지 주요한 형태는 정치와 경제에서 잘 알려진 억압과 착취이다. 이 두 가지 형태의 폭력은 몸과 마음에 작용하지만, 반드시 의도된 것은 아니다. 그러나 희생자들에게는 의도된 것이 아니라는 사실이 큰 위안이 되지는 못한다. 이러한 모든 것의 이면에는 문화적 폭력이 존재한다. 모두 상징적인 것으로서 종교와 사상, 언어와 예술, 과학과 법, 대중 매체와 교육의 내부에 존재하는 것이다. 이러한 문화적 폭력의 기능은 매우 간단한데 직접적 폭력과 구조적 폭력을 정당화하는 것이다.
- 폭력은 직접적 – 구조적 – 문화적 폭력의 삼각형에 있어 어떤 꼭짓점에서도 시작될 수 있고, 다른 꼭짓점으로 쉽사리 전달된다. 제도화된 폭력적 구조와 내면화된 폭력적 문화와 더불어 직접적 폭력은 또한 장기간에 걸친 복수전처럼 제도화되고, 반복되고 의식화되려는 경향이 있다.
- 평화를 창조하는 것은 폭력을 줄이는 것(치료)과 폭력을 피하는 것(예방)과 분명히 관련이 있다. 치료적 처방은 소극적 평화를 목표로 하고, 예방적 처방은 적극적 평화를 지향한다.　　　　　　　　　　　　　　　　　－ 갈퉁, 『평화적 수단에 의한 평화』 －

갈퉁은 인간의 기본적 욕구를 모독하는 모든 것을 폭력으로 규정하고 직접적이고 물리적인 폭력이 없는 상태인 소극적 평화가 아니라 직접 폭력, 구조적 폭력, 문화적 폭력의 모든 폭력이 제거된 적극적 평화가 진정한 평화라고 보았다. 소극적 평화는 빈곤이나 인권 침해 등 인간이 겪을 수 있는 다양한 차원의 고통을 소홀히 하는 한계가 있기 때문이다. 또한, 갈퉁은 직접적 폭력, 구조적 폭력, 문화적 폭력의 관계를 폭력의 삼각형으로 설명하며, 한 종류의 폭력은 다른 종류의 폭력으로 언제든지 확대, 재생산될 수 있으므로 폭력을 줄이는 것을 넘어 폭력을 예방하는 것이 더 중요하다고 주장하였다. 갈퉁의 사상은 평화의 개념을 전쟁의 부재와 같은 국가 안보 차원에서 인간의 존엄성과 삶의 질을 중시하는 인간 안보의 차원으로 확장하였다는 평가를 받는다.

탐구 2 칸트의 평화 사상

전쟁을 예방하고 국가 간 영원한 평화를 보장하기 위해서는 다음의 조항들이 지켜져야 한다. 첫째, 모든 국가의 시민적 정치 체제는 공화정이어야 한다. 둘째, 국제법은 자유로운 국가들의 연방 체제에 기초해야 한다. 셋째, 세계시민법은 보편적 우호의 조건에 국한되어야 한다.　　　　　　　　　　　　　　　　　　　　　　　　－ 칸트, 『영구 평화론』 －

칸트는 전쟁은 인간을 국가의 이해관계를 위한 수단으로만 대우하는 것이므로 정당화될 수 없으며, 우리는 평화를 실현하려는 도덕적 의무를 이행해야 한다고 주장하였다.

탐구 3 빈부 격차의 심화

세계화 과정에서 빈부 격차가 심화되고 있다. 선진국과 저개발국 사이의 격차, 세계의 부유층과 빈곤층 사이의 격차가 커지고 있다. 일부 선진국의 다국적 기업은 국가를 능가하는 경제력을 가지게 되기도 하였다.

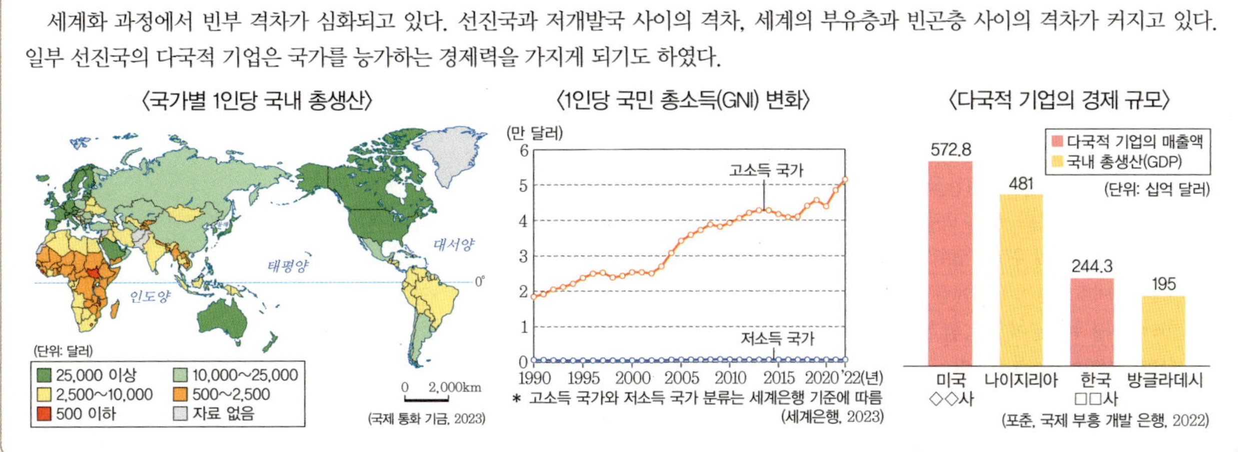

[25507-0100]

1 다음 자료에 대한 옳은 설명만을 〈보기〉에서 있는 대로 고른 것은? (단, A~C는 각각 본사, 생산 공장, 연구소 중 하나임.)

> 전자제품을 생산하는 기업인 □□ 전자는 세계 여러 지역에 진출한 세계적 규모의 다국적 기업이다. 관리, 연구, 생산 등 기능에 따라 시설의 입지를 다르게 한다는 점에서 　(가)　을/를 실시하고 있다.

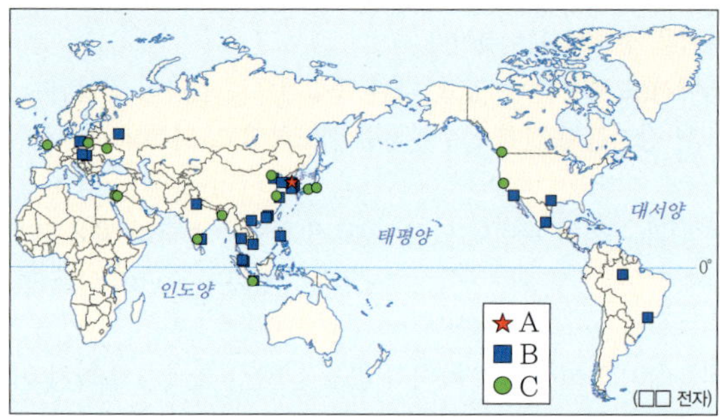

〈 보기 〉

ㄱ. C는 핵심 기술 인력을 구하기 쉬운 곳에 주로 입지한다.
ㄴ. A는 B보다 저임금 노동력이 풍부한 곳에 주로 입지한다.
ㄷ. (가)에는 '현지화 전략'이 들어갈 수 있다.
ㄹ. 연구소는 중·남부 아메리카보다 북부 아메리카에 많다.

① ㄱ, ㄴ　　　　　　② ㄱ, ㄹ　　　　　　③ ㄴ, ㄷ
④ ㄱ, ㄴ, ㄹ　　　　⑤ ㄴ, ㄷ, ㄹ

[25507-0101]

2 다음은 서술형 평가 문제와 학생 답안이다. 밑줄 친 ㉠~㉤ 중 옳지 <u>않은</u> 것은?

> **〈서술형 평가〉**
>
> ◎ 문제: 세계 평화를 실현하기 위한 국제 사회의 행위 주체들에 대해 서술하시오.
>
> ◎ 학생 답안
>
> 　세계 평화를 실현하기 위한 국제 사회의 행위 주체로는 국가, 국제기구, 비정부 기구 등을 들 수 있다. 먼저 국가는 ㉠ 일정한 영토와 국민을 바탕으로 주권을 가진 국제 사회의 가장 기본적인 행위 주체이다. 국제기구는 ㉡ 주권을 가진 국가들로 구성된 협력체로서 국제 사회의 갈등 해결과 평화 유지를 위해 노력한다. 대표적인 국제기구로는 ㉢ 세계 보건 기구, 세계 무역 기구, 국제 앰네스티 등을 들 수 있다. 비정부 기구는 ㉣ 특정 개인이나 개별 국가의 이익을 뛰어넘어 인권, 환경, 보건, 평화 등 보편적 가치를 위해 활동한다. 비정부 기구로는 ㉤ 국경 없는 의사회, 그린피스 등을 들 수 있다.

① ㉠　　　　② ㉡　　　　③ ㉢　　　　④ ㉣　　　　⑤ ㉤

[25507-0102]

3 다음은 통합사회 수업의 과제 안내문이다. 제시된 조건을 고려하여 작성한 발표 주제와 조사 내용으로 가장 적절한 것은?

〈과제 안내문〉

〈조건〉 • 제시된 자료에 적합한 발표 주제를 작성한다.
 • 발표 주제를 뒷받침하기 위한 조사 내용을 정한다.

〈자료〉

• 파르미지아노 레지아노는 원통 모양의 단단한 이탈리아의 치즈이며, 파르마에서 생산되었다는 증서를 17세기부터 발행해 온 역사가 있음
• 치즈의 명칭은 원산지의 특성을 드러내므로 인정받은 지역에서 생산된 것만 사용할 수 있다는 유럽 연합(EU) 법원의 판결이 있음

• 전주비빔밥은 명성과 품질이 지역의 지리적 특성에 의해 생산된 것임을 인정하고 명칭을 특허청으로부터 보호받음
• 국내외 음식 제조업체에서 전주비빔밥 명칭을 무단으로 사용하면 전주시는 손해 배상 청구 등 민형사상 책임을 물을 수 있음

	발표 주제	조사 내용
①	환경 문제	국제 환경 협약 사례
②	지역화 전략	지리적 표시제 사례
③	국제 질서 변화	국경 분쟁 사례
④	기업 입지 전략	생산 공장 이전 사례
⑤	동북아시아의 역사 갈등	일본의 역사 교과서 왜곡 사례

[25507-0103]

4 빈칸 ㉠에 들어갈 진술로 가장 적절한 것은?

'폭력이 무엇인가?'라는 질문에는 '인간의 기본적 욕구를 모독하는 것'이라는 답을 내놓아야 한다. 그리고 진정한 평화는 직접적이고 물리적인 폭력은 물론 구조적 폭력과 문화적 폭력까지 모든 종류의 폭력이 사라진 상태를 의미해야 한다. 그런데 어떤 사람들은 직접적이고 물리적인 폭력의 부재만으로도 진정한 평화가 달성된다고 주장한다. 나는 이러한 주장이 [　　　㉠　　　]고 생각한다.

---

① 빈곤이나 기아는 폭력에 해당하지 않음을 간과한다
② 전쟁의 부재만으로도 진정한 평화가 실현됨을 간과한다
③ 소극적 평화는 진정한 의미의 평화가 될 수 없음을 간과한다
④ 적극적 평화가 완성된 곳에서도 직접적 폭력이 존재할 수 있음을 간과한다
⑤ 소극적 평화가 실현되지 않아도 적극적 평화가 달성될 수 있음을 간과한다

[25507-0104]

5 다음 수업 장면에서 교사의 질문에 옳게 답변한 학생만을 있는 대로 고른 것은?

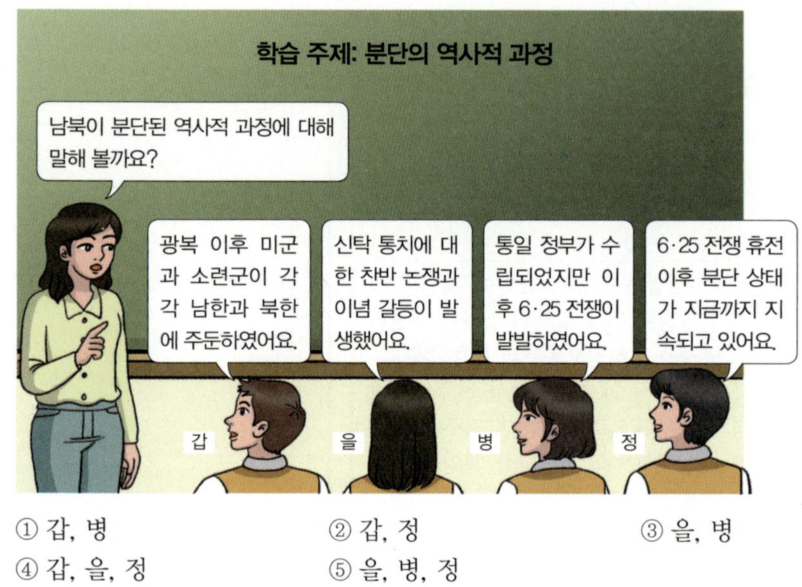

① 갑, 병　　　　　② 갑, 정　　　　　③ 을, 병
④ 갑, 을, 정　　　　⑤ 을, 병, 정

[25507-0105]

6 다음 신문 칼럼의 입장으로 가장 적절한 것은?

> ## ○○ 신문
>
> 　한국, 중국, 일본의 동아시아 3국은 지리적으로 인접한 이웃 나라로서 정치·경제 등 여러 분야에서 협력 관계를 맺고 있지만, 다른 한편으로는 갈등을 빚기도 한다. 일례로 중국은 동북공정을 통해 고조선, 고구려, 발해의 역사를 자국의 지방사(地方史)로 편입시키려는 움직임을 보여 우리나라와 갈등을 겪은 적이 있다. 일본은 역사 교과서에서 '일본군 위안부'나 '강제 연행'이라는 표현을 부정하는 등 자신의 식민 지배와 침략 전쟁을 정당화하려는 시도를 지속해서 해 오고 있다. 이러한 역사관은 궁극적으로는 국익에도 도움이 되지 않으며, 국가 간 갈등의 원인이 되기도 한다. 따라서 이와 같은 역사 왜곡 문제를 해결하려는 공동의 노력이 필요하다. 실제로 한국, 일본, 중국은 공동 역사 연구를 진행한 적이 있으며 동아시아 공동 역사 교재가 출간되기도 하였다. 다양한 학술 문화 교류, 청소년 역사 체험 캠프 등 학계와 시민 사회가 주축이 된 연대와 교류도 진행 중이다. 이러한 노력들이 지속적으로 뒷받침된다면 역사 왜곡 문제로 인한 갈등을 최소화하고 한국, 중국, 일본이 진정한 협력적 관계로 발돋움할 수 있을 것이다.

① 국가 간 관계에서 갈등 관계와 협력 관계가 동시에 존재하는 것은 불가능하다.
② 국익을 위해서는 자국 중심주의적인 배타적 역사관을 정립하는 것이 바람직하다.
③ 불필요한 역사 갈등의 확산을 막기 위해서는 국가 주도의 교류만이 허용되어야 한다.
④ 역사 문제를 논의 대상에서 배제할 때 국가 간 미래 지향적인 협력 관계 형성이 가능하다.
⑤ 국가 간 진정한 협력 관계 형성을 위해 역사 왜곡 문제를 해결하려는 노력이 필요하다.

01 다음 자료의 (가) 분쟁 지역이 포함된 지도로 옳은 것은?

[25507-0106]

> 최근 무장 단체 하마스의 로켓 공격과 보복 공습 및 지상전으로 인해 다수의 사상자가 발생하며 ☐(가)☐ 분쟁이 다시 세계의 주목을 끌고 있다. ☐(가)☐ 지역의 주민 대부분은 아랍인이었으나, 세계 대전을 거치며 유럽에서 학살을 피해 유대인들이 대규모로 이주하게 되었다.
>
> 국제 연합(UN)은 예루살렘의 국제 공동 통치를 제안하였지만, 네 차례의 큰 전쟁을 겪으며 무력으로 영토를 취득하고 난민이 대량으로 발생하는 등 극한의 갈등으로 치닫는 상황이 지속되었다.

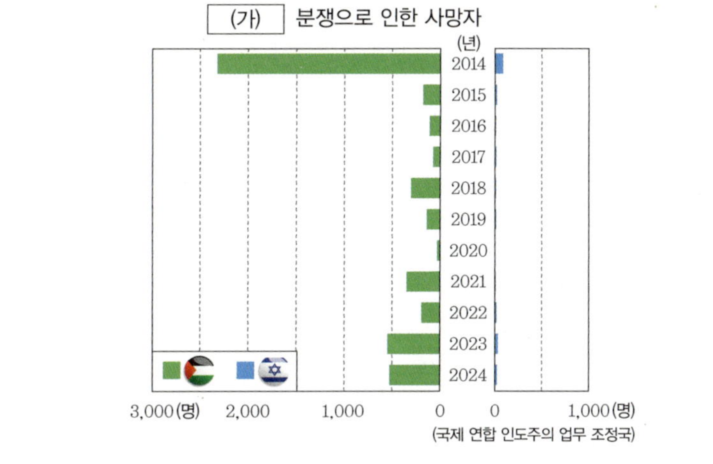

① 

② 

③ 

④ 

⑤ 

02 다음 (가) 도시군과 비교한 (나) 도시군의 상대적 특성을 그림의 A~E에서 고른 것은? [25507-0107]

세계 도시는 국경을 넘어 정치·경제·문화 등 다양한 분야에서 세계적 중심지 역할을 수행하는 대도시이다. 세계 도시는 도시가 수행하는 기능에 따라 계층이 나뉘어지는데, 그림은 도시의 기능을 점수화하여 (가) 도시군과 (나) 도시군으로 분류한 것이다.

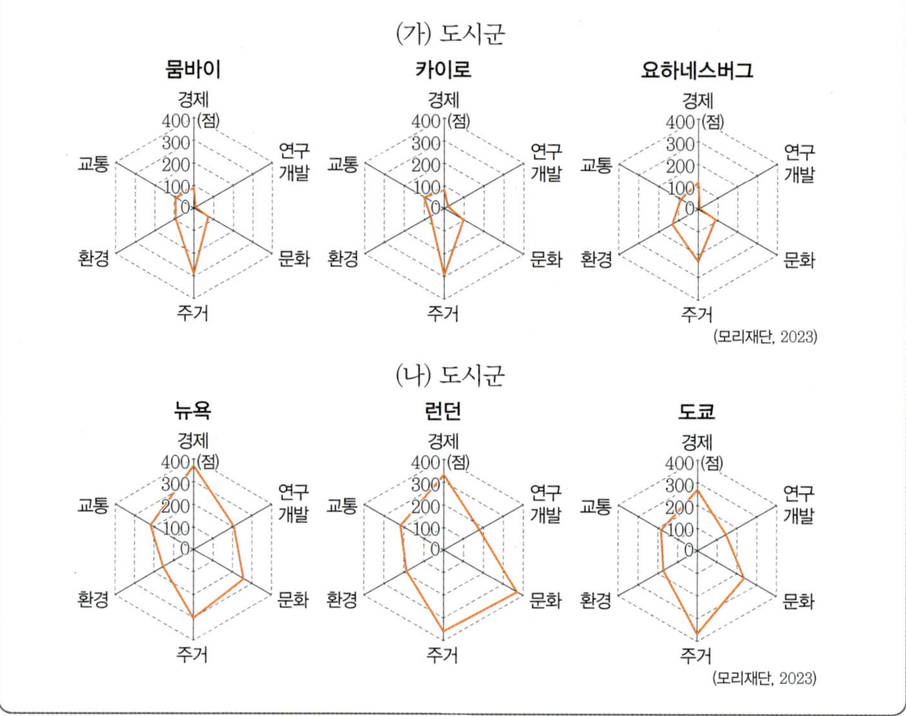

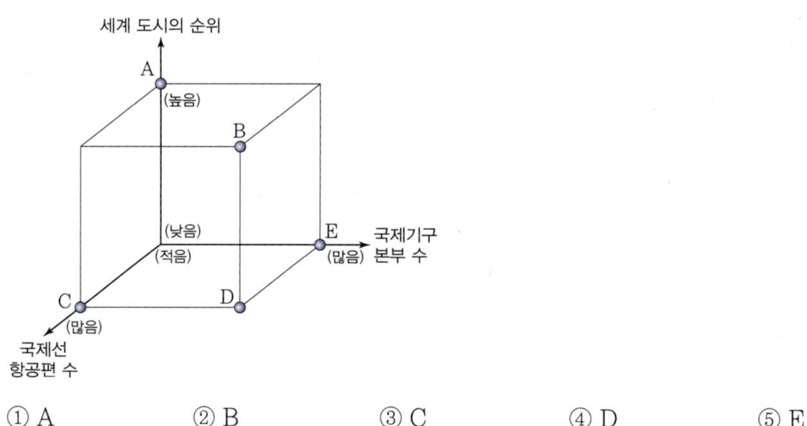

① A ② B ③ C ④ D ⑤ E

03 다음 (가), (나)에 해당하는 국가를 지도의 A~C에서 고른 것은? [25507-0108]

동아시아에 위치한 국가들은 정치·경제 등 여러 분야에서 긴밀한 관계를 맺고 있지만, 영토 문제와 역사 인식 문제 등으로 갈등을 겪고 있다. (가) 은/는 우리 고유의 영토인 독도를 자신의 영토라고 왜곡하였고, 침략 전쟁과 식민 지배를 미화하고 태평양 전쟁 시기 성노예와 노동력 강제 동원을 은폐하여 전쟁 범죄를 감추려는 교과서를 만들었다. (나) 은/는 동북공정을 통해 고조선, 부여, 고구려, 발해의 역사를 자신의 역사 중 일부라고 주장하였다. 이러한 주장은 고구려와 발해를 소수 민족의 지방 정권으로 평가하여 분리 독립으로 이어지지 않도록 하기 위한 것이다. 한편, 해양 자원의 중요성이 강조되는 추세 속에서 센카쿠열도(댜오위다오)를 실효 지배하고 있는 (가) 와/과 에 대한 영유권을 주장하는 (나) 사이의 해양 영토 분쟁이 심화되었다.

	(가)	(나)
①	A	B
②	B	A
③	B	C
④	C	A
⑤	C	B

통합형 04 밑줄 친 ㉠~㉥에 대한 옳은 설명만을 〈보기〉에서 고른 것은? [25507-0109]

㉠ 남아메리카의 경우 식민 지배 과정에서 유입된 ㉡ 유럽의 언어가 독립 이후에도 공용어로 지정된 경우가 많다. 많은 ㉢ 소수 민족은 오랜 차별과 박해를 겪어왔으며, 문화 획일화로 인해 ㉣ 언어 소멸이 나타나고 있다. 언어는 사상, 문화, 전통, 지식과 함께한다는 점에서 2021년 12월 ㉤ 국제 연합(UN)은 문화의 고유성과 다양성 보전을 위해 2022년부터 2032년까지의 10년을 '세계 토착어 10년'으로 선포하고 ㉥ 언어 보호에 나섰다.

(국제 연합 교육 과학 문화 기구, 2016)

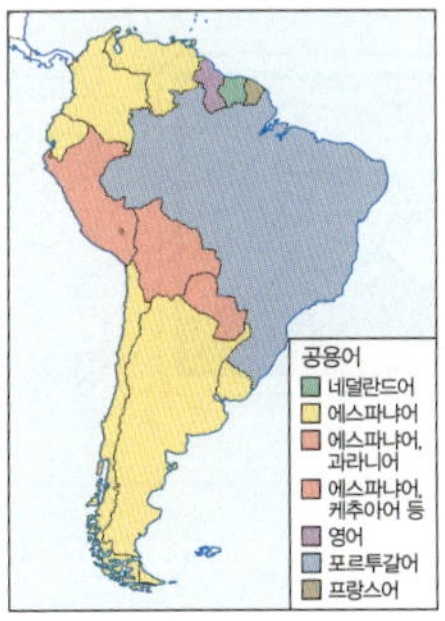

〈보기〉

ㄱ. ㉢은 국제 사회의 행위 주체이다.
ㄴ. ㉤의 본부는 아메리카 대륙에 위치한다.
ㄷ. ㉠은 ㉡보다 총인구가 많다.
ㄹ. ㉣은 문화 다원주의, ㉥은 문화 제국주의의 사례에 해당한다.

① ㄱ, ㄴ ② ㄱ, ㄷ ③ ㄴ, ㄷ ④ ㄴ, ㄹ ⑤ ㄷ, ㄹ

05 다음을 주장한 근대 서양 사상가의 입장만을 〈보기〉에서 있는 대로 고른 것은? [25507-0110]

> 전쟁을 예방하고 국가 간의 영원한 평화를 보장하기 위해서는 다음과 같은 조항들이 지켜져야 한다. 첫째, 모든 국가의 정치 체제는 공화정이어야 한다. 공화제가 아닌 국가의 경우 지배자가 한낱 보잘것없는 이유로도 전쟁을 결정할 수 있다. 둘째, 국제법은 자유로운 국가들의 연방 체제에 기초해야 한다. 평화 조약은 개별 전쟁을 종식시키는 것인 반면, 평화 연맹은 모든 전쟁의 종식을 추구한다. 셋째, 세계시민법은 보편적 우호의 조건들에 국한되어야 한다. 외국인이 평화적으로 처신하는 한 그는 적으로 간주되지 않을 권리를 지닌다.

〈 보기 〉
ㄱ. 평화 연맹은 주권을 가진 개별 국가들에 의해 구성된다.
ㄴ. 개별 국가의 정치 체제는 영원한 평화 달성과 관련이 있다.
ㄷ. 평화 조약을 통해서는 그 어떤 전쟁의 종식도 가져올 수 없다.
ㄹ. 다른 나라에 방문한 외국인은 조건 없이 환대받을 권리를 지닌다.

① ㄱ, ㄴ   ② ㄱ, ㄷ   ③ ㄷ, ㄹ
④ ㄱ, ㄴ, ㄹ   ⑤ ㄴ, ㄷ, ㄹ

06 그림은 어느 사상가를 검색한 인터넷 화면이다. A 사상가가 긍정의 대답을 할 질문으로 적절한 것만을 〈보기〉에서 있는 대로 고른 것은? [25507-0111]

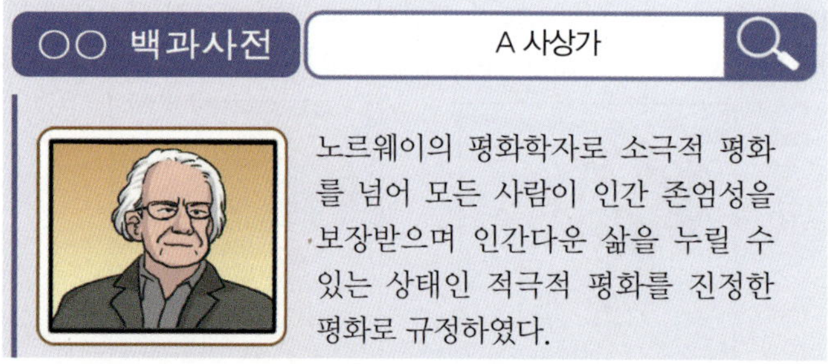

〈 보기 〉
ㄱ. 종교와 이념은 정치적 억압이나 경제적 착취를 정당화하는 기능을 수행할 수 있는가?
ㄴ. 절대 빈곤 상태에 처한 난민에 대한 경제적 원조는 적극적 평화 실현에 기여할 수 있는가?
ㄷ. 평화적 수단에 의한 평화 달성은 직접적이고 물리적인 폭력의 제거에만 국한되어야 하는가?
ㄹ. 인간의 기본적 욕구 실현은 문화적 폭력이 아니라 직접적, 구조적 폭력에 의해서만 저해되는가?

① ㄱ, ㄴ   ② ㄱ, ㄷ   ③ ㄷ, ㄹ
④ ㄱ, ㄴ, ㄹ   ⑤ ㄴ, ㄷ, ㄹ

07 (가)의 입장에 비해 (나)의 입장이 갖는 상대적 특징을 그림의 ㉠~㉤ 중에서 고른 것은? [25507-0112]

> (가) 남과 북이 분단을 극복해야 하는 가장 주된 이유는 민족의 동질성 회복이다. 분단을 유지하기 위해 소요되는 막대한 경제적 비용도 분단의 폐해 중 하나이지만, 오랜 세월 갈라져 살아오며 언어, 사상, 문화 등 모든 면에서 이질성이 심화된 것이 가장 큰 문제이다. 민간 분야의 교류와 협력 확대가 통일을 위한 최우선 과제인 이유도 이 때문이다.
>
> (나) 남과 북이 분단을 극복해야 하는 가장 주된 이유는 경제적 측면의 기회비용 감소이다. 남과 북의 이질성 심화도 통일을 통해 해결해야 할 과제 중 하나이지만, 소모적인 군사비 지출 중단과 안보 불안으로 인한 경제적 손실을 예방하기 위한 남북한 간 정치적 합의가 통일을 위한 최우선 과제인 것도 이 때문이다.

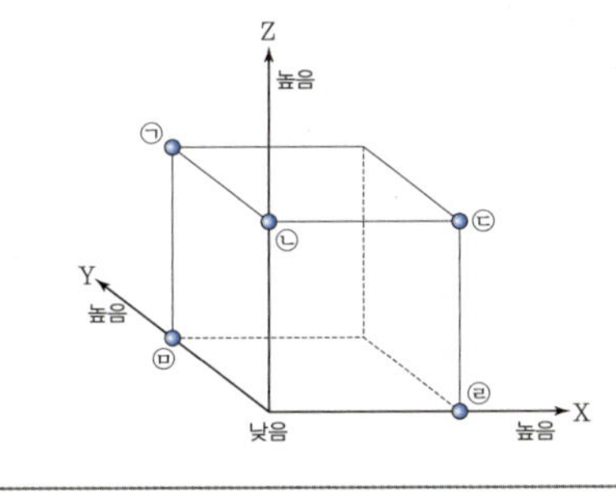

> X: 통일의 주된 이유로 민족의 동질성 회복을 강조하는 정도
> Y: 분단의 폐해로서 남북한의 경제적 손실을 강조하는 정도
> Z: 통일의 선결 과제로 민간 분야의 교류와 협력을 강조하는 정도

① ㉠   ② ㉡   ③ ㉢   ④ ㉣   ⑤ ㉤

08 다음 토론의 핵심 쟁점으로 가장 적절한 것은? [25507-0113]

> 갑: 독일 통일의 사례에서 알 수 있듯이 평화 통일을 위해서는 남북한 교류와 협력이 지속적으로 이루어져야 합니다. 이러한 노력은 상호 신뢰 회복에 도움을 주고 남북한 간 사회적, 문화적, 경제적 격차를 줄여 통일의 과정에서 통일 비용을 감소시켜 주는 효과도 거둘 수 있습니다.
>
> 을: 동의합니다. 남북한 교류와 협력은 이산 가족 상봉과 같은 인도주의적 관점에서도 반드시 필요합니다. 특히, 경제적 측면의 교류는 빈곤으로 고통을 겪고 있는 북한 주민의 인권 개선에도 크게 기여할 수 있습니다.
>
> 갑: 그렇습니다. 그런데 이러한 교류 및 협력은 통일에 우호적인 국제 환경이 조성될 때 원활하게 이루어질 수 있습니다. 냉전 체제라는 국제 정세가 남북한 분단 과정에 영향을 미쳤듯이 한반도의 지정학적 위치를 고려할 때 국제 사회의 지지와 협력이 전제되지 않으면 남북한 교류 및 협력은 불가능합니다.
>
> 을: 통일에 우호적인 국제 환경이 남북한 교류와 협력에 긍정적인 영향을 주는 것은 사실입니다. 그러나 통일의 당사자는 남한과 북한입니다. 따라서 국제 사회의 지지 및 협력이 없어도 남북한 교류와 협력은 당사자 간 의지와 노력에 따라 얼마든지 가능합니다.

① 남북한 교류와 협력은 통일 비용을 감소시켜 줄 수 있는가?
② 남북한 교류와 협력을 위해서는 국제 사회의 지지가 필수적인가?
③ 남북한 교류와 협력은 북한의 빈곤 문제 해결에 도움을 줄 수 있는가?
④ 인도주의적 차원의 문제 해결을 위해 남북한 교류와 협력이 필요한가?
⑤ 통일에 우호적인 국제 환경은 남북한 교류와 협력에 긍정적 영향을 미치는가?

1 세계의 인구 변화와 인구 문제

1. 세계의 인구 변화

(1) 세계의 인구 성장과 인구 분포

① 세계의 인구 성장: 산업 혁명 이후 급격히 증가

② 세계의 인구 분포: 세계 인구의 90% 이상이 북반구에 거주, 아시아·아프리카·유럽 등에 인구 밀집

자연적 요인	기후, 지형 등의 영향 → 중위도의 냉·온대 기후 지역, 하천 및 해안 지역에 인구 밀집, 건조·한대 기후 지역과 산지·고원 지역은 인구 희박
사회·경제적 요인	산업, 문화, 교통 등의 영향 → 농업 또는 공업이 발달한 지역, 일자리가 많은 대도시에 인구 집중

(2) 세계의 인구 구조와 인구 이동

① 세계의 인구 구조

선진국	• 노년층 인구 비율은 높고, 유소년층 인구 비율이 낮음 → 노령화 지수와 중위 연령이 높음 • 출생률이 낮고 기대 수명이 긺
개발도상국	• 노년층 인구 비율은 낮고, 유소년층 인구 비율이 높음 → 유소년 부양비가 높음 • 합계 출산율이 높고 기대 수명이 짧음

② 세계의 인구 이동

• 인구 이동의 유형

경제적 이동	개발도상국에서 임금 수준이 높은 선진국으로 이동
정치적 이동	서남아시아와 아프리카에서 내전을 피해 이주하는 난민의 이동
환경적 이동	사막화, 해수면 상승 등 기후 변화에 따른 환경 재앙을 피해 이동

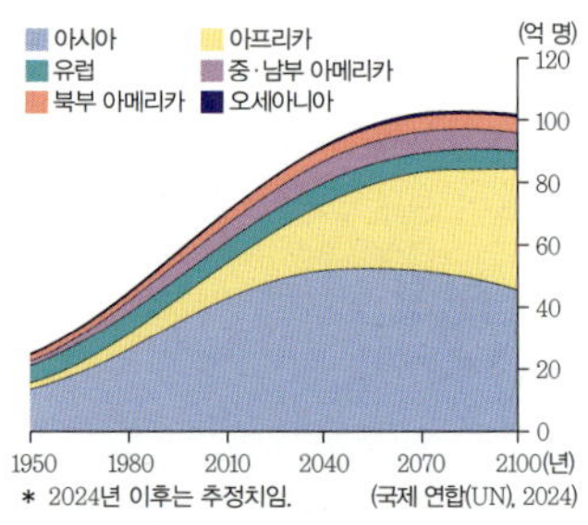

■ 세계의 인구 성장

지역(대륙)별 인구는 2023년 기준 아시아가 전체 인구의 절반 이상으로 가장 많고, 다음으로 아프리카>유럽>중·남부 아메리카>북부 아메리카>오세아니아 순으로 많다. 2010년대 이후에는 아프리카 등 개발도상국이 많은 지역(대륙)의 인구 성장이 뚜렷하게 나타난다.

■ 인구 부양비

• 연령층별 인구: 유소년층(0~14세), 청장년층(생산 연령 인구, 15~64세), 노년층(65세 이상)

• 총부양비 = 유소년 부양비+노년 부양비

• 유소년 부양비 = (유소년층 인구 ÷ 청장년층 인구) × 100

• 노년 부양비 = (노년층 인구 ÷ 청장년층 인구) × 100

■ 노령화 지수

(노년층 인구 ÷ 유소년층 인구) × 100

자료 플러스 세계의 인구 이동

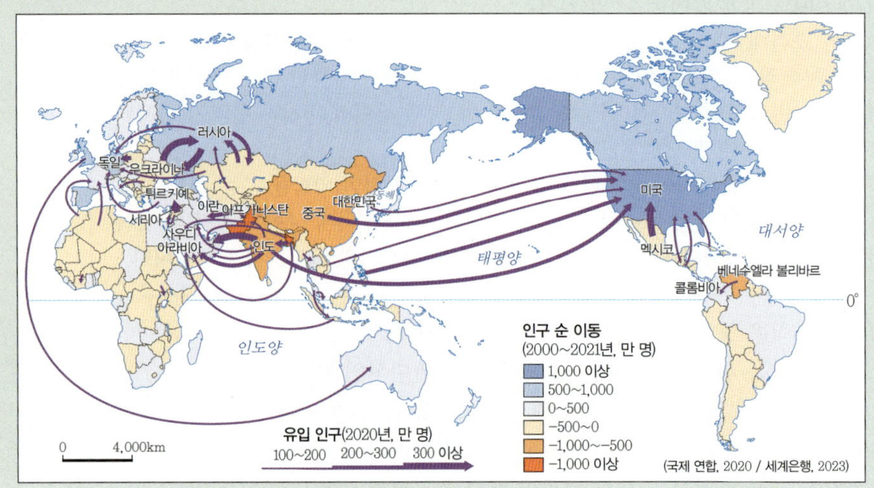

오늘날 세계는 교통·통신의 발달과 세계화의 영향으로 인구 이동이 더욱 활발해지고 있다. 국제적인 인구 이동은 경제, 정치, 환경 등 다양한 요인으로 발생하는데, 노동자들이 높은 임금을 찾아 개발도상국에서 선진국으로 이동하는 경제적 목적의 이동이 많이 이루어지고 있다. 주요 인구 유출국으로 인도, 멕시코, 중국 등이 있고, 주요 인구 유입국으로 미국, 독일, 사우디아라비아 등이 있다.

2. 미래 세대를 위한 인구 문제의 해결

(1) 세계의 인구 문제

① 저출생·고령화 문제: 주로 유럽과 북부 아메리카 지역의 선진국에서 발생

구분	저출생 문제	고령화 문제
원인	결혼 및 출산에 대한 가치관 변화	의학 발달에 따른 평균 수명 연장
영향	경제 활동 인구 감소에 따른 노동력 부족	노년층을 위한 사회적 비용 증가

② 인구 과잉 문제: 주로 아시아, 아프리카, 중·남부 아메리카 지역의 개발도상국에서 발생

(2) 인구 문제의 해결 방안

① 정책적 방안: 저출생·고령화 문제 대책(출산 장려 정책 및 사회 보장 제도 개선 등), 인구 과잉 문제 대책(경제 발전과 식량 증산 정책 등)

② 가치관의 변화: 저출생·고령화 문제 해결을 위해 가족 친화적 가치관 확대, 양성평등 문화 확립, 세대 간 정의 실현 등

2 에너지 자원과 지속가능한 발전

1. 세계의 자원 분포와 특징

(1) 자원의 의미와 특성

① 의미: 인간에게 이용 가치가 있으면서 기술적·경제적으로 개발이 가능한 것

② 특성

유한성	매장량이 한정되어 있어 언젠가는 고갈됨
편재성	일부 자원은 특정 지역에 편중되어 분포함
가변성	기술·경제·문화적 조건 등에 따라 자원의 의미와 가치가 달라짐

(2) 에너지 자원의 종류와 특징

① 종류: 석유, 석탄, 천연가스 등의 화석 에너지와 수력, 풍력, 태양광·태양열 등의 재생 에너지

② 특징: 에너지 자원의 생산 지역과 소비 지역의 불일치로 국제 이동량이 많음, 화석 에너지 중에서 석유의 소비량과 국제 이동량이 가장 많음

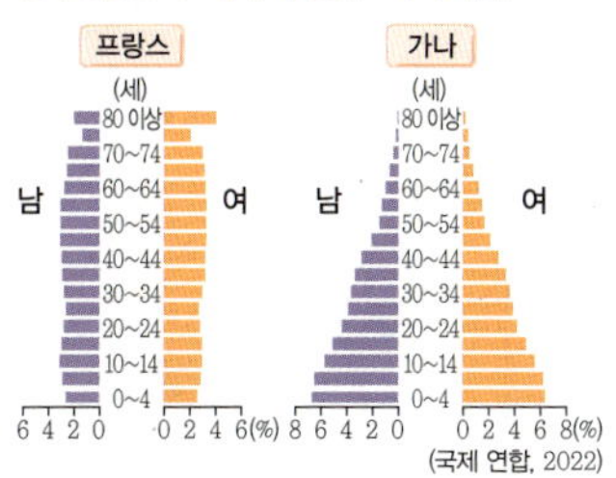
■ **프랑스와 가나의 인구 피라미드**

경제 수준이 높은 프랑스는 경제 수준이 낮은 가나보다 노년층 인구 비율은 높고 유소년층 인구 비율은 낮게 나타난다.

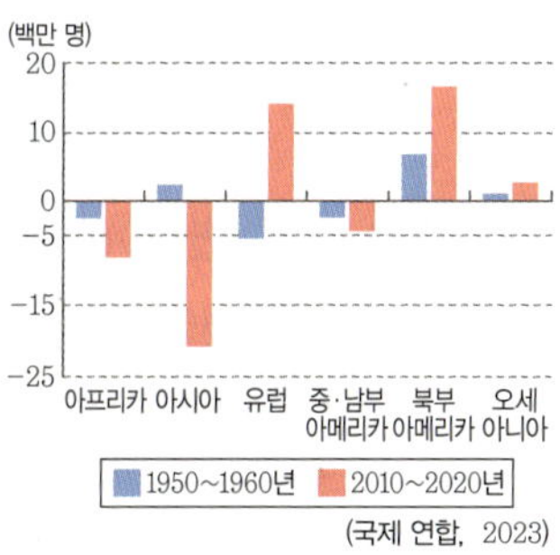
■ **지역(대륙)별 인구 순 이동**

대체로 경제 수준이 높은 북부 아메리카, 유럽, 오세아니아는 유출 인구보다 유입 인구가 많고, 경제 수준이 낮은 아프리카, 아시아, 중·남부 아메리카는 유입 인구보다 유출 인구가 많다.

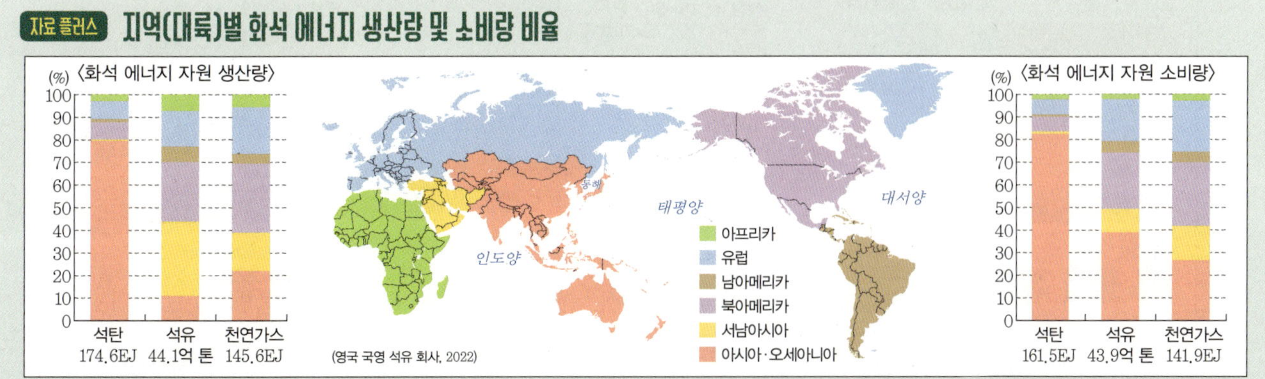

화석 에너지는 편재적으로 분포하며, 화석 에너지의 생산과 소비는 매장량과 경제 발전 수준에 따라 차이를 보인다. 석유와 천연가스 매장량이 풍부한 서남아시아는 화석 에너지의 생산량이 소비량보다 많다. 반면에 인구가 많고 공업이 발달한 동부 아시아가 포함된 아시아·오세아니아는 화석 에너지의 소비량이 생산량보다 많다. 석탄은 아시아·오세아니아에서, 석유는 서남아시아에서, 천연가스는 북아메리카와 유럽에서 상대적으로 생산량 비율이 높다.

(3) **주요 에너지 자원의 특징**

① 석탄

주요 생산지	중국, 인도, 인도네시아, 미국 등
특징	• 제철 공업용, 발전용 등 산업용으로 주로 이용 • 산업 혁명 시기부터 증기 기관의 연료로 이용되면서 소비량 급증

② 석유

주요 생산지	• 신생대 지층의 배사 구조에 많이 매장 • 미국, 사우디아라비아, 러시아, 캐나다 등
특징	• 수송용 및 석유 화학 공업의 원료로 주로 이용 • 19세기 내연 기관 발명, 자동차 보급 → 석유 수요 급증

③ 천연가스

주요 생산지	• 신생대 지층의 배사 구조에 석유와 함께 매장되어 있는 경우가 많음 • 미국, 러시아, 이란, 중국 등
특징	• 가정용으로 널리 사용 • 냉동 액화 기술의 발달로 운반과 사용이 편리해지면서 소비량 급증 • 석탄과 석유에 비해 연소 시 대기 오염 물질 배출량이 적음

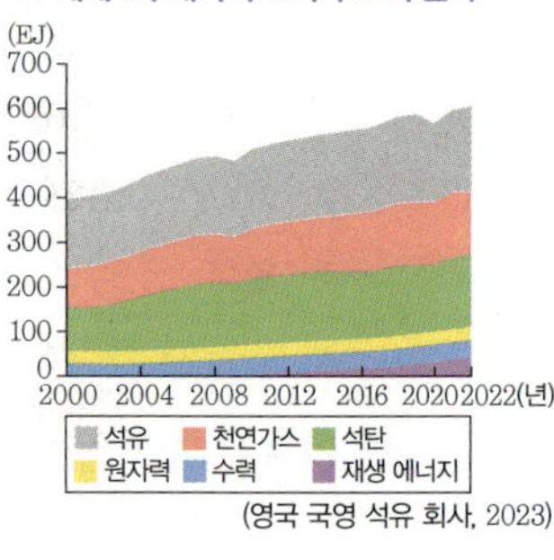

■ 세계 1차 에너지 소비 구조의 변화

2. 기후 변화에 대한 대응과 지속가능한 발전

(1) **기후 변화**: 수십 년 이상 장기간에 걸쳐 나타난 기후 평균 상태의 변화로, 지구 온난화와 이에 따른 자연환경의 변화를 포함 → 기후 위기에 대응하기 위해 지속가능한 에너지 소비 구조로의 전환 필요

(2) **지속가능한 발전**: 미래 세대가 사용할 자원을 낭비하거나 그 여건을 저해하지 않는 범위 내에서 현세대의 필요를 충족하는 발전으로, 환경 보전, 경제 성장, 사회 안정과 통합이 전체적으로 조화와 균형을 이루는 발전을 의미

■ 신·재생 에너지

화석 에너지에 비해 오염 물질을 적게 배출하고 재생이 가능하여 지속가능한 발전에 적합하다. 신 에너지에는 연료 전지, 수소 에너지 등이 있고, 재생 에너지에는 수력, 풍력, 태양광(열), 지열 등이 있다. 재생 에너지는 지형이나 기후의 제약 조건이 큰 편이지만, 관련 기술의 개발로 점차 생산량이 늘고 있다.

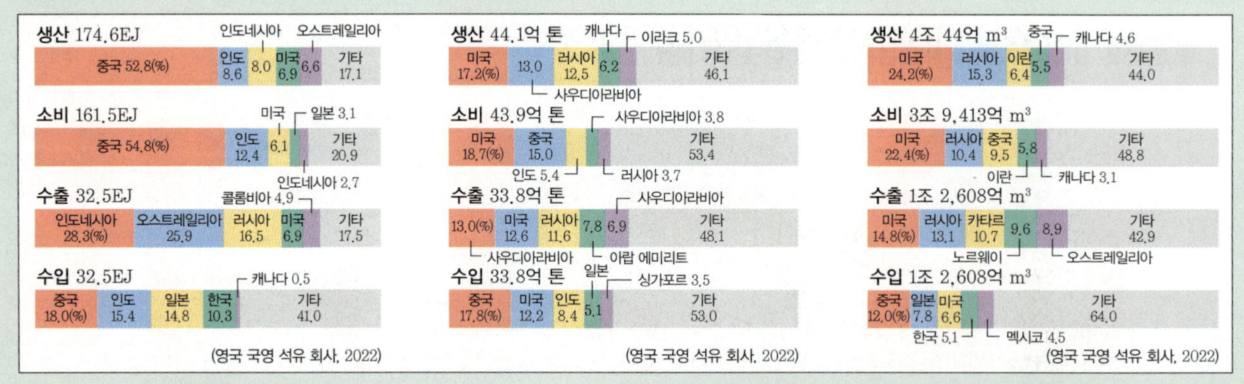

자료 플러스 **주요 화석 에너지 자원의 생산·소비·수출·수입국**

석탄은 중국, 인도 등에서 생산량이 많으나 이들 국가는 소비량도 많기 때문에 수입량도 많다. 인도네시아, 오스트레일리아 등은 석탄 생산량에 비해 소비량이 많지 않아 수출량이 많다. 석유는 미국, 사우디아라비아 등에서 생산량이 많고, 미국, 중국 등에서 소비량과 수입량이 많다. 사우디아라비아 등은 석유 생산량에 비해 소비량이 많지 않아 수출량이 많다. 천연가스는 미국, 러시아 등에서 생산량, 소비량, 수출량이 많고, 중국, 일본 등에서 수입량이 많다.

3 미래 사회와 세계 시민으로서의 삶

1. 미래 사회의 모습

(1) 미래 사회 예측의 필요성

① 미래 사회에 유연하게 대응할 수 있음

② 다양한 미래 예측 상황에 대해 공통점과 차이점이 있으며 낙관적 견해와 비관적 견해가 공존함

(2) 미래 지구촌의 모습: 긍정적 관점과 부정적 관점이 공존함

정치·경제·사회적 측면	• 빈부 격차, 문화적 차이, 영토 분쟁 등의 갈등이 심화될 수 있음 • 정치적 협력을 통해 핵 안보 문제, 영토나 종교 관련 분쟁 등을 해결할 수 있음 • 자유 무역의 확대와 금융 시장의 세계화 • 특정 직업의 소멸로 실업 등의 문제가 발생할 수 있음
과학 기술의 발달과 미래 사회	• 자율 주행 자동차, 드론 등의 무인 운송 수단이 상용화되면서 시공간적 제약을 극복하고 인류의 활동 범위 확대 • 사물 인터넷(IOT)과 인공 지능(AI) 등의 발달로 생활의 편리성 증대 • 가상 현실(VR), 증강 현실(AR) 등의 혁신적인 기술 발전은 현실 세계와 가상 세계의 벽을 허물어 새로운 상호 작용에 대한 경험을 가져다 줌 • 생명 공학의 발달로 개인 맞춤형 치료, 난치병 치료가 가능해져 인간의 수명이 더욱 연장됨 • 기계 장치의 오작동으로 인한 안전 문제, 전자 감시 등의 문제 심화
생태 환경의 변화	• 현재의 환경 문제가 해결되지 않을 경우 지구촌의 생태 환경은 더욱 악화되고 생태계 교란 문제가 심화될 수 있음 • 멸종 위기에 처한 생물종 보호 및 복원 필요, 수직 농장의 활성화로 식량 자원의 생산성을 높일 수 있음

2. 미래 사회를 위한 준비

(1) 올바른 인성과 가치관 정립: 개방적 태도, 관용 등을 내면화할 필요가 있음

(2) 비판적 사고력 증진: 현대 사회의 변화 양상에 대한 과학적 분석 필요, 사회 문제 발생의 원인과 배경 등을 명확히 파악할 수 있어야 함

(3) 세계 시민으로서 공동체 의식 함양: 인류의 보편적 가치인 인간 존엄성, 자유와 평등, 정의 등을 전 지구적 차원에서 실현하려는 자세가 필요함

■ 미래학

과거와 현재의 상황을 바탕으로 미래 사회의 모습을 예측하고 변화 모형을 제시하는 학문이다.

■ 사물 인터넷(IOT)

각종 사물에 센서와 통신 기능을 내장하여 인터넷에 연결하는 기술이다.

■ 가상 현실(VR)

가상을 현실처럼 체험하게 해 주는 첨단 영상 기술이다.

■ 증강 현실(AR)

현실의 이미지나 배경에 3차원의 가상 이미지를 겹쳐서 하나의 영상으로 보여 주는 기술이다.

■ 전자 감시

국가나 기업 등의 감시자가 일정 시간 동안 축적된 개개인의 데이터 베이스를 이용하여 개인의 행동이나 생각을 감시하는 것을 말한다.

■ 수직 농장

식량난과 농경지 부족 문제를 해결하기 위한 대안으로 도심 고층 건물을 일종의 농경지로 활용하는 것이다.

자료 플러스 미래 생태 환경을 위해 주목해야 할 유망 기술

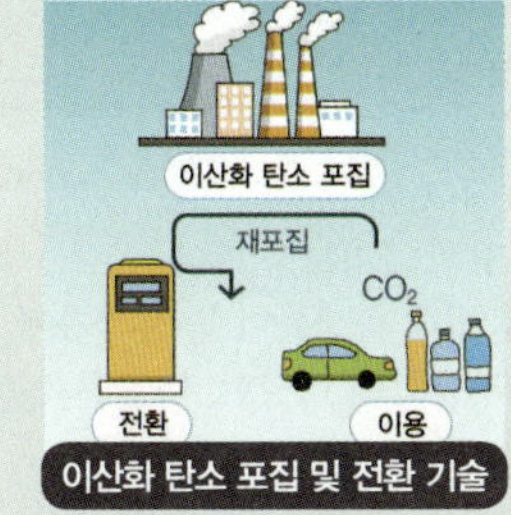

지속가능한 미래 생태 환경을 위해 대기 중 이산화 탄소를 포집·저장하는 기술, 바이오 연료를 기반으로 한 제품 생산 기술, 전기차와 수소차 등 친환경 자동차 기술 등이 필요하다. 이러한 기술들은 환경 보호와 자원 고갈 문제를 해결하며, 지속가능한 성장을 이루는 데 필수적일 뿐만 아니라 상호 보완적인 관계를 이루고 있다.

예시 문항 14

다음 자료는 출생률과 경제 수준에 관한 것이다. 이에 대한 설명으로 옳은 것은? (단, 그래프의 A, B는 각각 지도에 표시된 두 국가 중 하나임.)

전 세계적으로 출생률과 사망률이 낮아지는 경향을 보이고 있다. 사망률은 이미 1986년부터 10‰ 미만으로 충분히 낮아져 안정적으로 유지되고 있는 반면, 출생률은 국가에 따라서 상황이 다르다. 여전히 ㉠ 높은 출생률 문제를 겪고 있는 국가는 경제 수준에 비해 인구 증가율이 높아 인구를 부양하기 쉽지 않으며, ㉡ 낮은 출생률 문제에 당면한 국가는 현재 경제 수준이 높지만 해당 문제가 지속될 경우 국가 유지에 어려움을 겪을 수 있다.

국가별 경제 수준 차이는 결국 이민자의 문제라는 전혀 다른 방향의 인구 문제로 이어진다. 많은 인구로 인해 국민들을 부양하기 어려운 국가에서는 사람들이 일자리를 찾아 선진국으로 이주하려 하고, 자국인 노동력의 부족을 경험하는 선진국에서는 몰려드는 이민자들의 문화적 차이와 자국민과의 일자리 갈등이라는 새로운 문제를 떠안고 있다.

〈A, B의 연령대별 인구 비율〉

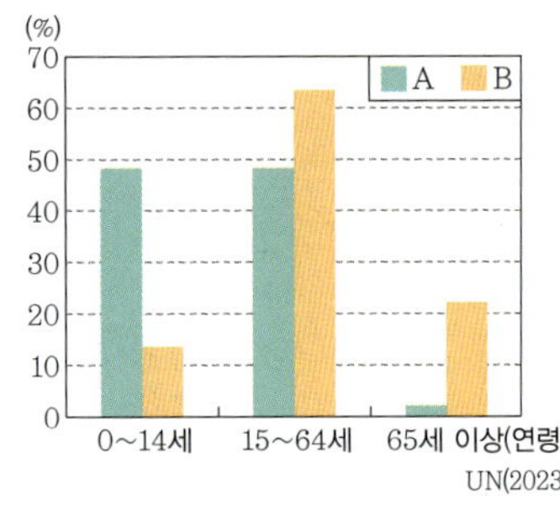

① 유럽에는 인구 문제 ㉠을 겪는 나라가 ㉡을 겪는 나라보다 많다.
② A는 경제 수준에 비해 출생률이 낮은 국가에 해당한다.
③ B는 이민자의 문화적 정체성을 유지하기 위해 용광로 이론에 기반한 정책을 강화해 왔다.
④ A는 초고령 사회에 도달한 국가로 B보다 중위 연령이 높다.
⑤ B는 A보다 총부양비(인구 부양비)가 낮다.

문제 분석

지도에 표시된 두 국가는 선진국형 인구 구조가 나타나는 유럽의 독일과 개발도상국형 인구 구조가 나타나는 아프리카의 니제르이다. A는 B보다 0~14세 인구 비율은 월등히 높지만 15~64세 인구 비율은 약간 낮고 65세 이상 인구 비율은 월등히 낮으므로 개발도상국형 인구 구조가 나타나는 니제르이고, 반대의 양상이 나타나는 B는 독일이다. 개발도상국과 선진국은 각각 높은 출생률과 낮은 출생률에 따른 인구 문제와, 개발도상국에서 선진국으로의 인구 이주에 따른 문제를 겪고 있다.

선택지 분석

① 유럽은 일찍부터 저출생·고령화 문제를 겪고 있는 지역으로 인구 문제 '낮은 출생률(㉡)'을 겪는 나라가 '높은 출생률(㉠)'을 겪는 나라보다 많다.
② 니제르(A)는 개발도상국으로 경제 수준에 비해 출생률이 높은 국가에 해당한다.
③ 용광로 이론은 주류를 이루고 있는 기존의 문화에 다양한 소수 문화를 동화시키는 방식으로 사회를 통합하고자 하는 이론이다.
④ 초고령 사회에 도달한 국가는 65세 이상 인구 비율이 20%보다 높은 독일(B)로, 독일은 니제르(A)보다 중위 연령이 높다.
⑤ 총부양비(인구 부양비)는 15~64세 인구 비율에 반비례한다. 따라서 독일(B)은 니제르(A)보다 15~64세 인구 비율이 높으므로 총부양비(인구 부양비)가 낮다.

⑤ 정답

다음 자료는 인구의 국제 이주에 관한 것이다. 이에 대한 설명으로 옳은 것은? (단, (가)~(다), A~C는 각각 아시아, 아프리카, 유럽 중 하나임.)

인구의 국제 이주는 다양한 원인에 의해서 발생하는데, 경제적 목적의 이주는 대체로 개발도상국에서 선진국으로 이주하는 경우가 많다. 이에 따라 지역(대륙)별 인구 이주의 양상을 보면 아프리카, 아시아, 중·남부 아메리카는 인구의 ⊙ 이/가 나타나고, 북부 아메리카, 유럽, 오세아니아는 인구의 ⓒ 이/가 나타난다. 한편, 인구의 국제 이주에 따라 다문화 사회가 형성되고, 인구 유입 지역에서는 이주민들로 인해 문화적 다양성이 풍부해지는 반면 원주민과 이주민 간의 갈등이 나타나기도 한다. 이러한 다문화 사회의 갈등을 해소하기 위해 각 국 정부는 ⓒ 용광로 이론 또는 ② 샐러드볼 이론에 기반한 정책을 추진하고 있다.

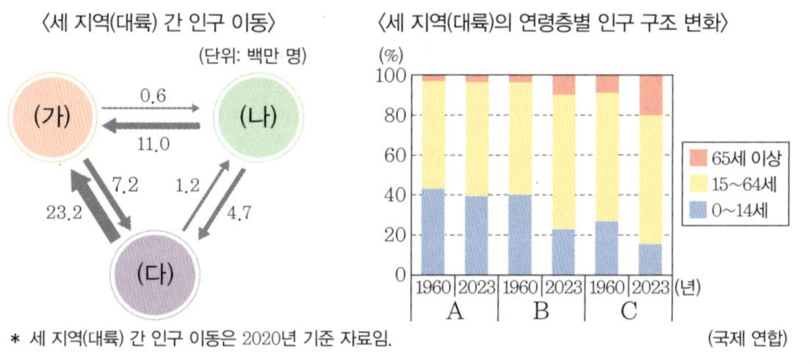

① ⊙에는 '순 유입', ⓒ에는 '순 유출'이 들어간다.
② ⓒ은 ②보다 인구 유입 지역의 문화적 다양성 증대에 기여한다.
③ 1960년 대비 2023년 노년 부양비 증가 폭은 (가)~(다) 중 (다)가 가장 크다.
④ 2020년 지역(대륙) 간 인구 이동은 B와 C 간이 B와 A 간보다 많다.
⑤ (가)는 B, (나)는 C, (다)는 A이다.

문제 분석

왼쪽 그래프의 (가)는 (나), (다)로부터 모두 인구 순유입이 나타나므로 경제적 목적의 이주민 유입이 많은 유럽이다. (나)와 (다) 중 (가)로의 인구 이동 규모가 큰 (다)는 총인구가 많은 아시아이고, 나머지 (나)는 아프리카이다. 오른쪽 그래프에서 1960년, 2023년 모두 0~14세 인구 비율이 A~C 중 가장 높은 A는 출생률이 높은 아프리카(나), 65세 이상 인구 비율이 가장 높은 C는 고령화 현상이 뚜렷한 유럽(가), 나머지 B는 아시아(다)이다.

선택지 분석

① 개발도상국의 비율이 높은 지역(대륙)은 인구의 순 유출(⊙), 선진국의 비율이 높은 지역(대륙)은 인구의 순 유입(ⓒ)이 나타난다.
② 다양한 문화의 정체성을 유지하며 조화를 이루려는 관점인 샐러드볼 이론(②)이 용광로 이론(ⓒ)보다 인구 유입 지역의 문화적 다양성 증대에 기여한다.
③ 1960년과 비교하였을 때 2023년에 15~64세 인구 비율 대비 65세 이상 인구 비율이 가장 크게 증가한 유럽(C, (가))이 노년 부양비 증가 폭이 가장 크다.
④ 2020년 지역(대륙) 간 인구 이동은 아시아((다), B)와 유럽((가), C) 간이 아시아((다), B)와 아프리카((나), A) 간보다 많다.
⑤ 유럽(가)은 C, 아프리카(나)는 A, 아시아(다)는 B이다.

정답 ⑦

탐구1 개발도상국과 선진국의 인구 특성 비교

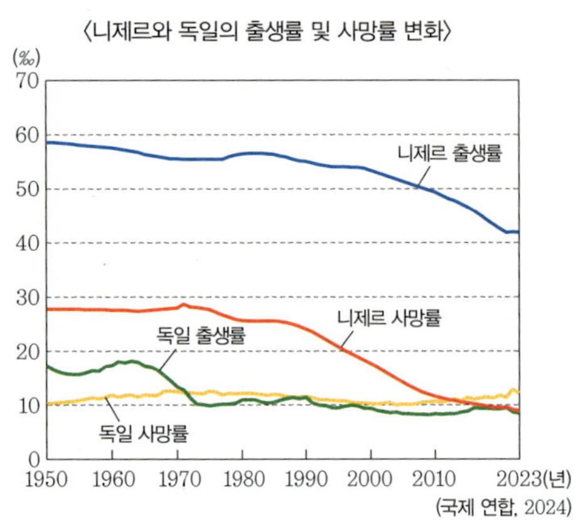

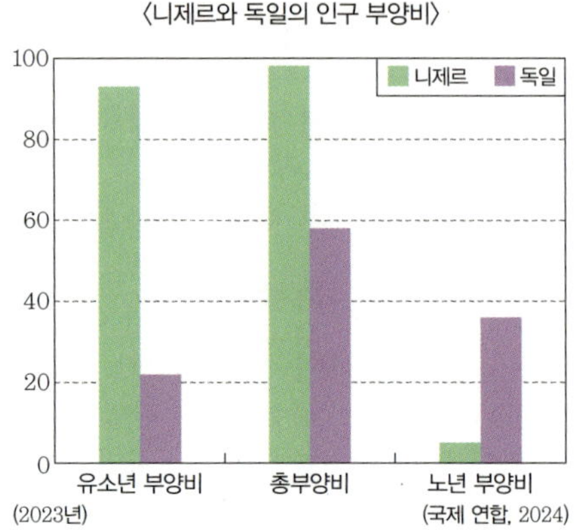

개발도상국인 니제르는 선진국인 독일보다 출생률이 월등히 높아 유소년층 인구 비율이 높고, 일찍이 고령화 현상이 나타난 독일은 노년층 인구 비율이 높다. 1950년 이후 두 국가 모두 출생률이 감소 추세에 있으나, 여전히 니제르가 독일보다 출생률에서 사망률을 뺀 인구의 자연 증가율이 월등히 높게 나타난다. 이에 따라 2023년 유소년 부양비는 니제르가 높고 노년 부양비는 독일이 높으나, 유소년 부양비와 노년 부양비의 합인 총부양비는 니제르가 독일보다 높다. 총부양비는 청장년층 인구 비율에 반비례하기 때문에 니제르가 독일보다 총부양비가 높다는 사실을 통해 청장년층 인구 비율은 니제르가 독일보다 낮음을 알 수 있다.

탐구2 다문화 사회의 이민자 정책

〈동화주의〉

동화주의는 이주민 문화와 같은 소수 문화를 주류 문화에 적응시키고 통합하려는 입장이다. 다양한 문화권의 이주민들을 기존 주류 사회에 융합하고자 하며, 용광로(Melting pot) 정책으로 나타난다. 용광로 이론은 용광로 속에 금, 철, 구리 등 여러 가지 물질을 넣으면 모두 녹아서 하나가 되듯이, 다양한 이주민 문화를 주류 문화 중심으로 편입시켜 융합해야 한다고 보는 관점이다.

〈다문화주의〉

다문화주의는 소수 문화의 고유성을 인정하고 다양한 문화가 공존해야 한다고 보는 입장이다. 한 사회 내에서 다양한 집단의 독특한 문화적 정체성을 보존하고자 하며, 샐러드 볼(Salad bowl) 정책으로 나타난다. 샐러드 볼 이론은 샐러드가 다양한 재료들이 고유의 맛과 색을 유지하면서 맛을 내듯이 한 사회 안에 있는 다양한 문화가 각각의 정체성을 유지하면서 조화를 이루려는 관점이다.

교통 및 통신의 발달로 인구의 국제 이주가 활발해짐에 따라 다양한 배경을 가진 이주민들이 한 사회 내에서 함께 어우러져 살아가는 다문화 사회가 전개되고 있다. 다문화 사회에서는 문화적 차이로 인한 갈등이 나타날 수 있기 때문에 각 국가는 사회 통합을 위한 다문화 정책을 추진하게 되는데, 다문화 정책의 바탕이 되는 이론에는 대표적으로 동화주의와 다문화주의가 있다.

탐구 3 인구의 국제 이주와 주요 유출국 및 유입국

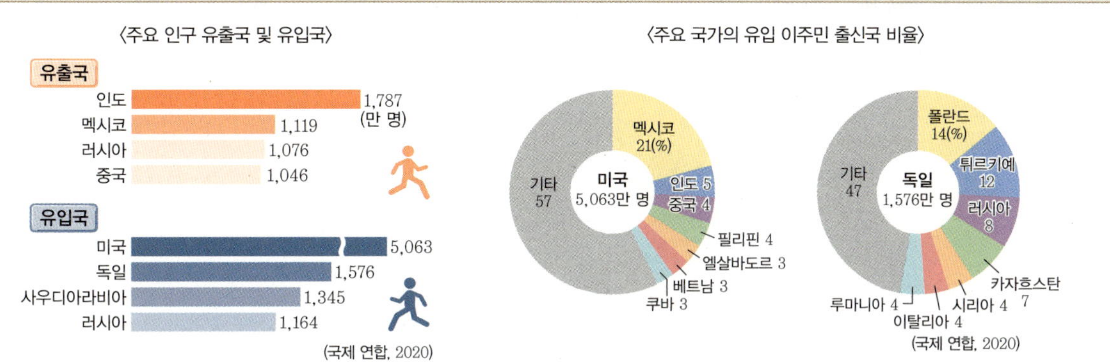

교통과 통신의 발달과 세계화의 영향으로 인구의 국제 이주가 활발해지고 있다. 최근의 활발한 국제 이주는 다양한 요인이 복합적으로 작용하여 발생하지만, 높은 임금을 찾아 개발도상국에서 선진국으로 이동하는 경제적 목적의 이주가 가장 높은 비율을 차지한다. 주요 인구 유출국은 인도, 멕시코, 러시아, 중국 등 개발도상국이거나 인구 규모가 큰 국가인 경우가 많고, 주요 인구 유입국은 미국, 독일, 사우디아라비아, 러시아 등 선진국이거나 외국인 근로자의 수요가 많은 산유국인 경우가 많다. 한편, 미국은 지리적으로 인접한 멕시코 등 중·남부 아메리카 출신의 이주민 비율이 높고, 독일은 지리적으로 인접한 폴란드 등 동유럽 출신의 이주민 비율이 높다.

탐구 4 우리나라의 다문화 사회 현황

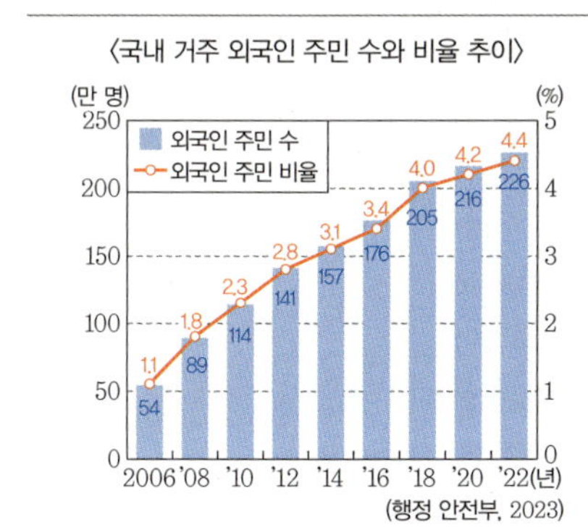

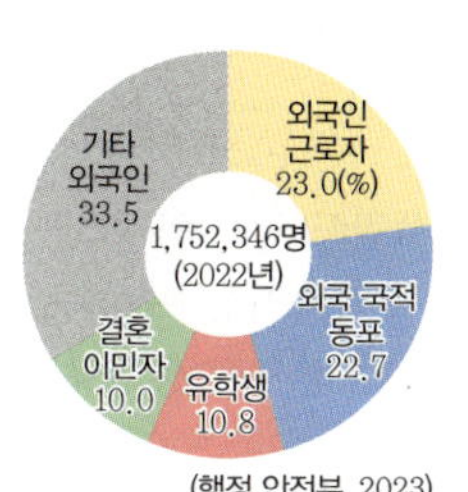

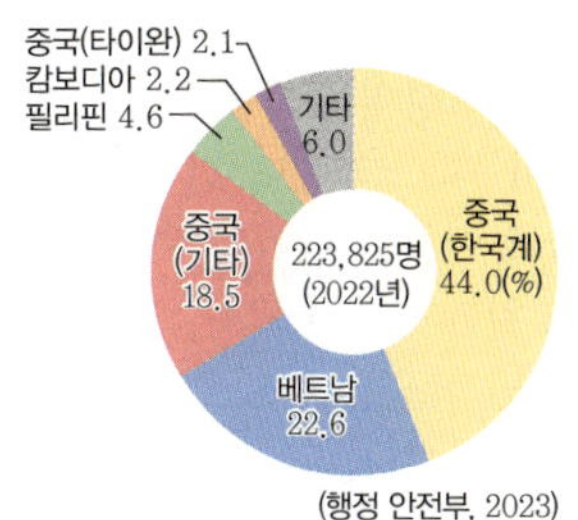

2022년 기준 국내에 거주하는 외국인 주민 수는 약 226만 명, 총인구 대비 약 4.4%이며, 세계화에 따른 노동 시장 개방, 외국인의 국내 취업 및 유학 증가, 국제결혼 증가 등으로 국내 거주 외국인 주민은 증가 추세에 있다.

외국인 주민의 유형은 외국인 근로자, 유학생, 결혼 이민자 등이 있으며, 이 중 외국인 근로자가 가장 높은 비율을 차지한다. 외국인 근로자 유입의 배경으로는 국내 근로자의 임금 상승으로 인한 노동력 부족 현상 등이 있다.

국내 거주 한국 국적 외국인의 출신국은 지리적으로 인접한 중국(한국계, 기타, 타이완)이 절반 이상으로 많고, 결혼 이주 여성의 비율이 높은 베트남, 필리핀 등의 동남아시아 출신도 많은 편이다.

[25507-0114]

1 그래프는 지도에 표시된 세 국가의 인구 특성을 나타낸 것이다. (가)~(다) 국가에 대한 설명으로 옳은 것은?

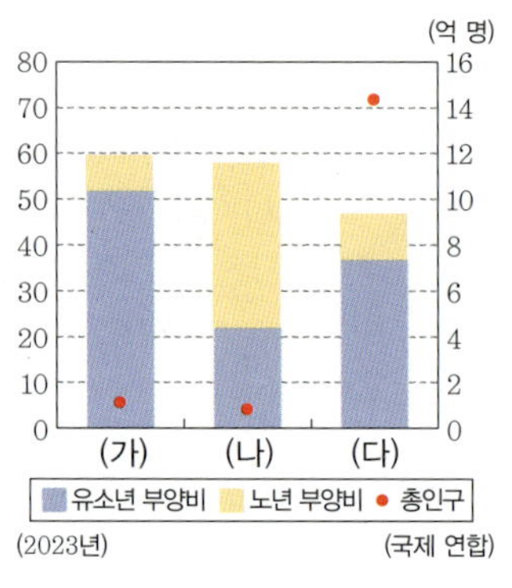

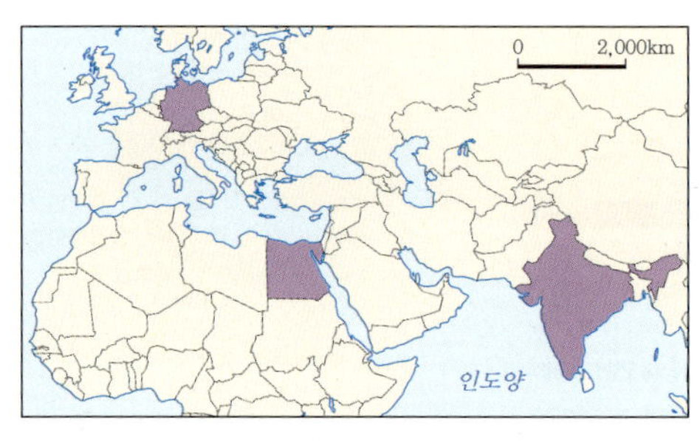

① (가)는 노령화 지수가 100보다 크다.
② (다)는 유입 인구가 유출 인구보다 많다.
③ (나)는 (가)보다 국가 내 생산 연령 인구 비율이 높다.
④ (다)는 (나)보다 1인당 국내 총생산(GDP)이 많다.
⑤ (가)는 유럽, (나)는 아프리카, (다)는 아시아에 위치한다.

[25507-0115]

2 다음 글의 ㉠, ㉡ 인구 이주의 특징으로 가장 적절한 것을 그림의 A~D에서 고른 것은?

- 싱가포르는 여성의 경제 활동 참여를 늘리고 저출산·고령화 문제에 대응하기 위해 '외국인 가사 도우미 제도'를 도입하였다. ㉠ 싱가포르로 이주한 외국인 가사 도우미는 2021년 기준 약 30만 명으로, 이는 싱가포르의 다섯 가구 중 한 가구에서 이들을 고용하고 있음을 보여 준다. 이들은 개인 가정에 머물면서 가사 노동과 육아를 전담하며 싱가포르 여성의 사회 진출을 뒷받침하고 있다.
- 러시아-우크라이나 전쟁의 장기화에 따라 ㉡ 우크라이나를 탈출하여 폴란드 등 인근 국가로 이주한 난민의 수가 크게 늘어났다. 폴란드 전역의 학교들은 증가하는 난민 학생을 위한 충분한 교사, 교실 등을 확보하는 데 지속적인 어려움을 겪고 있다. 우크라이나 난민 학생들 역시 전쟁과 피난 경험으로 인한 정서적 상처로 인해 현지 적응이 쉽지 않은 상황이다.

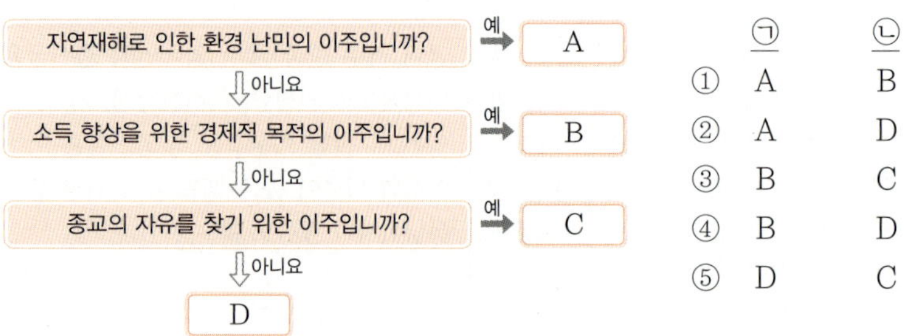

	㉠	㉡
①	A	B
②	A	D
③	B	C
④	B	D
⑤	D	C

[25507-0116]

3 다음 글에 대한 설명으로 옳은 것만을 〈보기〉에서 있는 대로 고른 것은?

> 우리나라는 저출산·고령화 현상으로 인해 ㉠ 출생아는 줄고 기대 수명은 늘어나고 있다. 여성 1명이 가임 기간 동안 낳을 것으로 예상되는 평균 출생아 수를 의미하는 ┌─(가)─┐ 은/는 2023년 기준 0.72명으로 경제 협력 개발 기구 회원국 중 최하위권이다. ㉡ 저출산 문제는 높은 집값 등의 경제적 요인과 일과 가사 양립의 어려움 등의 사회적 요인이 복합적으로 작용한 결과이다. 이에 따라 생산 연령 인구는 ㉢ 2020년 약 3,738만 명에서 ㉣ 2070년 약 1,711만 명으로 절반 넘게 줄어들 것으로 전망된다. 한편, 우리나라는 2024년에 주민 등록상 65세 이상 인구 비율이 20%를 넘어서면서 ┌─(나)─┐ 사회로 진입하였다.

〈 보기 〉

ㄱ. ㉠이 지속되면 중위 연령은 상승한다.
ㄴ. ㉡의 대책으로 '다자녀 가구 우대 정책'이 포함될 수 있다.
ㄷ. 총부양비는 ㉣이 ㉢보다 낮을 것으로 전망된다.
ㄹ. (가)에는 '합계 출산율', (나)에는 '초고령'이 들어갈 수 있다.

① ㄱ, ㄴ　　　② ㄱ, ㄷ　　　③ ㄷ, ㄹ　　　④ ㄱ, ㄴ, ㄹ　　　⑤ ㄴ, ㄷ, ㄹ

[25507-0117]

4 그래프는 지도에 표시된 세 국가의 1차 에너지 소비 구조를 나타낸 것이다. 이에 대한 설명으로 옳은 것은? (단, (가)~(다)는 각각 석유, 석탄, 천연가스 중 하나임.)

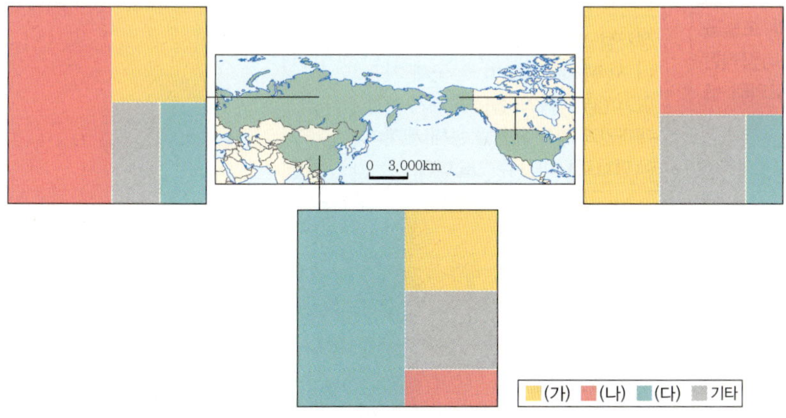

＊ 각 국가 내 1차 에너지 소비량 비율을 면적 크기로 나타낸 것임.
(2023년)　　　　　　　　　　　　　　　　　　(EI)

① (가)는 고생대 지층에 주로 매장되어 있다.
② (나)는 산업 혁명 시기에 주요 에너지원으로 사용되었다.
③ (다)는 산업용보다 수송용으로 사용되는 비율이 높다.
④ (가)는 (나)보다 세계 1차 에너지 소비량에서 차지하는 비율이 높다.
⑤ (나)는 (다)보다 연소 시 대기 오염 물질의 배출량이 많다.

[25507-0118]

5 그래프는 세 화석 에너지 자원의 지역(대륙)별 생산량 비율을 나타낸 것이다. (가)~(다)에 해당하는 에너지를 그래프의 A~C에서 고른 것은?

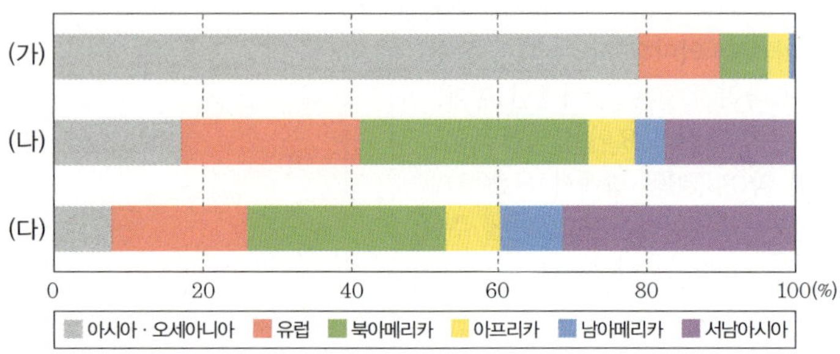

* 러시아를 비롯한 독립 국가 연합은 유럽에 포함됨.
** 서남아시아는 아시아 · 오세아니아에서 제외됨.
(2023년)　　　　　　　　　　　　　　　　　　(EI)

〈세 화석 에너지 자원의 용도별 소비량 비율〉

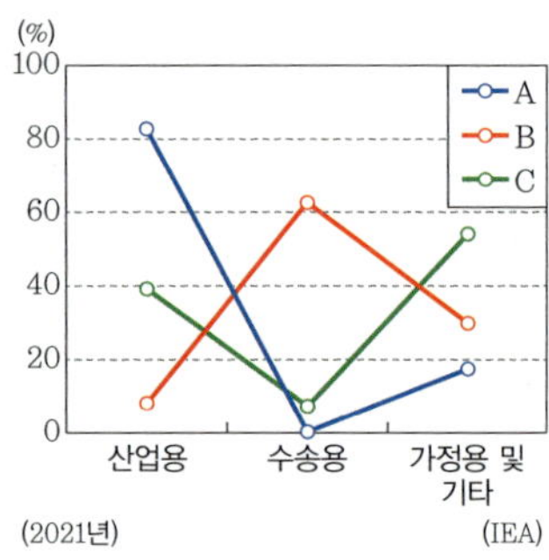

	(가)	(나)	(다)
①	A	B	C
②	A	C	B
③	B	A	C
④	B	C	A
⑤	C	A	B

🚩 **통합형**

[25507-0119]

6 다음은 두 패널 간 토의 장면이다. ㉠~㉣에 대한 설명으로 옳은 것만을 〈보기〉에서 고른 것은?

〈 보기 〉

ㄱ. ㉠으로 인해 지표에 도달하는 자외선의 양이 증가한다.
ㄴ. ㉡은 파리 협정의 주요 목표이다.
ㄷ. ㉢의 사례로 국제 연합(UN)이 있다.
ㄹ. 소극적 의미의 ㉣은 전쟁뿐만 아니라 문화적 폭력까지 제거된 상태를 의미한다.

① ㄱ, ㄴ　　　② ㄱ, ㄷ　　　③ ㄴ, ㄷ　　　④ ㄴ, ㄹ　　　⑤ ㄷ, ㄹ

01 다음 글의 ㉠~㉫에 대한 설명으로 옳은 것은? [25507-0120]

> ㉠ 세계의 인구는 산업 혁명 이후 빠르게 성장하여 2022년 80억 명을 넘어섰다. 연령층별 인구 구성도 변화하였는데 ㉡ 1950년과 2022년에 유소년층 인구 비율은 각각 약 35%에서 약 25%로, 노년층 인구 비율은 각각 약 5%에서 약 10%로 변화하였다. 인구 분포는 2022년 기준 지역(대륙)별로 [㉢   ] > 중·남부 아메리카 > 북부 아메리카 > 오세아니아 순으로 많고, 국가별로는 합계 출산율이 높은 ㉣ 인도가 ㉤ 중국을 추월하여 인구 규모 1위 국가가 되었다. 한편, ㉥ 경제 발전 수준에 따라 국가별로 다양한 인구 문제가 나타나고 있으며, 이를 해결하기 위한 각국의 노력이 이어지고 있다.

① ㉠은 북반구보다 남반구에 많이 거주한다.
② ㉡ 중 1950년이 2022년보다 세계 총부양비가 높다.
③ ㉢에는 '아시아 > 유럽 > 아프리카'가 들어간다.
④ ㉥ 중 저출생·고령화는 대체로 개발도상국이 선진국보다 심각하다.
⑤ ㉣은 ㉤보다 2022년 중위 연령이 높다.

02 그래프에 대한 설명으로 옳은 것은? (단, (가)~(다)는 각각 사망률, 자연적 인구 증가율, 출생률 중 하나이고, A~C는 각각 아시아, 아프리카, 유럽 중 하나임.) [25507-0121]

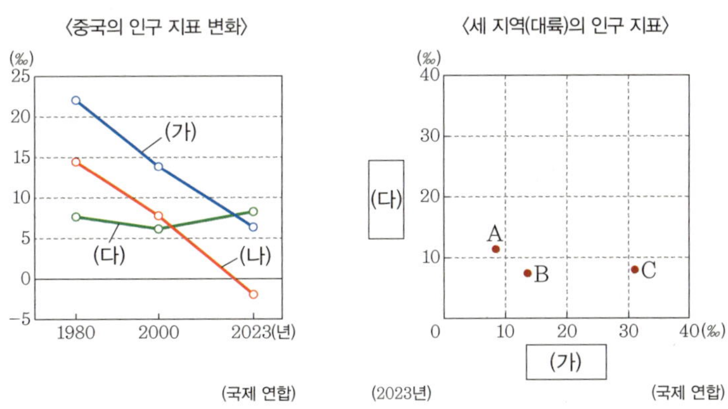

① (가)는 출생률, (다)는 자연적 인구 증가율이다.
② A는 C보다 유소년 부양비가 높다.
③ B는 A보다 1인당 평균 소득이 높다.
④ B는 C보다 총인구가 많다.
⑤ 2023년 중국은 인구의 자연적 증가가 나타난다.

03 표의 (가)~(다)에 해당하는 지역(대륙)을 그래프의 A~C에서 고른 것은? (단, 아시아, 아프리카, 중·남부 아메리카만 고려함.) [25507-0122]

〈지역(대륙) 간 인구 이동 현황〉

(단위: 만 명)

출발지＼도착지	유럽	북부 아메리카	(가)	(나)	(다)
유럽	–	687	717	65	136
북부 아메리카	110	–	54	5	129
(가)	2,320	1,755	–	121	40
(나)	1,102	327	472	–	5
(다)	540	2,554	41	41	–

* 출발지는 이주 전 거주 국가가 속한 지역(대륙)이고, 도착지는 이주 후 거주 국가가 속한 지역(대륙)이며, 동일 지역(대륙)으로의 이동은 제외함.
** 2020년 기준 자료임.

(국제 연합)

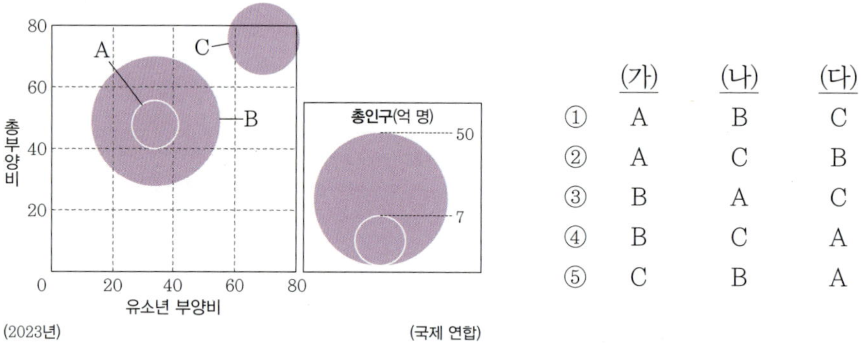

	(가)	(나)	(다)
①	A	B	C
②	A	C	B
③	B	A	C
④	B	C	A
⑤	C	B	A

04 그래프는 우리나라의 인구 부양비 변화를 나타낸 것이다. 이에 대한 분석으로 옳은 것만을 〈보기〉에서 있는 대로 고른 것은? (단, (가), (나)는 각각 노년 부양비, 유소년 부양비 중 하나임.) [25507-0123]

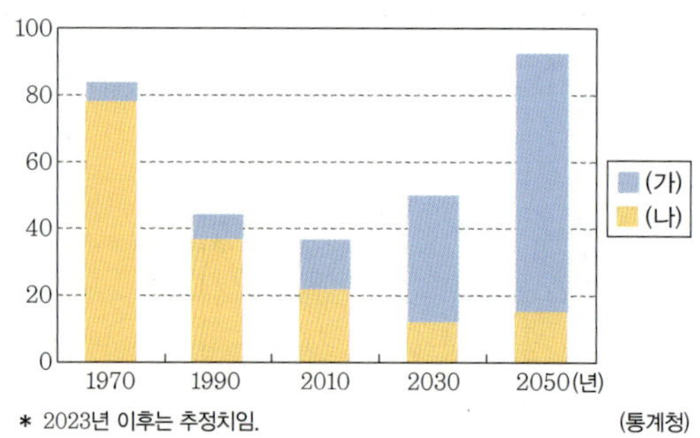

〈 보기 〉

ㄱ. (가)는 노년 부양비, (나)는 유소년 부양비이다.
ㄴ. 2030년 노령화 지수는 100 이상이다.
ㄷ. 1970년은 2050년보다 생산 연령 인구 비율이 높다.
ㄹ. 2010년은 1990년보다 합계 출산율이 높다.

① ㄱ, ㄴ   ② ㄴ, ㄹ   ③ ㄷ, ㄹ   ④ ㄱ, ㄴ, ㄷ   ⑤ ㄱ, ㄷ, ㄹ

05 그래프는 지도에 표시된 (가)~(다) 국가군별 1차 에너지 소비량 비율을 나타낸 것이다. 이에 대 [25507-0124]
한 설명으로 옳은 것은? (단, A~C는 각각 석유, 석탄, 천연가스 중 하나임.)

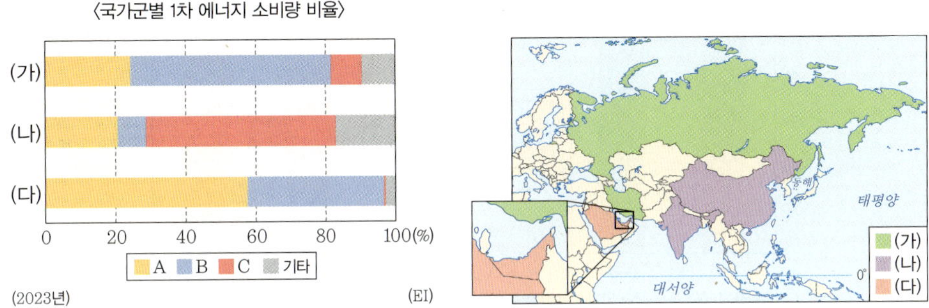

① A는 냉동 액화 기술 개발로 소비량이 급증하였다.
② C는 세계 1차 에너지 소비량에서 차지하는 비율이 가장 높다.
③ A는 C보다 수송용으로 사용되는 비율이 높다.
④ B는 C보다 연소 시 대기 오염 물질 배출량이 많다.
⑤ (다) 국가군은 (가) 국가군보다 천연가스 소비량 비율이 높다.

06 그래프는 지도에 표시된 세 국가의 재생 에너지원별 발전량 비율을 나타난 것이다. A~C에 대 [25507-0125]
한 설명으로 옳은 것만을 〈보기〉에서 고른 것은? (단, A~C는 각각 수력, 지열, 태양광·태양열
중 하나임.)

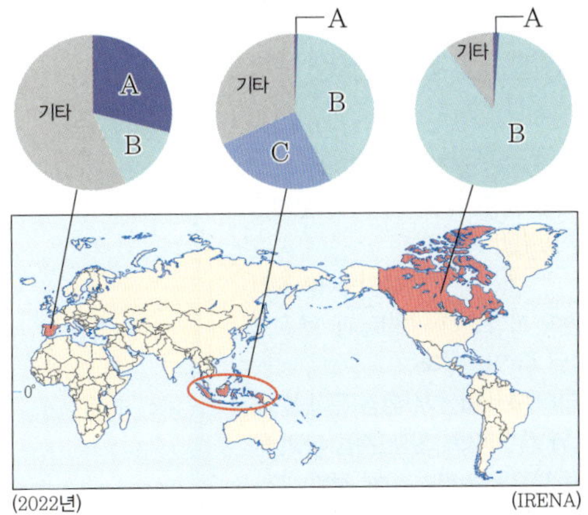

〈 보기 〉
ㄱ. A는 판의 경계 부근에서 개발 잠재력이 높다.
ㄴ. B는 낙차가 크고 유량이 풍부한 지역이 발전에 유리하다.
ㄷ. A는 C보다 발전 시 기상 조건의 영향을 많이 받는다.
ㄹ. A~C 중 전 세계에서 발전량이 가장 많은 것은 C이다.

① ㄱ, ㄴ   ② ㄱ, ㄷ   ③ ㄴ, ㄷ   ④ ㄴ, ㄹ   ⑤ ㄷ, ㄹ

07 그래프에 대한 설명으로 옳은 것은? (단, (가), (나)는 각각 아시아 및 오세아니아, 유럽 중 하나이 [25507-0126]
고, A, B는 각각 인도, 프랑스 중 하나임.)

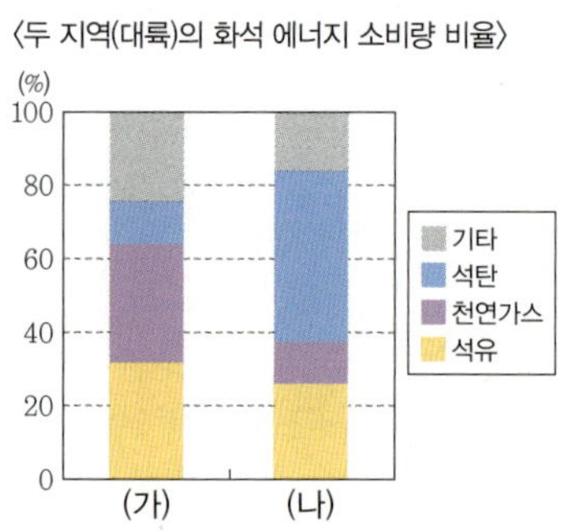

〈두 지역(대륙)의 화석 에너지 소비량 비율〉

* 러시아를 비롯한 독립 국가 연합은 유럽에 포함됨.
(2023년)

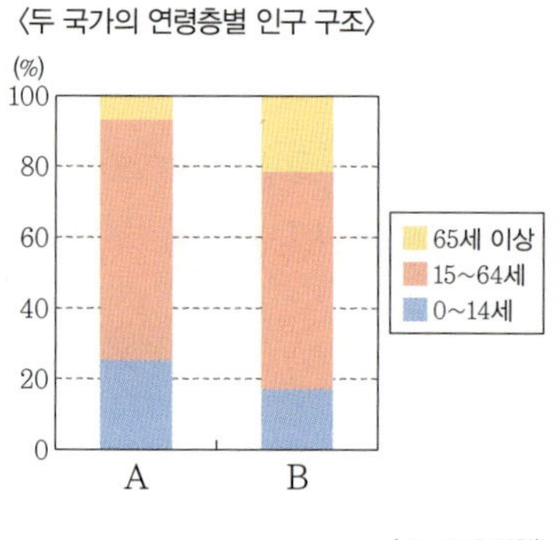

〈두 국가의 연령층별 인구 구조〉

(EI, 국제 연합)

① (가)는 (나)보다 총인구가 많다.
② (나)는 (가)보다 65세 이상 인구 비율이 높다.
③ A에서는 파리 협정이 채택되었다.
④ B는 A보다 석탄 생산량이 많다.
⑤ A는 (나), B는 (가)에 위치한다.

통합형 **08** 다음 자료는 학생이 생성형 인공 지능을 검색한 내용의 일부이다. ㉠~㉤에 대한 설명으로 옳지 [25507-0127]
않은 것은?

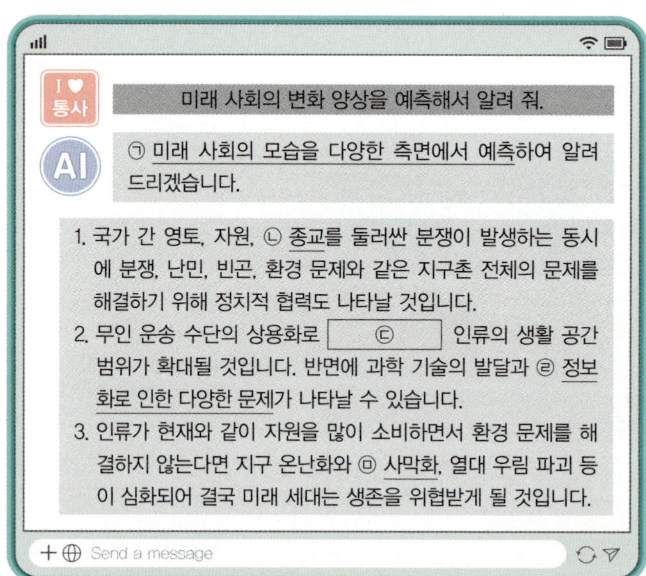

① ㉠에는 낙관적 견해와 비관적 견해가 공존한다.
② ㉡으로 인한 분쟁 사례로 일본과 중국 등이 분쟁 당사국인 센카쿠 열도(댜오위다오)가 있다.
③ ㉢에는 '시공간의 제약이 줄어들고'가 들어갈 수 있다.
④ ㉣로 지역 간, 계층 간 정보 격차 발생을 들 수 있다.
⑤ ㉤의 사례 지역으로 사헬 지대가 있다.

인용 문헌 출처

「지식의 통섭」, 이음, 최재천, 주일우 공저 ● 12쪽

「니코마코스 윤리학」, 이제이북스, 아리스토텔레스, 이창우 외 옮김
● 19쪽, 92쪽

「신기관」, 한길사, 베이컨, 진석용 옮김 ● 32쪽 탐구2

「모래군의 열두 달」, 따님, 레오폴드, 송명규 옮김 ● 32쪽 탐구3

「덕의 상실」, 문예 출판사, 알래스데어 매킨타이어, 이진우 옮김
● 93쪽 자료 플러스2

「공정하다는 착각」, 와이즈베리, 마이클 샌델, 함규진 옮김
● 100쪽 탐구3

「범죄와 형벌」, 이다북스, 베카리아, 김용준 옮김 ● 106쪽 2번

「윤리형이상학」, 아카넷, 임마누엘 칸트, 백종현 옮김 ● 106쪽 2번

「평화적 수단에 의한 평화」, 들녘, 요한 갈퉁, 강종일 외 옮김
● 133쪽 탐구1

「영구 평화론」, 서광사, 임마누엘 칸트, 이한구 옮김 ● 133쪽 탐구2

인용 사진 출처

서울대학교규장각한국학중앙연구원 ● 48쪽(혼일강리역대국도지도)

https://commons.wikimedia.org/wiki/File:Route_de_la_Baie_
James4.JPG ● 49쪽 1번(퀘벡의 이중 언어 정지 표지판)

The Granger Collection/Alamy Stock Photo ● 77쪽(풍자화)

Claude Monet/Mar.iano Garcia/Alamy Stock Photo
● 33쪽(웨스트민스터 다리 밑 템스강)

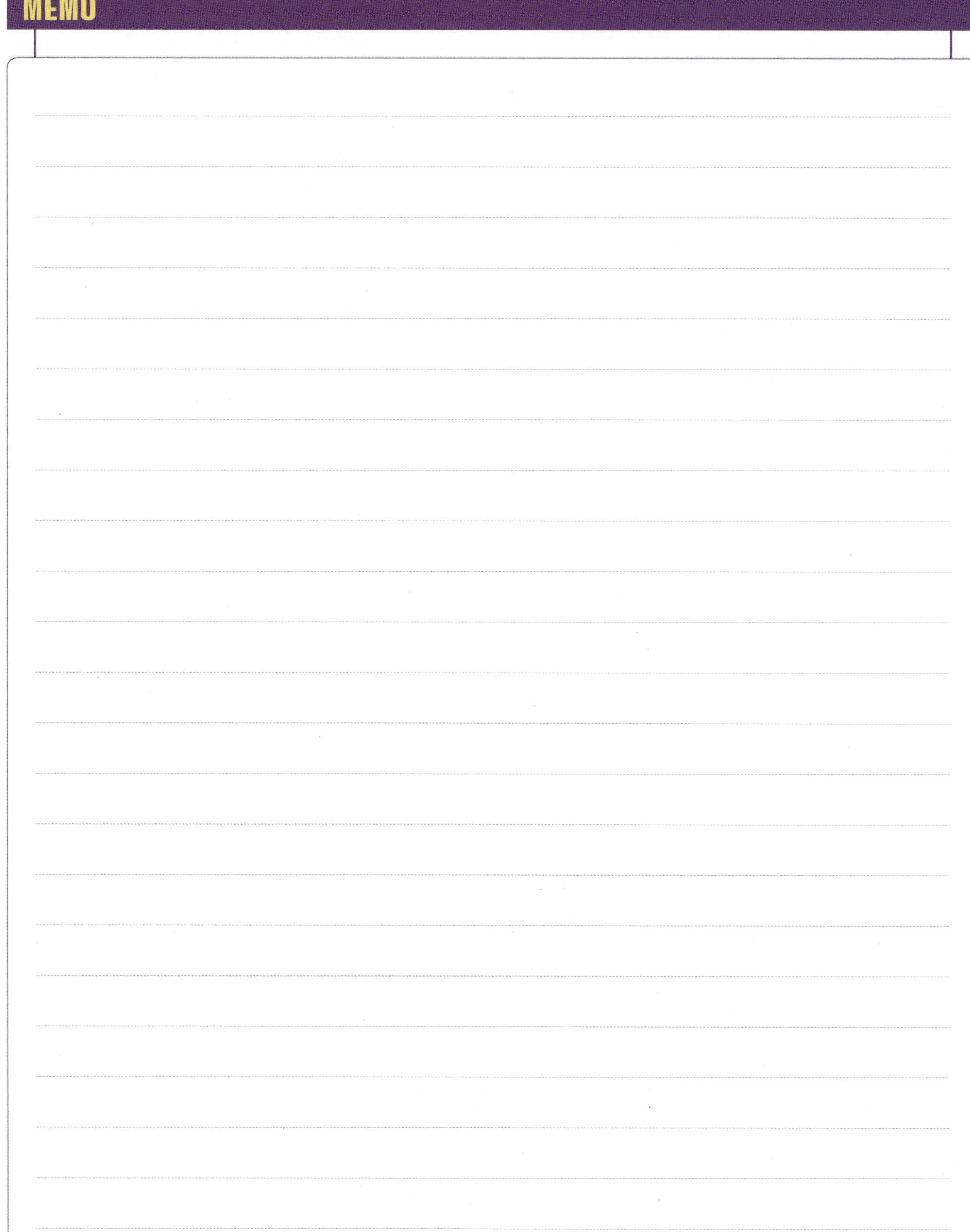
MEMO

고1~2, 내신 중점

구분	고교 입문 >	기초 >	기본 >	특화	+ 단기
국어	고등예비과정	내 등급은?	윤혜정의 개념의 나비효과 입문 편 + 워크북 / 어휘가 독해다! 수능 국어 어휘	기본서 올림포스 — 올림포스 전국연합학력평가 기출문제집 — 유형서 올림포스 유형편	국어 특화: 국어 독해의 원리 / 국어 문법의 원리	단기 특강
영어			정승익의 수능 개념 잡는 대박구문 / 주혜연의 해석공식 논리 구조편		영어 특화: Grammar POWER / Listening POWER / Reading POWER / Voca POWER / 영어 특화: 고급영어독해	
수학			기초 50일 수학 + 기출 워크북 / 매쓰 디렉터의 고1 수학 개념 끝장내기		고급 올림포스 고난도 / 수학 특화: 수학의 왕도	
한국사 사회			기본서 개념완성	고등학생을 위한 多담은 한국사 연표	
과학		50일 과학	개념완성 문항편	인공지능: 수학과 함께하는 고교 AI 입문 / 수학과 함께하는 AI 기초	

과목	시리즈명	특징	난이도	권장 학년
전 과목	고등예비과정	예비 고등학생을 위한 과목별 단기 완성		예비 고1
국/영/수	내 등급은?	고1 첫 학력평가 + 반 배치고사 대비 모의고사		예비 고1
	올림포스	내신과 수능 대비 EBS 대표 국어·수학·영어 기본서		고1~2
	올림포스 전국연합학력평가 기출문제집	전국연합학력평가 문제 + 개념 기본서		고1~2
	단기 특강	단기간에 끝내는 유형별 문항 연습		고1~2
한/사/과	개념완성&개념완성 문항편	개념 한 권 + 문항 한 권으로 끝내는 한국사·탐구 기본서		고1~2
국어	윤혜정의 개념의 나비효과 입문 편 + 워크북	윤혜정 선생님과 함께 시작하는 국어 공부의 첫걸음		예비 고1~고2
	어휘가 독해다! 수능 국어 어휘	학평·모평·수능 출제 필수 어휘 학습		예비 고1~고2
	국어 독해의 원리	내신과 수능 대비 문학·독서(비문학) 특화서		고1~2
	국어 문법의 원리	필수 개념과 필수 문항의 언어(문법) 특화서		고1~2
영어	정승익의 수능 개념 잡는 대박구문	정승익 선생님과 CODE로 이해하는 영어 구문		예비 고1~고2
	주혜연의 해석공식 논리 구조편	주혜연 선생님과 함께하는 유형별 지문 독해		예비 고1~고2
	Grammar POWER	구문 분석 트리로 이해하는 영어 문법 특화서		고1~2
	Reading POWER	수준과 학습 목적에 따라 선택하는 영어 독해 특화서		고1~2
	Listening POWER	유형 연습과 모의고사·수행평가 대비 올인원 듣기 특화서		고1~2
	Voca POWER	영어 교육과정 필수 어휘와 어원별 어휘 학습		고1~2
	고급영어독해	영어 독해력을 높이는 영미 문학/비문학 읽기		고2~3
수학	50일 수학 + 기출 워크북	50일 만에 완성하는 초·중·고 수학의 맥		예비 고1~고2
	매쓰 디렉터의 고1 수학 개념 끝장내기	스타강사 강의, 손글씨 풀이와 함께 고1 수학 개념 정복		예비 고1~고1
	올림포스 유형편	유형별 반복 학습을 통해 실력 잡는 수학 유형서		고1~2
	올림포스 고난도	1등급을 위한 고난도 유형 집중 연습		고1~2
	수학의 왕도	직관적 개념 설명과 세분화된 문항 수록 수학 특화서		고1~2
한국사	고등학생을 위한 多담은 한국사 연표	연표로 흐름을 잡는 한국사 학습		예비 고1~고2
과학	50일 과학	50일 만에 통합과학의 핵심 개념 완벽 이해		예비 고1~고1
기타	수학과 함께하는 고교 AI 입문/AI 기초	파이선 프로그래밍, AI 알고리즘에 필요한 수학 개념 학습		예비 고1~고2

고2~N수, 수능 집중

구분	수능 입문	기출/연습	연계 + 연계 보완	고난도	모의고사
국어	윤혜정의 개념/패턴의 나비효과 — 기본서 수능 빌드업	윤혜정의 개념의 나비효과 — 수능 기출의 미래 — 수능 기출의 미래 미니모의고사	수능특강 문학 연계 기출 / 수능특강 사용설명서 — 수능완성 사용설명서 / 수능연계교재의 VOCA 1800	하루 3개 1등급 국어독서	FINAL 실전모의고사 — 만점마무리 봉투모의고사 시즌1
영어	수능특강 Light — 수능 감(感)잡기	강의노트 수능개념	수능연계 기출 Vaccine VOCA 2200 / 수능 영어 간접연계 서치라이트	하루 6개 1등급 영어독해 — 수능연계완성 3주 특강	만점마무리 봉투모의고사 시즌2
수학			**수능 연계교재** 감수 수능특강 | 감수 수능완성		만점마무리 봉투모의고사 고난도 Hyper
한국사 사회	수능 스타트	수능특강Q 미니모의고사	**eBook 전용** 수능완성R 모의고사 | 수능 등급을 올리는 변별 문항 공략	박봄의 사회·문화 표 분석의 패턴	수능 직전보강 클리어 봉투모의고사
과학					

구분	시리즈명	특징	난이도	영역
수능 입문	윤혜정의 개념/패턴의 나비효과	윤혜정 선생님과 함께하는 수능 국어 개념/패턴 학습		국어
	수능 빌드업	개념부터 문항까지 한 권으로 시작하는 수능 특화 기본서		국/수/영
	수능 스타트	2028학년도 수능 예시 문항 분석과 문항 연습		사/과
	수능 감(感) 잡기	동일 소재·유형의 내신과 수능 문항 비교로 수능 입문		국/수/영
	수능특강 Light	수능 연계교재 학습 전 가볍게 시작하는 수능 도전		영어
	수능개념	EBSi 대표 강사들과 함께하는 수능 개념 다지기		전 영역
기출/연습	윤혜정의 개념의 나비효과	윤혜정 선생님과 함께하는 까다로운 국어 기출 완전 정복		국어
	수능 기출의 미래	올해 수능에 딱 필요한 문제만 선별한 기출문제집		전 영역
	수능 기출의 미래 미니모의고사	부담 없는 실전 훈련을 위한 기출 미니모의고사		국/수/영
	수능특강Q 미니모의고사	매일 15분 연계교재 우수문항 풀이 미니모의고사		국/수/영/사/과
	수능완성R 모의고사	과년도 수능 연계교재 수능완성 실전편 수록		수학
연계 + 연계 보완	수능특강	최신 수능 경향과 기출 유형을 반영한 종합 개념 학습		전 영역
	수능특강 사용설명서	수능 연계교재 수능특강의 국어·영어 지문 분석		국/영
	수능특강 문학 연계 기출	수능특강 수록 작품과 연관된 기출문제 학습		국어
	수능완성	유형·테마 학습 후 실전 모의고사로 문항 연습		전 영역
	수능완성 사용설명서	수능 연계교재 수능완성의 국어·영어 지문 분석		국/영
	수능 영어 간접연계 서치라이트	출제 가능성이 높은 핵심 간접연계 대비		영어
	수능연계교재의 VOCA 1800	수능특강과 수능완성의 필수 중요 어휘 1800개 수록		영어
	수능연계 기출 Vaccine VOCA 2200	수능 - EBS 연계와 평가원 최다 빈출 어휘 선별 수록		영어
고난도	하루 N개 1등급 국어독서/영어독해	매일 꾸준한 기출문제 학습으로 완성하는 1등급 실력		국/영
	수능연계완성 3주 특강	단기간에 끝내는 수능 1등급 변별 문항 대비		국/수/영
	박봄의 사회·문화 표 분석의 패턴	박봄 선생님과 사회·문화 표 분석 문항의 패턴 연습		사회탐구
	수능 등급을 올리는 변별 문항 공략	EBSi 선생님이 직접 선별한 고변별 문항 연습		수/영
모의고사	FINAL 실전모의고사	EBS 모의고사 중 최다 분량 최다 과목 모의고사		전 영역
	만점마무리 봉투모의고사 시즌1/시즌2	실제 시험지 형태와 OMR 카드로 실전 연습 모의고사		전 영역
	만점마무리 봉투모의고사 고난도 Hyper	고난도 문항까지 국·수·영 논스톱 훈련 모의고사		국·수·영
	수능 직전보강 클리어 봉투모의고사	수능 직전 성적을 끌어올리는 마지막 모의고사		국/수/영/사/과

내신과 수능을 모두 책임지는

하루 6개 1등급 영어독해

매일매일 밥 먹듯이,
EBS랑 영어 1등급 완성하자!

✓ 규칙적인 일일 학습으로
영어 1등급 5주 완성

✓ 최신 기출문제 + 실전 같은
문제 풀이 연습으로
내신과 학력평가, 수능 등급 UP!

✓ 대학별 최저 등급 기준 충족을 위한
변별력 높은 문항 집중 학습

2028학년도
수능
스타트

통합사회

정답과 해설

* 통합형 출제 경향을 반영한 **통합사회 수능 입문서**
* **내신**과 **수능**을 잇는 핵심 학습 전략으로 **한발 앞선 대비**

2028학년도 수능 스타트

통합사회

정답과 해설

통합사회 1

I 통합적 관점

수능 실력 다지기   본문 14쪽

1 ⑤   2 ②

1등급 완성하기   본문 15쪽

01 ②   02 ②

II 인간, 사회, 환경과 행복

수능 실력 다지기   본문 20~21쪽

1 ②   2 ⑤   3 ③   4 ②

1등급 완성하기   본문 22~23쪽

01 ②   02 ①   03 ④   04 ②

III 자연환경과 인간

수능 실력 다지기   본문 33~35쪽

1 ③   2 ③   3 ⑤   4 ④   5 ⑤   6 ③

1등급 완성하기   본문 36~39쪽

01 ④   02 ④   03 ②   04 ①   05 ②   06 ③

07 ③   08 ⑤

IV 문화와 다양성

수능 실력 다지기   본문 49~52쪽

1 ④   2 ④   3 ③   4 ⑤   5 ⑤   6 ①

7 ①   8 ③

1등급 완성하기   본문 53~57쪽

01 ④   02 ②   03 ②   04 ⑤   05 ③   06 ④

07 ④   08 ①

V 생활 공간과 사회

수능 실력 다지기   본문 65~67쪽

1 ③   2 ②   3 ④   4 ⑤   5 ②   6 ①

1등급 완성하기   본문 68~71쪽

01 ⑤   02 ①   03 ⑤   04 ⑤   05 ④   06 ②

07 ①   08 ②

I 인권 보장과 헌법

수능 실력 다지기 본문 84~86쪽

1 ④ 2 ③ 3 ② 4 ① 5 ④ 6 ③

1등급 완성하기 본문 87~91쪽

01 ⑤ 02 ① 03 ④ 04 ⑤ 05 ③ 06 ④
07 ④ 08 ②

II 사회 정의와 불평등

수능 실력 다지기 본문 102~104쪽

1 ② 2 ⑤ 3 ③ 4 ⑤ 5 ④ 6 ⑤

1등급 완성하기 본문 105~109쪽

01 ① 02 ④ 03 ⑤ 04 ④ 05 ③ 06 ②
07 ①

III 시장경제와 지속가능발전

수능 실력 다지기 본문 120~123쪽

1 ① 2 ② 3 ② 4 ⑤ 5 ② 6 ②
7 ⑤ 8 ③

1등급 완성하기 본문 124~127쪽

01 ④ 02 ② 03 ⑤ 04 ① 05 ④ 06 ④
07 ④ 08 ③

IV 세계화와 평화

수능 실력 다지기 본문 134~136쪽

1 ② 2 ③ 3 ② 4 ③ 5 ④ 6 ⑤

1등급 완성하기 본문 137~141쪽

01 ② 02 ④ 03 ⑤ 04 ① 05 ① 06 ①
07 ⑤ 08 ②

V 미래와 지속가능한 삶

수능 실력 다지기 본문 150~152쪽

1 ③ 2 ④ 3 ④ 4 ④ 5 ② 6 ③

1등급 완성하기 본문 153~156쪽

01 ② 02 ④ 03 ④ 04 ④ 05 ③ 06 ③
07 ⑤ 08 ②

1 ⑤　　　**2** ②

1 통합적 관점의 이해

문제 분석　교사는 K-푸드라는 사회 현상에 대한 탐구 과제를 네 가지 관점으로 분류하고 있다. 탐구 과제의 내용을 살펴보면 A는 시간적 관점, B는 공간적 관점, C는 윤리적 관점, D는 사회적 관점에 해당함을 알 수 있다.

정답 찾기　⑤ 사회 현상을 이해하고 탐구하기 위해서는 네 가지 관점을 종합적으로 고려하는 통합적 관점이 필요하다.

오답 피하기　① A는 시대적 배경에 초점을 맞추고 있으므로 시간적 관점에 해당한다. 도덕적 가치의 관점을 강조하는 것은 윤리적 관점에 해당한다.

② B는 현지 문화와 지리적 특성을 강조하고 있으므로 공간적 관점에 해당한다. 사회 현상을 시대적 배경과 맥락 속에서 이해하는 관점은 시간적 관점에 해당한다.

③ C는 수출할 때 고려해야 할 윤리적 문제와 관련된 것이므로 윤리적 관점에 해당한다. 사회 구조의 측면을 강조하는 것은 사회적 관점에 해당한다.

④ D는 사회 현상과 관련된 사회 제도를 탐구하는 것이므로 사회적 관점에 해당한다. 자연환경과 인문환경의 정보를 강조하는 것은 공간적 관점에 해당한다.

2 통합적 관점의 이해

문제 분석　제시문은 인공지능의 창작물에 있어 저작권과 관련된 논의와 대책이 필요함을 주장하고 있다.

정답 찾기　ㄱ. 인공지능 관련 저작권 문제가 발생하게 된 시대적 배경을 살펴보는 것은 시간적 관점에 해당한다.

ㄹ. 인공지능의 저작권을 인정할 경우 발생할 수 있는 윤리적 문제를 탐구하는 것은 윤리적 관점에 해당한다.

오답 피하기　ㄴ. 현재의 법률과 제도상 저작권이 보호받는 범위에 대해 조사하는 것은 사회적 관점에 해당한다.

ㄷ. 인공지능의 저작권 인정 여부를 자연적·인문적 환경의 특징에 따라 지역별로 분류하여 비교하는 것은 공간적 관점에 해당한다.

01 ②　　　**02** ②

01 통합적 관점의 이해

문제 분석　제시문은 기후 변화로 인해 인류가 환경 위기에 직면했음을 지적하고 있다.

정답 찾기　ㄱ. 기후 변화 양상을 각 시대의 특징과 관련지어 탐구하는 것은 시간적 관점에 해당한다.

ㄹ. 기후 변화에 대응하기 위해 필요한 바람직한 태도를 탐구하는 것은 윤리적 관점에 해당한다.

오답 피하기　ㄴ. 기후 변화 문제를 해결하기 위한 제도나 기구에 대해 조사하는 것은 사회적 관점에 해당한다.

ㄷ. 기후 변화에 따른 피해가 심각한 지역의 분포를 조사하는 것은 공간적 관점에 해당한다.

02 통합형 통합적 관점의 이해

문제 분석　제시문은 인구의 수도권 집중화로 인해 각종 사회 문제가 초래되고 있음을 지적하고 있다.

정답 찾기　ㄱ. 수도권의 인구 집중에 영향을 미친 주요 사건을 연도별로 조사하는 것은 시간적 관점에 해당한다.

ㄷ. 수도권 과밀화 현상을 해소할 수 있는 정책을 찾아보는 것은 사회적 관점에 해당한다.

오답 피하기　ㄴ. 지역 불균형에 따른 갈등을 해결하기 위한 바람직한 태도를 탐구하는 것은 윤리적 관점에 해당한다.

ㄹ. 우리나라 대기업 본사의 입지 현황을 지역별로 비교하는 것은 공간적 관점에 해당한다.

통합형 문항 분석

문항정보	
성취 기준	[10통사1-01-01] 인간, 사회, 환경을 바라보는 시간적, 공간적, 사회적, 윤리적 관점의 의미와 특징을 사례를 통해 파악한다. [10통사1-05-01] 산업화, 도시화로 인해 나타난 생활 공간과 생활 양식의 변화 양상을 조사하고, 이에 따른 문제점의 해결 방안을 제안한다.
내용 요소	통합적 관점, 도시화
행동 영역	문제 파악 및 인식
개발 의도 및 취지	여러 관점의 의미와 통합적 관점의 필요성을 이해하고 있는지 확인하는 문항임

통합형 문항 대비 전략　통합적 관점에 대한 이해를 바탕으로 시간적, 공간적, 사회적, 윤리적 관점에 따라 사회 문제의 탐구 과제를 적용하는 연습을 해 두도록 한다.

Ⅱ 인간, 사회, 환경과 행복

1 ②　　**2** ⑤　　**3** ③　　**4** ②

1 행복에 대한 도가의 입장 이해

문제분석　제시문은 도가 사상가인 노자의 주장이다. 노자는 인위적인 것을 거부하고 무위자연(無爲自然)의 삶을 살 것을 강조하였다.

정답찾기　② 노자는 무위자연의 도(道)에 따라 소박하게 살 것을 주장하였다.

오답피하기　① 노자는 예법과 같은 인위적 규범이 인간의 본성을 해치고 사회를 혼란하게 만든다고 보았다.

③ 노자는 인위적으로 만들어진 문명의 이기(利器)가 자유로운 삶을 제약한다고 보았다.

④ 노자는 인간이 이기적 본성을 지니고 있다고 보지 않았다.

⑤ 노자는 분별적 지혜에서 벗어나야 한다고 보았다.

2 행복에 대한 에피쿠로스의 입장 이해

문제분석　가상 편지를 쓴 사상가는 에피쿠로스이다. 에피쿠로스는 쾌락을 모든 가치를 평가하는 최고선으로 보았으며, 쾌락이 행복한 삶의 시작이자 끝이라고 주장하였다.

정답찾기　⑤ 에피쿠로스는 이성으로 욕구를 분별하고 절제하며 검소한 삶을 살아야 한다고 보았다.

오답피하기　① 에피쿠로스는 정신적이고 지속적인 쾌락을 추구해야 한다고 보았다.

② 에피쿠로스는 부와 권력이 자연적이지도 필수적이지도 않은 욕구라고 보았다.

③ 에피쿠로스는 자연적이고 필수적인 욕구를 최소한으로 충족하는 삶을 통해 평정심에 이르러야 한다고 주장하였다.

④ 에피쿠로스는 쾌락을 최고선이면서, 행복한 삶의 시작이자 끝이라고 주장하였다.

3 행복에 대한 아리스토텔레스의 입장 이해

문제분석　제시문을 주장한 사상가는 아리스토텔레스이다. 아리스토텔레스는 인간 행위의 궁극적인 목적, 즉 최고선은 행복이라고 보았으며 행복이란 덕에 따르는 정신의 활동이라고 주장하였다.

정답찾기　③ 아리스토텔레스는 행복한 삶을 위해 인간의 고유한 기능인 이성이 탁월하게 발휘되어야 한다고 보았다.

오답피하기　① 아리스토텔레스는 욕구의 기능이 이성의 명령에 따라야 한다고 보았지만 모든 욕구를 제거해야 한다고 주장하지 않았다.

② 아리스토텔레스는 덕은 인간의 고유한 기능인 이성이 탁월하게 발휘되는 상태로 행복을 위해 필수적이라고 보았다.

④ 아리스토텔레스는 이성을 발휘하여 덕 있는 삶을 살아갈 때 행복에 이를 수 있다고 보았다.

⑤ 아리스토텔레스에 따르면 인간 행위의 궁극적인 목적인 최고선은 세속적 가치를 추구하는 것이 아니라 덕에 따르는 정신의 활동이다.

4 행복한 삶을 실현하기 위한 조건의 이해

문제분석　제시된 신문 칼럼은 행복한 삶을 실현하기 위해 다양한 조건이 필요함을 주장하고 있다.

정답찾기　② 제시된 신문 칼럼은 민주 국가에서는 시민들이 자신의 삶에 대한 행복감과 만족감을 느낄 가능성이 높다고 주장한다.

오답피하기　① 제시된 신문 칼럼은 행복이 경제적 가치로만 결정되는 것은 아니며 국민 소득이 일정 수준을 넘어서면 행복감이 소득에 비례해서 증가하는 것은 아니라고 주장한다.

③ 제시된 신문 칼럼은 행복의 실현을 위해서는 시민의 참여가 활성화된 민주주의가 필요하다고 주장한다.

④ 제시된 신문 칼럼은 주변 환경이 삶의 질에 직접적인 영향을 미치므로 행복과 긴밀한 관련을 맺는다고 주장한다.

⑤ 제시된 신문 칼럼은 행복한 삶을 위해 타인과 공동체에 해를 입히지는 않는지 성찰하며 도덕적 가치의 실현과 도덕적 실천을 위해 공동으로 노력해야 한다고 주장한다.

01 ②   **02** ①   **03** ④   **04** ②

01 맹자의 경제적 안정에 대한 입장 이해

문제 분석   제시문을 주장한 사상가는 맹자이다. 맹자는 일정한 생업을 통한 경제적 안정[恒産(항산)]이 백성들의 도덕적 삶[恒心(항심)]의 기반이 된다고 보았다.

정답 찾기   ㄱ. 맹자는 군주가 백성들에게 안정적인 경제적 생활을 보장해 줄 때 백성들의 도덕적 삶이 가능할 수 있다고 보았다.
ㄷ. 맹자는 군주가 먼저 백성들의 항산(恒産)을 보장해 주어 항심(恒心)을 유지할 수 있도록 해야 한다고 보았다.

오답 피하기   ㄴ. 맹자에 따르면 군주가 백성들이 경제적 생활을 할 수 있도록 하는 것이 왕도 정치의 바탕이 된다고 보았다.
ㄹ. 맹자는 인위적인 통치가 없는 사회에서만 항심을 실현할 수 있다고 보지 않았다.

02 행복에 대한 아리스토텔레스의 입장 이해

문제 분석   A 사상가는 아리스토텔레스이다. 아리스토텔레스는 행복을 덕과 일치하는 정신의 활동이라고 보았고, 덕을 지성적 덕과 품성적 덕으로 나누어 설명하였다.

정답 찾기   ㄱ. 아리스토텔레스는 행복한 삶을 위해 인간의 고유한 기능인 이성을 탁월하게 발휘해야 한다고 보았다.
ㄴ. 아리스토텔레스는 덕 있는 행위를 반복적으로 하여 습관화되면 덕 있는 행위를 자연스럽게 할 수 있다고 보았다.

오답 피하기   ㄷ. 아리스토텔레스는 지성적 덕은 주로 교육을 통해 얻어지며, 품성적 덕은 중용에 해당하는 행동을 반복적으로 실천함으로써 형성된다고 보았다.
ㄹ. 아리스토텔레스에 따르면 덕은 행복을 위해 필수적이므로 덕이 없는 사람은 행복한 삶을 살 수 없다.

03 행복에 대한 에피쿠로스와 스토아학파의 입장 비교

문제 분석   갑은 에피쿠로스, 을은 스토아학파 사상가인 에픽테토스이다. 에피쿠로스는 참된 쾌락은 몸의 고통과 마음의 불안이 소멸된 상태, 즉 평정심이라고 보았다. 에픽테토스는 이성에 따르는 삶을 중시하였고, 운명을 받아들일 것을 강조하였다.

정답 찾기   ㄴ. 에피쿠로스는 이성을 통해 욕구를 분별해야 한다고 보았다.
ㄹ. 에픽테토스는 이성에 따르는 삶을 통해 자연의 질서를 파악하고 운명을 받아들여야 한다고 보았다.

오답 피하기   ㄱ. 에피쿠로스는 감각적이고 순간적인 쾌락이 아니라 정신적이고 지속적인 쾌락을 추구해야 한다고 보았다.

ㄷ. 에피쿠로스는 쾌락을 행복한 삶의 시작이자 끝이라고 보고 쾌락을 통해 행복한 삶을 살 수 있다고 보았다.

THE 알기

> 스토아학파는 이성으로써 자연의 필연적 질서를 파악하고 따르는 삶을 살아야 한다고 주장하였다. 스토아학파 사상가인 에픽테토스에 따르면 이 세계의 일들은 일어나게 되어 있는 일들이 일어나는 것이다.

통합형
04 행복에 대한 벤담의 입장 이해

문제 분석   제시문을 주장한 사상가는 벤담이다. 벤담은 최대 다수의 최대 행복의 원리를 도덕과 입법의 원리로 제시하였다. 제시된 사례는 개발 제한 구역의 지정 및 관리에 관한 법률의 시행령 개정에 대한 것이다. 이는 현대 사회에 새롭게 등장한 인권 중 하나인 환경권과 관련된 것으로, 국가는 국민들이 건강하고 쾌적한 환경에서 살 권리를 보장해야 할 책무가 있다.

정답 찾기   ② 벤담은 사회적 유용성을 입법의 기준으로 보았다.

오답 피하기   ① 벤담은 의무 의식이 아닌 공리의 원리에 기반하여 시행령을 개정하라고 조언할 것이다.
③ 벤담은 공리의 원리라는 보편적 도덕 원리를 강조하였다.
④ 벤담은 관련된 당사자들의 행복을 고려해야 한다고 주장하였다.
⑤ 벤담은 행위의 결과를 고려해야 한다고 주장하였다.

통합형 문항 분석

문항정보	
성취 기준	[10통사1-02-01] 시대와 지역에 따라 다르게 나타나는 행복의 기준을 사례를 통해 비교하여 평가하고, 삶의 목적으로서 행복의 의미를 성찰한다. [10통사2-01-01] 근대 시민 혁명 등을 통해 확립되어 온 인권의 의미와 변화 양상을 이해하고, 현대 사회에서 주거, 안전, 환경, 문화 등 다양한 영역으로 인권이 확장되고 있는 사례를 조사한다.
내용 요소	행복, 현대 사회의 인권
행동 영역	문제 파악 및 인식
개발 의도 및 취지	행복의 의미와 인권이 확장되고 있는 사례를 이해하고 있는지 확인하는 문항임

통합형 문항 대비 전략   현대 사회의 인권이 확장되고 있는 사례를 파악하고, 행복과 관련된 벤담의 사상적 입장을 적용하여 문제를 해결해야 한다.

Ⅲ 자연환경과 인간

수능 실력 다지기

본문 33~35쪽

| 1 ③ | 2 ③ | 3 ⑤ | 4 ④ | 5 ⑤ | 6 ③ |

1 온대 기후 지역의 자연환경 특색 파악

문제 분석 (가)는 여름에 고온 건조한 지중해성 기후가 나타나는 프로방스, (나)는 연중 습윤한 서안 해양성 기후가 나타나는 런던이다.

정답 찾기 ③ 여름에 아열대 고압대의 영향을 크게 받는 지중해성 기후 지역은 서안 해양성 기후 지역보다 대체로 위도가 낮다. 실제로 프랑스 남부에 위치한 프로방스(가)는 영국의 런던(나)보다 위도가 낮다.

오답 피하기 ① 벼농사는 고온 다습한 기후가 나타나는 아시아의 계절풍 기후 지역에서 널리 이루어진다.

② 런던(나)은 서안 해양성 기후가 나타난다.

④ 태양광 발전은 일사량이 많은 기후 환경에서 유리하다. 따라서 연중 습윤한 기후가 나타나는 런던(나)은 프로방스(가)보다 태양광 발전에 불리하다.

⑤ 강수량보다 증발량이 많은 것은 건조 기후의 특성이다.

2 다양한 지형환경에 따른 생활 모습 이해

문제 분석 영상 통화 속 남성은 빙하 지형으로 유명한 노르웨이의 송네 피오르, 여성은 카르스트 지형으로 유명한 베트남의 할롱 베이에 대해 이야기하고 있다.

정답 찾기 ㄴ. 베트남의 할롱 베이(ㄷ)는 탑 카르스트에 해당한다. 카르스트 지형은 온난 습윤한 기후 환경에서 석회암(ㄹ)이 용식 작용을 받아 형성된 지형이다.

ㄷ. 노르웨이의 송네 피오르(ㄱ)는 베트남의 할롱 베이(ㄷ)보다 고위도에 위치하여 적도와의 최단 거리가 멀다.

오답 피하기 ㄱ. 송네 피오르에 형성된 수직 절벽(ㄴ)은 주로 빙하의 침식 작용을 받아 형성되었다.

ㄹ. 송네 피오르(ㄱ)와 할롱 베이(ㄷ)가 위치한 곳은 모두 화산 활동이 활발한 지역이 아니다. 화산 활동은 지각판의 경계부인 환태평양 조산대와 알프스-히말라야 조산대에서 주로 발생한다.

3 생태 중심주의 입장 이해

문제 분석 칼럼은 인간이 무분별한 개발로 환경 위기에 직면하게 되었으며, 이를 해결하기 위해서는 근본적으로 인간 중심주의적 자연관에서 벗어나 생명 공동체 자체를 존중해야 한다고 주장한다.

정답 찾기 ⑤ 칼럼에 따르면 인간이 자연을 지배 대상으로 간주하는 인간 중심주의적 자연관은 환경 파괴를 초래할 수 있다.

오답 피하기 ① 칼럼은 자연을 인간의 소유물로 보는 인간 중심주의적 자연관에서 벗어날 것을 주장한다.

② 칼럼은 생명 공동체를 도덕적 고려의 대상으로 봐야 한다고 주장하고 있지만, 생명 공동체가 도덕적 행위의 주체라고 보지는 않는다.

③ 칼럼은 자연을 오직 수단적 가치로만 여기는 인간 중심주의적 자연관에서 벗어나야 한다고 보고 있다.

④ 칼럼은 인간 중심주의적 자연관을 환경 위기의 해결책이 아닌 원인으로 보고 있다.

4 데카르트와 레오폴드의 입장 비교 이해

문제 분석 갑은 데카르트, 을은 레오폴드이다. 데카르트는 인간 중심주의 입장에서 동물이 움직이는 기계에 불과하다고 보았다. 레오폴드는 인간 중심주의 입장에 반대하며 대지 윤리를 주장하였다.

정답 찾기 ④ 레오폴드는 인간은 대지 공동체의 정복자가 아니라 하나의 구성원이라고 보았다.

오답 피하기 ① 데카르트는 동물이 자원으로 이용될 수 있다고 보았다.

② 데카르트는 모든 생명체에 대한 동일한 대우를 주장하지 않았다.

③ 레오폴드는 생태 중심주의의 입장으로 쾌고 감수 능력의 유무에 따라 도덕적 지위가 부여된다고 보지 않았다.

⑤ 데카르트는 인간 이외의 존재가 인간과 무관하게 그 자체로 가치를 지닌다고 보지 않았다.

5 다양한 자연재해의 특성 이해

문제 분석 자연재해는 기후와 지형 등의 자연환경 요소들이 인간의 안전한 생활을 위협하면서 피해를 입히는 현상으로, 태풍, 지진, 화산 활동, 홍수 등이 있다.

정답 찾기 ⑤ 내진 설계는 지진으로 건물이 무너지는 것을 막기 위해 지진에 견딜 수 있도록 건축물을 설계하는 것을 의미하며, 홍수(ㅁ)를 대비하기 위한 대책은 아니다.

오답 피하기 ① 우리나라 헌법 제34조와 제35조에서는 자연재해(ㄱ)로부터 보호받을 권리와 쾌적한 환경에서 생활할 권리를 시민의 권리로 보장하고 있다.

② 허리케인(ㄴ)은 북태평양과 북대서양 등지에서 발생하여 미국 등에 피해를 입히는 열대 저기압에 해당한다.

③ 지진(ㄷ)이 바다에서 일어날 경우 바닷물이 높아져 육지를 덮는 해일이 발생하기도 한다.

④ 화산 폭발(ㄹ)을 비롯한 화산 활동은 지각판의 경계부인 환태평양 조산대와 알프스-히말라야 조산대에서 주로 발생하며, 지형과 관련한 자연재해이다.

6 기후 변화가 인간 생활에 끼친 현상 이해

문제 분석 (가)에 들어갈 현상은 '지구 온난화'이다. 지구 온난화로 북극해 주변의 빙하 면적이 줄어들면서 북극곰이 먹이를 찾기 위해 남쪽으로 이동하고, 기존 서식지보다 상대적으로 온도가 낮은 북쪽으로 이동하는 회색곰이 증가하면서 두 종의 잡종의 출현이 증가하고 있는 것으로 보고되었다.

정답 찾기　ㄴ. 지구 온난화로 대기의 평균 기온이 상승하면 빙하가 녹으면서 해수면이 상승하여 해안 저지대와 섬 지역의 침수 피해가 늘어날 수 있다.

ㄹ. 지구 온난화의 주된 원인은 공장과 가정 등에서 사용하는 화석 에너지의 양이 증가함에 따라 온실가스 배출량이 늘어났기 때문이다.

오답 피하기　ㄱ. 바젤 협약은 유해 폐기물의 국가 간 이동에 관한 규제를 목적으로 한다.

ㄷ. 지구 온난화로 대기의 평균 기온이 상승하면 기온이 낮은 고산 지대나 고위도 지역에 분포하는 만년설이 녹아 면적이 감소한다.

1등급 완성하기

본문 36~39쪽

| 01 ④ | 02 ④ | 03 ② | 04 ① | 05 ② | 06 ③ |
| 07 ③ | 08 ⑤ | | | | |

01 열대 기후, 건조 기후, 온대 기후 지역의 특성 비교

문제 분석　(가)는 연중 기온이 높고, 겨울에 건기가 나타나는 열대 사바나 기후 지역의 바마코이다. (나)는 연 강수량이 매우 적은 건조 기후 지역의 리야드이다. (다)는 여름에 건기가 나타나는 온대 지중해성 기후 지역의 메시나이다.

정답 찾기　④ 여름에 건조하고 겨울에 습윤한 메시나(다)가 반대의 양상을 보이는 바마코(가)보다 겨울 강수 집중률이 높다.

오답 피하기　① 연 강수량보다 연 증발량이 많은 것은 건조 기후의 특성이다.

② 기온의 연교차보다 일교차가 큰 것은 열대 기후의 특성이다.

③ 지중해성 기후가 나타나는 메시나(다)가 건조 기후가 나타나는 리야드(나)보다 오렌지, 올리브 등을 재배하는 수목 농업 발달에 유리하다.

⑤ 그래프를 통해 바마코(가)가 리야드(나)보다 7월 평균 기온이 낮음을 알 수 있다.

02 열대 기후 지역의 자연환경 특색 파악

문제 분석　(가)~(다)는 모두 적도 주변에 위치하며 열대 기후 및 고산 기후가 나타난다. (가)는 최한월 평균 기온이 18℃ 이상이고 6~9월에 강수량이 60mm가 안 되는 건기가 나타나므로 사바나 기후가 나타나는 탄자니아의 다르에스살람이다. (나)는 최한월 평균 기온이 18℃ 이상이고 모든 월의 강수량이 60mm 이상이므로 열대 우림 기후가 나타나는 아시아의 싱가포르이다. (다)는 해발 고도가 높은 곳에 위치하여 모든 월의 평균 기온이 14℃ 정도의 온화한 기후가 나타나는 콜롬비아의 보고타이다.

정답 찾기　④ 연중 대류성 강수의 발생 빈도는 열대 우림 기후가 나타나는 싱가포르(나)가 사바나 기후가 나타나는 다르에스살람(가)보다 높다.

오답 피하기　① 연중 우리나라의 봄과 같은 날씨가 나타나는 곳은 보고타(다)이다.

② 사바나 초원이 넓게 분포하는 국가는 다르에스살람(가)이 위치한 탄자니아이다.

③ 보고타(다)가 위치한 콜롬비아는 남아메리카에 있다.

⑤ 싱가포르(나)는 해안 지역에, 보고타(다)는 고산 지역에 위치한다.

03 베이컨의 인간 중심주의 이해

문제 분석　인터넷 화면의 A 사상가는 베이컨이다. 베이컨은 인간이 자연을 지배해서 자연이 인간의 이익에 봉사하도록 해야 한다고 주장하였다.

정답찾기 ㄱ. 베이컨은 자연을 이용할 수 있는 지식을 얻기 위해서는 이성의 힘이 필요하다고 보았다.

ㄷ. 베이컨은 관찰과 실험을 통해 얻는 경험적 지식을 강조하였으며, 이를 통해 자연에 대한 지배력을 강화할 수 있다고 보았다.

오답피하기 ㄴ. 베이컨은 자연에 대한 책임을 강조하지 않았으며 과학 기술의 발전으로 얻게 될 인간의 이익을 우선하였다.

ㄹ. 베이컨은 인간이 자연을 지배하고 이용하여 인간 삶의 개선을 추구해야 한다고 주장하였다.

04 레오폴드의 생태 중심주의 이해

문제분석 제시문을 주장한 사상가는 레오폴드이다. 레오폴드는 생태 중심주의의 입장에서 생태계 전체를 도덕적 고려의 대상으로 간주해야 한다고 주장하였다.

정답찾기 ① 레오폴드는 현재의 기후 위기 문제를 해결하려면 인간 중심주의에서 벗어나 생태 중심주의 관점에서 도덕 공동체의 범위를 확대해야 한다고 주장할 것이다.

오답피하기 ② 레오폴드는 인간을 대지의 주인이라고 보지 않았다.

③ 레오폴드는 생태계의 안정성이 개별 생명체의 존속보다 우선해야 한다고 주장하였다.

④ 레오폴드는 대지 윤리를 통해 대지 공동체 자체에 대한 존중을 강조하였다.

⑤ 레오폴드는 대지의 이용을 이익의 문제로만 생각하지 말아야 한다고 주장하였다.

05 레오폴드와 아리스토텔레스의 입장 비교

문제분석 갑은 레오폴드, 을은 아리스토텔레스이다. 레오폴드는 도덕적 공동체의 범위를 대지까지 확대하는 대지 윤리를 주장하였다. 아리스토텔레스는 식물과 동물이 인간을 위해 존재한다고 주장하였다.

정답찾기 ㄱ. 레오폴드는 생태계 자체를 도덕적으로 존중해야 한다고 보았다. 아리스토텔레스는 인간 중심주의 입장이므로 생태계 자체를 도덕적으로 존중해야 한다고 주장하지 않았다.

ㄷ. 레오폴드는 무생물을 포함한 생태계 전체를 도덕적 고려의 대상으로 간주해야 한다고 보았다. 따라서 레오폴드에 따르면 생명이 없는 존재도 도덕적 고려 대상이 될 수 있다.

오답피하기 ㄴ. 레오폴드는 동물을 자원으로 이용하는 것을 전면 금지해야 한다고 주장하지 않았다.

ㄹ. 아리스토텔레스는 인간 이외의 생명체에게 도덕적 지위가 부여된다고 보지 않았다.

통합형
06 레오폴드의 생태 중심주의 이해

문제분석 제시문을 주장한 사상가는 레오폴드이다. 레오폴드는 인간이 생명 공동체의 지배자가 아니라 한 구성원일 뿐이라고 보았

다. (나)의 자료는 자연 상태일 때에 비해 도시의 빗물 흡수량이 현저히 낮아져 홍수 발생 위험이 높아진다는 내용으로, 도시화가 생태계의 안정성을 위협할 수 있음을 보여 준다.

정답찾기 ㄱ. 레오폴드는 대지를 이용할 때 경제적 관점만이 아닌 윤리적 관점을 함께 고려해야 한다고 주장하였다.

ㄴ. 레오폴드는 도시화로 발생한 생태계의 변화로 인해 생태계의 안정성이 위협을 받는다면 이는 옳지 않다고 볼 것이다.

오답피하기 ㄷ. 레오폴드는 대지를 경제적으로 이용하는 것을 전면 부정하지는 않았다.

통합형 문항 분석

문항정보	
성취 기준	[10통사1-03-02] 자연에 대한 인간의 다양한 관점을 사례를 통해 비교하고, 인간과 자연의 바람직한 관계를 제안한다. [10통사1-05-01] 산업화, 도시화로 인해 나타난 생활 공간과 생활 양식의 변화 양상을 조사하고, 이에 따른 문제점의 해결 방안을 제안한다.
내용 요소	자연관, 도시화
행동 영역	문제 파악 및 인식
개발 의도 및 취지	생태 중심주의 관점과 도시화의 영향을 이해하고 있는지 확인하는 문항임

통합형 문항 대비 전략 도시화가 생태계의 안정성을 위협할 수 있음을 이해하고, 자연에 대한 생태 중심주의적 관점을 나타내는 사상가의 입장에서 인간과 자연의 바람직한 관계를 파악할 수 있어야 한다. 먼저 통합사회 과목의 기본 개념을 정확하게 이해하고, 통합적 문제 해결의 절차를 주어진 문제 상황에 적용하는 연습을 해 나가야 한다.

07 지진, 태풍, 호우의 특성 파악

문제분석 (가)는 농경지 피해액 비율이 가장 높고, 건물 및 선박의 피해액 비율도 높으므로 단기간에 비가 집중되어 발생하는 호우이다. (나)는 대부분 건물 피해액만 있으므로 지각이 흔들림에 따라 발생하는 지진이다. (다)는 선박의 피해액 비율이 가장 높으므로 강한 바람을 동반하여 발생하는 태풍이다.

정답찾기 ③ 지진(나)은 사전 예측이 어려우므로 발생 시점부터 이동 경로 등을 예상할 수 있는 태풍(다)보다 관측 이후 대비할 수 있는 시간이 짧다.

오답피하기 ① 주로 열대 해상에서 발생하여 고위도로 이동하는 것은 태풍(다)이다.

② 지진(나)은 지형적 요인에 의한 자연재해로 장마 전선의 정체와는 관련이 없다.

④ 호우(가)와 태풍(다)은 기후적 요인, 지진(나)은 지형적 요인에 의해 발생한다.

⑤ 모든 자연재해는 사전에 정확히 예측하는 것이 어렵다.

문제 분석　제시문은 캐시미어의 수요 증가로 인해 몽골의 사막화가 심화된다는 내용과 열대 우림 보호를 위해 다양한 산림 보존 계획을 수립하여 진행하고 있는 가봉의 사례에 대한 내용이다.

정답 찾기　⑤ 국토의 대부분이 산림으로 이루어진 가봉은 탄소와 같은 온실가스를 흡수하는 기능을 하는 나무가 많다. 따라서 (가)에 들어갈 수 있는 내용은 '탄소 배출량보다 흡수량'이 된다.

오답 피하기　① ⓒ은 자연을 개발하여 인간의 이익을 취하는 사례로 인간 중심주의 자연관이 반영되었다.

② 몬트리올 의정서는 오존층 파괴 물질인 염화 플루오린화 탄소 등의 규제를 명시한 환경 협약이다.

③ ⓜ은 생태 중심주의 자연관이 반영된 활동으로 자연의 도구적 가치보다 내재적 가치를 중요시한다.

④ 열대 기후가 널리 분포하는 가봉(ⓔ)은 건조 기후가 널리 분포하는 몽골(ⓒ)보다 스텝 기후가 나타나는 면적 비율이 낮다.

통합형 문항 분석

문항정보	
성취 기준	[10통사1-03-02] 자연에 대한 인간의 다양한 관점을 사례를 통해 비교하고, 인간과 자연의 바람직한 관계를 제안한다. [10통사1-03-03] 환경 문제 해결을 위한 정부, 시민 사회, 기업 등의 다양한 노력을 조사하고, 생태 시민으로서 실천 방안을 모색한다.
내용 요소	자연관, 환경 문제
행동 영역	결론 도출 및 평가
개발 의도 및 취지	환경 문제와 관련한 몽골과 가봉의 사례를 분석하고, 두 국가의 자연환경적 특성을 비교할 수 있는지를 평가하는 문항임

통합형 문항 대비 전략　자연환경이 인간의 생활에 미치는 영향과 환경 문제를 다양한 사례를 통해 이해하고, 각 사례가 인간 중심주의와 생태 중심주의 자연관과 어떻게 관련되고 적용되는지를 파악한다.

Ⅳ 문화와 다양성

수능 실력 다지기
본문 49~52쪽

1 ④	2 ④	3 ③	4 ⑤	5 ⑤	6 ①
7 ①	8 ③				

1 문화권의 점이 지대 이해

문제 분석　(가)는 튀르키예의 이스탄불, (나)는 캐나다의 퀘벡이다. 점이 지대에서는 여러 문화권의 특징이 동시에 나타난다.

정답 찾기　④ 퀘벡은 프랑스어와 영어가 널리 쓰이며, 이누이트어도 사용된다. 아메리카 문화권은 유럽 문화의 전파가 이루어졌다. 이누이트어는 북극 문화권의 원주민이 사용하는 언어 중 하나이다.

오답 피하기　① 한자의 영향을 받은 문화권은 동아시아 문화권이다.

② 애버리지니와 마오리족 등의 원주민이 살고 있는 문화권은 오세아니아 문화권이다.

③ 이스탄불(가)의 대표 경관으로 제시된 건축물은 이슬람교의 종교 경관인 모스크이다. 윤회 사상을 중시하는 종교는 불교와 힌두교이다.

⑤ 쌀 재배는 주로 동아시아, 동남아시아, 남부 아시아 문화권에서 이루어진다.

2 문화 상대주의와 보편 윤리의 이해

문제 분석　제시문은 문화를 이해할 때 문화 상대주의적 태도를 바탕으로 하면서 극단적 문화 상대주의의 폐단을 방지하기 위해 보편 윤리를 통한 성찰이 필요함을 강조하고 있다.

정답 찾기　④ 문화 상대주의는 극단적으로 흐를 경우 인류의 보편적 가치를 침해하는 문화마저도 존중하는 문제에 빠지게 된다. 이러한 문제를 방지하기 위해 제시문은 보편 윤리를 적용한 성찰이 필요함을 강조하고 있다.

오답 피하기　① 제시문은 모든 문화가 우열 평가의 대상이라고 주장하고 있지 않다.

② 제시문은 외부 문화의 적극적인 수용을 강조하고 있지 않다.

③ 제시문은 문화를 이해할 때 문화 상대주의가 필요하다고 보고 있다.

⑤ 제시문은 문화를 이해할 때 문화 상대주의를 바탕으로 하되, 극단적 문화 상대주의를 방지하기 위해 보편 윤리를 통한 성찰이 필요함을 강조하고 있다.

3 전통문화의 창조적 계승 방안 이해

문제 분석　전통문화에 첨단기술을 융합하여 디지털화, 스마트화하는 작업을 시도하고 있는 갑국의 사례는 전통문화의 창조적 계승 방안을 시사하고 있다.

정답찾기 ㄴ. 우리와 다른 문화를 대하는 바람직한 태도는 문화 상대주의이다. 문화 상대주의는 문화를 평가가 아닌 이해의 대상으로 본다.

ㄷ. 전통문화의 바람직한 계승 방법은 고유한 정체성을 유지하면서도 현대의 요구와 특성에 맞게 재해석함으로써 전통문화를 창조적으로 계승하는 것이다.

오답피하기 ㄱ. 문화는 물질문화와 비물질문화로 구성된다. 정신적인 측면의 문화는 비물질문화로, 외래문화가 유입될 때 물질문화뿐만 아니라 비물질문화 역시 함께 유입될 수 있다.

ㄹ. 갑국 문화가 TV, 인터넷이라는 매개체를 통해 외국에 확산된 것은 직접 전파가 아닌 간접 전파의 사례이다.

4 문화 동화, 문화 융합, 자극 전파의 이해

문제분석 교사의 채점 결과가 3점이므로 모든 응답은 옳다. 자문화의 정체성을 상실하는 문화 변동은 문화 동화이므로 A는 문화 동화이고, B, C는 각각 문화 융합, 자극 전파 중 하나이다. 그런데 'B는 타 문화로부터 아이디어만 얻어 나타나는 문화 변동인가?'에 대한 옳은 응답이 '예'이므로 B는 자극 전파이다. 따라서 A는 문화 동화, B는 자극 전파, C는 문화 융합이다.

정답찾기 ⑤ 자문화 요소가 외래문화 요소로 대체되는 현상은 문화 동화이다. 따라서 해당 질문은 (가)에 들어갈 수 있다.

오답피하기 ① 서로 다른 문화 요소가 정체성을 유지하며 나란히 존재하는 것은 문화 병존이다.

② 자극 전파는 외부 문화에서 아이디어를 얻어 새로운 문화 요소를 만들어 내는 문화 변동이다.

③ 우리나라에서 양력, 음력을 모두 사용하는 것은 문화 병존의 사례이다.

④ 아프리카의 음악과 유럽의 악기가 결합하여 탄생한 재즈는 문화 융합의 사례이다.

5 문화를 이해하는 태도의 이해

문제분석 갑의 태도는 자문화 중심주의, 을의 태도는 문화 상대주의, 병의 태도는 문화 사대주의이다.

정답찾기 ⑤ 문화 상대주의는 각 문화가 지닌 고유한 의미와 가치를 존중하고, 자문화 중심주의와 문화 사대주의는 문화를 우열 평가의 대상으로 간주한다. 따라서 문화 상대주의는 자문화 중심주의, 문화 사대주의와 달리 문화 다양성의 보존에 기여한다.

오답피하기 ① 자문화의 정체성을 상실하게 할 가능성이 높은 태도는 외부 문화를 무비판적으로 추종하는 문화 사대주의이다.

② 문화에 대한 우열 평가가 가능하다고 보는 태도는 자문화 중심주의와 문화 사대주의이다.

③ 국수주의로 이어질 가능성이 높은 태도는 자문화 중심주의이다.

④ 외부 문화의 수용에 적극적인 태도는 문화 사대주의이다.

6 건조 문화권의 가옥 특징 이해

문제분석 (가)는 예멘의 세계 유산인 시밤이다. 건축물은 주변에서 구하기 쉬운 재료로 만들어졌으며, 자연환경과 문화를 반영하였다.

정답찾기 ① 예멘의 세계 유산인 시밤은 가옥의 주재료로 흙을 활용하고 창문이 작으며 지붕이 평평한 건조 문화권의 특성이 나타난다.

오답피하기 ② 동남아시아 문화권에 속하는 필리핀 코르디예라 산지에는 비탈을 따라 벼를 재배하는 계단식 논이 세계 유산으로 지정되었다.

③ 오세아니아 문화권에 속하는 오스트레일리아 시드니에는 유럽 문화의 영향을 받아 오페라하우스가 세계 유산으로 지정되었다.

④ 북극 문화권에 속하는 러시아의 브랑겔 섬은 혹독한 자연의 생태적 특성을 인정받아 세계 유산으로 지정되었다.

⑤ 아메리카 문화권에 속하는 브라질 리우데자네이루는 예수상을 포함한 산과 바다의 경관이 세계 유산으로 지정되었다.

THE 알기

문화는 종교, 언어, 가옥, 주식 등으로 다양하므로 문화권을 구분하는 방식도 다양하다.

7 다문화 사회로의 변화에 대응하는 정책 이해

문제분석 동화 정책은 이주민 집단의 문화를 인정하지 않고 주류 집단의 문화를 따르도록 하는 정책이고, 다문화주의 정책은 각 집단의 고유한 문화를 있는 그대로 인정하는 정책이다.

정답찾기 ① 동화 정책은 이주민 집단이 주류 집단의 문화를 수용하고 따르게 함으로써 하나의 정체성을 형성하고 효율적으로 사회 통합을 달성하고자 한다.

오답피하기 ② 문화의 차이로 인한 소통의 어려움은 다문화주의 정책으로 인해 나타날 수 있는 부작용에 해당한다.

③ 다문화주의 정책은 문화 상대주의 태도를 바탕으로 한다.

④ 자신과 다른 상대방을 인정하는 태도인 관용이 주류 집단보다 소수 민족이 우선적으로 가져야 할 태도라고 볼 수 없다.

⑤ 동화 정책과 다문화주의 정책은 모두 사회 통합의 실현을 중시한다. 다만, 동화 정책은 주류 집단 중심의 사회 통합을 추구하고, 다문화주의 정책은 서로 다른 집단들의 평화로운 공존을 통한 사회 통합을 추구한다는 점에서 차이가 있다.

8 다문화 사회로의 변화가 미치는 영향 이해

문제분석 다문화 사회로의 변화가 우리나라에 미친 영향에 대해 갑은 부정적인 영향을 강조하였고, 을과 병은 긍정적인 영향을 강조하였다.

정답찾기 ㄴ. 을은 이주 노동자들의 유입 증가로 중소기업의 인력난이 완화되고 소비자가 값싼 상품을 구입할 수 있게 되었다는 점을 강조하고 있는데, 이는 다문화 사회로의 변화가 가져온 경제적 이익을 강조한 것이다.

ㄷ. 병은 다문화 사회로의 변화로 인해 우리나라 사람들이 낯선 문화에 대한 거부감이 완화되어 개방성이 강화되고 있음을 강조하고 있다.

오답피하기 ㄱ. 갑은 문화의 차이로 인한 갈등이 증가하고 있음을 언급하고 있을 뿐, 우리나라의 전통문화가 사라지고 있음을 언급하고 있지 않다.

ㄹ. 갑이 문화의 차이로 인한 갈등을 지적하고 있다고 해서 자문화 중심주의를 가지고 있다고 단정할 수 없다.

| 01 ④ | 02 ② | 03 ② | 04 ⑤ | 05 ③ | 06 ④ |
| 07 ④ | 08 ① | | | | |

01 문화 변동 요인 및 문화 접변의 유형 파악

문제분석　갑국은 을국에서 강제적 문화 접변을 시도하였고 결과적으로 을국에서는 자국의 언어를 상실하는 문화 동화가 발생하였다. 갑국에서 ◇◇, ◆◆가 나란히 존재한 것은 문화 병존을, ◇◇과 ◆◆이 결합하여 새롭게 ◆◆이 등장한 것은 문화 융합을 보여 준다.

정답찾기　④ 문화 병존과 문화 융합은 모두 자문화의 정체성을 유지하는 문화 접변이고, 문화 동화는 자문화의 정체성을 상실하는 문화 접변이다.

오답피하기　① 갑국에서 나타난 문화 변동은 자극 전파가 아니라 직접 전파로 인해 나타났다.

② 갑국의 ◇◇와 을국의 ◆◆가 함께 갑국에서 향유되는 것은 문화 병존의 사례이다.

③ 을국에서는 문화 동화가 나타났다.

⑤ 갑국과 을국은 모두 외부 사회와의 접촉을 통해 새롭게 등장한 문화 요소를 경험하였다.

02 식량 생산과 주식 문화권의 이해

문제분석　유목이 발달한 건조 기후의 말, 논농사가 발달한 몬순 기후의 쌀, 고산 지대가 나타나는 남아메리카의 감자와 옥수수 등 문화는 기후에 따라 다르게 나타난다. (가)는 몽골, (나)는 페루, (다)는 타이이다.

정답찾기　② 페루(나)는 아메리카 문화권에 속한다.

오답피하기　① 여름철의 덥고 습한 기후를 바탕으로 벼농사와 천연고무 등의 플랜테이션이 발달한 국가는 타이(다)이다.

③ 주민 대부분이 에스파냐어를 사용하는 국가는 페루(나)이다.

④ 몽골(가)은 내륙국이다.

⑤ 페루(나)는 몽골(가)과 타이(다)보다 불교 신자 비율이 낮다.

THE 알기

아메리카 문화권에 속하는 페루는 에스파냐어뿐만 아니라 원주민의 언어인 케추아어를 사용하는 인구도 많다.

03 문화 접변의 유형별 특징 파악

문제분석　'A는 B와 달리 자국 문화의 정체성이 사라지는 현상이다.'는 참이므로 A는 문화 동화이고, B와 C는 각각 문화 병존, 문화 융합 중 하나이다. B가 문화 융합, C가 문화 병존이면, 'B는 C와 달리 제3의 문화 요소가 만들어지는 현상이다.'는 참이다. 따라서 B는 문화 병존, C는 문화 융합이다.

정답찾기 ㄱ. 문화 동화는 문화 융합과 달리 외래문화 요소가 변형 없이 정착하는 현상이다. 따라서 (가)에 해당 진술이 들어가면 거짓이 된다.

ㄹ. 문화 융합은 자국 문화 요소와 외래문화 요소가 결합하여 제3의 문화가 형성되는 현상이다. 이렇게 형성된 제3의 문화 요소 안에는 자국 문화 요소와 외래문화 요소의 특성이 함께 존재한다.

오답피하기 ㄴ. 문화 동화는 외래문화의 소멸 현상이 아니라, 외래문화로 인한 자국 문화 요소의 소멸 현상이다.

ㄷ. 문화 병존과 문화 융합은 모두 해당 문화 접변이 발생한 사회의 구성원들이 새로운 문화를 향유하게 한다.

04 종교와 문화권의 이해

문제분석 종교별 신자 비율은 문화권에 따라 다양하게 나타난다. (가)는 인구가 가장 많으므로 남부 아시아 문화권이며, 남부 아시아 문화권에서 가장 신자 수가 많은 D는 힌두교이다. 두 번째로 인구가 많은 (나)는 아프리카 문화권이며, A는 크리스트교, B는 이슬람교이다. 크리스트교 신자 비율이 높은 (다)는 라틴아메리카 문화권, 이슬람교 신자 비율이 높은 (라)는 건조 문화권이다. 남부 아시아에서 비교적 신자 비율이 낮게 나타나는 C는 불교이다.

정답찾기 ⑤ 건조 문화권(라)은 라틴아메리카 문화권(다)에 비해 건조 기후가 나타나는 면적 비율이 넓다.

오답피하기 ① 석가모니의 가르침을 따르는 종교는 불교(C)이다.

② 소고기 먹는 것을 금기시하는 종교는 힌두교(D)이다.

③ 유일신교는 크리스트교(A)와 이슬람교(B)이다.

④ 남부 아시아 문화권(가)은 아프리카 문화권(나)과 맞닿아 있지 않다.

통합형 문항 분석

문항정보	
성취 기준	[10통사1-04-01] 자연환경과 인문환경의 영향을 받아 형성된 다양한 문화권의 특징과 삶의 방식을 탐구한다. [10통사1-03-01] 자연환경이 인간의 생활에 미치는 영향에 관한 과거와 현재의 사례를 조사하여 분석하고, 안전하고 쾌적한 환경에서 살아가는 것이 시민의 권리임을 주장한다.
내용 요소	건조 기후, 문화권
행동 영역	문제 파악 및 인식
개발 의도 및 취지	기후와 문화 등 자연환경과 인문환경을 통합하여 지역을 이해하고 있는지 확인하는 문항임

통합형 문항 대비 전략 기후 등 다른 단원에서 학습한 내용도 결합하여 이해해 두도록 한다.

05 문화권과 문화 이해의 태도 이해

문제분석 A국은 라틴아메리카 문화권에 속한 브라질이다. 갑의 문화 이해 태도는 문화 상대주의이고, 을의 문화 이해 태도는 자문화 중심주의이다.

정답찾기 ㄴ. 브라질은 과거 유럽 국가(포르투갈)의 식민 지배를 받았고, 아프리카로부터 온 노예를 이용한 농업이 발달했었기 때문에 유럽 문화, 아프리카 문화, 원주민 문화가 융합된 문화가 나타난다.

ㄷ. 자문화 중심주의는 문화 간 우열이 존재하므로 자기 문화를 기준으로 삼아 문화의 우열을 평가할 수 있다고 본다.

오답피하기 ㄱ. 오아시스 농업과 유목이 발달한 곳은 건조 기후가 나타나는 지역이다.

ㄹ. ㈀은 문화를 이해하기 위해 해당 지역의 환경을 고려해 볼 것을 권장하는 것이므로 인류의 보편적 가치를 기준으로 문화를 성찰해야 함을 강조한다고 볼 수 없다.

통합형 문항 분석

문항정보	
성취 기준	[10통사1-04-01] 자연환경과 인문환경의 영향을 받아 형성된 다양한 문화권의 특징과 삶의 방식을 탐구한다. [10통사1-04-03] 문화적 차이에 대한 상대주의적 태도의 필요성을 이해하고, 보편 윤리의 차원에서 자문화와 타문화를 평가한다.
내용 요소	문화권, 문화 상대주의, 보편 윤리
행동 영역	개념 및 이론의 이해, 자료의 해석 및 분석
개발 의도 및 취지	다양한 문화권의 특징을 비교하여 이해하고 있는지, 문화를 이해하는 다양한 태도와 문화 상대주의의 한계, 보편 윤리를 통한 문화 성찰의 필요성을 이해하고 있는지 확인하기 위한 문항임

통합형 문항 대비 전략 다양한 문화권의 자연환경 및 인문환경의 특징을 파악해 두어야 하며, 특정 문화권에서 나타나는 문화를 이해하는 다양한 태도, 문화 상대주의와 보편 윤리 간의 관련성을 종합적으로 학습해 두어야 한다.

06 문화를 이해하는 태도의 이해

문제분석 갑의 두 번째 설명이 옳으므로 A는 문화 상대주의이다. 자문화 중심주의와 문화 사대주의는 문화 상대주의와 달리 문화 간 우열이 존재한다고 본다. A가 문화 상대주의이므로 갑의 첫 번째 설명은 옳고, 을의 첫 번째 설명은 옳지 않다. 따라서 B는 자문화 중심주의, C는 문화 사대주의이다.

정답찾기 ④ 문화 사대주의는 자기 문화의 정체성을 상실하게 할 가능성이 높다. 문화 상대주의는 다른 사회의 문화뿐만 아니라 자기 문화도 고유한 의미와 가치가 있음을 강조하므로 자기 문화의 정체성 보존에 적합하다.

오답피하기 ① ㈀은 갑이다.

② 문화 상대주의는 자문화 중심주의와 달리 문화가 각 사회가 처한 특수한 환경에서 형성됨을 중시한다.

③ 문화 사대주의는 자문화 중심주의와 달리 외부 문화의 수용에 적극적이다.

⑤ (가)에는 문화 사대주의와 달리 문화 상대주의가 지닌 특징으로 옳은 설명이 들어가야 한다. 문화 상대주의는 다른 사회의 문화를 제3자의 입장이 아니라 해당 사회의 입장에서 이해하고자 한다. 따라서 해당 진술은 (가)에 들어갈 수 없다.

07 다문화 사회로의 변화에 대응하는 정책 이해

문제 분석 (가)는 샐러드 볼 정책과 같은 다문화주의 정책, (나)는 멜팅 팟 정책과 같은 동화주의 정책, (다)는 두 정책의 장점을 절충한 정책이다.

정답 찾기 ㄴ. 주류 집단 중심의 동화 정책은 문화 다양성의 보장보다 사회 구성원 간 동질성 확보를 중시한다.

ㄹ. ㉠은 다문화주의 정책으로 인해 갑국의 전통문화가 이주민 문화와 섞이거나 이주민 문화로 대체되는 현상이 나타나고 있음을 우려하고 있는데, 이는 갑국의 문화적 정체성이 약화되는 문제를 우려하는 것이다.

오답 피하기 ㄱ. 동화주의 정책과 다문화주의 정책은 모두 문화의 차이로 인한 갈등을 방지하는 것을 목적으로 할 수 있다. 동화주의 정책은 주류 문화에 소수 문화를 동화시킴으로써, 다문화 정책은 문화 다양성을 존중함으로써 갈등을 방지하려고 한다.

ㄷ. (다)는 한 국가 구성원으로서 동질성을 형성하면서도 이주민 문화를 보장하기 위한 정책으로 문화 다양성 보장뿐만 아니라 다문화 사회의 구성원 간 원활한 상호 작용도 고려한 것이다.

08 🏁 통합형
다문화 사회로의 변화에 대응하는 정책 이해

문제 분석 캐나다와 오스트레일리아는 과거에 백인 중심의 동화 정책을 사용하였으나 1970년대부터는 문화 다양성을 보장하는 다문화주의 정책을 실시하고 있다.

정답 찾기 ㄱ. ㉠은 백인 집단의 자문화 중심주의에 기인한다. 자문화 중심주의는 문화를 우열 평가의 대상으로 본다.

ㄴ. 과거의 세대가 저지른 차별에 대해 후세대의 구성원이 사과하는 것은 개인이 공동체의 구성원으로서 공동체의 과거와 현재 모두에 대해 책임 의식을 가져야 한다는 공동체주의적 정의관에 바탕을 둔 것이다.

오답 피하기 ㄷ. 적극적 우대 조치 또는 적극적 평등 실현 조치는 오랜 기간 차별을 받아 온 집단의 구성원에 대해 단순히 차별을 금지하는 것이 아니라 주류 집단 구성원에 비해 보다 많은 자원과 기회를 제공함으로써 오랜 차별의 결과를 완화시키기 위한 조치이다.

ㄹ. 문화 다양성을 존중하는 정책은 문화의 차이로 인한 집단 간 갈등을 초래할 수 있다.

🏁 통합형 문항 분석

문항정보	
성취 기준	[10통사1-04-04] 다문화 사회의 현황을 조사하고, 문화적 다양성을 존중하는 태도를 바탕으로 갈등 해결 방안을 모색한다. [10통사2-02-02] 개인과 공동체의 관계를 기준으로 다양한 정의관을 비교하고, 이를 구체적인 사례에 적용하여 설명한다. [10통사2-02-03] 사회 및 공간 불평등 현상의 사례를 조사하고, 정의로운 사회를 만들기 위한 다양한 제도와 시민으로서의 실천 방안을 제안한다.
내용 요소	다문화 사회, 다문화 정책, 문화 다양성, 정의관, 정의로운 사회
행동 영역	개념 및 이론의 이해, 자료의 해석 및 분석
개발 의도 및 취지	서로 다른 다문화 정책을 비교하여 이해하고 있는지, 문화 영역의 불평등 및 차별에 다양한 정의관과 정의로운 사회를 위한 제도를 적용할 수 있는지 확인하기 위한 문항임

통합형 문항 대비 전략 통합형 문항은 하나의 단원 내에서 출제될 수도 있지만 단원을 초월하여 출제될 수도 있으므로 두 개 이상의 단원에서 학습한 내용 간 상호 관련성에 주목하여 통합적으로 이해하려는 학습이 필요하다.

V 생활 공간과 사회

1 ③   **2** ②   **3** ④   **4** ⑤   **5** ②   **6** ①

1 대도시권의 확장 이해

문제 분석   도시의 성장 과정에서 도시 내부 구조는 분화하며 대도시권으로 성장한다. (가)는 농경지로 이용되는 면적이 넓고 시가지가 적은 반면 (나)는 건물이 많고 백화점과 복합 쇼핑몰 등이 있으므로, (가)보다 (나)가 대도시로 성장하였다는 점을 파악할 수 있다. 따라서 (가)는 1920년대, (나)는 2010년대이다.

정답 찾기   ③ A 지역은 농촌이었던 1920년대(가)보다 도시로 변모한 2010년대(나)가 지역 주민 직업의 다양성이 높다.

오답 피하기   ① 시가지가 확장되는 과정에서 포장 면적이 넓어지므로 불투수층이 차지하는 면적 비율은 1920년대(가)보다 2010년대(나)가 높다.
② 대도시로 성장한 2010년대(나)는 1920년대(가)보다 개인주의적인 가치관이 확산되어 지역 공동체의 결속력은 약화될 가능성이 높다.
④ 도심에 해당하는 B 지역은 1920년대(가)보다 2010년대(나)에 건물 평균 층수가 많다.
⑤ 도시 외곽인 A 지역은 도심인 B 지역보다 2010년대에 공업 및 주거 기능이 강하다.

> **THE 알기**
>
> 대도시의 도심에는 백화점이나 기업 본사 등 상업 기능과 업무 기능이 밀집해 있다.

2 도시화 파악

문제 분석   세계의 여러 국가는 도시화의 진행 시기와 속도에 차이가 있다. 1980년과 2025년 모두 도시화율이 높고 변화가 크지 않은 (다)는 영국이다. 1980년에 비해 2025년에 도시화율이 급격하게 높아진 (나)는 알제리이다. 2025년의 도시화율이 세 국가 중 가장 낮은 (가)는 부르키나파소이다.

정답 찾기   ② 부르키나파소(가)와 알제리(나)는 아프리카 대륙에 위치한다.

오답 피하기   ① 영국(다)은 내륙국이 아니다.
③ 영국(다)이 알제리(나)보다 국내 총생산이 많다.
④ 부르키나파소(가), 알제리(나), 영국(다) 중에서 산업화가 가장 먼저 시작된 국가는 영국(다)이다.
⑤ 알제리(나)는 1980년 촌락 인구가 도시 인구보다 많다.

> **THE 알기**
>
> 영국은 산업 혁명이 시작된 나라이다.

3 교통수단의 특성 이해

문제 분석   해운 교통의 거점은 세계 경제에서 중요한 의미를 가진다. (가)는 태평양과 대서양을 이어주는 아메리카 대륙의 운하가 건설된 지역이므로 파나마이다.

정답 찾기   ④ 파나마에 있는 파나마 지협은 남아메리카와 북아메리카 사이에 위치한다.

오답 피하기   ① 베링 해협은 아메리카와 유라시아 사이에 있다.
② 모잠비크 해협은 아프리카와 마다가스카르 사이에 있다.
③ 수에즈 지협은 아프리카와 유라시아 사이에 있다.
⑤ 호르무즈 해협은 페르시아만과 인도양 사이에 있다.

> **THE 알기**
>
> 주요 교통수단의 거점은 세계의 정치와 경제에서 중요한 지위를 차지한다.

4 기술 발전과 사회 변화 이해

문제 분석   과학 기술의 발전은 다양한 방향으로 사회에 영향을 미칠 수 있다.

정답 찾기   ⑤ 실외에 설치된 카메라가 많아지면서 촬영한 영상의 수도 기하급수적으로 증가하는 만큼 이를 효율적으로 관리하기 위한 인공 지능의 발달을 촉진할 것이다.

오답 피하기   ① 감시 카메라 설치는 지역 내 농업 종사자 비율의 증가와 무관하다.
② 정부의 정보 통제와 감시는 확대될 우려가 있다.
③ 실외 카메라가 많아진다고 해서 감염병이 빠르게 전파된다고 볼 수 없다.
④ 개인 정보 유출과 사생활 침해의 문제가 확대될 수 있다.

> **THE 알기**
>
> 정보 통신 기술의 발전에 따라 관련된 법과 제도를 정비하고 윤리 의식을 가져야 할 필요가 있다.

5 지역 조사 방법 이해

문제 분석   지역 조사 시 지역 정보를 수집하는 방법으로는 실내 조사, 야외 조사, 원격 탐사 등이 있다.

정답 찾기   ② 촬영, 측정, 관찰, 설문, 면담 등은 야외 조사의 방법이다.

오답 피하기   ① 도서관에서 문헌을 찾아보는 것은 실내 조사의 방법이다.
③ 인터넷 검색은 실내 조사의 방법이다.
④ 지도를 비교하여 살펴보는 것은 실내 조사의 방법이다.
⑤ 통계 자료를 파악하는 것은 실내 조사의 방법이다.

> **THE 알기**
>
> 원격 탐사는 인공위성이나 드론 등을 이용하여 수집하는 방법이다. 위성 영상이나 항공 사진 등을 활용하여 인간이 직접 가기 어려운 지역의 정보도 얻을 수 있으며, 넓은 지역의 조사도 가능하다.

6 지역 변화의 특성 이해

문제분석 제시된 글과 함께 지도에서 읽을 수 있는 정보를 기반으로 파악해야 한다.

정답찾기 ㄱ. 덕산면은 덕산읍으로 승격되었으며 시가지가 확대되었다.

오답피하기 ㄴ. 혁신도시는 수도권 집중을 완화하기 위해 건설되었다.
ㄷ. 진천군의 읍·면 중 2014~2024년에 인구가 가장 많이 증가한 곳은 덕산면(덕산읍)이다.

01 ⑤	02 ①	03 ⑤	04 ⑤	05 ④	06 ②
07 ①	08 ②				

01 우리나라의 산업 구조 이해

문제분석 우리나라의 산업 구조 변화 과정에서 지역 사이에 차이가 나타난다. (가)는 인구가 가장 적고 농림어업의 비율이 상대적으로 높으므로 임실이다. (나)는 광공업의 비율이 상대적으로 높으므로 제철 산업이 발달한 당진이다. (다)는 인구가 많고 서비스업의 비율이 상대적으로 높으므로 대도시인 대전이다.

정답찾기 ⑤ 임실(가), 당진(나), 대전(다) 중에서 열섬 현상이 가장 뚜렷하게 나타나는 지역은 대도시인 대전(다)이다.

오답피하기 ① 여객 운송을 통해 대도시의 교통 혼잡 문제를 해결하는 지하철은 대전(다)에 있다.
② 대도시인 대전(다)은 이촌 향도로 인한 인구 유입과 교외화로 인한 인구 유출이 나타난다.
③ 임실(가)은 당진(나)보다 서울과의 최단 거리가 멀다.
④ 당진(나)은 대전(다)보다 제조업 종사자 수가 적다.

02 산업화와 도시화 이해

문제분석 지역별로 산업화와 도시화의 특성이 다르게 나타난다. 베트남(A)은 제조업의 비율이 가장 높고 국내 총생산이 많기 때문에 (가)이다. 싱가포르(B)는 도시화율이 가장 높기 때문에 (나)이다. 파푸아뉴기니(C)는 도시화율이 낮고 국내 총생산이 비교적 적기 때문에 (다)이다.

정답찾기 ① 베트남(가)은 중국과 국경을 접하고 있다.

오답피하기 ② 싱가포르(나)는 파푸아뉴기니(다)보다 국토 면적이 좁다.
③ 베트남(A)은 싱가포르(B)보다 도시화율이 낮다.
④ 싱가포르(B)는 파푸아뉴기니(C)보다 국내 총생산에서 제조업이 차지하는 비율이 높다.
⑤ 파푸아뉴기니(C)는 베트남(A)보다 국내 총생산이 적다.

THE 알기

싱가포르는 도시 국가이다.

통합형
03 교통수단의 특성 비교

문제분석 (가)는 중거리 이동에 적합하고 안정성이 높으므로 철도이다. (나)는 단거리 이동에 적합하고 환승이 필요하지 않으므로 도로이다. (다)는 장거리 이동에 적합하고 도심 접근성이 낮으므로 항공이다.

정답찾기 ⑤ 운행 과정에서 발생하는 1인당 탄소 배출량이 가장 적은 교통수단은 철도(가)이다.

오답 피하기 ① 프로펠러기, 제트기 등은 항공(다)이다.
② 항공(다)은 이착륙을 위한 활주로와 관제 시설이 필요하다.
③ 항공(다)이 도로(나)보다 평균 속도가 빠르다.
④ 철도(가)가 항공(다)보다 교통수단으로 활용된 시기가 이르다.

통합형 문항 분석

문항정보	
성취 기준	[10통사1-05-02] 교통·통신 및 과학 기술의 발달과 함께 나타난 생활 공간과 생활 양식의 변화 양상을 조사하고, 이에 따른 문제점의 해결 방안을 제안한다.
내용 요소	교통수단
행동 영역	문제 파악 및 인식
개발 의도 및 취지	수송 부문은 지구 환경과 인간 사회에 미친 영향이 크기 때문에 주요 교통 기술의 발전이 가지는 의미를 이해할 수 있는지 확인하는 문항임

통합형 문항 대비 전략 문항의 자료를 기반으로 교통·통신의 변화가 사회에 미칠 영향에 대해 깊이 있게 생각해 보아야 합니다.

04 교통 발달과 영향 이해

문제 분석 교통망의 확대는 지역 주민의 삶과 자연환경에 큰 영향을 미칠 수 있다. (나)에 비해 (가)는 교통망이 확대되었으므로 (가)는 2010년대, (나)는 1960년대이다.

정답 찾기 ⑤ 고속 도로망에 접근하기 어려운 소외 지역은 1960년대 (나)보다 2010년대(가)에 줄어들었다.

오답 피하기 ① 2010년대(가)는 1960년대(나)보다 원거리 통근·통학으로 대도시권이 확대되었다.
② 2010년대(가)는 1960년대(나)보다 자동차 보급이 이루어져 수송 부문의 탄소 배출량이 증가하였다.
③ 2010년대(가)는 1960년대(나)보다 동물의 서식지가 파편화되어 생태계가 위협을 받았다.
④ 2010년대(가)는 1960년대(나)보다 택배 산업이 활성화되었다.

THE 알기
서식지 파편화를 막기 위해 생태 통로 등을 조성하기도 한다.

05 모빌리티의 변화 추론

문제 분석 모빌리티는 미래 사회를 변화시키는 주요 원인 중 하나이다.

정답 찾기 ㄱ. 차량은 운행하기 위한 도로, 주차 공간 등을 위해 공간을 많이 차지하므로 차량 운행이 효율화되면 도시에서 쓸 수 있는 공간을 확보할 수 있다.
ㄴ. 플랫폼 경제나 인공 지능의 발달 등은 인간의 노동 유형을 두 가지 형태로 단순화시킬 가능성이 있으므로, 노동 시장에서 전문

지식을 바탕으로 한 고임금 노동자와 단순 육체 노동에 의존하는 저임금 근로자로 양극화를 유발할 수 있다.

오답 피하기 ㄷ. 자율 주행의 확대는 음주 운전 등 인간이 범할 수 있는 교통사고를 줄일 수 있다.

통합형 문항 분석

문항정보	
성취 기준	[10통사1-05-01] 산업화, 도시화로 인해 나타난 생활 공간과 생활 양식의 변화 양상을 조사하고, 이에 따른 문제점의 해결 방안을 제안한다. [10통사1-05-02] 교통·통신 및 과학 기술의 발달과 함께 나타난 생활 공간과 생활 양식의 변화 양상을 조사하고, 이에 따른 문제점의 해결 방안을 제안한다.
내용 요소	모빌리티, 노동 시장
행동 영역	개념 및 이론의 이해, 자료의 해석 및 분석
개발 의도 및 취지	모빌리티의 변화를 다룬 자료를 읽고 도시 공간, 노동 시장, 교통사고 등의 사례에 적용할 수 있는지 확인하는 문항임

통합형 문항 대비 전략 과학 기술의 발달이 사회 전반에 미치는 영향에 대해 비판적 사고력을 가지고 접근하는 태도를 길러야 한다.

THE 알기
사용자와 서비스 제공자를 연결해 주는 모빌리티의 공유 경제는 플랫폼 경제와 밀접한 관련이 있다.

06 지역 변화의 특성 이해

문제 분석 제시된 글과 함께 그래프에서 읽을 수 있는 정보를 기반으로 파악해야 한다.

정답 찾기 ② 경지 면적이 줄어들고 주택이 늘어났으므로 지표의 포장 면적 비율은 높아졌을 것이다. 제조업 종사자 수가 늘어났으므로 제조업 사업체 수도 많아졌을 것이다. 주택과 인구가 크게 늘어난 만큼 쓰레기 배출량도 증가하였을 것이다. 따라서 1994년(㉠)과 비교한 2021년(㉡)의 상대적 특성에 해당하는 것은 그림의 B이다.

THE 알기
토지 이용, 인구 구조, 산업 구조 등은 지역의 변화를 이해하는 데 중요한 단서가 된다.

07 도시화와 공간 변화 이해

문제 분석 도시화는 생태 환경을 변화시키는 원인 중 하나이다.

정답 찾기 ① 운석 충돌, 화산 활동의 활성화 등은 기후 환경 등을 변화시키는 자연적인 원인에 해당한다.

오답 피하기 ② 도시 공간의 확대 과정에서 교통로는 서식지를 분리하고 파편화하는 요인 중 하나이다.

③ 도시 공간이 확대되고 포장 면적과 인공 열이 늘어나며 바람길이 막히면 도시 열섬 현상이 발생하여 기온에 민감한 동물의 생태에 영향을 끼친다.
④ 인간은 다른 지역의 동식물을 가지고 이동하여 야생의 생물종에게 위협을 주기도 한다.
⑤ 인간이 발생시키는 오염 물질로 인해 대기 환경이나 수질 환경이 변화하기도 한다.

통합형
08 교통로와 지역 간 상호 작용 이해

문제분석 제시된 자료를 기반으로 지도에서 국가의 위치를 파악하고, 각 국가가 가지고 있는 특성을 기반으로 판단해야 한다. (가)는 캐나다와 멕시코 사이에 수도가 위치한 국가이므로 미국이다. (나)는 페루의 수도로부터 3,278km 떨어진 곳에 수도가 위치한 국가이므로 칠레이다. (다)는 파라과이에 접해 있는 국가이므로 브라질이다.

정답찾기 ② 국토가 넓고 소득이 많은 미국(가)의 항공 교통 승객 수가 칠레(나)의 항공 교통 승객 수보다 많다.

오답피하기 ① 대표적인 생태 도시인 쿠리치바는 브라질(다)에 위치한다.
③ 태평양에 접한 칠레(나)는 대서양에 접한 브라질(다)보다 대서양 항로 이용에 불리하다.
④ 미국(가)은 북아메리카에 위치한다.
⑤ 미국(가), 칠레(나), 브라질(다)에서 토착 언어가 사라지고 유럽계 언어가 널리 쓰이는 것은 문화 동화에 해당한다.

통합형 문항 분석

문항정보	
성취 기준	[10통사1-05-02] 교통·통신 및 과학 기술의 발달과 함께 나타난 생활 공간과 생활 양식의 변화 양상을 조사하고, 이에 따른 문제점의 해결 방안을 제안한다. [10통사1-04-02] 문화 변동의 다양한 양상을 이해하고, 현대 사회에서 전통문화가 지니는 의의를 탐색한다. [10통사1-03-03] 환경 문제 해결을 위한 정부, 시민 사회, 기업 등의 다양한 노력을 조사하고, 생태 시민으로서 실천 방안을 모색한다.
내용 요소	교통, 문화 접변, 생태 도시
행동 영역	문제 파악 및 인식
개발 의도 및 취지	교통, 문화 등 다양한 주제를 통해 세계를 이해하는 안목이 있는지 확인하는 문항임

통합형 문항 대비 전략 여러 단원에 있는 지식을 파편화하지 않고 통합하여 이해해야 합니다.

수능 실력 다지기

1 ④	2 ③	3 ②	4 ①	5 ④	6 ③

1 인권 확대의 역사 이해

문제분석 제시된 자료는 대표적인 근대 시민 혁명 중 하나인 프랑스 혁명을 통해 발표된 '인간과 시민의 권리 선언' 중 일부를 나타낸 것이다.

정답찾기 ㄴ. 제4조에는 개인의 자유에 대한 제약은 법에 의해서만 규정될 수 있음을 명시하고 있는데, 이를 통해 인권 보장을 위해 법치주의를 확립하고자 했음을 알 수 있다.
ㄹ. 제3조는 국민 주권의 원리를 반영하고 있는데, 이를 통해 이 인권 선언에 국민의 동의를 얻지 않은 국가 권력 행사는 정당성을 가질 수 없다는 인식이 반영되어 있음을 알 수 있다.

오답피하기 ㄱ. 제1조와 제2조를 통해 개인의 인권이 국가로부터 부여받은 권리가 아니라 태어나면서부터 하늘로부터 부여받은 권리, 즉 천부 인권이라고 보았음을 알 수 있다.
ㄷ. 프랑스 혁명의 '인간과 시민의 권리 선언'은 자유와 평등, 참정권의 확대에 기여하였으나 이후에도 성별과 재산에 따른 차별 등 다양한 차별이 여전히 존재하였다.

2 인권 확대의 역사 이해

문제분석 제시된 자료에는 근대 시민 혁명 이후 참정권을 보장받지 못한 여성들의 참정권 쟁취 운동이 나타나 있다.

정답찾기 ③ 여성 참정권 쟁취 운동은 성별과 상관없이 모든 사람이 인권을 가지고 있다는 인권의 보편성을 전제로 한다.

오답피하기 ① 자유권과 참정권은 모두 근대 시민 혁명에서 강조된 인권이다.
② 제3차 선거법 개정을 통해 노동자도 참정권을 보장받게 되었지만, 그렇다고 해서 노동자의 인간다운 생활을 할 권리가 보장된 것은 아니다. 인간다운 생활을 할 권리 등의 사회권은 1919년 독일 바이마르 헌법을 통해 최초로 중요한 인권으로 규정되었다.
④ 제5차 선거법 개정으로 21세 이상 모든 남녀가 선거권을 갖게 되었는데, 이는 평등 선거 원칙이 아니라 보통 선거 원칙이 확립되는 계기가 되었다. 평등 선거 원칙은 유권자에게 동일한 수의 표를 부여하고, 1표의 가치가 동일하게 해야 한다는 원칙이다.
⑤ 제3차 선거법 개정은 재산에 따른 참정권의 차별 문제를 해결하고자 하였고, 제5차 선거법 개정은 성별에 따른 참정권의 차별 문제를 해결하고자 하였다.

3 헌법과 인권의 관계 이해

문제분석 제시된 자료는 우리나라 헌법에 규정된 기본권 중 인간으로서의 존엄과 가치, 행복 추구권, 평등권, 자유권(신체의 자유)을 나타낸 것이다.

정답찾기 ㄱ. 인간으로서의 존엄과 가치는 헌법을 통해 실현하려는 최고의 목표이자 가치이며, 인권을 보장해야 하는 이유가 되기도 한다.
ㄷ. 우리나라 헌법이 규정하고 있는 평등권은 상대적·비례적·실질적 평등을 추구하므로 차이를 고려하여 다르게 대우하는 것은 합리적인 이유가 있는 차등 대우로서 평등권 침해에 해당하지 않는다.

오답피하기 ㄴ. 행복 추구권은 물질적인 안락함뿐만 아니라 정신적인 안락함을 추구할 수 있는 권리이다.
ㄹ. 제10조에서는 개인의 기본권이 불가침의 권리임을 천명하고 있는데, 그렇다고 해서 기본권을 제한할 수 없는 것은 아니다. 국가 안전 보장, 질서 유지, 공공복리를 위하여 필요한 경우에 한하여 법률로써 기본권을 제한할 수 있다.

4 헌법이 보장하는 기본권의 이해

문제분석 '근대 시민 혁명을 통해 확대되기를 바랐던 기본권인가?'에 대한 응답을 통해 A와 C를 구분할 수 없으므로 A, C는 각각 자유권과 참정권 중 하나이고, B는 사회권이다. '국민 주권의 원리를 실현하기 위해 필수적으로 보장되어야 할 기본권인가?'에 대한 응답을 통해 B(사회권)와 C를 구분할 수 있으므로 C는 참정권이다. 따라서 A는 자유권이다.

정답찾기 ㄱ. 자유권은 국가나 타인의 간섭을 받지 않고 자신의 의지대로 선택하고 행위할 수 있는 권리이므로 국가의 개입이 적을수록 보장 가능성이 높다.
ㄴ. 사회권의 보장을 위해서는 국가가 적극적으로 사회 보장 제도를 마련해야 한다.

오답피하기 ㄷ. 참정권은 원칙적으로 외국인에게는 보장되지 않는다.
ㄹ. 모든 기본권은 국가가 공익을 위해 법률로 제한할 수 있다.

5 사회적 소수자 인권 침해 문제의 이해

문제분석 (가)에는 종교의 차이로 인해 차별받는 사회적 소수자가 나타나 있고, (나)에는 장애로 인해 차별받는 사회적 소수자가 나타나 있다.

정답찾기 ㄴ. (나)의 을국에서 장애인 단체는 장애인 처우 개선법의 제정을 요구하고 있는데, 이는 제도적 차원의 해결 방안을 마련해 줄 것을 요구하는 것이다.
ㄹ. (가), (나)에서 차별받는 집단은 단체를 만들어 차별 문제를 해결하고자 하는데, 이는 자신들이 주류 집단과 다르다는 이유로 차별받고 있는 집단의 구성원이라는 인식, 즉 사회적 소수자라는 정체성을 가지고 있음을 보여 준다.

오답피하기 ㄱ. (가)의 갑국에서 차별받는 사람들은 인구 측면에서 우세에 있다.
ㄷ. (가)에서 종교의 차이로 인한 차별은 후천적 요인으로 인한 차별에 해당한다. (나)에서 장애는 선천적 요인과 후천적 요인이 모두 존재할 수 있으므로 장애를 이유로 한 차별이 선천적 요인으로 인한 차별이라고 단정할 수 없다.

6 아동 인권 침해 문제 이해

문제분석 제시문은 아동 인권 침해 문제가 심각한 국가들의 공통점을 보여 주면서 아동 인권 침해 문제가 해당 국가 스스로 해결하기 어려운 문제임을 지적하고 있다.

정답찾기 을. 제시문은 아동 인권 침해 문제가 심각한 국가들이 대부분 경제적으로 아동 지원에 투입할 재원이 부족하고, 독재와 부정부패로 스스로 문제를 해결할 수 없음을 지적하고 있다. 이를 통해 아동 인권 보장을 위해서는 국제 사회의 협력이나 공동 노력이 필요함을 파악할 수 있다.
병. 제시문은 아동 인권 보장을 위해 정치적 혼란, 독재와 부정부패의 해결이 필요함을 제시하고 있다. 따라서 정치적 민주화는 아동 인권 문제의 해결에 기여할 수 있음을 파악할 수 있다.

오답피하기 갑. 제시문은 빈곤율이 높을수록 아동 인권 침해 문제가 심각함을 지적하고 있으므로 경제 성장 정도와 아동 인권 보장 수준이 관련이 있음을 파악할 수 있다.
정. 제시문은 학교에 다녀야 할 아동이 노동으로 내몰리는 것을 문제로 지적하고 있으므로 아동 인권 침해 문제를 아동 노동권 보장을 통해 해결할 수 있다고 주장하기는 어렵다.

1등급 완성하기

01 ⑤	02 ①	03 ④	04 ⑤	05 ③	06 ④
07 ④	08 ②				

01 인권 확대의 역사와 현대 사회의 인권 이해

문제분석 첫 번째 자료에는 인권을 1세대 인권, 2세대 인권, 3세대 인권으로 구분하여 인권 확대의 역사를 정리한 카렐 바사크의 주장이 나타나 있다. 두 번째 자료에는 제2차 세계 대전 이후 국제 연합(UN)에서 그동안의 심각한 인권 침해를 반성하면서 인권의 국제적인 기준을 제시하고자 했던 세계 인권 선언의 일부 내용이 나타나 있다.

정답찾기 ㄴ. 사회권은 산업 혁명 이후 심화된 빈부 격차나 빈곤 문제를 배경으로 사회적 약자의 인간다운 생활을 보장하기 위해 등장하였다.

ㄷ. 모든 사람이 어떤 종류의 차별 없이 모든 권리와 자유를 향유할 자격이 있다는 것은 인권이 보편성을 지니고 있음을 나타낸다.

ㄹ. 연대권은 집단의 경계를 초월한 협력을 통해 평화와 안전, 지속 가능한 환경 등을 보장받을 권리이다. 연대권의 보장을 위해서는 국제 사회의 모든 구성원들이 형제애의 정신으로 상호 협력할 필요가 있다.

오답피하기 ㄱ. 자유권은 간섭받지 않고 자신의 의지대로 생각하고 행동할 수 있는 권리이므로 국가의 개입과 규제가 많을수록 위축될 수밖에 없다.

02 헌법이 보장하는 기본권의 이해

문제분석 갑은 A에 대해 옳게 설명했으므로 A는 청구권이고, 을은 B에 대해 옳게 설명했으므로 B는 자유권이다. 병은 정이 담당한 C에 대해 옳게 설명했으므로 C는 평등권이고, 정은 병이 담당한 D에 대해 옳게 설명했으므로 D는 사회권이다.

정답찾기 ① 청구권은 다른 기본권이 침해되었을 때 침해된 기본권의 구제를 요청할 수 있는 권리이므로 다른 기본권 보장을 위한 수단이라는 특징을 갖는다.

오답피하기 ② 근대 산업 사회에서 빈곤 문제가 심각해지면서 부각되기 시작한 것은 사회권이다.

③ 영장 없이 체포할 수 없게 한 헌법 규정을 통해 보장하고자 하는 기본권은 자유권이다.

④ 사회권은 국가가 존재하고, 국가의 적극적인 노력이 있어야 보장될 수 있다.

⑤ 을이 담당한 자유권, 정이 담당한 평등권보다 병이 담당한 사회권이 역사적으로 나중에 등장하였다.

03 통합형 인권의 확대 역사와 현대 사회의 인권 이해

문제분석 (가)에는 근대 시민 혁명을 통해 발표된 대표적인 인권 선언 중 하나인 미국 독립 선언문이 소개되어 있다. (나)에는 우리나라 「환경 정책 기본법」의 목적이 소개되어 있다. 건강하고 쾌적한 환경에서 생활할 권리는 현대 사회에서 새롭게 부각되고 있는 인권이다.

정답찾기 ④ 환경 보전을 위한 국민과 국가의 책무를 명확히 함으로써 환경 오염과 환경 훼손을 예방하고 환경을 지속 가능하게 관리하려는 것은 자연환경을 인간의 목적을 위한 수단으로 간주한 인간 중심주의로 인해 발생한 문제를 해결하고자 하는 것이다.

오답피하기 ① 미국 독립 선언문에는 천부 인권 사상이 반영되어 있는데, 이 사상은 국가 이전에 인권이 있다는 입장이다.

② 미국 독립 선언문은 국민 주권 사상을 바탕으로 하고 있으나, 직접 민주주의의 시행을 강조하지는 않았다.

③ 「환경 정책 기본법」은 환경권의 보장을 강조하고 있는데, 그렇다고 해서 자유권보다 환경권의 보장이 중요함을 강조하고 있는 것은 아니다.

⑤ 미국 독립 선언문은 생명과 자유, 행복 추구권의 보장을 위해, 우리나라 「환경 정책 기본법」은 환경권의 보장을 위해 국가가 노력해야 함을 강조하고 있다. 따라서 미국 독립 선언문과 우리나라 「환경 정책 기본법」은 모두 국가가 인권 보장을 위한 수단이라는 인식을 바탕으로 한다.

통합형 문항 분석

문항정보	
성취 기준	[10통사1-03-02] 자연에 대한 인간의 다양한 관점을 사례를 통해 비교하고, 인간과 자연의 바람직한 관계를 제안한다. [10통사2-01-01] 근대 시민 혁명 등을 통해 확립되어 온 인권의 의미와 변화 양상을 이해하고, 현대 사회에서 주거, 안전, 환경, 문화 등 다양한 영역으로 인권이 확대되고 있는 사례를 조사한다.
내용 요소	인권, 시민 혁명, 천부 인권, 국민 주권 사상, 자유권, 환경권
행동 영역	개념 및 이론의 이해, 자료의 해석 및 분석
개발 의도 및 취지	인권의 확대 역사에서 중요한 의미를 갖는 근대 시민 혁명의 인권 선언과 현대 사회에서 새롭게 부각되고 있는 인권을 비교하여 각 특징을 도출할 수 있는지 확인한다.

통합형 문항 대비 전략 통합형 문항에 대비하려면 각 단원의 기본 개념과 지식을 깊이 있게 학습하면서 하나의 주제를 학습하더라도 이 주제가 다른 단원의 어떤 지식과 관련될 수 있는지 끊임없이 살펴보도록 한다.

04 헌법에 규정된 기본권 보장 제도의 이해

문제분석 법률의 위헌 여부가 재판의 전제가 되는 경우, 재판 당사자는 헌법 재판소에 위헌 법률 심판을 제청해 줄 것을 법원에 신청할 수 있다. 한편, 법원은 재판 당사자의 신청이 없더라도 직권으로 헌법 재판소에 위헌 법률 심판을 제청할 수 있다.

정답 찾기 ⑤ 법률의 위헌 여부에 따라 재판 결과가 달라질 수 있는 상황에서 법원이 법률의 위헌 여부를 심판해 줄 것을 제청한 것이므로 (나)에는 '위헌 법률 심판'이 들어갈 수 있다.

오답 피하기 ① 위헌 법률 심판은 헌법 재판소가 담당한다.
② 국회는 기본권을 제한할 수 있는 법률을 제정할 수 있다.
③ 신체의 자유를 침해할 우려가 크다고 본 것이므로 (가)에는 '자유권'이 들어갈 수 있다.
④ 최저 임금제는 사회권을 보장하기 위한 제도이다.

05 여성 차별 문제 파악

문제 분석 제시된 남성 근로자 월평균 임금과 성별 근로자 월평균 임금 격차 지수를 활용하여 여성 근로자 월평균 임금을 구할 수 있다. 1980년에 을국의 경우 여성 근로자 월평균 임금을 a달러라고 가정하면, $\{(2,000-a)/2,000\} \times 100 = 40$이므로 여성 근로자 월평균 임금은 1,200달러이다. 제시된 자료를 바탕으로 갑국과 을국의 성별 근로자의 월평균 임금을 나타내면 다음과 같다.

(단위: 달러)

구분	1980년		2020년	
	갑국	을국	갑국	을국
남성 근로자 월평균 임금	1,000	2,000	2,500	4,000
여성 근로자 월평균 임금	500	1,200	1,500	3,600

정답 찾기 ③ 1980년 대비 2020년에 여성 근로자의 월평균 임금 상승률은 갑국과 을국이 각각 200%로 같다.

오답 피하기 ① 1980년 을국에서 월평균 임금은 여성 근로자가 남성 근로자의 60% 수준에 해당한다.
② 2020년에 갑국의 여성 근로자 월평균 임금은 1,500달러이다.
④ 1980년에 비해 2020년에 남성 근로자와 여성 근로자 간 월평균 임금액의 차이는 갑국의 경우 500달러에서 1,000달러로 커졌고, 을국의 경우 800달러에서 400달러로 작아졌다.
⑤ 1980년에 비해 2020년에 남성 근로자 월평균 임금에 대한 여성 근로자 월평균 임금의 비는 갑국의 경우 1/2에서 3/5으로 커졌고, 을국의 경우 3/5에서 9/10로 커졌다.

06 통합형
인권의 확대 역사와 헌법의 관계 이해

문제 분석 (가)는 프랑스 혁명을 통해 발표된 '인간과 시민의 권리 선언' 중 일부이고, (나)는 제2차 세계 대전 이후 국제 연합(UN)에서 채택한 '세계 인권 선언'중 일부이다.

정답 찾기 ④ 세계 인권 선언은 제2차 세계 대전을 겪으면서 발생한 심각한 인권 침해를 반성하고 인권의 국제적 기준을 제시하고자 국제 연합(UN)에서 채택되었다.

오답 피하기 ① '인간과 시민의 권리 선언'은 개인주의와 자유주의에 기초하여 개인의 자유를 최대한 보장하는 것을 중시하였다. 따라서 공동 이익을 근거로 해서만 사회적 차별이 허용되도록 한 것은 공동 이익이 아니라면 함부로 차별하지 못하게 함으로써 개인의 자유를 최대한 보장하고자 한 것이다.
② ⓛ에는 사회권이 규정되어 있다. 사회권은 20세기 초 독일 바이마르 헌법에 세계 최초로 규정되었다.
③ '인간과 시민의 권리 선언', '세계 인권 선언', 우리나라 헌법은 모두 천부 인권 사상을 바탕으로 하였다.
⑤ '인간과 시민의 권리 선언'은 모든 정치적 결사의 목적이 인간의 천부 인권을 보전함에 있다고 규정하고 있고, '세계 인권 선언'은 모든 사람이 국가적 노력을 통해 경제·사회·문화적 권리를 실현할 자격이 있다고 규정하고 있다. 우리나라 헌법은 국가가 불가침의 기본적 인권을 확인하고 보장할 의무를 진다고 규정하고 있다. 따라서 (가), (나), 우리나라 헌법은 모두 국가에게 인권 보장의 의무가 있음을 규정하였다.

📣 통합형 문항 분석

문항정보	
성취 기준	[10통사2-01-01] 근대 시민 혁명 등을 통해 확립되어 온 인권의 의미와 변화 양상을 이해하고, 현대 사회에서 주거, 안전, 환경, 문화 등 다양한 영역으로 인권이 확장되고 있는 사례를 조사한다. [10통사2-01-02] 인간 존엄성 실현과 인권 보장을 위한 헌법의 역할을 파악하고, 시민의 권익을 보호하기 위한 다양한 시민 참여의 방안을 탐구하고 이를 실천한다.
내용 요소	인권, 시민 혁명, 천부 인권, 헌법
행동 영역	개념 및 이론의 이해, 자료의 해석 및 분석
개발 의도 및 취지	인권의 확대 역사에서 중요한 의미를 갖는 인권 선언과 우리나라 헌법에 규정된 기본권을 비교하여 각 특징을 도출할 수 있는지 확인한다.

통합형 문항 대비 전략 통합형 문항을 해결하기 위해서는 평소 학습할 때 하나의 주제에 대해 다양한 관점으로 접근해 보는 습관이 필요하다. 예를 들어 인권이라는 주제를 학습하는 경우에는 시간적 관점에서 과거에 등장한 주요 인권 선언을 파악할 뿐만 아니라, 사회적 관점에서 우리나라 헌법의 기본권 관련 규정을 파악하면서 상호 간의 공통점과 차이점을 파악하는 학습이 필요하다.

07 통합형
문화권과 인권 문제의 양상 파악

문제 분석 기아 문제가 '위험' 수준인 A국은 콩고민주공화국, '심각'

수준인 B국은 인도, '보통' 수준인 C국은 타이, '낮음' 수준인 D국은 미국이다.

 ④ A국과 B국은 D국에 비해 기아 문제가 심각하거나 위험 수준에 있다. 즉, A국, B국은 D국에 비해 영양 결핍이나 영유아 사망, 저체중 및 발육 부진 아동의 문제가 심각하다. 따라서 A국과 B국은 D국에 비해 행복의 조건으로 경제 성장이 강조될 가능성이 높다.

 ① C국은 온난하고 다습한 기후 지역이므로 벼농사가 발달하였다.

② A국과 B국은 모두 과거에 유럽 국가의 식민 지배를 받았다.

③ B국은 D국에 비해 기아 문제가 심각하므로 국제적인 연대를 통해 기아 문제를 해결해야 할 필요성이 높다.

⑤ A국~D국 중 세계 기아 지수가 위험 수준에 있는 국가는 A국(콩고민주공화국)인데, A국은 아프리카에 속해 있다.

통합형 문항 분석

문항정보	
성취 기준	[10통사1-02-02] 행복한 삶을 실현하기 위한 조건으로 질 높은 정주 환경의 조성, 경제적 안정, 민주주의 발전 및 도덕적 실천의 필요성에 관해 탐구한다. [10통사1-04-01] 자연환경과 인문환경의 영향을 받아 형성된 다양한 문화권의 특징과 삶의 방식을 탐구한다. [10통사2-01-03] 사회적 소수자 차별, 청소년의 노동권 등 국내 인권 문제와 인권 지수를 통해 확인할 수 있는 세계 인권 문제의 양상을 조사하고, 이에 대한 해결 방안을 모색한다.
내용 요소	행복의 조건, 인권 지수, 인권 문제의 양상
행동 영역	개념 및 이론의 이해, 자료의 해석 및 분석
개발 의도 및 취지	인권 지수를 통해 세계 인권 문제의 양상을 파악하고, 각국의 문화와 처해 있는 상황을 고려하여 행복과 인권 실현을 위해 필요한 방안을 도출할 수 있는지 확인하는 문항이다.

 통합사회는 하나의 주제에 대해 다양한 관점을 바탕으로 탐구할 것을 요구한다. 따라서 서로 관련이 없는 것처럼 보이는 주제라도 일정한 공통점을 찾아 다양한 관점에서 탐구하는 습관을 기르도록 한다.

통합형
08 인권 보장을 위한 헌법의 역할과 시민 참여 이해

 헌법에 규정된 인권 보장을 위한 제도적 장치와 시민불복종의 요건을 파악하는 문제이다.

 ㄱ. 갑은 권력 분립의 원리에 따른 대통령과 국회 간의 상호 견제가 기본권 보장에 기여한다고 보았다.

ㄹ. 헌법 소원 심판 제도와 위헌 법률 심판 제도는 대표적인 헌법 재판소를 통한 기본권 구제 제도이다.

 ㄴ. 을은 공공의 이익 증진을 목적으로 하는 시민불복종, 즉 공공성을 갖춘 시민불복종은 정당성을 갖는다고 보았다.

ㄷ. 시민불복종의 요건으로 병은 최후 수단성을, 정은 양심성을 강조하였다.

통합형 문항 분석

문항정보	
성취 기준	[10통사2-01-02] 인간 존엄성 실현과 인권 보장을 위한 헌법의 역할을 파악하고, 시민의 권익을 보호하기 위한 다양한 시민 참여의 방안을 탐구하고 이를 실천한다.
내용 요소	인권, 헌법, 권력 분립 제도, 시민불복종
행동 영역	개념 및 이론의 이해, 자료의 해석 및 분석
개발 의도 및 취지	헌법에 규정된 인권 보장을 위한 제도적 장치와 시민불복종의 정당화 요건을 이해하고 있는지 확인한다.

 통합사회의 학습 주제 중에는 두 가지 이상의 관점을 통합적으로 적용하여 학습하도록 구성되어 있는 주제가 있다. '인권 보장을 위한 헌법의 역할과 시민 참여' 역시 사회적 관점과 윤리적 관점이 통합적으로 적용된 주제에 해당한다. 이러한 주제를 학습할 때에는 통합형 문항이 출제될 가능성이 높다는 점을 염두에 두고 통합적인 지식을 쌓기 위해 노력해야 한다.

Ⅱ 사회 정의와 불평등

수능 실력 다지기

본문 102~104쪽

1 ②	2 ⑤	3 ③	4 ⑤	5 ④	6 ⑤

1 아리스토텔레스의 정의 이해

문제 분석 그림의 강연자는 아리스토텔레스이다. 아리스토텔레스는 정의를 일반적 정의와 특수적 정의로 구분하였으며, 특수적 정의를 다시 교정적 정의, 분배적 정의로 구분하였다. 또한, 아리스토텔레스는 교환적 정의는 같은 가치를 지닌 두 물건을 교환하게 함으로써 교환의 결과를 공정하게 하는 것이라고 보았다.

정답 찾기 ② 아리스토텔레스는 타인에게 손해를 끼쳤으면 그만큼 보상하게 하고 타인에게 이익을 주었으면 그만큼 돌려받을 때, 즉 산술적 비례의 동등함이 지켜질 때 교정적 정의가 실현된다고 보았다.

오답 피하기 ① 아리스토텔레스는 교환적 정의는 교환의 결과를 공정하게 하는 것이라고 주장하였다.

③ 아리스토텔레스는 타인에게 준 손해와 이익 모두 교정적 정의의 대상이 된다고 주장하였다.

④ 아리스토텔레스는 분배적 정의는 필요에 따른 분배가 아니라 각자의 가치에 따라 사회적 재화가 분배될 때 실현될 수 있다고 주장하였다.

⑤ 아리스토텔레스는 동등한 사람들이 동등한 몫을, 동등하지 않은 사람들이 동등하지 않은 몫을 분배받을 때 분배적 정의가 실현될 수 있다고 주장하였다.

2 정의의 실질적 기준 이해

문제 분석 (가)는 업적에 따른 분배, (나)는 필요에 따른 분배이다.

정답 찾기 ⑤ 업적에 따른 분배는 결과의 평등이 아니라 기회의 평등을 중시한다.

오답 피하기 ① 업적에 따른 분배는 자신이 달성한 업적만큼 보상을 받을 수 있으므로 성취동기를 높일 수 있다.

② 업적에 따른 분배는 업적을 쌓기 위한 과열 경쟁으로 인해 사회적 갈등을 불러올 수도 있다.

③ 필요에 따른 분배는 모든 사람이 최소한의 인간다운 삶을 살아갈 수 있는 조건 형성에 기여할 수 있다.

④ 필요에 따른 분배가 이루어질 경우 열심히 일하려는 성취동기가 약화될 수도 있다.

3 매킨타이어의 정의관 이해

문제 분석 가상 편지를 쓴 사상가는 매킨타이어이다. 매킨타이어는 개인은 자신이 속한 공동체의 역사와 전통 속에서 정체성을 형성해 나간다고 주장하였다.

정답 찾기 ③ 매킨타이어는 사회적 유대감을 바탕으로 공동체 구성원으로서의 책무를 다하여 공동선을 실현하는 것이 정의롭다고 보았다.

오답 피하기 ① 매킨타이어는 공동선의 실현을 중시하는 공동체주의적 정의관을 주장하였다.

② 매킨타이어는 개인은 자신이 속한 공동체의 덕목을 내면화하여 실천할 때 좋은 삶을 살아갈 수 있다고 주장하였다.

④ 매킨타이어는 개인의 정체성은 자신이 속한 공동체의 역사와 전통 속에서 형성된다고 주장하였다.

⑤ 공동체가 개인의 자유와 권리를 보호하기 위한 수단이라는 주장은 자유주의적 정의관의 입장이다.

4 공동체주의적 정의관과 자유주의적 정의관의 비교

문제 분석 (가)는 공동체의 중요성을 강조하는 공동체주의적 정의관이고, (나)는 개인의 자유와 권리를 강조하는 자유주의적 정의관이다.

정답 찾기 ⑤ (가)의 입장에 비해 (나)의 입장은 자신이 속한 공동체의 가치와 덕목을 따르는 삶을 강조하는 정도(X)가 낮고, 국가가 개인의 자유와 권리 보호를 위한 수단임을 강조하는 정도(Y)가 높으며, 공동체 전통이 자아 정체성 형성에 끼치는 영향을 강조하는 정도(Z)가 낮다.

5 적극적 평등 실현 조치의 이해

문제 분석 적극적 평등 실현 조치는 오랫동안 사회적으로 차별을 받아 온 사회적 약자에게 직·간접적으로 혜택을 줌으로써 실질적인 기회의 평등을 보장하고 불평등을 바로잡으려는 제도이다.

정답 찾기 ㄴ. 적극적 평등 실현 조치는 혜택을 받지 못하는 집단에 대한 역차별의 문제를 발생시킬 수도 있다.

ㄹ. 적극적 평등 실현 조치는 사회적 약자에게 혜택을 줌으로써 차별을 시정하고 불평등을 완화하려는 취지에서 시행된다.

오답 피하기 ㄱ. 적극적 평등 실현 조치는 업적에 따른 분배의 실현을 목적으로 시행되는 것이 아니다.

ㄷ. 장애인 의무 고용 제도는 적극적 평등 실현 조치의 일환으로 시행되는 제도이다.

6 사회 복지 제도의 이해

문제 분석 (가)는 공공 부조, (나)는 사회 서비스, (다)는 사회 보험이다.

정답 찾기 ⑤ 공공 부조는 국민이 낸 세금을 재원으로 하여 운영되는 제도이다.

오답 피하기 ① 공공 부조에는 국민 기초 생활 보장 제도, 의료 급여, 기초 연금 등이 있다.

② 사회 서비스는 비금전적인 지원을 원칙으로 한다.

③ 사회 보험에는 국민연금, 국민 건강 보험, 고용 보험, 산업 재해 보상 보험 등이 있다.

④ 공공 부조는 세금을 재원으로 하여 저소득 계층을 지원하므로 사회 보험에 비해 소득 재분배 효과가 크다.

01 ① **02** ④ **03** ⑤ **04** ④ **05** ③ **06** ②
07 ①

01 정의의 실질적 기준에 대한 쟁점 파악

문제 분석 갑은 필요에 따른 분배가 경제적 효율성 향상에 도움이 된다는 입장이고, 을은 필요에 따른 분배가 경제적 효율성을 저해한다는 입장이다.

정답 찾기 ① 갑은 부정, 을은 긍정의 대답을 할 질문이므로 토론의 쟁점이 될 수 있다.

오답 피하기 ②, ⑤ 갑, 을 모두 긍정의 대답을 할 질문이다.
③, ④ 갑, 을 모두 부정의 대답을 할 질문이다.

02 교정적 정의에 대한 칸트와 베카리아의 입장 비교

문제 분석 갑은 칸트, 을은 베카리아이다. 칸트는 응보주의 관점에서 사형 제도에 찬성하였고, 베카리아는 공리주의 관점에서 사형 제도에 반대하였다.

정답 찾기 ㄴ. 칸트는 응보주의 관점에서 형벌의 본질이 범죄 행위에 대한 응당한 보복을 가하는 것이라고 주장하였다.
ㄹ. 칸트는 형벌이 응보주의 관점에서의 공적 정의를 실현하기 위해 시행되어야 한다고 주장하였고, 베카리아는 형벌이 공리주의 관점에서의 공적 정의를 실현하기 위해 시행되어야 한다고 주장하였다. 칸트와 베카리아는 모두 형벌이 공적 정의로서의 교정적 정의 실현을 위한 수단이라고 보았다.

오답 피하기 ㄱ. 칸트는 범죄 행위에 상응하는 동등한 형벌의 부과를 강조하였으며, 살인범에게 부과되는 사형은 살인범의 고통받는 인격을 해방하여 인간의 존엄성을 실현하는 것이라고 주장하였다.
ㄷ. 베카리아는 사형은 범죄 예방 효과가 있으나 종신 노역형에 비해서는 효과가 떨어진다고 주장하였다.

THE 알기

칸트는 응보주의 관점에서 형벌은 범죄자에게 자신이 스스로 선택한 자율적 행위에 대해 책임을 지게 하는 것이라고 주장하였다. 이런 의미에서 사형은 살인자의 고통받는 인격을 해방하여 인간 존엄성을 실현하는 것이라고 설명하였다.

03 분배적 정의에 대한 노직의 입장 이해

문제 분석 가상 대담의 사상가는 노직이다. 노직은 개인은 정당한 소유물에 대해 배타적이고 절대적인 권리를 가진다는 소유 권리론을 주장하였다. 이에 따라 개인의 소유권을 침해하지 않고 개인의 권리를 보호하는 최소한의 역할을 하는 최소 국가가 정의롭다고 주장하였다.

정답 찾기 ⑤ 노직은 정당하게 이전받은 소유물이라 할지라도 최초 취득의 과정에서 부정의가 존재한다면 그 소유물에 대해 소유 권리를 주장할 수 없는 경우가 있다고 주장하였다.

오답 피하기 ① 노직은 국방, 치안을 포함하여 개인의 소유 권리 보호를 위한 국가의 역할 수행에 필요한 세금을 반대하지 않았다.
② 노직은 하나의 정해진 분배 원칙에 따를 경우 개인의 소유 권리가 침해될 수 있으므로 정당한 소유물에 대한 분배는 전적으로 개인의 자유로운 선택에 따라야 한다고 주장하였다.
③ 노직은 취득, 이전, 교정에서의 정의의 원칙이 지켜진다면 정의로운 사회에서도 불평등이 존재할 수 있다고 보았다.
④ 노직은 정당한 노동으로 취득한 소유물뿐만 아니라 정당한 이전 과정을 통해 획득한 소유물에 대해서도 소유 권리를 가질 수 있다고 주장하였다.

04 분배적 정의에 대한 롤스와 노직의 입장 비교

문제 분석 갑은 롤스, 을은 노직이다. 롤스는 자연적·사회적 우연성이 배제된 무지의 베일을 쓴 원초적 입장에서 정의의 원칙에 합의할 때 모든 사람에게 공정한 정의 원칙을 채택할 수 있다고 주장하였다. 노직은 취득, 이전, 교정의 원리에 따라 개인은 정당한 소유물에 대해 배타적이고 절대적인 권리를 가진다는 소유 권리론을 주장하였다.

정답 찾기 ㄴ. 롤스는 최소 수혜자에게 최대의 이익을 주는 차등의 원칙을 정의로운 사회의 분배 원칙으로 제시하였다. 노직은 사회적 약자를 돕기 위한 목적으로 이루어지는 부의 재분배 정책은 개인의 소유 권리를 침해한다고 주장하였다. 따라서 롤스는 긍정, 노직은 부정의 대답을 할 질문이다.
ㄹ. 노직은 취득, 이전, 교정에서의 정의의 원칙이 지켜진다면 정의로운 사회에서도 불평등이 존재할 수 있다고 보았다. 따라서 노직이 긍정의 대답을 할 질문이다.

오답 피하기 ㄱ. 노직은 개인의 정당한 소유물을 어떻게 분배할 것인가는 전적으로 개인의 자유로운 선택에 맡겨야 한다고 주장하였다. 따라서 노직이 긍정의 대답을 할 질문이다.
ㄷ. 롤스는 개인의 평등한 자유는 다른 사람의 자유를 침해하지 않는 한에서 보장된다고 주장하였다. 따라서 롤스가 부정의 대답을 할 질문이다.

통합형
05 롤스와 노직의 정의관 비교

문제 분석 갑은 롤스, 을은 노직이다. 롤스는 무지의 베일을 쓴 원초적 입장에 놓인 사람들은 평등한 자유의 원칙과 차등의 원칙에 합의하게 될 것이라고 주장하였다. 노직은 가난한 사람들을 돕기 위한 목적으로 근로 소득에 세금을 부과하는 것은 강제 노동과 같다고 주장하며 개인의 소유 권리를 침해하는 것은 정의에 부합하지 않음을 강조하였다.

정답 찾기 ㄷ. 롤스와 노직은 모두 개인의 자유와 권리는 다른 사람의 자유와 권리를 침해하지 않는 한에서 행사되어야 한다고 주장하였다.

ㄹ. 롤스와 노직은 모두 자유주의적 정의관의 입장에서 공동체가 특정 가치를 강요하여 개인의 자유와 권리를 침해하는 것은 옳지 않다고 주장하였다.

오답 피하기 ㄱ. 롤스는 정의의 원칙 중 제1원칙이 제2원칙에 우선한다고 밝히며 최소 수혜자에게 최대 혜택을 주기 위한 목적으로 개인의 기본적 자유를 침해하는 것은 정당화될 수 없다고 주장하였다. ㄴ. 노직은 사회적 약자를 도와 경제적 불평등을 완화하려는 정책은 개인의 소유 권리를 침해할 수 있으므로 정의에 어긋난다고 주장하였다.

통합형 문항 분석

문항정보	
성취 기준	[10통사2-01-01] 근대 시민 혁명 등을 통해 확립되어 온 인권의 의미와 변화 양상을 이해하고, 현대 사회에서 주거, 안전, 환경, 문화 등 다양한 영역으로 인권이 확장되고 있는 사례를 조사한다. [10통사2-02-02] 개인과 공동체의 관계를 기준으로 다양한 정의관을 비교하고, 이를 구체적인 사례에 적용하여 설명한다.
내용 요소	인권, 자유주의적 정의관, 공동체주의적 정의관
행동 영역	개념 및 이론의 이해, 자료의 해석 및 분석
개발 의도 및 취지	롤스와 노직의 분배 정의 이론을 인권의 확장 속에서 새롭게 규정되는 인권의 의미와 연계하여 이해할 수 있는지를 확인하는 문항임

통합형 문항 대비 전략 인권의 의미가 역사 속에서 확장되어 온 과정에 대한 이해를 바탕으로 현대 사회의 인권의 의미와 특징을 파악하고, 자유주의적 정의관과 공동체주의적 정의관을 적용하여 인권의 보장 및 실현 방안을 탐구할 수 있어야 한다.

---

06 공자와 모어의 이상 사회 비교

문제 분석 갑은 대동 사회를 이상 사회로 제시한 공자, 을은 유토피아를 이상 사회로 제시한 모어이다.

정답 찾기 ㄱ. 대동 사회에서는 홀로된 자와 병든 자 등 사회적 약자를 포함하여 모든 사람이 최소한의 인간다운 삶을 살아갈 수 있다. ㄷ. 유토피아에서는 사유 재산이 없으므로 모든 사람이 생산과 소유에 있어 평등하다.

오답 피하기 ㄴ. 유토피아의 시민들은 누구나 가치 있는 생산적 노동에 종사한다. ㄹ. 유토피아는 경제적으로 풍요로운 사회이다.

THE 알기

공자가 제시한 이상 사회인 대동 사회는 누구나 인간다운 삶을 살아갈 수 있는 사회로서 인(仁)의 정신이 모든 사람에게 확대된 도덕 공동체이다. 모어가 제시한 이상 사회인 유토피아는 사유 재산이 없어 생산과 소유에 있어 평등이 실현되고 경제적으로 풍요로우며 도덕적으로 타락하지 않은 사회이다.

---

07 공간 불평등의 이해

문제 분석 제시된 자료에는 가상 국가 A의 시·도별 치료 가능 사망률이 나타나 있다. 이는 공간 불평등의 사례에 해당한다.

정답 찾기 ㄱ. 공간 불평등 현상이 심화될 경우 지역 격차에 따른 갈등이 발생하여 사회 통합이 저해될 수 있다. ㄴ. 공간 불평등 현상은 자원의 불균등한 분배로 지역 간에 사회적, 경제적, 문화적 격차가 생기는 것을 말한다.

오답 피하기 ㄷ. 빠르고 효율적인 성장을 위해 수도권과 대도시를 중심으로 경제 개발을 추진한 성장 거점 개발 방식은 공간 불평등 현상의 원인으로 볼 수 있다. ㄹ. 공간 불평등 현상은 도시와 농촌 간은 물론 도시 간에서도 발생할 수 있다.

수능 실력 다지기

본문 120~123쪽

1 ①	2 ②	3 ②	4 ⑤	5 ②	6 ②
7 ⑤	8 ③				

1 신자유주의의 특징 파악

문제 분석 1970년대 발생했던 두 차례의 석유 파동을 거치며 등장한 자본주의는 신자유주의이다. 갑의 주장에는 정부의 시장 개입에 대한 부정적 견해가 나타나 있다.

정답 찾기 ㄱ. 석유 파동은 경기 침체와 인플레이션이 동시에 발생하는 스태그플레이션을 유발하였다.

ㄴ. 신자유주의는 정부의 지나친 시장 개입으로 오히려 시장의 효율성이 저해되었음을 비판하면서 기업 규제 완화, 공기업의 민영화 등을 통한 정부 역할의 축소를 주장하였다.

오답 피하기 ㄷ. 1930년대 대공황에서는 극심한 경기 침체와 이로 인한 물가 하락 현상이 나타났다.

ㄹ. 신자유주의는 수정 자본주의에서 실시된 적극적 복지 정책으로 인해 발생한 근로 의욕 감퇴와 같은 복지병을 비판하였다.

2 사회주의와 수정 자본주의의 이해

문제 분석 자본주의를 비판하며 등장한 사회주의는 자본주의 체제 자체를 부정하였다. 수정 자본주의는 자본주의의 근간을 유지하면서도 정부 개입을 통해 시장 문제를 해결하고자 하였다. 따라서 A는 사회주의, B는 수정 자본주의이다.

정답 찾기 ㄱ. 사회주의는 희소성으로 인해 발생하는 경제 문제를 정부의 계획과 명령을 통해 해결한다.

ㄷ. '보이지 않는 손', 즉 시장의 작동 원리를 통한 자원 배분을 중시하는 것은 자본주의의 특징이다. 따라서 자본주의 자체를 부정한 사회주의와 달리 수정 자본주의는 '보이지 않는 손'에 의한 경제 문제 해결을 중시한다.

오답 피하기 ㄴ. 수정 자본주의는 시장 문제 해결을 위한 정부의 역할을 강조하므로 경기 침체나 경기 과열을 해결하기 위한 정부 개입을 부정하지 않는다.

ㄹ. 사회주의는 경제 주체의 자유로운 의사 결정 대신 정부의 계획과 명령을 중시한다.

3 경제 주체의 특징 파악

문제 분석 가계, 기업, 정부 중 노동을 제공하는 경제 주체는 가계이고, 이윤 극대화를 추구하는 경제 주체는 기업이다. 따라서 ㉠은 '예', ㉡은 '아니요'이고, A는 가계, B는 기업, C는 정부이다.

정답 찾기 ② 가계는 소비를 통해 효용, 즉 만족의 극대화를 추구하는 경제 주체이다.

오답 피하기 ① ㉠은 '예', ㉡은 '아니요'이다.

③ 정부는 공공재를 생산하여 공급한다.

④ 기업은 혁신을 핵심으로 하는 기업가 정신이 요구되는 경제 주체이다.

⑤ 모든 경제 주체는 희소성으로 인한 선택의 문제, 즉 경제 문제에서 자유롭지 않다. 따라서 해당 질문은 (가)에 들어갈 수 없다.

4 우리나라 경제 체제의 특징 파악

문제 분석 헌법 제23조 제1항, 제119조 제1항은 우리나라가 자본주의(시장경제 체제)를 기본으로 하고 있음을 밝히고 있다. 헌법 제32조 제1항, 제119조 제2항은 정부의 시장 개입을 인정함으로써 계획경제 체제 요소를 반영하고 있다.

정답 찾기 ⑤ 우리나라 경제 체제는 시장경제 체제와 계획경제 체제가 결합된 혼합 경제 체제이다. 혼합 경제 체제 중에서도 시장경제 체제를 중심으로 계획경제 체제의 요소를 일부 반영하는 방식으로 두 체제를 결합하고 있다.

오답 피하기 ① 계획경제 체제의 요소가 가미되어 있을 뿐 우리나라는 시장경제 체제를 바탕으로 한다.

② 시장에서 발생한 문제 해결을 위해 정부가 시장에 개입할 수 있음을 규정하고 있다.

③ 최저 임금제는 근로자 보호를 위한 정부의 시장 개입에 해당하므로 순수한 형태의 시장경제 체제를 반영한 제도로 보기 어렵다.

④ 적정한 소득 분배 유지를 위해 정부가 시장에 개입할 수 있음을 보여 주지만, 이를 통해 빈부 격차 완화를 정부 정책의 최고 목표라고 단정할 수는 없다.

5 주식과 요구불 예금의 일반적 특징 비교

문제 분석 일반적으로 요구불 예금은 주식보다 안전성이 높다. 따라서 A는 주식, B는 요구불 예금이다. ㉠, ㉢에는 주식보다 요구불 예금에서 더 높게 나타나는 특징이, ㉡에는 요구불 예금보다 주식에서 더 높게 나타나는 특징이 들어가야 한다.

정답 찾기 ② 수익성은 요구불 예금보다 주식이 더 높고, 유동성은 주식보다 요구불 예금이 더 높다. 따라서 ㉡이 '수익성'이면서 동시에 ㉢은 '유동성'일 수 있다.

오답 피하기 ① 유동성은 주식보다 요구불 예금이 더 높다. 따라서 '유동성'은 ㉠에 들어갈 수 있다.

③ 주식은 배당 수익을 기대할 수 있다.

④ 주식은 시세 차익을 기대할 수 있다.

⑤ 요구불 예금은 예금자 보호 제도의 적용 대상이지만, 주식은 예금자 보호 제도의 적용 대상이 아니다.

6 합리적 자산 관리의 이해

문제 분석 '100-나이 법칙'에 따르면 나이가 어릴수록 주식 등과 같은 위험하지만 수익성이 높은 자산에 대한 투자 비율을 높이고, 나이가 들수록 예금 등과 같은 수익성은 낮지만 안전성이 높은 자산에 대한 투자 비율을 높여야 한다.

정답 찾기 ㄱ. 100에서 나이 30을 뺀 값은 70이다. 따라서 30세인 경우 자산의 70%를 주식에, 나머지 30%를 예금에 투자하는 것은 '100-나이 법칙'에 부합한다.

ㄷ. 40대보다 50대에는 주식에 대한 투자 비율을 낮추고, 예금에 대한 투자 비율을 높여야 한다. 따라서 주식 총액에 대한 예금 총액의 비는 40대보다 50대가 높게 투자하는 것이 '100-나이 법칙'에 부합한다.

오답 피하기 ㄴ. 30대보다 40대에는 자산 중 주식 총액이 차지하는 비중을 낮추어야 한다.

ㄹ. 50대보다 60대에는 주식에 대한 투자 비율을 낮추고, 예금에 대한 투자 비율을 높여야 한다. 따라서 자산 중 예금 총액의 비중은 50대보다 60대가 높아야 한다.

7 외부 효과의 이해

문제 분석 갑국 정부는 X재 시장에서 발생한 긍정적 외부 효과에 대한 대책으로 생산자에게 보조금을 지급함으로써 X재 생산의 증가를 유도하고 있다. 을국 정부는 X재 시장에서 발생한 부정적 외부 효과에 대한 대책으로 생산자에게 환경 개선 부담금을 부과함으로써 X재 생산의 감소를 유도하고 있다.

정답 찾기 ㄷ. 을국의 X재 시장에서는 부정적 외부 효과가 발생하였다. 부정적 외부 효과는 제3자에게 의도하지 않은 피해를 주고도 이에 대한 대가를 지불하지 않는 것을 말한다.

ㄹ. 갑국의 X재 시장에서는 긍정적 외부 효과가 발생하였다. 긍정적 외부 효과가 발생하면 사회적 최적 수준보다 적게 거래되는 문제가 발생한다. 따라서 갑국은 생산자에게 보조금을 지급하여 생산을 증가시킴으로써 사회적 최적 수준에서 거래되도록 하였다.

오답 피하기 ㄱ. 갑국과 을국의 X재 시장 거래량의 크기는 비교할 수 없다.

ㄴ. ㉠에 나타난 시장 실패의 유형은 제3자에게 의도하지 않은 이익을 주고도 이에 대한 대가를 받지 않는 긍정적 외부 효과이다.

8 자유 무역 확대의 영향 파악

문제 분석 갑~정은 모두 전 세계적으로 자유 무역이 확대되고 있다고 보고 있다. 단, 갑은 단순히 자유 무역 확대라는 객관적 사실을 진술하고 있고, 을은 자유 무역 확대의 긍정적 영향에 주목하고 있으며, 병과 정은 자유 무역 확대의 부정적 영향에 주목하고 있다.

정답 찾기 ㄴ. 을과 병은 자유 무역 확대가 교역 당사국들이 얻는 무역 이익의 총합을 증가시킨다고 보고 있다.

ㄷ. 병은 자유 무역 확대가 빈부 격차를 심화시킨다는 측면에서, 정은 자유 무역 확대가 문화의 획일화를 초래한다는 측면에서 자유 무역 확대에 따른 부정적 결과를 우려하고 있다.

오답 피하기 ㄱ. 을은 자유 무역 확대를 통해 교역 당사국들 모두 경제적 이익을 얻을 수 있다는 긍정적 측면을 강조하고 있다.

ㄹ. 정은 자유 무역 확대로 인해 나타나는 문화 획일화 현상을 우려하고 있다.

1등급 완성하기

| 01 ④ | 02 ② | 03 ⑤ | 04 ① | 05 ④ | 06 ④ |
| 07 ④ | 08 ③ | | | | |

01 경제 체제의 특징 비교

문제 분석 계획경제 체제, 시장경제 체제, (시장경제 체제를 바탕으로 계획경제 체제 요소가 일부 반영된) 혼합 경제 체제 중 생산 수단의 국·공유화를 원칙으로 하는 것은 계획경제 체제이고, 원칙적으로 개인의 사적 이윤 추구 활동을 보장하는 것은 시장경제 체제와 혼합 경제 체제이며, 정부의 계획과 명령에 의한 경제 문제 해결을 인정하는 것은 계획경제 체제와 혼합 경제 체제이다. 따라서 A는 시장경제 체제, B는 계획경제 체제, C는 혼합 경제 체제이다.

정답 찾기 ④ 시장경제 체제를 바탕으로 하고 있지만 일부 계획경제 체제 요소가 반영된 혼합 경제 체제는 시장경제 체제에 비해 자원 배분이 시장 가격 기구에 의해 결정되는 정도가 약하다.

오답 피하기 ① 시장경제 체제는 생산 수단의 국·공유화를 원칙으로 하지 않는다. 따라서 ㉠은 '아니요'이다.

② 계획경제 체제는 분배 과정에서 형평성을 중시한다.

③ 시장 실패는 시장경제 체제에서 발생할 가능성이 높다.

⑤ 1930년대 경제 대공황을 해결하는 과정에서 등장한 자본주의는 수정 자본주의, 즉 혼합 경제 체제이다.

02 자본주의의 역사적 전개 과정 이해

문제 분석 석유 파동을 배경으로 등장한 자본주의는 신자유주의이므로 갑의 발표는 옳지 않다. 따라서 을, 병, 정의 발표가 옳으므로 A는 산업 자본주의, B는 수정 자본주의, C는 상업 자본주의이다.

정답 찾기 ② 작은 정부를 주장한 산업 자본주의는 상업 자본주의 시대의 중상주의 정책을 비판하면서 발달하였다.

오답 피하기 ① 갑의 발표 내용은 옳지 않다.

③ 수정 자본주의는 정부의 시장 개입을 인정한다.

④ 산업 자본주의는 수정 자본주의에 비해 정부의 시장 개입 정도가 약하다. 따라서 해당 진술은 (가)에 들어갈 수 없다.

⑤ 수정 자본주의와 산업 자본주의는 모두 자본주의 체제에 해당한다. 따라서 해당 진술은 (가)에 들어갈 수 없다.

🚩 통합형
03 경제 주체, 정보화, 공동선의 이해

문제 분석 합리적 소비는 한정된 소득 범위 내에서 최소 비용으로 최대 만족감을 줄 수 있는 재화, 서비스 등을 구입하는 행위이고, 윤리적 소비는 지속가능발전 등을 위해 윤리적 가치 판단과 신념에 따라 재화, 서비스 등을 구입하는 행위이다.

정답 찾기 ⑤ 다소 비싸더라도 공동의 이익이나 공동체의 발전을 위해 공동선을 추구하는 기업의 제품을 선택하는 것은 윤리적 소비에 해당한다.

오답 피하기 ① 일반적으로 생산 요소를 구입하는 주체는 가계가 아니라 기업이다.

② 희소성은 재화, 서비스 등의 존재량에 비해 사람들의 욕구 수준이 클 때 나타난다.

③ 정보화의 진척은 정보 유출, 사생활 침해 등의 문제를 증가시킬 수 있다.

④ 매몰 비용은 합리적 선택에서 고려하지 않아야 한다.

🚩 통합형 문항 분석

문항정보	
성취 기준	[10통사2-02-02] 개인과 공동체의 관계를 기준으로 다양한 정의관을 비교하고, 이를 구체적인 사례에 적용하여 설명한다. [10통사2-03-02] 합리적 선택의 의미와 그 한계를 파악하고, 지속가능발전을 위해 요청되는 정부, 기업가, 노동자, 소비자의 바람직한 역할과 책임에 관해 탐구한다. [10통사2-05-03] 미래 사회의 모습을 다양한 측면에서 예측하고, 이를 바탕으로 세계 시민으로서 자신의 미래 삶의 방향을 설정한다.
내용 요소	공동체주의적 정의관, 희소성, 경제 주체, 합리적 소비, 윤리적 소비, 정보화
행동 영역	개념·원리의 이해
개발 의도 및 취지	개별 경제 주체의 역할과 정보화의 특징을 이해하고 있는지를 평가하고, 지속가능발전을 위해 윤리적 소비가 왜 필요한지를 공동체주의적 정의관에서 강조하는 공동선과 연결지어 파악할 수 있는지를 평가하는 문항임

통합형 문항 대비 전략 정보화가 소비자의 시장에 대한 영향력을 증대시키는 상황과 소비자들이 윤리적 소비를 실천하는 것이 중요한 이유를 연관지어 이해할 수 있어야 한다. 또한 윤리적 소비가 공동체주의적 정의관에서 강조하는 공동선과 무관하지 않음을 파악할 수 있어야 한다.

04 기회비용의 이해

문제 분석 X재 1개 구입의 기회비용은 X재 1개의 가격(2만 원)과 Y재 1개 구입 시 얻을 수 있었던 경제적 이익{Y재 편익−Y재 가격(1만 5천 원)}의 합이다. Y재 1개 구입의 기회비용은 Y재 1개의 가격(1만 5천 원)과 X재 1개 구입 시 얻을 수 있었던 경제적 이익{X재 편익−X재 가격(2만 원)}의 합이다. X재 1개 구입의 기회비용과 Y재 1개 구입의 기회비용이 각각 2만 5천 원으로 같으므로 X재 1개 구입의 편익은 3만 원, Y재 1개 구입의 편익은 2만 원이다.

정답 찾기 ㄱ. 재화 1개 구입의 편익은 X재(3만 원)가 Y재(2만 원)의 1.5배이다.

ㄴ. 재화 1개 구입의 암묵적 비용은 Y재(1만 원)가 X재(5천 원)의 2배이다.

오답 피하기 ㄷ. X재 1개 구입의 순편익은 5천 원(3만 원−2만 5천 원)이고, Y재 1개 구입의 암묵적 비용은 1만 원이다. 따라서 X재 1개 구입의 순편익은 Y재 1개 구입의 암묵적 비용보다 작다.
ㄹ. Y재 1개 구입의 명시적 비용, 즉 가격(1만 5천 원)은 X재 1개 구입의 기회비용(2만 5천 원)보다 작다.

05 합리적 선택의 이해

문제 분석 각각 하나의 상품을 골라 투자하는 방식의 경우 갑의 선호 순위는 A(11점), C(9점), B(8점) 순이고, 을의 선호 순위는 B(8점), A(7점), C(6점) 순이다. 둘의 자산을 합쳐 하나의 상품에 투자하는 방식의 경우 선호 순위는 A(18점), B(16점), C(15점) 순이다.

정답 찾기 ㄴ. ㉠에 따를 경우 을이 선택할 금융 상품은 B이다. 을은 B에 대해 수익성 점수는 4점, 안전성 점수는 2점을 부여하였다.
ㄹ. ㉡에 따를 경우 갑, 을은 A를 선택한다. A는 갑, 을이 모두 수익성에 가장 낮은 점수를 부여한 금융 상품이다.

오답 피하기 ㄱ. 갑은 B보다 A를 선호하고, 을은 A보다 B를 선호한다.
ㄷ. ㉡에서의 선호 순위는 A, B, C 순이고, 갑의 선호 순위는 A, C, B 순이다.

06 배제성과 경합성의 이해

문제 분석 A는 배제성과 경합성이 모두 없는 재화이고, B는 배제성이 없고 경합성이 있는 재화이며, C는 배제성과 경합성이 모두 있는 재화이다. 배제성과 경합성이 모두 없는 A는 공공재에 해당한다.

정답 찾기 ④ 배제성이 없는 공공재의 경우 대가를 지불하지 않은 사람의 소비를 배제할 수 없으므로 무임승차자의 문제가 발생할 가능성이 높다.

오답 피하기 ① 국방, 치안 서비스는 배제성이 없는 공공재이다.
② 경합성은 한 사람의 소비가 다른 사람의 소비량을 감소시키는 특성을 의미한다.
③ 공공재는 배제성과 경합성이 없을 뿐이지, 희소성이 없는 것은 아니다.
⑤ 시장에 맡겨 놓으면 사회적 최적 수준보다 적게 생산될 가능성이 높은 재화는 공공재인 A이다.

07 절대 우위와 비교 우위의 파악

문제 분석 X재 1개 생산의 기회비용은 을국(Y재 1개)이 갑국(Y재 2개)보다 작고, Y재 1개 생산의 기회비용은 갑국(X재 0.5개)이 을국(X재 1개)보다 작다. 따라서 갑국은 Y재 생산에, 을국은 X재 생산에 비교 우위가 있다.

정답 찾기 ④ X재 2개와 Y재 3개를 교역하는 경우, 갑국은 X재 2

개, Y재 5개를 소비할 수 있고, 을국은 X재 8개, Y재 3개를 소비할 수 있다. 무역 전 갑국(을국)은 X재 2개(8개)를 생산하면서 최대로 생산할 수 있었던 Y재는 4개(2개)이다. 따라서 교역을 통해 갑국과 을국은 모두 무역 이익을 얻는다.

오답 피하기 ① X재 최대 생산 가능량은 을국이 갑국보다 많다. 따라서 을국은 X재 생산에 절대 우위가 있다.
② Y재 1개 생산의 기회비용은 갑국이 을국보다 작다. 따라서 갑국은 Y재 생산에 비교 우위가 있다.
③ 갑국의 X재 최대 생산 가능량(4개)은 을국의 Y재 최대 생산 가능량(10개)보다 적다.
⑤ X재 생산량을 2개에서 3개로 늘릴 때 포기하는 Y재는 갑국이 2개, 을국이 1개로, 갑국이 을국보다 많다.

08 비교 우위 이론의 이해

문제 분석 갑국은 을국과 교역하는 경우 X재를, 병국과 교역하는 경우 Y재를 특화하여 수출한다. 따라서 갑국의 X재 1개 생산의 기회비용은 을국보다 작고 병국보다 크며, 갑국의 Y재 1개 생산의 기회비용은 병국보다 작고 을국보다 크다.

정답 찾기 ③ 갑국은 을국과의 교역을 통해 X재 10와 Y재 10개를 교환할 수 있다. 갑국에서 X재 1개 생산의 기회비용이 Y재 1개보다 크거나 같다면, 갑국은 을국과의 거래에서 이익을 볼 수 없으므로 무역에 참여하지 않을 것이다. 따라서 갑국에서 X재 1개 생산의 기회비용은 Y재 1개보다 작다.

오답 피하기 ① X재 1개 생산의 기회비용은 병국이 가장 작다.
② Y재 1개 생산의 기회비용은 병국이 가장 크다.
④ 병국은 갑국과의 교역을 통해 X재 25개와 Y재 10개를 교환할 수 있다. 병국의 Y재 1개 생산의 기회비용이 X재 2.5개보다 작거나 같다면, 병국은 갑국과의 거래에서 이익을 볼 수 없으므로 무역에 참여하지 않을 것이다. 따라서 병국의 Y재 1개 생산의 기회비용은 X재 2.5개보다 크다.
⑤ X재 1개 생산을 위해 포기해야 하는 Y재의 생산량은 X재 1개 생산의 기회비용이다. X재 1개 생산의 기회비용은 갑국이 병국보다 크다.

수능 실력 다지기

1 ②	2 ③	3 ②	4 ③	5 ④	6 ⑤

1 다국적 기업의 이해

문제분석 다국적 기업은 국경을 넘어 세계적인 규모로 생산, 유통, 판매 활동을 하는 기업을 말한다.

정답찾기 ㄱ. 연구소(C)는 핵심 기술 인력을 구하기 쉬운 곳에 주로 입지한다.

ㄹ. 연구소(C)는 중·남부 아메리카보다 북부 아메리카에 많다.

오답피하기 ㄴ. 생산 공장(B)은 본사(A)보다 저임금 노동력이 풍부한 곳에 입지한다.

ㄷ. (가)에는 '공간적 분업'이 들어갈 수 있다.

2 국제 사회의 행위 주체 이해

문제분석 세계 평화를 실현하기 위한 국제 사회의 행위 주체에는 국가, 국제기구, 비정부 기구 등이 있다.

정답찾기 ③ 국제 앰네스티는 국제기구가 아니라 비정부 기구에 해당한다.

오답피하기 ① 국가는 일정한 영토와 국민을 바탕으로 주권을 행사하는 국제 사회의 가장 기본적인 행위 주체이다.

② 국제기구는 주권을 가진 국가들로 구성되며 개별 국가의 노력만으로는 해결하기 어려운 국제 사회의 문제 해결과 평화 유지를 위해 활동한다.

④ 비정부 기구는 특정 개인이나 개별 국가의 이익을 넘어 인류의 보편 가치 실현을 위해 활동한다.

⑤ 국경 없는 의사회, 그린피스는 비정부 기구에 해당한다.

3 지역화 전략의 사례 파악

문제분석 지역화 전략에는 장소 마케팅, 지역 브랜드화, 지리적 표시제 등이 있다.

정답찾기 ② 제시된 자료의 파르미지아노 레지아노와 전주비빔밥은 공통적으로 지리적 표시 상품으로, 이는 지리적 표시제와 관련 있다. 지리적 표시제는 지역화 전략에 해당하므로 보고서의 발표 주제는 지역화 전략이다.

오답피하기 ① 환경 문제를 해결하기 위한 국제 환경 협약에는 파리 기후 협약 등이 있다.

③ 국제 질서를 변화시키는 국경 분쟁의 사례에는 우크라이나 – 러시아 전쟁 등이 있다.

④ 기업 입지 전략에 의해 생산 공장이 이전한 사례는 다국적 기업의 경우에 많다.

⑤ 동북아시아 역사 갈등 중 일본의 역사 교과서 왜곡 사례에는 침략 전쟁 미화 등이 있다.

4 평화에 대한 갈퉁의 입장 이해

문제분석 제시문은 갈퉁의 주장이다. 갈퉁은 직접적이고 물리적인 폭력은 물론 구조적 폭력과 문화적 폭력까지 모두 사라진 상태를 진정한 평화로 보았다.

정답찾기 ③ 갈퉁은 직접적이고 물리적인 폭력이 존재하지 않는 소극적 평화가 아니라 모든 폭력이 사라진 적극적 평화가 진정한 평화라고 주장하였다.

오답피하기 ① 갈퉁에 따르면 빈곤이나 기아는 구조적 폭력에 해당한다.

② 갈퉁은 전쟁이 부재한 소극적 평화를 뛰어넘어 구조적 폭력과 문화적 폭력이 모두 사라진 적극적 평화가 진정한 평화라고 주장하였다.

④ 갈퉁은 모든 폭력이 사라진 상태를 적극적 평화로 규정하였다.

⑤ 갈퉁은 직접적이고 물리적인 폭력이 사라진 상태를 소극적 평화로, 직접적이고 물리적인 폭력뿐만 아니라 구조적 폭력과 문화적 폭력 등 모든 폭력이 사라진 상태를 적극적 평화로 규정하였다.

5 남북 분단의 역사적 배경과 과정의 이해

문제분석 남북은 일본의 식민 지배에서 벗어난 광복 이후 미국과 소련을 중심으로 한 냉전 체제의 심화, 민족 내부의 응집력 부족 등이 원인이 되어 분단을 맞이하게 되었다.

정답찾기 갑. 광복 이후 북위 38도선을 경계로 남한에는 미군이, 북한에는 소련군이 주둔하게 되었다.

을. 모스크바 3국 외상 회의에서 결정된 한반도에 대한 신탁 통치를 둘러싸고 찬반 논쟁과 이념 갈등이 깊어졌다.

정. 6·25 전쟁을 거치며 남북의 분단은 더욱 고착화되었다.

오답피하기 병. 광복 이후 통일 정부가 수립되지 못하였다.

6 동아시아의 역사 갈등 해결을 위한 노력 이해

문제분석 제시된 신문 칼럼은 한국, 중국, 일본의 동아시아 3국 간 역사 왜곡 문제로 인한 갈등을 해결하기 위해 다양한 공동의 노력이 필요함을 주장하고 있다.

정답찾기 ⑤ 제시된 신문 칼럼은 한국, 중국, 일본이 진정한 협력 관계로 나아가기 위해서는 역사 왜곡 문제로 인한 갈등을 해결하려는 노력이 필요함을 주장하고 있다.

오답피하기 ① 제시된 신문 칼럼은 한국, 중국, 일본은 협력 관계를 맺고 있는 동시에 역사 왜곡 문제로 인한 갈등을 겪고 있다고 보고 있다.

② 제시된 신문 칼럼은 자국 중심주의적인 배타적 역사관은 국익에 도움이 되지 않고 국가 간 갈등의 원인으로 작용할 수 있다고 보고 있다.

③ 제시된 신문 칼럼은 역사 왜곡 문제로 인한 갈등을 해결하기 위해서는 학계와 시민 사회 등의 다양한 교류 노력이 필요하다고 보고 있다.

④ 제시된 신문 칼럼은 국가 간 진정한 협력 관계 구축을 위해 역사 왜곡 문제를 해결하려는 노력이 필요하다고 보고 있다.

01 세계 주요 분쟁 지역의 파악

문제 분석　(가)는 팔레스타인이다.

정답 찾기　② 팔레스타인과 이스라엘 사이의 영토·종교·민족 갈등이 복합적으로 나타난다. 이스라엘은 이집트, 요르단, 시리아, 레바논과 국경을 접하고 있으므로 팔레스타인이 포함된 지도는 ②번이다.

오답 피하기　① 센카쿠열도(댜오위다오)와 스프래틀리 군도 및 파라셀 군도 등에서는 해양 영토를 둘러싼 갈등이 발생하고 있다.

③ 바브엘만데브 해협 인근에 위치한 예멘과 소말리아는 내전을 겪고 있으며, 아덴만 일대는 해적이 자주 출몰한다.

④ 우크라이나와 러시아의 국경 일대에는 무력 충돌이 이어지고 있다.

⑤ 미얀마에서는 군부 독재와 민주화 세력의 충돌, 소수 민족의 독립 운동, 로힝야 난민의 탈출 등이 발생하였다.

> **THE 알기**
>
> 세계에는 다양한 분쟁이 발생하고 있으며, 세계 평화를 유지하기 위해 이러한 갈등 상황에 대한 국제 사회의 관심이 필요하다.

02 세계 도시 간 계층의 비교

문제 분석　세계 도시는 정치·경제·문화 등 다양한 측면에서 세계의 중심지 역할을 하는 도시이다.

정답 찾기　② (나) 도시군과 같이 계층이 높은 세계 도시는 (가) 도시군과 같이 계층이 낮은 세계 도시보다 세계 도시의 순위가 높고, 국제기구의 본부 수가 많으며, 국제선 항공편의 수도 많다.

> **THE 알기**
>
> 런던, 도쿄, 파리, 서울 등 세계 도시 중에는 국가의 수도인 경우도 있지만, 뉴욕, 바르셀로나, 뭄바이, 이스탄불, 상파울루 등 수도가 아닌 경우도 있다.

03 동아시아의 역사 갈등 이해

문제 분석　우리나라는 중국, 일본 등 동아시아의 이웃 나라와 영토 문제 및 역사 인식 문제 등의 갈등을 겪고 있다.

정답 찾기　⑤ A는 몽골, B는 중국, C는 일본이다. 침략 전쟁을 미화하고 독도에 대한 영유권을 주장하는 (가)는 일본, 동북공정을 통해 고구려, 발해 등의 역사를 편입시키려는 (나)는 중국이다.

쿠릴 열도를 두고 일본과 러시아가 갈등하고 있다. 남중국해의 스프래틀리 군도와 파라셀 군도 등을 둘러싸고 중국과 베트남·필리핀·말레이시아·브루나이 등이 갈등을 벌이고 있다.

04 문화 획일화와 문화 소멸의 이해

문제 분석　문화 획일화로 인해 세계 여러 지역의 고유한 문화가 소멸될 위기에 처해 있다.

정답 찾기　ㄱ. 국가 이외에 소수 민족이나 기업 등도 국제 사회에 영향력을 행사하는 국제 사회의 행위 주체이다.

ㄴ. 국제 연합(UN)의 본부는 아메리카 대륙에 위치한 미국의 뉴욕에 있으며, 뉴욕은 세계 도시 중 하나이다.

오답 피하기　ㄷ. 유럽은 남아메리카보다 총인구가 많다.

ㄹ. 언어 소멸은 문화 제국주의, 언어 보호는 문화 다원주의의 사례에 해당한다.

통합형 문항 분석

문항정보

성취 기준	[10통사2-04-01] 세계화의 다양한 양상을 살펴보고, 세계화 시대의 문제점과 그에 대한 해결 방안을 제안한다. [10통사2-05-01] 세계의 인구 분포와 구조 등에 대한 이해를 토대로 현재와 미래의 인구 문제 양상을 파악하고, 그 해결 방안을 제안한다.
내용 요소	세계화, 문화의 획일화, 세계 도시, 인구 분포, 다문화 사회
행동 영역	문제 파악 및 인식
개발 의도 및 취지	세계화 과정에서 문화의 획일화가 나타나고 있으므로 이에 대한 경각심을 가지고 있는지 확인하는 문항임

통합형 문항 대비 전략　제시된 자료를 기반으로 세계화로 인한 문제와 해결 방안에 대해 생각해 보도록 한다.

05 평화에 대한 칸트의 입장 이해

문제 분석　제시문은 칸트의 주장이다. 칸트는 전쟁을 예방하고 국가 간의 영원한 평화를 위한 조항을 담은 영구 평화론을 제시하였다.

정답 찾기　ㄱ. 칸트는 평화 연맹은 주권을 가진 자유로운 국가들의 연방 체제에 기초해야 한다고 주장하였다.

ㄴ. 칸트는 영구 평화를 위해서는 개별 국가의 정치 체제가 특정인에게 권력이 집중된 전제정이 아니라 공화정이 되는 것이 바람직하다고 주장하였다.

오답 피하기　ㄷ. 칸트는 평화 조약을 통해 개별 전쟁이 종식될 수 있다고 보았다.

ㄹ. 칸트는 다른 나라에 방문한 외국인이 그 나라에 적대적으로 행동하지 않을 때 환대받을 권리를 지닐 수 있다고 주장하였다.

칸트는 이성을 지닌 인간이라면 누구나 평화를 원하며, 또한 평화를 달성해야 할 의무를 지닌다고 보았다. 칸트는 전쟁은 국가적 이해관계를 실현하기 위한 수단으로만 인간을 대우하는 것이기 때문에 정당화될 수 없다고 주장하였다.

06 평화에 대한 갈퉁의 입장 이해

문제 분석　인터넷 화면에서 검색된 사상가는 갈퉁이다. 갈퉁은 모든 폭력이 사라진 적극적 평화를 진정한 평화로 규정하였다.

정답 찾기　ㄱ. 갈퉁은 종교와 이념 등은 구조적 폭력을 정당화하는 문화적 폭력이 될 수 있다고 주장하였다.

ㄴ. 갈퉁에 따르면 빈곤과 기아는 구조적 폭력에 해당하므로 빈곤과 기아를 해결하려는 노력은 적극적 평화 실현에 기여할 수 있다.

오답 피하기　ㄷ. 갈퉁은 직접적이고 물리적인 폭력이 사라진 소극적 평화뿐만 아니라 직접적 폭력, 구조적 폭력, 문화적 폭력까지 모든 폭력이 제거된 적극적 평화 역시 평화적 수단을 통해 달성되어야 한다고 주장하였다.

ㄹ. 갈퉁은 인간의 기본적 욕구를 모독하는 모든 것을 폭력으로 규정하였다.

07 통일에 대한 입장 비교

문제 분석　(가)는 통일의 핵심적 이유로 민족의 동질성 회복을 주장하고 있고, (나)는 통일의 핵심적 이유로 경제적 이익을 주장하고 있다.

정답 찾기　⑤ (가)의 입장에 비해 (나)의 입장은 통일의 주된 이유로 민족의 동질성 회복을 강조하는 정도(X)가 낮고, 분단의 폐해로서 남북한의 경제적 손실을 강조하는 정도(Y)가 높으며, 통일의 선결 과제로 민간 분야의 교류와 협력을 강조하는 정도(Z)가 낮다.

08 통일에 대한 쟁점 파악

문제 분석　갑은 통일을 위한 남북한 교류와 협력에 있어 국제 사회의 지지가 반드시 필요하다는 입장이고, 을은 국제 사회의 지지가 없어도 통일을 위한 남북한 교류와 협력이 가능하다는 입장이다.

정답 찾기　② 갑은 긍정, 을은 부정의 대답을 할 질문이므로 토론의 쟁점이 될 수 있다.

오답 피하기　①, ③, ④, ⑤ 갑, 을 모두 긍정의 대답을 할 질문이다.

Ⅴ 미래와 지속가능한 삶

수능 실력 다지기

본문 150~152쪽

1 ③	**2** ④	**3** ④	**4** ④	**5** ②	**6** ③

1 국가별 인구 특징 파악

문제 분석 지도에 표시된 세 국가는 독일, 이집트, 인도이다. (가), (다)는 유소년 부양비가 높은 개발도상국인데 (다)는 총인구가 약 14억 명 이상으로 매우 많으므로 인도, 나머지 (가)는 이집트이다. (나)는 노년 부양비가 높은 선진국에 해당하는 독일이다.

정답 찾기 ③ 총부양비는 유소년 부양비와 노년 부양비의 합이므로, 그래프를 통해 이집트(가)가 독일(나)보다 총부양비가 높음을 알 수 있다. 생산 연령 인구 비율은 총부양비에 반비례하므로, 국가 내 생산 연령 인구 비율은 독일(나)이 이집트(가)보다 높다.

오답 피하기 ① 노령화 지수는 유소년층 인구에 대한 노년층 인구의 백분비이고, 유소년, 노년 부양비는 각각 생산 연령 인구에 대한 유소년층, 노년층 인구의 백분비이다. 이집트(가)는 유소년 부양비가 노년 부양비보다 높으므로 노령화 지수가 100보다 작다.
② 인도(다)는 개발도상국으로 경제적 목적의 유출 인구가 많아서 유입 인구보다 유출 인구가 많다.
④ 인도(다)는 선진국인 독일(나)보다 1인당 국내 총생산(GDP)이 적다.
⑤ 이집트(가)는 아프리카, 독일(나)은 유럽, 인도(다)는 아시아에 위치한다.

2 인구의 국제 이주 유형 파악

문제 분석 제시문은 싱가포르의 '외국인 가사 도우미 제도' 시행으로 외국인 근로자가 일자리를 찾기 위해 싱가포르로 입국하는 사례와 러시아－우크라이나 전쟁 난민이 인접국인 폴란드로 유입되어 적응에 어려움을 겪는 사례에 대한 내용이다.

정답 찾기 ④ 싱가포르로 이주한 외국인 가사 도우미(㉠)는 본국보다 임금 수준이 높은 국가로 이동한 경제적 목적의 이주이다. 우크라이나를 탈출해 폴란드 등 인근 국가로 이주한 난민(㉡)은 전쟁을 피해 상대적으로 안전한 국가로 이동한 정치적 목적의 이주이다.

오답 피하기 환경 난민은 사막화, 해수면 상승 등의 자연재해로 인해 이주한 사례이며, 종교의 자유를 찾기 위한 이주의 사례로는 17세기경 신대륙으로 이주한 영국의 청교도들이 있다.

3 우리나라 인구 변화와 인구 문제 이해

문제 분석 제시문은 우리나라의 저출산·고령화 현상으로 합계 출산율이 크게 낮아지고 초고령 사회에 진입하였다는 내용이다.

정답 찾기 ㄱ. 출생아는 줄고 기대 수명이 늘어나면 특정 지역이나 국가의 전체 인구를 연령 순서로 세웠을 때 그 중앙에 위치한 사람의 연령을 의미하는 중위 연령은 상승한다.
ㄴ. 다자녀 가구 우대 정책, 출산 및 육아 비용 지원 등은 저출산 문제(㉡)의 대책에 해당한다.
ㄹ. 합계 출산율(가)은 여성 1명이 가임 기간 동안 낳을 것으로 예상되는 평균 출생아 수이며, 초고령(나) 사회는 전체 인구 중 65세 이상 인구의 비율이 20% 이상인 사회를 의미한다.

오답 피하기 ㄷ. 총부양비는 생산 연령 인구 비율에 반비례한다. 따라서 2070년(㉣)에는 2020년(㉢)보다 생산 연령 인구가 크게 감소할 것으로 예측되므로 총부양비는 높아질 것으로 전망된다.

4 러시아, 미국, 중국의 에너지 소비 구조 특성 파악

문제 분석 (가)는 미국에서 소비량 비율이 높으므로 석유이고, (나)는 러시아에서 소비량 비율이 높고 중국에서 소비량 비율이 낮으므로 천연가스이다. (다)는 중국에서 소비량 비율이 높으므로 석탄이다.

정답 찾기 ④ 세계 1차 에너지 소비량 비율은 석유(가) > 석탄(다) > 천연가스(나) 순으로 높다.

오답 피하기 ① 석유(가)는 신생대 지층에 주로 매장되어 있다.
② 산업 혁명 시기에 증기 기관 등의 주요 에너지원으로 사용된 자원은 석탄(다)이다.
③ 석탄(다)은 주로 산업용으로 사용된다. 수송용으로 사용되는 비율이 높은 에너지 자원은 석유(가)이다.
⑤ 천연가스(나)는 석탄(다)과 석유(가)에 비해 연소 시 대기 오염 물질의 배출량이 적다.

5 화석 에너지 자원의 지역(대륙)별 생산량 및 용도별 소비 특성 비교

문제 분석 (가)는 중국, 인도 등이 포함된 아시아·오세아니아의 생산량 비율이 높으므로 석탄이다. (나)는 러시아 등이 포함된 유럽의 생산량 비율이 상대적으로 높으므로 천연가스이다. (다)는 사우디아라비아 등이 포함된 서남아시아의 생산량 비율이 높으므로 석유이다.

정답 찾기 ② A는 주로 산업용으로 소비되므로 석탄이다. B는 상대적으로 수송용으로 소비되는 비율이 높으므로 석유이다. C는 상대적으로 가정용 및 기타 용도로 소비되는 비율이 높으므로 천연가스이다. 따라서 (가)와 A는 석탄, (나)와 C는 천연가스, (다)와 B는 석유이다.

🚩 통합형
6 미래 지구촌의 모습 이해

문제 분석 지구촌의 미래는 정치적 측면, 환경적 측면, 과학 기술의 발달 측면 등 다양한 측면에서 예측할 수 있으며, 긍정적 관점과 부정적 관점이 공존한다.

정답찾기　ㄴ. 파리 협정은 산업화 이전 대비 지구 평균 기온 상승을 1.5℃ 이하로 제한하기 위한 노력을 추구하는 내용을 담고 있으며 온실가스 배출량 감소(ⓒ)를 주요 목표로 삼고 있다.

ㄷ. 국제 기구(ⓒ)는 각국의 정부를 회원으로 하는 국제 사회의 행위 주체로 국제 연합(UN), 경제 협력 개발 기구(OECD), 세계 보건 기구(WHO) 등이 있다.

오답피하기　ㄱ. 사막화(㉠)는 과도한 경작과 방목 등으로 사막 면적이 확대되는 현상이다. 지표에 도달하는 자외선 양의 증가는 오존층 파괴와 관련이 깊다.

ㄹ. 갈퉁에 의하면 소극적 의미의 평화(㉣)는 전쟁이나 테러와 같은 물리적 폭력이 없는 상태를 의미한다. 구조적이고 문화적인 폭력까지 제거된 상태는 적극적 평화이다.

📣 통합형 문항 분석

문항정보	
성취 기준	[10통사2-04-02] 평화의 관점에서 국제 사회의 갈등과 협력의 사례를 조사하고, 세계 평화를 위한 행위 주체의 바람직한 역할을 탐색한다. [10통사2-05-03] 미래 사회의 모습을 다양한 측면에서 예측하고, 이를 바탕으로 세계 시민으로서 자신의 미래 삶의 방향을 설정한다.
내용 요소	평화, 미래 삶의 방향
행동 영역	문제 파악 및 인식
개발 의도 및 취지	미래 지구촌의 변화 양상을 다양한 측면에서 이해하고, 통합사회에서 배운 개념을 바탕으로 종합적으로 분석하여 옳고 그름을 판단할 수 있는지를 평가하는 문항임

통합형 문항 대비 전략　미래 사회의 모습에 대한 예측을 생태 환경의 변화, 국제 분쟁의 심화 등 다양한 측면에서 파악하고, 이를 통합사회 1, 2의 다른 단원에서 학습한 내용과 실제 사례를 유기적으로 연결하여 이해한다.

THE 알기

구조적 폭력은 사회 구조 자체가 가하는 폭력으로 빈곤, 정치적 독재, 경제적 착취, 인종 탄압 등을 포함하며, 문화적 폭력은 종교·사상·언어·예술 등의 문화적 영역이 가하는 폭력으로 직접적 폭력이나 구조적 폭력을 정당화하는 데 이용된다.

1등급 완성하기　　　　　　　　　　　　본문 153~156쪽

01 ②	02 ④	03 ④	04 ④	05 ③	06 ③
07 ⑤	08 ②				

01 세계의 인구 변화 및 분포 특성 이해

문제분석　제시문은 세계 인구의 성장과 연령층별 인구 구성의 변화, 지역(대륙)별 인구 규모 순위와 인도와 중국의 인구 특성 비교, 경제 발전 수준에 따른 국가별 인구 문제에 대한 내용이다.

정답찾기　② 총부양비는 유소년 부양비와 노년 부양비의 합으로 전체 인구에서 차지하는 유소년층과 노년층 인구 비율의 합에 비례한다. 따라서 유소년층과 노년층 인구 비율의 합은 1950년이 약 40%, 2022년이 약 35%로 1950년이 2022년보다 세계 총부양비가 높다.

오답피하기　① 세계의 인구(㉠)는 육지의 면적이 넓은 북반구가 남반구보다 많다.

③ 2022년 기준 지역(대륙)별 인구는 아시아＞아프리카＞유럽 순으로 많다.

④ 인구 문제(ⓗ) 중 저출생·고령화는 출생률이 낮고 기대 수명이 긴 선진국이 개발도상국보다 대체로 심각하다.

⑤ 2022년 기준 인도(㉣)와 중국(㉤)의 총인구는 비슷하지만 중위 연령은 저출생·고령화 현상이 먼저 시작된 중국(㉤)이 높다.

02 중국의 인구 변화와 지역(대륙)별 인구 특성 이해

문제분석　사망률, 자연적 인구 증가율, 출생률 중 음(－)의 값이 될 수 있는 것은 자연적 인구 증가율밖에 없으므로 (나)는 자연적 인구 증가율이다. 자연적 인구 증가율은 '출생률 － 사망률'이므로 (가)는 출생률, (다)는 사망률이다. A~C 중 출생률(가)이 가장 높은 C는 아프리카, 출생률(가)이 가장 낮고 사망률(다)이 가장 높은 A는 유럽, 나머지 B는 아시아이다.

정답찾기　④ 아시아(B)는 아프리카(C)보다 총인구가 많다.

오답피하기　① (가)는 출생률, (다)는 사망률이다.

② 청장년층 인구 대비 유소년층 인구 비율은 유럽이 아프리카보다 낮으므로 유럽(A)이 아프리카(C)보다 유소년 부양비도 낮다.

③ 아시아(B)는 상대적으로 경제 발전 수준이 높은 유럽(A)보다 1인당 평균 소득이 낮다.

⑤ 2023년 중국은 출생률보다 사망률이 높아 자연적 인구 증가율이 음(－)의 값을 보이므로 인구의 자연적 감소가 나타난다.

03 지역(대륙) 간 인구 이주 및 지역(대륙)별 인구 특성 비교

문제분석　국제적 인구 이주는 경제적 목적의 이동이 가장 많으며 지리적으로 인접한 지역으로 이주하는 비율이 높다. (가)는 다른 지역(대륙)으로 이동하는 총인구가 가장 많으므로 인구 규모가 가장

큰 아시아이다. (나)는 인접한 유럽으로 경제적 목적의 이동 인구가 많은 아프리카이다. (다)는 인접한 북부 아메리카로 경제적 목적의 이동 인구가 많은 중·남부 아메리카이다.

정답찾기　④ A와 C는 인구 규모가 크게 차이나지 않는데, C는 A보다 유소년 부양비와 총부양비가 높으므로 아프리카이고 A는 중·남부 아메리카이다. B는 총인구가 월등히 많은 아시아이다. 따라서 (가)와 B는 아시아, (나)와 C는 아프리카, (다)와 A는 중·남부 아메리카이다.

04 우리나라의 인구 구조 변화 양상 이해

문제분석　우리나라는 저출산·고령화의 영향으로 2010년대 중반까지 생산 연령 인구의 비율이 높아지다가 이후 감소 추세로 전환되었다. (가)는 수치가 점차 높아지므로 노년 부양비, (나)는 수치가 점차 낮아지다가 대체로 유지될 것으로 전망되는 유소년 부양비이다.

정답찾기　ㄱ. (가)는 노년 부양비, (나)는 유소년 부양비이다.
ㄴ. 노령화 지수는 유소년층 인구에 대한 노년층 인구의 백분비이고, 유소년, 노년 부양비는 각각 생산 연령 인구에 대한 유소년층, 노년층 인구의 백분비이다. 2030년에 노년 부양비가 유소년 부양비보다 높으므로 노령화 지수는 100 이상이다.
ㄷ. 생산 연령 인구 비율은 유소년 부양비와 노년 부양비의 합인 총부양비에 반비례한다. 따라서 1970년이 2050년보다 총부양비가 낮으므로 생산 연령 인구 비율은 높다.

오답피하기　ㄹ. 우리나라는 저출생 현상으로 인해 합계 출산율이 지속적으로 하락 추세에 있다. 따라서 2010년은 1990년보다 합계 출산율이 낮다.

05 국가군별 에너지 소비 구조 특성 파악

문제분석　지도에 표시된 (가)는 러시아와 이란, (나)는 중국과 인도, (다)는 사우디아라비아와 아랍 에미리트이다. A는 (다) 국가군에서 소비량 비율이 높으므로 석유이고, B는 (가) 국가군에서 소비량 비율이 높으므로 천연가스이며, C는 (나) 국가군에서 소비량 비율이 높으므로 석탄이다.

정답찾기　③ 석유(A)는 석탄(C)에 비해 수송용으로 사용되는 비율이 높다.

오답피하기　① 냉동 액화 기술 개발로 소비량이 급증한 에너지 자원은 천연가스(B)이다.
② 세계 1차 에너지 소비량 비율이 가장 높은 에너지 자원은 석유(A)이다. 소비량은 석유(A) > 석탄(C) > 천연가스(B) 순으로 많다.
④ 천연가스(B)는 석탄(C)과 석유(A)에 비해 연소 시 대기 오염 물질의 배출량이 적다.
⑤ 그래프를 통해 (다) 국가군이 (가) 국가군에 비해 천연가스(B) 소비량 비율이 낮음을 알 수 있다.

06 인도네시아, 에스파냐, 캐나다의 재생 에너지 소비 구조 파악

문제분석　지도에 표시된 세 국가는 에스파냐, 인도네시아, 캐나다이다. 지중해성 기후가 널리 나타나 일사량이 풍부한 에스파냐에서 발전량 비율이 높은 A는 태양광·태양열이다. 빙하 지형이 널리 분포하여 수력 발전에 유리한 캐나다에서 발전량 비율이 높은 B는 수력이다. 판의 경계부에 위치하여 지열 발전에 유리한 인도네시아에서 상대적으로 발전량 비율이 높은 C는 지열이다.

정답찾기　ㄴ. 수력(B)은 낙차가 크고 유량이 풍부한 지역이 발전에 유리하다.
ㄷ. 태양광·태양열(A)은 일사량이 풍부한 곳이 발전에 유리하기 때문에 지열(C)보다 발전 시 기상 조건의 영향을 많이 받는다.

오답피하기　ㄱ. 판의 경계 부근에서 개발 잠재력이 높은 발전 양식은 지열(C)이다.
ㄹ. A~C 중 전 세계의 발전량은 수력(B) > 태양광·태양열(A) > 지열(C) 순으로 많다.

07 지역(대륙)별 에너지 소비 구조 및 국가별·연령층별 인구 구조 비교

문제분석　(가)는 천연가스의 소비량 비율이 높으므로 러시아 등이 포함된 유럽, (나)는 석탄의 소비량 비율이 높으므로 중국, 인도 등이 포함된 아시아 및 오세아니아이다. A는 0~14세 인구 비율이 높으므로 인도, B는 65세 이상 인구 비율이 높으므로 프랑스이다.

정답찾기　⑤ 인도(A)는 아시아 및 오세아니아(나), 프랑스(B)는 유럽(가)에 위치한다.

오답피하기　① 유럽(가)은 아시아 및 오세아니아(나)보다 총인구가 적다.
② 아시아 및 오세아니아(나)는 고령화 현상을 일찍부터 겪은 선진국의 비율이 높은 유럽(가)보다 65세 이상 인구 비율이 낮다.
③ 파리 협정은 프랑스(B)에서 채택되었다.
④ 석탄 생산량은 인도(A)가 프랑스(B)보다 많다.

🚩 통합형
08 미래 지구촌의 모습 이해

문제분석　미래 지구촌의 모습은 긍정적 관점과 부정적 관점이 공존하며, 국가 간 분쟁, 인류의 생활 공간 범위 확대, 환경 문제의 심화 등 다양한 측면에서의 변화가 예측된다.

정답찾기　② 센카쿠 열도(댜오위다오)는 청·일 전쟁 이후 일본이 차지하였으나 풍부한 자원이 매장되었을 가능성이 보이며 중국, 타이완 등이 자국의 영토라고 주장하고 있는 지역으로 종교와는 큰 관련이 없다.

오답피하기　① 미래 사회 예측은 불확실성이 높으며 낙관적 견해와 비관적 견해가 공존한다.

③ 자율 주행 자동차, 드론 등의 무인 운송 수단의 상용화로 시공간의 제약이 줄어들고, 인류의 생활 공간 범위가 확대될 수 있다.

④ 정보화의 부정적 측면으로 지역 간, 계층 간 정보 격차 발생, 인터넷 중독, 사생활 침해 등이 있다.

⑤ 사막화는 과도한 경작과 방목 등으로 사막 면적이 확대되는 현상으로 아프리카의 사헬 지대와 중앙아시아의 아랄해 주변 등이 사례 지역이다.

🚩 통합형 문항 분석

문항정보	
성취 기준	[10통사2-04-03] 남북 분단과 동아시아의 역사 갈등 상황을 분석하고, 이를 토대로 우리나라가 세계 평화에 기여할 수 있는 방안을 제안한다. [10통사2-05-03] 미래 사회의 모습을 다양한 측면에서 예측하고, 이를 바탕으로 세계 시민으로서 자신의 미래 삶의 방향을 설정한다.
내용 요소	국제 분쟁, 미래 삶의 방향
행동 영역	개념·원리의 이해
개발 의도 및 취지	미래 지구촌에서 나타날 수 있는 변화의 양상을 다양한 측면에서 이해하고, 관련 내용의 옳고 그름을 통합사회 과목에서 학습한 개념을 토대로 종합적으로 판단할 수 있는지를 평가하는 문항임

통합형 문항 대비 전략 미래 사회의 모습에 대한 다양한 예측을 국제 분쟁, 과학 기술의 발전, 생태 환경의 변화 등의 다양한 측면에서 이해하고, 통합사회1, 2의 다른 단원에서 학습한 내용 요소와 실제 사례가 어떻게 적용되는지를 파악한다.

고1~2, 내신 중점

구분	고교 입문 >		기초 >	기본 >	특화	+ 단기
국어	고등예비과정	내 등급은?	윤혜정의 개념의 나비효과 입문 편 + 워크북 / 어휘가 독해다! 수능 국어 어휘	기본서 올림포스	국어 특화: 국어 독해의 원리 / 국어 문법의 원리	단기 특강
영어			정승익의 수능 개념 잡는 대박구문 / 주혜연의 해석공식 논리 구조편	올림포스 전국연합 학력평가 기출문제집 / 유형서 올림포스 유형편	영어 특화: Grammar POWER / Listening POWER / Reading POWER / Voca POWER // 영어 특화: 고급영어독해	
수학			기초 50일 수학 + 기출 워크북 / 매쓰 디렉터의 고1 수학 개념 끝장내기		고급 올림포스 고난도 // 수학 특화: 수학의 왕도	
한국사 사회				기본서 개념완성	고등학생을 위한 多담은 한국사 연표	
과학			50일 과학	개념완성 문항편	인공지능: 수학과 함께하는 고교 AI 입문 / 수학과 함께하는 AI 기초	

과목	시리즈명	특징	난이도	권장 학년
전 과목	고등예비과정	예비 고등학생을 위한 과목별 단기 완성		예비 고1
	내 등급은?	고1 첫 학력평가 + 반 배치고사 대비 모의고사		예비 고1
국/영/수	올림포스	내신과 수능 대비 EBS 대표 국어·수학·영어 기본서		고1~2
	올림포스 전국연합학력평가 기출문제집	전국연합학력평가 문제 + 개념 기본서		고1~2
	단기 특강	단기간에 끝내는 유형별 문항 연습		고1~2
한/사/과	개념완성&개념완성 문항편	개념 한 권 + 문항 한 권으로 끝내는 한국사·탐구 기본서		고1~2
국어	윤혜정의 개념의 나비효과 입문 편 + 워크북	윤혜정 선생님과 함께 시작하는 국어 공부의 첫걸음		예비 고1~고2
	어휘가 독해다! 수능 국어 어휘	학평·모평·수능 출제 필수 어휘 학습		예비 고1~고2
	국어 독해의 원리	내신과 수능 대비 문학·독서(비문학) 특화서		고1~2
	국어 문법의 원리	필수 개념과 필수 문항의 언어(문법) 특화서		고1~2
영어	정승익의 수능 개념 잡는 대박구문	정승익 선생님과 CODE로 이해하는 영어 구문		예비 고1~고2
	주혜연의 해석공식 논리 구조편	주혜연 선생님과 함께하는 유형별 지문 독해		예비 고1~고2
	Grammar POWER	구문 분석 트리로 이해하는 영어 문법 특화서		고1~2
	Reading POWER	수준과 학습 목적에 따라 선택하는 영어 독해 특화서		고1~2
	Listening POWER	유형 연습과 모의고사·수행평가 대비 올인원 듣기 특화서		고1~2
	Voca POWER	영어 교육과정 필수 어휘와 어원별 어휘 학습		고1~2
	고급영어독해	영어 독해력을 높이는 영미 문학/비문학 읽기		고2~3
수학	50일 수학 + 기출 워크북	50일 만에 완성하는 초·중·고 수학의 맥		예비 고1~고2
	매쓰 디렉터의 고1 수학 개념 끝장내기	스타강사 강의, 손글씨 풀이와 함께 고1 수학 개념 정복		예비 고1~고1
	올림포스 유형편	유형별 반복 학습을 통해 실력 잡는 수학 유형서		고1~2
	올림포스 고난도	1등급을 위한 고난도 유형 집중 연습		고1~2
	수학의 왕도	직관적 개념 설명과 세분화된 문항 수록 수학 특화서		고1~2
한국사	고등학생을 위한 多담은 한국사 연표	연표로 흐름을 잡는 한국사 학습		예비 고1~고2
과학	50일 과학	50일 만에 통합과학의 핵심 개념 완벽 이해		예비 고1~고1
기타	수학과 함께하는 고교 AI 입문/AI 기초	파이선 프로그래밍, AI 알고리즘에 필요한 수학 개념 학습		예비 고1~고2

고2~N수, 수능 집중

학습 단계별 교재 구성

구분	수능 입문	기출/연습	연계 + 연계 보완	고난도	모의고사
국어	윤혜정의 개념/패턴의 나비효과 [기본서] 수능 빌드업	윤혜정의 기출의 나비효과	수능특강 문학 연계 기출 / 수능특강 사용설명서 / 수능완성 사용설명서	하루 3개 1등급 국어독서	FINAL 실전모의고사
영어	수능특강 Light	수능 기출의 미래	수능연계교재의 VOCA 1800 / 수능연계 기출 Vaccine VOCA 2200 / 수능 영어 간접연계 서치라이트	하루 6개 1등급 영어독해	만점마무리 봉투모의고사 시즌1
수학	수능 감(感)잡기	[강의노트] 수능개념 / 수능 기출의 미래 미니모의고사	[수능 연계교재: 감수 수능특강 / 감수 수능완성]	수능연계완성 3주 특강	만점마무리 봉투모의고사 시즌2
한국사 사회	수능 스타트	수능특강Q 미니모의고사	[eBook 전용: 수능완성R 모의고사 / 수능 등급을 올리는 변별 문항 공략]	박봄의 사회·문화 표 분석의 패턴	만점마무리 봉투모의고사 고난도 Hyper
과학	수능 스타트				수능 직전보강 클리어 봉투모의고사

시리즈 안내

구분	시리즈명	특징	난이도	영역
수능 입문	윤혜정의 개념/패턴의 나비효과	윤혜정 선생님과 함께하는 수능 국어 개념/패턴 학습		국어
	수능 빌드업	개념부터 문항까지 한 권으로 시작하는 수능 특화 기본서		국/수/영
	수능 스타트	2028학년도 수능 예시 문항 분석과 문항 연습		사/과
	수능 감(感) 잡기	동일 소재·유형의 내신과 수능 문항 비교로 수능 입문		국/수/영
	수능특강 Light	수능 연계교재 학습 전 가볍게 시작하는 수능 도전		영어
	수능개념	EBSi 대표 강사들과 함께하는 수능 개념 다지기		전 영역
기출/연습	윤혜정의 기출의 나비효과	윤혜정 선생님과 함께하는 까다로운 국어 기출 완전 정복		국어
	수능 기출의 미래	올해 수능에 딱 필요한 문제만 선별한 기출문제집		전 영역
	수능 기출의 미래 미니모의고사	부담 없는 실전 훈련을 위한 기출 미니모의고사		국/수/영
	수능특강Q 미니모의고사	매일 15분 연계교재 우수문항 풀이 미니모의고사		국/수/영/사/과
	수능완성R 모의고사	과년도 수능 연계교재 수능완성 실전편 수록		수학
연계 + 연계 보완	수능특강	최신 수능 경향과 기출 유형을 반영한 종합 개념 학습		전 영역
	수능특강 사용설명서	수능 연계교재 수능특강의 국어·영어 지문 분석		국/영
	수능특강 문학 연계 기출	수능특강 수록 작품과 연관된 기출문제 학습		국어
	수능완성	유형·테마 학습 후 실전 모의고사로 문항 연습		전 영역
	수능완성 사용설명서	수능 연계교재 수능완성의 국어·영어 지문 분석		국/영
	수능 영어 간접연계 서치라이트	출제 가능성이 높은 핵심 간접연계 대비		영어
	수능연계교재의 VOCA 1800	수능특강과 수능완성의 필수 중요 어휘 1800개 수록		영어
	수능연계 기출 Vaccine VOCA 2200	수능 - EBS 연계와 평가원 최다 빈출 어휘 선별 수록		영어
고난도	하루 N개 1등급 국어독서/영어독해	매일 꾸준한 기출문제 학습으로 완성하는 1등급 실력		국/영
	수능연계완성 3주 특강	단기간에 끝내는 수능 1등급 변별 문항 대비		국/수/영
	박봄의 사회·문화 표 분석의 패턴	박봄 선생님과 사회·문화 표 분석 문항의 패턴 연습		사회탐구
	수능 등급을 올리는 변별 문항 공략	EBSi 선생님이 직접 선별한 고변별 문항 연습		수/영
모의고사	FINAL 실전모의고사	EBS 모의고사 중 최다 분량 최다 과목 모의고사		전 영역
	만점마무리 봉투모의고사 시즌1/시즌2	실제 시험지 형태와 OMR 카드로 실전 연습 모의고사		전 영역
	만점마무리 봉투모의고사 고난도 Hyper	고난도 문항까지 국·수·영 논스톱 훈련 모의고사		국·수·영
	수능 직전보강 클리어 봉투모의고사	수능 직전 성적을 끌어올리는 마지막 모의고사		국/수/영/사/과

2028학년도

수능 스타트 통합사회

정답과 해설